이 책은 대학과 지역 교회 모두에서 커뮤니케이션과 신학 분야에 꼭 필요한 자료다. 가정은 모든 사회의 핵심적인 기초를 이루지만 종종 손상되어 회복이 필요하다. 이 책은 확고한 성경적 세계관으로 무장하고 가족 내의 모든 다양한 관계에 대해 실제적이고 희망에 찬 해결책을 제시한다. 목회자, 청소년 사역자, 부모, 대학생에게 이 책을 추천한다.

제프 백스터(Jeff Baxter, DMin), 미션힐스교회 다음 세대 담당 목사

하나님이 선하시며 가정은 하나님이 주신 축복이라는 중요한 신념을 전제로, 이 책의 저자들은 구체성과 시대의 지혜가 풍성한 참으로 유익한 책을 선보인다. 서구 전통에 뿌리를 둔 동시에 살아 계신 하나님께 닻을 내렸기에 이 책의 진가가 더욱 두드러진다. 이 책은 모든 독자에게 선물이 될 것이다.

스테파니 베넷(Stephanie Bennett, PhD), 팜비치애틀랜틱대학교, 커뮤니케이션과 미디어 생태학 교수, 예배 책임자

목회자로서 나는 가정의 의사소통과 관계가 개인의 신앙과 자아상, 인간관계, 하나님을 위한 증인의 삶에 깊은 영향을 미친다는 사실을 참으로 절감한다. 이 책은 성경의 원리와 학문적 원리를 결합하여, 관계를 이해하고 개선하고자 하는 목회자, 부모, 가족 그리고 학생이 가족 간의 관계를 격려하고 도전하며 강화하는 방법에 대한 통찰을 얻을 수 있도록 돕는다.

마이클 댈리(Michael Dally), 게이트웨이크리스천교회 담임목사

가족 간 역학이 복잡하고, 삶과 일은 혼란스러우며, 연구 결과 대부분 사람이 극심한 피곤함을 느낀다는 이 시대에, 이 책에서 제시하는 전략, 이론, 조사 결과를 활용할 수 있다는 사실이 가슴 벅차고 흥분된다.

헤더 톰슨 데이(Heather Thompson Day, PhD),
『당신 차례가 아닙니다』(It's Not Your Turn) 저자

이 책은 '가족 의사소통의 복잡한 현실'을 다룬다고 약속한다. 교수이자 아들 넷을 둔 아버지로서 나는 저자들이 이 말을 충실히 이행했다고 생각한다. 저자들은 또한 우리 삶의 여정 속에서 가족과 함께하는 하나님의 구속적인 계획에 대한 희망을 소개한다. 다양한 이론, 연구 결과, 실용적인 적용을 균형 있게 제공함으로써, 이 책을 접하는 모든 독자가 마음과 정신, 자신의 경험을 온전히 활용할 수 있게 해준다. 세속 학문과 기독교의 문헌과 자료를 광범위하게 소개하여, 가정이라는 중요한 맥락에서 의사소통의 본질적 역할에 관한 완전하고 철저한 그림을 제시한다. 결과적으로 이 책은 가정들이 하나님이 의도하신 뜻을 더 잘 반영하도록 불완전한 우리의 관계와 의사소통을 명확히 이해하게 도와줄 선물을 선사한 셈이다. 통합적 신앙과 가족 의사소통이라는 학문을 성공적으로 접목함으로써 우리 모두에게 유익을 준다.

크리스 릴런드(Chris M. Leland, PhD),
아주사퍼시픽대학교 커뮤니케이션학과 교수이자 학장

하나님은 가정이 삼위 하나님의 교제와 일치를 반영하도록 설계하셨으며, 가정을 통해 올바른 질서를 이루는 관계가 얼마나 아름다운지 드러내고자 하셨다. 가정이 무엇인지, 가정이 사회 질서에서 어떤 중요성을 지니는지 그리고 가정에서 어떻게 관계를 잘 맺을 수 있는지에 대한 혼란이 지배하는 이 시대에, 학자이자 교사인 페티그루와 버진스키는 가정에 대한 하나님의 의도를 명확히 설명하고, 현대의 학문과 여러 이론적 관점을 활용해 심도 있게 논의하며, 모든 사람이 삶에서 가장 중요한 관계에 더 효과적으로(사랑으로) 참여할 것을 촉구한다.

라이언 하트위그(Ryan T. Hartwig, PhD), 뱅가드대학교 학장이자 교무처장

가족의 의사소통이 지금처럼 어려운 적이 없었다. 감사하게도 페티그루와 버진스키는 가족학과 교수들과 학생들이 가정의 의사소통에 대한 이론과 실제 적용 분야를 이해할 수 있도록 이 책을 썼다. 사회학 이론과 성경적 관점을 다양한 주제에 녹여낸 이 책은 의사소통을 통해 더 건강한 가정을 만드는 여러 접근법을 다룬다. 현재의 연구들과 성경적 접근 방식을 바탕으로 가정 안의 갈등, 용서, 회복을 다루는 심리학자, 사회복지사, 전공 학생, 평신도에게 꼭 필요한 책이다.

엘리자베스 매클로플린(Elizabeth W. McLaughlin, PhD), 인디애나베델대학교 커뮤니케이션학과 교수

내가 담당한 가족 커뮤니케이션 수업의 고급반 과정에 이 책을 교재로 채택했다는 고백으로, 이 책에 바칠 수 있는 최고의 찬사를 대신하고자 한다. 당신처럼 나도 이 책의 아이디어를 배우고 실제로 적용해보기를 고대하고 있다.

팀 뮬호프(Tim Muehlhoff, PhD), 바이올라대학교 커뮤니케이션학과 교수

가족을 이해하고 사랑하기란 쉽지 않다. 페티그루와 버진스키는 가정이 급격히 변화하면서 혼란과 불확실성이 더해져 이 어려움이 가중되었다는 점을 인정한다. 그러나 저자들은 사실 데이터, 성경의 진리, 실용적인 의사소통 원칙을 결합하여 하나님이 의도하신 가정의 모습과 역할에 대한 명확한 그림을 제시한다. 미국 문화에서 가정의 중요성과 구조와 가치를 다시 확인하도록 하나님이 축복해주시기를!

윌리엄 멀린(William L. Mullen, PhD),
쇼터대학교 커뮤니케이션학과 학장이자 교수

많은 가정이 거의 붕괴 수준으로 내몰리는 시대에 마침 등장한 이 탁월한 책은 가장 도전적인 상황에서 회복을 위한 소통의 소망을 제시하고 있다. 교육자이자 코치로서 나는 이론적 깊이와 연구 자료 중심의 해법을 제시하되, 철저히 생명을 살리는 성경 말씀에 근거한 방식을 제공하는 저자들에게 큰 고마움을 느낀다. 브라보!

하이디 페탁(Heidi Petak, PhD), 커뮤니케이션 전략가,
SpeakEagle.com

이 책은 가정이 항상 인간의 번영에 매우 중요한 역할을 해왔음을 탁월한 방식으로 보여준다. 또한 가족 관계가 어떤 식으로 무너지고, 어떻게 회복될 수 있는지도 보여준다. 저자들은 성경적 시각으로 가정에서의 의사소통에 초점을 맞춤으로써 이 분야의 연구에 지대한 공헌을 했다. 대학생, 목회자와 사역자, 부모 모두 관심을 가져야 할 책이다.

퀸틴 슐츠(Quentin Schultze, PhD), 캘빈대학교 커뮤니케이션학과 명예 교수

페티그루와 버진스키는 성경, 사회과학, 가족 이론을 결합하여 가족 의사소통에 대한 세밀한 이해를 발전시킬 수 있는 풍부한 자료를 제공한다. 저자들은 성경에 나타난 어려움을 겪는 가정을 예로 들어 갈등과 회복의 패턴을 보여주고, 현대의 부부와 자녀를 위한 실제적인 조언을 제시한다. 화목한 가정의 가부장적 이상주의를 제시하는 것이 아니라 결혼과 가정에 대한 복음주의적 입장을 견지한다. 기독교 계열의 인문학 교육 기관에서 커뮤니케이션, 사회학, 심리학을 전공하는 대학생과 대학원생에게 꼭 필요한 책이다.

빌 스트롬(Bill Strom, PhD), 트리니티웨스턴대학교 미디어 커뮤니케이션학과 교수

페티그루와 버진스키는 가족 의사소통에 관한 기존의 문헌들이 미처 다루지 못한 부분을 보완해주며, 학생과 교수에게 의미 있는 도움을 준다. 다양한 이론을 다루는 이 책은 학생들에게 더 깊은 탐구를 위한 탄탄한 기초를 제공한다. 또 관련 문헌에 대한 수준 높은 조사 내용을 실은 이 책은 교수들이 수업 중에 활발한 토론을 이끌 수 있도록 돕는다. 저자들은 자주 긴장이 존재하는 여러 사상을 능숙하게 엮어내어, 성경에서 찾을 수 있는 실용적인 지혜가 우리의 연구와 가정 내에서의 의사소통 방식을 얼마나 풍성하고 조화롭게 만들 수 있는지 친절하게 확인해준다.

조엘 워드(Joel S. Ward, PhD), 제네바대학 커뮤니케이션학과 부교수

가족
의사
소통

**깨어진 가정에서
건강한 가정으로**

가족 의사소통

1쇄 발행	2025년 6월 26일
지은이	조너선 페티그루, 다이앤 버진스키
옮긴이	김진선
펴낸이	고종율
펴낸곳	㈜도서출판 디모데 〈파이디온선교회 출판 사역 기관〉
등록	2005년 6월 16일 제319-2005-24호
주소	서울특별시 서초구 서초대로 141-25(방배동, 세일빌딩)
전화	마케팅실 070) 4018-4141
팩스	마케팅실 02) 6919-2381
홈페이지	www.timothybook.com
ISBN	978-89-388-1719-8 (03230)

ⓒ 2025 도서출판 디모데 All rights reserved. 〈Printed in Korea〉

Family Communication and the Christian Faith
ⓒ 2023 Jonathan Pettigrew and Diane M. Badzinski
Originally published in English under the title *Family Communication and the Christian Faith*
by Integratio Press, 11503 Easton Drive, Pasco, Washington 99301, USA.
All rights reserved.

This Korean translation edition ⓒ 2025 by Timothy Publishing House, Inc.,
Seoul, Republic of Korea
This edition published by arrangement with Integratio Press, USA.

이 한국어판의 저작권은 Integratio Press와 독점 계약한 ㈜도서출판 디모데에 있습니다.
신저작권법에 따라 한국 내에서 보호받는 저작물이므로 무단 전재와 무단 복제를 금합니다.

가족
의사
소통

**깨어진 가정에서
건강한 가정으로**

조너선 페티그루, 다이앤 버진스키 지음
김진선 옮김

차례

감사의 글 _ 13
추천의 글 _ 15
서문 _ 19

1부. 개념 정의와 시각

    1장. 가족 의사소통과 기독교 신앙 모델링 _ 33

    2장. 가족 이해하기 _ 43

    3장. 가족, 신앙, 사회 _ 63

    4장. 이론과 신학 _ 83

2부. 기능적인 가족 의사소통

    5장. 연결을 위한 의식 _ 111

    6장. 갈등을 다루는 원칙 _ 135

    7장. 관계 회복 _ 163

    8장. 회복 탄력성 기르기 _ 185

    9장. 의사소통의 정례화 _ 207

3부. 다양한 가족 주기에서의 의사소통

부부간 상호작용

10장. 결혼에 이르는 길 _ 233

11장. 언약과 성적 의사소통으로서의 결혼 생활 _ 261

12장. 고전 중이거나 좌절했거나 성공적인 부부간 의사소통 _ 295

부모와 자녀의 상호작용

13장. 다양한 가정환경 속의 자녀들 _ 329

14장. 영적이고 실제적인 영역을 아우르는 양육 모델 _ 359

가족의 유산

15장. 물질적, 영적, 관계적 유산 _ 391

주 _ 417

경건한 가정을 꾸리고자 애쓰는 모든 분과
성령 안에서 가정을 향한 하나님의 뜻과 진심에
깊은 관심을 갖게 된 분들께 이 책을 드립니다.

조너선 페티그루, 다이앤 버진스키

감사의 글

무엇보다 우리 하나님을 높여드리고 찬양합니다. 그분은 관계를 영위하고 가정을 꾸리며 서로 의사소통할 수 있는 경이로운 능력을 우리에게 아낌없이 나누어주십니다. 오직 주께만 영광을!

가족 의사소통이라는 학문을 더 잘 이해하도록 많은 경험을 준 우리 가족에게도 감사합니다. 가족과 좋은 경험도 하고 나쁜 경험도 했지만, 대부분 좋은 경험이었습니다. 이런 경험 덕분에 가정이 어떻게 잘 기능하는지를 깊이 이해할 수 있었습니다. 우리 가족은 가정의 상호작용에 대한 우리만의 모델과 이론을 도출할 수 있도록 가공되지 않은 날것 그대로의 자료를 접하게 해주었습니다.

조너선: 토바이아(Toviah), 탈리아(Talya), 엘리오라(Eliora), 애저라이아(Azariah), 리잰(Lizanne)에게. 아빠는 너희의 어린 시절을 함께 보내며 부모로서 너희를 양육하는 기쁨과 풍성한 사랑을 매일 누렸단다. 누구보다 사랑하는 아내 브리앤(Breanne)에게, 당신과 함께하는 삶은 더없이 충만하고 재미있소! 나를 향한 당신의 깊은 관심과 배려에 감사히오.

다이앤: 남편 존(Jon)과 우리 아이들 알리사(Alyssa), 루크(Luke), 해나(Hannah)에게 고마움을 전합니다. 당신과 아이들 덕분에 일상에서 누리는 사랑과 아름다움이 얼마나 풍성한지 말로 다 표현할 수가 없어요. 가족의 의미가 무엇인지 수많은 방법으로 가르쳐준 부모님과 자매들에게도 감사드립니다.

이 책을 출간하는 프로젝트는 여러 사람의 유익한 피드백과 지혜로운 조언 덕분에 발전할 수 있었습니다. 모든 분을 일일이 다 소개할 수는 없지만, 특히 더글러스 켈리(Douglas Kelley), 아리엘 레너드(Arielle Leonard), 팀 뮬호프(Tim Muehlhoff), 퀀틴 슐츠(Quentin Schultze), 그레그 스몰리(Greg Smalley), 빌 스트롬(Bill Strom), 로버트 우즈 주니어(Robert H. Woods Jr.), 그 외 익명으로 원고를 읽고 피드백해준 분들께 감사드립니다. 여러분의 조언과 평가로 더 나은 책을 만들 수 있었습니다. "두 사람이 한 사람보다 나음은"(전 4:9)이라는 말씀과 "먼저 온 사람의 말이 바른 것 같으나 그의 상대자가 와서 밝히느니라"(잠 18:17)는 성경 말씀을 여러분이 몸소 본으로 보여주었다고 생각합니다. 여러분의 도움으로 더 완성도 높은 책을 내게 되어 진심으로 고맙습니다.

또한 콜로라도기독대학교(CCU)에 재학하며 강사 매뉴얼 작업을 해준 페이지 라이어(Paige Lier)와 흔쾌히 이 책 본문에 대한 리뷰를 꼼꼼히 해준 시에라 파이스너(Sierra Peissner)에게도 고마움을 전합니다. 이 프로젝트를 진행하는 내내 자료 조사로 도움을 준 CCU의 도서관 직원들에게도 각별히 고맙습니다.

마지막으로, 인티그레이시오 출판사(Integratio Press)의 로버트 우즈 주니어와 그의 팀에게 감사드립니다. 이 책을 펴내주고, 과정 내내 편집적인 지원을 아끼지 않으신 데 대해 감사드립니다. 정치적 편의를 이유로 정통 기독교의 목소리를 점점 더 외면하는 사회에서 기독교 신앙을 통합한 수준 높은 학술 자료를 지원하는 출판사를 세운 여러분의 선견지명에 감사드립니다. 부디 이 책과 귀 출판사의 다른 책들이 다음 세대를 세우는 기독교 교육자들에게 큰 도움이 되기를 바랍니다!

추천의 글

모든 대학생이 필수로 이수해야 할 단 하나의 과정을 당신이 정할 수 있다면, 어떤 것으로 하겠는가? 철학, 윤리학, 예술, 세계사, 정치에 관한 수업인가? 각 학문 분야의 학자들이 저마다 자기 분야에 대한 설득력 있는 논증을 제시할 수 있음을 나는 추호도 의심하지 않는다. 철학자는 사람들이 올바로 사고하는 법을 배워야 한다고 주장하지만, 역사가는 역사에서 배우지 않으면 그 오류를 반복할 수밖에 없다는 조지 산타야나(George Santayana)의 주장을 강조한다.

교육학 교수이자 베일러 종교 연구소의 학자인 페리 글랜저(Perry L. Glanzer)는 흥미로운 선택을 제안한다. 결혼 생활과 가정에 대한 필수 과정을 신설하자는 것이다. 페리는 여론 조사를 해보면, 전 세계 학생들이 결혼 생활과 가정을 행복한 삶의 필수 요소이자 개인적 행복의 열쇠로 꼽을 것이라고 주장한다. 하지만 애석하게도 결혼 생활과 가정에 대한 과목은 필수 과정이 아니다. 그러므로 전 세계의 대학 졸업생은 건강한 결혼 생활이나 가정을 꾸리는 법을 절대 배울 수 없을 것이다. "낭만적인 우정과 결혼 생활, 가정을 다루는 필수 교육 강좌의 부재가 성공적인 결혼 생활과 가정에 필요한 요소를 바라보는 현대 학생들의 생각이 그토록 한심한 여러 이유 중 하나일 것이다"라고 페리는 주장한다.[1]

페리에 따르면, 학생들에게 가장 필요한 것은 결혼 생활과 가정에 대한 지식이며, 배운 지식을 실행할 실제적인 도구다.

처음 캘리포니아 남부로 이사를 왔을 때 나는 세 아들이 운동할 수 있도록 차고 주위에 농구 골대를 설치해주려고 했다. 그런데 문제는 골대 설치 방법을 모른다는 것이었다. 나는 친구에게 도움을 요청했다. 친구는 "도구를 써서 설치하라"고 말해주었다. 나는 유일한 도구를 들고 멋쩍은 표정을 지으며 밖으로 나왔다. 그것은 미니 해머, 스크루드라이버, 줄자, 펜치, 가위가 담긴 아내의 공구함이었다. 그것이 전부였다! "이런 도구로는 골대를 설치할 수 없어"라고 한 친구의 말을 절대 잊지 못할 것이다.

건강한 결혼 생활과 가정생활을 꾸리는 일은 농구 골대를 설치하는 일과는 비교되지 않을 정도로 복잡하다. 그러나 건강한 가정생활을 하려고 노력하는 많은 사람이 지식이 부족하거나 좋은 관계를 맺는 데 필요한 도구가 완벽하지 않거나 부적절한 경우가 많다. 내가 이 책에서 가장 흥미롭게 생각하는 부분은 조너선 페티그루와 다이앤 버진스키가 교육자들이 프락시스(이론적 실천)라 부르는 것, 즉 이론과 실제를 모두 아우르는 종합적인 해결책을 제시한다는 것이다. 각각에 관해 더 언급할 필요가 있다.

이 책에서 접하게 될 정보는 커뮤니케이션 이론, 심리학, 결혼 생활과 가족 치료, 영성 형성 분야를 두루 망라한다. 당신은 기독교 전통의 안팎을 모두 아우르는 사상가들과 실천가들을 만나게 될 것이다. 이 책의 저자들은 하나님이 일반 은총을 베푸셔서, 망가진 관계로 가득한 타락한 세상을 헤쳐나가도록 도울 지식을 세상 곳곳에 심어두셨다는 시각을 고수한다(시 145편). 일반 은총이란 하나님이 가리지 않고 모두에게 이런 지식을 주신다는 뜻이다. 이는 기독교 신앙이 없는 학자에게도 마찬가지다. 위대한 순회 설교자 존 웨슬리(John Wesley)는 "죄에서 구원받은 자들이 아니면 누구도 가르칠 수 없다는 생각은 매우 심각하고 위험한 잘못이다. 그런 생각은 추호도 해서는 안 된다"라고 정확히 지적했다.[2] 저자들은 이런 실수에 빠지지 않는다. 당신은 종교적 시각은 물론이고 비종교적 시각에서 결혼 생활과 가정을 다룬 최고 전문가들의 이론과 최신 연구 자료를 이 책에서 접할 수 있을 것이다. 이 책에서 읽은 내용이 사실과 부합하고 성경과 모순되지 않는다면, 그 지식이라는 선물이 모든 인간에게 온전한 선물을 주시는 아버지가 직접 주신 것임을 알 수 있다(약 1:17).

저자들은 이론을 소개하는 것으로 끝내지 않고, 독자들이 자신의 관계 속에서 사용할 수 있는 도구도 제공한다. 예를 들어, 갈등에 관한 장에서 갈등의 징후(거칠고 부정적인 첫마디, 방어적인 태도, 비난 퍼붓기, 회복 시도의 실패, 부정적인 몸의 언어)가 무엇인지 배울 뿐만 아니라 화자-청자 기법(speaker-listener technique)처럼 오랫동안 검증된 방식을 통해 갈등을 실제로 다루는 법을 배우게 될 것이다. 이 책이 특별한 이유는 이 책의 저자들이 대부분의 학자가 고려하지 않으려는 영역, 즉 영적 전투를 망설임 없이 거론한다는 점이다. 예수님이 말씀하신 전체 내용의 거의 20%가 영적 전투와 관련이 있었다. 사도 요한은 온 세상이 악한 자의 영향을 깊게 받고 있다고까지 주장했다(요일 5:19). 그러나 갈등이나 관계를 다룬 대부분의 기독교 서적은 영적 싸움을 완전히 무시하지는 않지만 형식적으로 인정하는 선에서만 그칠 뿐이다. 당신이 읽을 이 책은 그렇지 않다. 저자들은 갈등을 전부 악한 세력 탓으로 돌릴 수 없다고 하면서도, 적절하게 다루지 못한 분노가 우리의 일상과 관계에서 사탄이 활약할 근거가 될 수 있음을 인정한다(엡 4:26-27). 이런 부분은 분명히 지적으로나 영적으로 도전이 될 것이다. 그래도 이 부분을 피하지 말고, 오히려 연구와 기도를 통해 더 깊이 들어가기를 바란다.

지난 몇 년 동안 나는 의사소통에 관해 가르쳐왔을 뿐 아니라 윈섬 컨빅션 프로젝트(Winsome Conviction Project)의 공동 책임자로 섬겨왔다. 이 프로젝트는 서로 생각이 다르더라도 공감하고 이해하며 예의 바르게 접근하는 태도를 회복하기 위한 운동이다. 오늘날의 논쟁 문화[3] [조지타운대학의 언어학자 데보라 태넌(Deborah Tannen)이 만든 용에는 서로 상대를 적으로 상정하고 접근한다. 안타깝게도 이런 태도는 우리와 가장 가까운 사람들과의 관계에도 스며들었다. 정치, 종교, 그 외 다른 민감한 사회적 사안에 대한 의견 불일치로 가족 관계가 불편해지거나 심지어 단절되는 경험을 한 사람이라면 충분히 공감할 수 있을 것이다. 나에게 희망을 주는 것은 페티그루와 버진스키 같은 학자가 자신의 신앙을 진지하게 받아들일 뿐만 아니라, 이 복잡한 문제를 평생 연구하고, 연구와 성경에 뿌리를 둔 해결책을 제시했다는 점이다.

이미 이 책을 가족 커뮤니케이션에 대한 고급반 강좌의 교재로 선택했다는 사실은 아마 이 책에 내가 보낼 수 있는 최고의 찬사일 것이다. 당신이 기대하고 있듯이, 나 역시 페티그루와 버진스키의 제안을 배우고, 삶으로 실천하기를 기대하고 있다.

팀 뮬호프 박사
바이올라대학 커뮤니케이션학과 교수
『결혼 생활, 진정한 영적 전쟁』(*Defending Your Marriage*) 저자,
윈섬 컨빅션 프로젝트 공동 책임자

서문
'기독교 신앙'이란 무엇을 의미하는가?

교단만 해도 수백 개이고 수천 가지 시각이 존재하는 종교에서 '기독교 신앙'을 정확히 드러내는 글을 쓸 수 있으리라 어떻게 감히 자신할 수 있는가? 박사 학위를 취득한 사회과학자로서 우리는 미국에서 기독교를 구성하는 형식과 해석의 다양성을 인정한다. 그러나 성경을 연구하고, 기독교 작가들에게서 배우며, 설교를 소화하고 분석하고, 그리스도와 성령을 통해 하나님과 지속적이고 인격적인 관계를 맺어온 우리는 성숙한 그리스도인이라면 타인을 인정하고, 그들에게서 배우려는 겸손함을 갖추었다고 확신한다. 다른 사람이 내린 결론을 다 받아들이기 어렵더라도 그의 관점과 논리에서 분명히 배울 점을 찾을 수 있다. 우리는 당신도 같은 방식으로 접근하기를 바란다. 기독교 실천에서 일부 차이는 사소하거나, 개인적인 선호에 따른 것이거나, 역사적인 것이라고 믿는다. 더 실제적인 차이의 경우, 타인의 논증을 끝까지 듣고, 그가 제시한 증거를 평가하며, 성령의 인도하심을 받아 성경으로 그 증거를 확인해봄으로써 결론을 꼼꼼하게 확인할 여지가 있다고 믿는다. 그런 성숙함이 있다면 기본적으로 진리를 분별하고 검증할 수 있다(살전 5:19-22 참고). 우리 역시 그런 마음으로 이 책을 선보인다. 우리 시각을 더 명료하게 드러내기 위해 그리스도인으로 산다는 것의 의미와 성경에 대해 우리가 믿는 바를 공유하려고 한다.

우리는 신학적인 신앙고백을 제시하려는 의도는 없으며, 단순히 C. S. 루이스가 쓴 영향력 있는 책에 경의를 표하며, 책 제목대로 '순전한 기독교'가 의미하는 것을 나타내려고 노력할 것이다.[1] 우리의 관점은 가장 기본적인 기독교 교리에 부합한다. 하나님이 세상을 창조하셨고, 인간의 불순종으로 죄가 세상에 들어왔으며, 이에 따라 구세주가 필요한 보편적이고 본질적인 이유가 생겼다. 역사적 실존 인물인 예수 그리스도가 하나님의 독생자로 이 세상에 오셔서 인류를 죄와 그 저주에서 구원하셨다. 우리 역시 고대의 사도신경을 고백한다. 즉, 예수 그리스도가 "동정녀 마리아에게 나시고 본디오 빌라도에게 고난을 받으사 십자가에 못 박혀 죽으시고, 장사한 지 사흘 만에 죽은 자 가운데서 다시 살아나시며, 하늘에 오르사 전능하신 하나님 우편에 앉아 계시다가, 저리로서 산 자와 죽은 자를 심판하러 오실 것"[2]을 믿는다. 이것이 우리의 기본적인 기독교 신학을 형성한다. 우리는 이것이 진리임을 확신하는 동시에, 이런 신조의 타당성을 위한 변증의 근거를 제시할 것이다. 예를 들어, 짐 워너 월리스(J. Warner Wallace)의 『베테랑 형사 복음서 난제를 수사하다』(Cold-Case Christianity, 새물결)와 리 스트로벨(Lee Strobel)의 『예수는 역사다』(The Case for Christ, 두란노)에는 무신론자에서 그리스도인으로 변화된 이들의 자전적 탐구와 그들을 회심하게 한 증거를 다룬다.[3] 우리가 가족 간 의사소통에 관해 기독교적 관점을 제시하는 것은 이 신앙고백을 바탕으로 한다.

또한 우리는 성경적 지혜를 하나로 통합하고자 노력할 것이다. 성경은 역사, 철학, 시, 예언 등 많은 것을 담고 있는 놀라운 책이다. 우리는 성경이 하나님의 영감으로 쓰인 책이라는 것을 믿으며, 이를 충실하게 해석하려고 한다. 성경 해석에 관한 우리의 견해는 하워드

헨드릭스(Howard G. Hendricks)와 윌리엄 헨드릭스(William D. Hendricks)가 공저한 『삶을 변화시키는 성경연구』(Living by the Book, 디모데)와 케이 아서(Kay Arthur)의 『귀납적 성경 연구 방법』(How to Study Your Bible, 프리셉트)과 같은 저서에서 큰 영향을 받았다.[4] 이 책들은 귀납적 성경 연구 방법을 설명한다. 텍스트 해석은 박사 과정에서 단련하는 기술의 하나이며, 비록 기독교적 관점에서 나온 것은 아니지만 중요한 부분이다. 우리는 과학적 연구, 신학적 반성, 우리의 생각과 경험에서 많은 예를 들 테지만, 여러 가지 이유로 성경에서 발췌한 구절들과 그것에 대한 우리의 해석도 제시할 것이다. 첫째, 성경은 하나님이 우리에게 주신 가장 중요한 계시다. 하나님이 누구신지, 인류 구성원으로서 우리가 누구인지, 하나님과 어떻게 관계를 맺는지, 그분의 구속 계획이 무엇인지 알려준다. 성경은 진리이며 단어 하나하나 모두 검증을 받았다. 말씀은 무오하다(잠 30:5). 둘째, 하나님의 말씀은 또한 신적인 능력을 발휘한다(히 4:12; 고후 4:10; 롬 1:16; 엡 6:17). 세상의 책들과 철학을 비롯해 우리의 말과 생각은 언젠가 모두 사라지겠지만 하나님의 말씀은 영원하다. 또한 하나님의 성령은 모든 사람과 상황에 적용되도록 하나님의 말씀을 살아 역사하게 만드신다. 이사야 40장 8절에 표현된 대로 "풀은 마르고 꽃은 시드나 우리 하나님의 말씀은 영원히" 서 있을 것이다. 또 다른 이유는 성경을 통해 모두가 공통된 기준점을 가질 수 있기 때문이다. 독자들은 우리가 인용하는 구절과 그것에 대한 우리의 해석을 검증할 수 있다. 우리가 하는 말이 과연 당신이 이해하는 성경과 부합한지 고려해볼 수 있다. 만약 당신이 다르게 생각한다면(그리고 우리는 다양한 교파와 배경을 지닌 많은 신실한 기독교인이 그렇게 생각하리라고 확신한다), 그 생각을 하나님 앞에 가져가 당신 자신의 방식으로 말씀을 읽고, 그분과 함께 그 말씀을 이해할 수 있다. 우리의 해석을 다른 교리적, 신학적 문헌과 비교해볼 수도 있다. 우리는 하나님이 그분 자신을 명확히 드러내시며, 그분의 말씀으로 직접 가르쳐주실 것이라고 믿는다(빌 3:15). 따라서 우리가 성경으로 당신을 이끈다는 것은, 당신이 하나님께 직접 배우고, 우리를 넘어서서 교사로서 성장하도록 초대하는 것이다. 시편 기자는 이렇게 고백했다. "내가 주의 증거들을 늘 읊조리므로 나의 명철함이 나의 모든 스승보다 나으며"(시 119:99).

성경의 이런 속성, 즉 성경의 진실성과 불변성과 능력은 성경의 자체적 증언에서만 확인할 수 있는 것이 아니라 이 진리를 위해 목숨을 걸었던 허다한 순교자의 삶을 통해서도 입증된다. 대부분 순교자가 신앙고백으로 아무것도 얻지 못했으며, 오히려 모든 것을 잃는 고통을 겪었다. 예수님의 시대 이후로, 수백만 명이 고문당하고 죽임당했으며, 그들은 모두 하나님과 그분의 말씀에 대한 믿음을 확고히 지켰다. 이런 순교자들에 대한 고전적이고 현대적인 증언은 순교자들의 소리(Voice of the Martyrs, 박해받는 기독교인을 지원하는 선교 단체)와 협력하여 토크(D. C. Talk)가 출간한 『Jesus Freaks』(*Jesus Freaks*, 좋은씨앗)에 잘 나와 있다.[5] 이 글에서 우리는 기독교적 관점을 나타내기 위해 성경을 인용하고, 우리와 다르게 해석하는 사람들의 견해도 소개할 것이다.

이처럼 우리의 접근 방식은 현대 학문과 기독교의 기본 교리에 부합하는 시대를 초월한 성경의 지혜를 통합하려는 것이다. 이 책에서 우리가 확신하는 일부 입장이 사회뿐만 아니라 기독교 내에서도 논쟁의 대상이 된다는 점을 인식하고 있다. 우리의 목표는 다른 견해를 반박하거나 불신하려는 것이 아니라, 성경과 학문에서 나온 증거를 통해 우리의 관점을 제시하는 것이다. 이 책의 여러 부분에서 우리는 다양한 관점을 인정하면서 동시에 우리가 생각하는 주제에 대한 우리 자신의 견해를 제시할 것이다.

이 책 전체를 관통하는 중심 주제 혹은 전제는 사회와 가정, 개인을 향한 하나님의 계획이 선하다는 것이다. 그러나 우리가 실제로 목도하고 경험하는 현실은 하나님의 선한 계획과 어긋나는 이기심, 트라우마, 고통으로 가득하다. 우리는 이런 차이를 단순히 죄가 세상에 들어온 '타락'의 결과라고 설명한다(창 3장 참고). 현실은 이러하지만, 능력을 주시는 하나님의 은혜와 구속하심으로 하나님의 선한 계획의 이상적 목표에 이를 수 있다는 희망을 버리지 않을 것이다. 우리는 현실과 이상을 은혜 아래에서 균형 있게 유지하려고 노력한다. 당신도 사람들과 가족 간의 다양한 의사소통 경험 속에서 동일한 태도를 견지할 수 있기를 바란다.

이 책을 쓴 목적

기독교와 성경에 대한 전제가 명확한 이 책의 목표는 의사소통에 대한 우리의 전문 지식과 사회학적 지식(가령, 사회학, 심리학, 인간 발달론, 가족학)과 성경에 대한 우리의 이해와 신학적 성찰을 통합하는 데 있다. 이 책은 관련 이론과 연구를 소개하고, 지성적이고 통합적인 기독교를 독려하며, 특히 독자들이 가족 간 의사소통을 개선할 수 있도록 돕기 위해 쓰였다. 우리는 교회 강단에서도, 대학 강의실에서도 동일하게 중요한 개념을 엮어내려고 노력할 것이다. 당신이 평생 경건하고 충만한 가정생활을 유지하는 데 필요한 반성적 태도와 습관을 이 책을 통해 기르기를 바란다.

기독교 가정에 대한 한 가지 흔한 오해는 기독교 가정이라면 완벽해야 하며, 완벽하다고 인정받아야 하고, 완벽하게 행동해야 한다는 것이다. 불행히도 이런 오해 때문에 사람들은 기독교의 핵심을 놓치고 있다. 생각해보라. 하나님이 만물을 창조하셨고, 그 만물은 그분이 보시기에 좋았다(창 1:1, 31). 만물은 하나님과 자연과 서로(가족을 포함해) 조화를 이루며 더불어 살도록 창조되었다. 그런데 무슨 일이 일어났는가? 인간이 하나님께 불순종하여 죄가 세상에 들어왔다. 그 이후로 세상은 더는 완벽하지 않게 되었다. 우리는 지금도 힘겹게 고전하고 있다. 인생은 완벽하지 않으며 우리 관계도 완벽하지 않다. 그러므로 우리 자신과 다른 사람들에게 완벽을 기대하는 것은 절대 합리적이지 않다. 가족들은 완벽하지 않으며, 우리가 가족과 소통하는 방식 역시 완전하지 않다.

우리는 이런 관계적 불완전함을 인정한다. 동시에 가족 의사소통, 기독교 성경과 신학에 관한 수많은 이론과 연구에서 건강하고 활기찬(비록 불완전하더라도) 가족 관계를 만들고 유지하는 방법을 제시했다는 것을 알고 있다. 이 책은 이런 성과를 독자들과 나누고자 하는 열정에서 출발했다. 우리는 건강한 가족 관계를 세워가기 위한 실제적이고 신학적으로 건전하며 연구 중심의 전략적 방법을 소개할 것이다. 우리는 하나님이 가정을 설계하셨고, 가정이 신학과 관계를 이해하는 데 근본이 됨을 알고 있다. 가정생활은 긍정적인 사랑의 사회화를 통해 자녀가 풍성한 삶을 살도록 돕는다. 그러나 또한 가정생활은 노인 돌봄을 포함하며 개인에게 정신적이고 심리적 혜택을 선사하고, 문화와 가치를 공유하는 가운데 정체성과 의미를 확인할 곳을 마련해준다. 가족, 불완전하더라도 중요하다.

이 책의 구성

이 책은 주로 미국 내 가정을 연구한 학술 자료와 우리의 경험을 바탕으로 쓰였다. 우리가 사용하는 대부분의 경험적 연구와 평가는 미국에서 진행된 것이다. 우리의 신학과 기독교에 대한 견해는 서구 사상에 의해 크게 형성되었다. 기독교는 동양의 유대 문화에서 기원했지만[예를 들어, 마빈 윌슨(Marvin R. Wilson)의 『기독교와 히브리 유산』(*Our Father Abraham*, 컨콜디아사)을 보라], 우리는 기독교가 모든 사람과 모든 시대를 위한 보편적인 것이라고 믿는다. 이런 보편성에도, 우리가 경험한 기독교는 문화적으로 뿌리를 두고 있다. 우리가 참고하는 많은 자료와 신학적 성찰도 서구 사상을 바탕으로 하고 있다.[6] 우리가 공유하는 일부 주제, 이론, 철학이 다른 맥락에서 적용될 수 있지만, 우리의 작업 범위는 미국과 가장 큰 관련이 있다. 이 책은 3부로 구성되었다.

1부 개념 정의와 시각

개념의 정의와 시각은 우리의 가정 탐사 작업의 틀을 이루는 기본적인 정보를 제공한다. 우리는 독자들이 기독교적 시각으로 가족 의사소통에 관한 학문에 접근하는 것이 어떤지 이해하고, 그것이 왜 중요한지도 이해하기를 원한다. 먼저 기독교적 시각에서 가족 의사소통을 이해하는 기본 틀을 구성하는 네 가지 주요 전제를 다룬 짧은 장으로 시작할 것이다. 2장에서는 가족에 대한 여러 가지 개념을 점검하고, 가족을 정의하는 것이 왜 중요한지 논의한다. 이어서 가족의 사회적 역할에 대해서도 살펴볼 것이다. 3장에서는 상황 속에서 가족 의사소통을 이해하기 위한 사회 조직 모델을 제시하고 가정과 관련된 사회적 흐름을 확인해볼 것이다. 마지막으로 4장에서는 여러 이론의 개념을 소개하고, 이 이론들이 어떻게 가정의 역동을 이해하기 위한 해석학적 렌즈가 될 수 있는지 보여줄 것이다. 인간의 모든 상호작용에 대한 우리 이해의 틀을 구성하는 기독교적 모델과 함께 가정에 대한 네 가지 광의의 시각(체계, 내러티브, 관계적 변증법, 발달론)을 제시할 것이다.

2부 기능적인 가족 의사소통

기능적 가족 의사소통은 모든 가정이 직면하는 다섯 가지 주요 의사소통 범주를 소개한다. 우리는 서로 연결되는 방법(5장), 갈등을 관리하는 방법(6장), 용서를 주고받는 방법(7장), 회복 탄력성을 확보하는 방법(8장), 가정생활의 실질적인 일들을 돌보는 방법(9장)을 소개할 것이다. 2부는 먼저 소통을 위한 의식들을 살펴보는 것으로 시작하며, 경청을 생활화하는 방법, 관계 유지 행동을 활용하는 방법 그리고 상대의 사랑의 언어로 소통하기와 같은 주제들을 다룰 것이다. 성장하는 가족 관계를 위한 의식 조성 방법을 살펴본 뒤 가정 내 갈등과 관련된 원칙을 살펴보고, 갈등의 원인과 양상, 갈등의 징후 그리고 하나님을 공경하는 방식으로 갈등을 다루는 법도 논의할 것이다. 우리는 가정생활 속에서 상처와 오해가 불가피하다는 사실을 잘 알고 있다. 따라서 상처를 주는 메시지와 그에 대한 반응에 관한 연구를 다루며 관계 회복과 용서에 중점을 두었다. 이후 가정의 스트레스에 대처하고 회복 탄력성을 확보하기 위한 전략을 논의할 것이다. 올슨(Olson)의 효과적인 가족 기능 원형모델과 스트레스 이론은 역경을 관리하고 회복 탄력성을 형성하는 데 의사소통이 작동하는 방식에 대한 틀을 제시한다. 2부는 예산 작성, 가사 노동, 가정 내에서의 기술 관리 같은 가족이 함께 살아가는 일상의 과업을 다루는 데 집중한 장으로 마무리할 것이다.

3부 다양한 가족 주기에서의 의사소통

여러 가정 발달 단계에 따른 의사소통은 가족 경험의 구체적인 시간 단위에 맞게 접근한다. 3부는 먼저 연애와 결혼 관계에 초점을 맞춘 세 개 장으로 시작된다. 10장은 결혼에 이르기까지 과정을 탐색한다. 연인이 되는 과정에 영향을 미치는 심리적, 생물학적, 사회적 요인을 다루며, 의사소통이 관계별 단계에 어떤 영향을 미치는지 고찰한다. 11장에서는 결혼을 언약으로 바라보며, 특히 부부의 성적인 소통을 집중해서 다룰 것이다. 12장은 부부간 의사소통의 역동을 살펴보되 관계 내 폭력과 이혼 등과 같은 주제를 살펴볼 것이다. 이 장은 흔들림 없는 결혼 관계를 가꾸어나갈 실제적 전략을 소개하며 마무리한다. 다음 두 장은 부모와 자녀의 상호작용에 집중할 것이다. 가정에 자녀가 태어나면 당연히 복합적이고 극적인 영향을 받는다. 13장과 14장은 부모 역할과 관련된 다양한 이론과 모델을 다루며, 하나님을 반영하고 존중하는 방식으로 훈육하는 성경적 근거를 제공한다. 마지막으로, 가정의 유산이라는 주제를 제시하고, 가정이 재정적, 영적, 관계적 축복을 유산으로 물려줄 방식을 살펴보는 것으로 책을 마무리할 것이다.

저자 소개

이 책을 쓴 우리가 어떤 사람인지 알고 싶으리라 생각한다.

조너선 페티그루

나는 텍사스의 작은 주립대학교에서 심리학 학사 학위를 받았다. 졸업 후에는 전국을 순회하며 기독교 캠퍼스 사역자로 2년간 섬겼다. 대학 공동체에 대한 애정이 컸던 나는 대학원에 진학하기로 했다. 인디애나대학교에 입학해 응용 커뮤니케이션으로 석사 과정을 마친 뒤, 펜실베이니아 주립대학교에 입학해 커뮤니케이션 예술 과학으로 박사 학위를 받았다. 가정에 관한 책 『의붓 가족의 세계』(Stepfamily Worlds)[7]와 공립대학에서의 신앙 통합을 다룬 책 『그리스도를 고백하며』(Professing Christ)[8]를 출간했고 <헬스 에듀케이션>(Health Education), <저널 오브 애덜레슨트 리서치>(Journal of Adolescent Research), <저널 오브 패밀리 커뮤니케이션>(Journal of Family Communication)과 같은 학술 저널에 동료 평가를 받은 여러 편의 학술 논문을 기고했다.

이 책을 출판하는 지금 나는 결혼한 지 15년이 되었고, 아내 브리앤과의 사이에서 자녀 다섯 명을 두었다(8세에서 14세 사이의 딸 셋과 아들 둘). 세 명이 4년 안에 태어났는데, 내가 박사 과정을 밟을 때였다. 넷째와 다섯째는 교수로 봉직한 첫 몇 년 안에 태어났다. 이것은 좀 편법 같은 이야기지만, 우리 아이들의 나이와 다섯 명이라는 숫자를 합산하면 아내와 내가 56년이나 자녀 양육을 경험한 셈이 된다. 나는 8개 주에서 살아봤고, 10여 개국이 넘는 나라를 방문했다. 심지어 교회에서 4개 국가에 선교 여행을 다녀오기도 했다. 항상 집 안에 활기가 넘치니 어느덧 나는 이런 생활을 좋아하게 되었다. 나는 또 도보 여행과 실내 조정 경기를 즐긴다. 일이 없을 때는 아이들과 함께 놀아주며 소리 내어 책을 읽어주기도 하고 아내와 밀린 대화를 나누거나 게임을 하고 외진 시골을 탐험하기도 한다.

다이앤 버진스키

세인트클라우드주립대학에서 커뮤니케이션과 형사 사법으로 학사 학위를 취득했다. 그 이후로 캘리포니아산타바바라대학에서 커뮤니케이션으로 석사 학위를, 위스콘신매디슨대학교에서 커뮤니케이션으로 박사 학위를 취득했다. 그러고 보면, 콜로라도기독교대학에서 교수로 재직하며 대인 관계와 가족 커뮤니케이션을 연구하는 것이 놀랍지도 않다. 위스콘신매디슨대학에서 박사 과정 학생이었을 때 가족 커뮤니케이션 분야에서 명망 높은 학자 중 한 분인 메리 앤 피츠패트릭(Mary Anne Fitzpatrick) 박사님에게서 배울 특권을 누렸다. 책으로 나온 내 첫 글은 메리 박사님과 공동 저술한 『대인 커뮤니케이션 핸드북』(Handbook of Interpersonal Communication)에 실린 "가족 모두와 함께: 친족 관계에서의 커뮤니케이션"(All in the Family: Interpersonal Communication in Kin Relationships)이라는 장이었다.[9] 그리고 30년 정도 지나서는 기독교 커뮤니케이션 분야에서 너무나 유명한 학자인 퀸틴 슐츠 박사님과 『대인 커뮤니케이션 핵심 가이드』(An Essential Guide to Interpersonal Communication: Building Great Relationships with Faith, Skill, and Virtue in the Age of Social Media)라는 책을 공저하는 특권을 누렸다.[10] 이런 탁월한 학자 두 분과 다른 많은 분에게서 배울 기회를 얻게 되어 너무 감사하다. 나는 여전히 대인 관계와 가족 커뮤니케이션 분야에서 계속 연구하고 저술하며 가르치고 있다.

어린 시절 형제 아홉 명을 둔 아버지와 열두 자녀 중 막내였던 어머니는 믿음과 노력, 교육의 중요성을 강조하며 무엇보다 가족을 최우선으로 하셨다. 남편 존과 나는 결혼한 지 30년이 넘었으며, 세 아이에게 이런 가치를 심어주려고 노력했다(많이 기도하고 돈도 많이 들었다). 내 세 아이, 알리사, 루크, 해나는 이제 세상에서 신앙인으로 살아간다는 것이 무슨 의미인지 늘 고민하며 누구보다 밝게 청년기를 보내고 있다. 한 가족으로서 우리는 함께 여가를 즐긴다. 우리 아이들은 내가 보드게임을 하며 놀 때 특별히 행복해한다는 사실을 잘 알고 있다.

1부

개념 정의와 시각

1부는 건성으로 건너뛰지 말고 잘 읽어야 한다. 1-4장은 이 책의 중요한 기초에 해당한다. 우리는 성경을 바탕으로 한 관점에서 가족 의사소통을 연구하고 탐색할 무대를 마련하고자 한다. 이 작업을 하기 위해 1장에서는 가족 의사소통과 기독교 신앙의 네 가지 전제를 간단히 소개할 것이다. (1) 하나님은 소통하시는 분이다. (2) 하나님은 분명한 목적과 뜻을 갖고 가정을 만드셨다. (3) 가정의 사회적 현실은 하나님의 이상과는 멀어진 상태이며, 이 때문에 긴장이 발생한다. (4) 가족 간 의사소통은 하나님의 선한 계획과 사회적 현실 사이의 긴장을 완화하는 데 도움을 준다. 2장에서는 가정에 대한 정의를 살펴보며, 가정을 사회에서 자연스럽고 근본적인 것으로 정의한다. 다음으로 3장에서는 트루스 프로젝트(Truth Project)의 사회 조직 모델을 소개하는데, 이는 가정이 다른 사회 기관들과 어떻게 어울리고 더 넓은 구조 안에서 어느 위치에 있는지를 이해하는 데 도움을 준다. 마지막으로, 4장에서는 이론과 신학을 다룰 것이다. 가족의 상호작용을 이해하기 위해 광범위한 차원의 고찰 작업을 진행할 것이다. 1부는 추상적인 수준에서 논의가 진행되는 경향이 강하다. 그러나 기본을 습득하고 익히는 작업은 기독교적 시각에서 가족 의사소통을 더 잘 연구하고 평가하도록 준비해줄 것이다.

먼저 '기독교 가정은 어떤 모습이어야 할까?'라는 질문에 대해 생각해보자.

1장
가족 의사소통과 기독교 신앙 모델링

1장은 이 책 전반에 걸쳐 있는 네 가지 기본 전제를 간략하게 설명하고, 이를 설명하는 탐색적 모델을 소개한다. 첫 번째 전제는 하나님이 소통하신다는 것이다. 두 번째는 하나님이 의도적으로 가정을 설계하셨다는 것이다. 즉, 가정이 존재하는 데는 목적이 있고, 거기에는 가정 자체로 사회의 구조에 자연스럽고 근본적인 역할을 한다는 믿음이 포함된다. 세 번째 전제는 가정도 의사소통도 완벽하지 않다는 점이다. 우리의 현실이 하나님의 선한 계획에서 벗어났기 때문에 모든 가정과 의사소통에 이상과 현실 사이의 긴장이 존재한다는 것을 인정하는 것이다. 마지막으로 이 탐색적 모델이 제시하듯이, 의사소통은 하나님의 계획과 사회적 현실 사이의 중재자 역할을 한다는 것이다. 이 중재는 예수 그리스도의 십자가를 통해 가장 근본적인 차원에서 이루어진다(엡 2:16; 고후 5:18; 딤전 2:5).

서론

이 첫 번째 장에서는 이 책의 모든 장을 관통하는 기독교와 가족 의사소통에 관한 네 가지 기본적인 전제를 소개한다. 이 전제들은 하나님, 기독교, 가정, 의사소통과 관련한 주제들이다. 그림 1.1은 이런 전제들을 설명하는 탐색적 모델을 제시한다.

하나님은 소통하시는 분이다

우리의 첫 번째 전제는 하나님은 살아 계시며 그분 자신을 계시한다는 것이다. 다시 말해, 하나님은 소통하신다. 많은 신학자가 하나님의 계시를 성경과 창조로 구분하며, 이것을 1차 계시(특별 계시)와 2차 계시(일반 계시)라고 부른다. 바울이 썼듯이 "창세로부터 그의 보이지 아니하는 것들 곧 그의 영원하신 능력과 신성이 그가 만드신 만

그림 1.1 가족 의사소통과 기독교 신앙

물에 분명히 보여 알려졌나니 그러므로 그들이 핑계하지 못할지니라"(롬 1:20). 이것이 2차 계시다. 성경 자체는 1차 계시이자 하나님의 거룩한 말씀이라고 여겨진다(딤후 3:16).

더 나아가 하나님이 오늘날도 사람들과 소통하신다고 우리는 믿는다. 하나님은 우리가 과학으로 추론하거나 성경 말씀으로 해석하도록 그냥 두지 않으시고, 거룩한 성령을 보내셔서 그분을 모르는 이들의 마음에 확신을 심어주시고, 자기 백성 안에 내주하시며 능력을 주시도록 하셨다. 하나님은 노아에게 말씀하셨고, 아브라함과 더불어 소돔과 고모라의 운명을 의논하셨으며, 모세에게 토라를 소개해주셨고, 선지자들을 통해 미래를 예언하셨으며, 제자들과 동행하셨다. 마찬가지로 오늘날에도 여전히 적극적인 의사소통의 주체로 활동하고 계신다. 하나님은 소통하시는 분이며, 말씀하고 경청하시는 분이다. 우리는 실제로 하나님과 대화할 수 있다. 이것이 이 책의 기본적인 전제다.

하나님은 목적을 갖고 가정을 만드셨다

두 번째 전제는 하나님이 가정을 만들고 지으셨다는 것이다. 가정생활에는 목적과 질서가 있다. 가정은 우연히 생긴 것이 아니다. 단순히 편안하거나 실용적인 사회 조직에 불과한 것이 아니다. 가정과 그것을 구성하는 모든 개인과 관계는 하나님이 제정하신 것이다. 가정은 하나님의 본성과 뜻을 반영하며, 성경 첫 몇 장에서 인간 역사가 시작되고서 바로 하나님의 축복 속에 탄생했다.

창세기 1장 27절은 "하나님이 자기 형상 곧 하나님의 형상대로 사람을 창조하시되 남자와 여자를 창조하시고"라고 기록한다. 가정은 성경에 기록된 최초의 사회적 제도다. 정부나 어떤 종교의식이 규정되기 전에 하나님은 먼저 관계와 가정을 창조하셨다. 그러므로 우리는 관계적, 가정적, 사회적인 존재다. 이것은 삼위일체 하나님, 즉 아버지, 아들, 성령이라는 동일하지만 서로 다른 인격체로 이루어진 하나님 자신의 사회적 존재로서의 본성을 반영한다.

더 나아가, 창세기의 기록은 두 성을 보완적이고 동등한 존재로 창조하셨음을 보여준다. 두 성 모두 하나님의 형상대로 창조되었지만, 각각 구별된다. 현대 학자들은 생물학적 성과 개인의 성(젠더)을 구분하지만, 성경은 시종일관 성별과 생물학적 성이 동의어라고 가정한다. 하나님은 또한 한 남자와 한 여자가 일생 결혼 관계를 이루며 함께 살도록 계획하셨다. 아담은 900세가 넘도록 살았지만, 하와와 이혼하지 않았다! 예수님은 창조 이야기를 해석하시며 이렇게 말씀하셨다. "그러므로 하나님이 짝지어 주신 것을 사람이 나누지 못할지니라"(막 10:9).

결혼 관계에서 성적 결합의 본질은 또한 성경의 이 첫 페이지에서도 명확하게 드러난다. 창세기는 남자가 여자를 위해 아버지와 어머니를 떠나 "그의 아내와 합하여 둘이 한 몸을 이룰지로다"(창 2:24)라고 기록한다. 이것은 성이 결혼 관계 안에서만 독점적으로 이루어져야 한다는 하나님의 계획을 보여준다. 성경의 다른 구절들에서도 이 계획을 상세히 알려주며, 이 말씀들은 결혼이라는 상황 밖에서 철저히 성적으로 금욕해야 한다고 가르친다. 즉, 결혼 전이나 이혼 후 혹은 별거 시에는 성관계를 자제해야 한다는 것이다. 이 특징은 하나님이 결혼을 그리스도와 그분의 신부인 교회와의 관계를 지구상에서 묘사하도록 디자인하셨다는 것을 반영하는 것으로 보인다. 이에 대해서는 2장과 11장에서 다룰 것이다.

가정을 의도적으로 만드신 것 외에 하나님은 가정을 특별한 목적을 위해 창조하셨다. "하나님이 그들에게 복을 주시며 하나님이 그들에게 이르시되 생육하고 번성하여 땅에 충만하라, 땅을 정복하라"(창 1:28). 가족은 생육하도록 만들어졌다. 또한 온 세상을 축복하기 위한 목적으로 만들어졌다. 하나님은 최초의 가정을 축복하시며 그들에게 이렇게 명령하셨다. "바다의 물고기와 하늘의 새와 땅에 움직이는 모든 생물을 다스리라"(창 1:28). 이 명령을 받은 대상은 정부나 기업체나 교회가 아니다. 가정이 이 명령을 받았다. 가정의 본질과 존재 목적에 대한 우리 전제의 하나는 가정이 사회의 다른 영역들과는 다르다는 것이다. 모든 사회 영역은 저마다 권리와 책임을 진 부분이 있다. 가정은 자신들을 닮은 후손을 생산하며, 다음 세대에 축복을 전수할 책임을 맡았다. 이에 대해서는 15장에서 다룰 것이다.

하나님이 최초의 가정에 주신 우주적 명령("생육하고 번성하라", 창 1:28)은 예수님이 부활하신 후 하나님의 가족인 제자들에게 주신 우주적 명령에도 반영되어 있다("가서 모든 민족을 제자로 삼으라", 마 28:19.) 이런 명령은 지상에서 하나님의 가정의 구속적 목적과 계획뿐 아니라 최초의 가정을 향한 존재 목적과 계획을 반영한다. 인류의 사명은 모든 세대와 온 세상에 하나님의 생명을 복제하는 것이다. 이사야는 이렇게 예언했다. "그의 어깨에는 정사를 메었고…그 정사와 평강의 더함이 무궁하며"(사 9:6-7). 육신의 가정이 생육하고 번성해야 하듯이, 이사야의 예언의 성취는 하나님의 가족을 위한 목저과 함께 넘쳐흐른다. 그리스도인들은 이 지구 곳곳과 모든 사람에게 하나님의 통치가 회복되게 해야 한다.

가정과 의사소통은 모두 불완전하다

이 책에서 세 번째 전제와 주제는 하나님이 계획하신 사물의 존재 방식과 우리의 사회적 경험의 실제에 괴리가 존재한다는 것이다. 예를 들어, 이상적인 기독교적 신념으로는 하나님이 절대 이혼을 의도하지 않으셨음을 인정하지만, 수천 년 동안 이혼이 가정생활의 한 측면이 되었다는 현실을 부정할 수는 없다. 기독교적 관점에서, 사람이 이혼할 수 있고 그 이후에도 행복하고 충족된 삶을 살 수 있음을 부정하지는 않는다. 많은 사람이 이혼한다. 심지어 조상 아브라함도 아내가 두 명이었고, 한 명을 내쫓았다. 이는 이혼했음을 의미한다. 그러나 하나님이 이런 아브라함을 거부하지 않으셨으므로, 오늘날 그리스도인도 이혼한 사람들을 거부해서는 안 된다. 또 많은 사람이 혼외 성관계를 하거나 동거한다. 이런 현실은 분명히 하나님의 계획에서 벗어났지만, 어쨌든 분명히 실제로 일어나는 일들이다. 우리의 전제를 또 다른 방식으로 표현하면, 사회마다 죄가 흘러넘치고 다양한 영역에 걸쳐 본의 아니게 복잡한 인간관계가 펼쳐진다. 그러나 하나님의 은혜는 그 모든 것을 가릴 수 있다. 사랑은 허다한 죄를 덮을 수 있고 또한 계속 그렇게 할 것이다(벧전 4:8). 하나님의 계획과 우리가 실제 삶 사이에서 느끼는 이 긴장은 기독교적 관점의 핵심을 차지한다. 말 그대로, 예수의 십자가는 죄의 결과로 생긴 왜곡된 현실과 하나님의 원래 뜻 사이에서 갈등과 긴장을 안고 살아가는 인간의 삶을 상징한다.

가정은 완전하지 않으며 의사소통도 완전하지 않다. 인간의 타락으로 모든 관계에 장벽이 생겼다. 아담과 하와가 몸을 가릴 때 사용한 에덴동산의 악명 높은 무화과 나뭇잎처럼, 죄로 인해 모든 인간관계에 벽이 생겨버렸다. 고전 문학에 자주 등장하는 갈등, 즉 하나님과 인간, 인간과 자연, 인간 상호 간, 인간 내면의 갈등 모두 타락의 순간에 시작되었다. 인류 역사에서 이 결정적인 순간 이전의 의사소통과 이후의 의사소통은 절대 같을 수가 없을 것이다.

가정과 의사소통의 이런 불완전함으로 가족 의사소통은 영원히 불완전할 수밖에 없다. 그러나 그렇다고 가정이나 의사소통이 타락 이전보다 덜 가치 있게 되었다고 할 수는 없다. 하나님이 가족과 소통을 위해 주신 선한 계획의 내재된 가치는 그것들이 구속받을 가치가 있음을 의미한다. 기독교에서 가르치듯이, 그리스도가 인류를 위해 죽으신 이유가 여기에 있다. 하나님과의 관계와 사람과의 관계를 회복하고, 우리의 관계를 막았던 무화과 나뭇잎을 벗고 다시 한번 부끄러움 없이 만들기 위해서다(창 2:25). 인간은 망가진 상태지만 아름답다. 우리는 불완전하지만 완전해지고 있다. 실수를 저지르지만, 계속해서 성장하고 발전함으로 우리 생각과 행동, 습관이 점점 더 거룩해질 수 있다. 우리가 이런 상태인데도 하나님은 일하실 뿐 아니라 우리와 함께 우리를 통해 일하신다. 누구도 완벽하게 소통할 수 있는 사람은 없다. 우리 중 누구도 완벽한 가정에서 자라지 않았다. 그러나 우리 상태가 엉망이어도, 그리스도는 우리를 아름답게 만드시고 우리가 하나님의 가족이 되도록 이끄신다.

이 책은 가족 의사소통이 망가진 현실을 인정한다(가령, 이혼, 갈등, 폭력). 하지만 가족 간의 아름다운 역동성을 가꾸어줄 실제적 훈련에 대한 하나님의 계획을 드러내며 이상적인 상태를 조명하고자 노력한다. 가정은 하나님의 선물이다. 의사소통 역시 선물이다.

가족은 긴장 속에서도 살아가기 위해 소통한다

가족 의사소통을 다루는 우리의 마지막 전제이자 주제는, 개인과 가정이 소통을 통해 하나님의 본성을 반영한다는 것이다. 하나님이 그분 자신, 그분의 방법과 일을 이 땅에 드러내신다면(시 103:7-8)

우리도 우리 자신을 드러낼 수 있다. 의사소통은 하나님의 선물이다. 의사소통으로 다른 사람이나 하나님과 친밀하게 연결될 수 있다. 소통은 하나님이 우리에게 처음으로 행하신 일이다. 그분은 창조물에게 말씀하셨다. 하나님이 그분 자신을 우리에게 계시하지 않으셨다면 우리는 그분을 알 길이 없었을 것이다. 우리 역시 소통으로 우리 자신을 드러낼 수 있다.

소통을 통해 우리는 하나님의 이상과 우리 사회의 현실 사이의 긴장을 조율해나간다. 이 책에서 계속 설명하겠지만, 소통은 다른 사람들과의 연결을 촉진한다(5장). 그것은 하나님과의 연결을 촉진하기도 한다. 소통으로 우리는 서로 오해하기도 하고 갈등을 일으키기도 한다(6장). 그러나 또한 우리는 소통을 통해 용서를 베풀고 용서받는다(7장). 이런 예들은 소통이 어떻게 하나님의 인류에 대한 계획을 반영하는지를 보여준다.

우리 연구 모델에서 핵심적인 특징은 그리스도의 십자가다. 그리스도의 십자가는 하나님의 계획과 우리의 불완전한 가정과 의사소통을 이어준다. 고린도후서 5장 17-19절에서 지적하는 대로다. "그런즉 누구든지 그리스도 안에 있으면 새로운 피조물이라 이전 것은 지나갔으니 보라 새것이 되었도다 모든 것이 하나님께로서 났으며 그가 그리스도로 말미암아 우리를 자기와 화목하게 하시고 또 우리에게 화목하게 하는 직분을 주셨으니 곧 하나님께서 그리스도 안에 계시사 세상을 자기와 화목하게 하시며 그들의 죄를 그들에게 돌리지 아니하시고." 그리스도를 통해 화목해진다는 이 놀라운 메시지는 불완전한 현실과 이상을 이어주는 역할을 한다(히 9:15 참고). 그리스도의 죽음과 부활이 불완전한 인간과 하나님의 선하신 계획을 하나로 연결해준다(*communis*).

결론

진정으로 소통은 인생의 평온함과 폭풍 속을 항해하는 사람들에게 배와 항로 역할을 한다. 제대로 소통하는 법을 배우고, 가정의 현실과 이론에 대한 통찰을 얻으면 연애에서 결혼, 부모가 되는 과정에 이르기까지 다양한 가족의 단계를 잘 항해할 수 있게 될 것이다. 우리는 당신이 이 책을 공부하며 이 여정에 함께 참여하기를 권장한다.

2장
가족 이해하기

정책과 연구 조사에서 가족은 기본적인 개념이다. 2장은 의사소통 학자들이 가족의 의미를 정의하는 데 사용한 세 가지 방식(구조적, 기능적, 상호 교류적)을 서술하고 가족 관계가 어떤 면에서 자발적이기도 하고 비자발적이기도 하다는 점을 살펴볼 것이다. 이어서 성경이 가족을 정의하는 방식을 살펴볼 것이다. 마지막으로, 유엔 세계인권선언문을 기반으로 한 실제적인 개념을 제시하며, 가족은 사회에 자연적이고 기본적인 부분임을 주장할 것이다.

서론

구약의 에스더 이야기를 알고 있는가? 에스더는 어린 시절에 부모를 여의었는데, 그 후 사촌인 "모르드개가 [그녀를] 자기 딸같이 양육[했다]"(에 2:7). 에스더는 아하수에로 왕의 명령으로 다른 "아리따운 처녀들"(에 2:2)과 함께 왕궁에 후궁으로 모집되어 갔다. 에스더는 왕의 하렘에 들어가는 것 말고는 다른 선택의 여지가 없었다. "왕이 모든 여자보다 에스더를 더 사랑하므로 그가 모든 처녀보다 왕 앞에 더 은총을 얻은지라 왕이 그의 머리에 관을 씌우고 와스디를 대신하여 왕후로 삼은 후에"(에 2:17). 이후 이야기는 유대 민족을 말살하려는 음모에서 에스더가 자기 민족을 구원하는 데 중요한 역할을 하는 내용이 전개된다.

이 인상적인 이야기에서 에스더의 가족은 누구인가? 에스더의 생물학적 부모는 세상을 떠난 뒤임에도 여전히 그녀의 가족이라 할 수 있는가? 에스더와 모르드개는 가족인가? 에스더와 아하수에로 왕은 가족인가? 이 세 사람의 관계는 무엇이며 아하수에로 왕은 모르드개를 가족으로 여기려 하겠는가?

이런 질문은 에스더의 가족이 누구이며, 누가 가족이 아닌지에 대한 대답이 간단하지 않음을 보여준다. 현대 가족의 상황에 관한 질문도 마찬가지다. 그리스식 의형제(pledge class)는 정말 형제나 자매를 지칭하는 말인가? 정말 '개엄마'(dog moms)가 있을 수 있는가? 교회에서는 어떤가? '하나님의 가족'은 과연 존재하는가? 이 모든 질문은 가족의 정의에 따라 답이 달라지며, 가족을 정의하는 일이 항상 명확하지는 않다는 것을 알 수 있다.

이 책의 목표가 가족 소통 이론과 연구에 관해 배우는 것이므

적용 활동 2.1

누가 가족인가?

- 가족의 이름을 모두 적어보라. 다 적고 나면 당신과 그 가족이 어떤 관계인지도 적어보라.
- 작성한 명단을 보지 않고, 이제 가족이라는 단어의 의미를 적어보라.
- 둘을 비교해보라. 가족 명단과 당신이 정의한 가족 개념에 차이가 있는가?
- 당신이 정의한 가족 개념은 당신의 경험에 영향을 받았는가? 당신이 경험하는 더 큰 문화는 얼마나 영향을 끼쳤는가? 또 성경과 교회는 어느 정도 영향을 주었는가?

로, 우리는 공통된 용어가 필요하다. 개념 정의는 경계를 설정하고, 가족과 가족 소통에 관한 연구에서 무엇을 포함하고 제외할지를 결정하는 데 도움이 된다. 이 장은 소통 학자들이 가족을 정의할 때 일반적으로 사용하는 세 가지 접근법(구조적, 기능적, 상호 교류적)을 살펴보고 자발적 혹은 비자발적인 가족 관계를 설명할 것이다. 그런 다음 '성경은 가족을 어떻게 정의하는가?'라는 질문을 살펴본 뒤 유엔의 세계인권선언문에 기반한 실제적 개념을 소개하는 것으로 이 장을 마무리한다. 거기서는 가족을 '사회를 구성하는 자연적이고 기본적인 집단 단위'로 정의했다.[1]

개념의 범주

커뮤니케이션학에서 가족 전문 연구 학자[2]들은 종종 가족의 개념을 세 가지 유형으로 분류한다. 구조적 가족, 기능적 가족, 상호 교류적 가족이다.[3] 가정을 규정하는 세 가지 방식은 엄격한 데서 유연한 것 그리고 유동적인 것으로 이동한다. 구조적 정의는 가장 엄격하다. 다른 정의들보다 더 일관되게 적용되며, 누가 가족에 속하는지에 대한 명확한 이해를 제공한다. 기능적 정의는 일관되게 적용되지만, 특정 기능을 수행하는 사람이 누구인지에 대해 논란의 여지가 있다. 상호 교류적 정의는 유동적이다. 누가 가족에 포함되거나 제거될지 순간적으로 바뀔 수 있다. 이제 각 범주를 자세히 살펴보자.

  구조적 정의는 가족에 포함되는 이가 누구인지 명확히 규정하는 개념이다. 이 정의는 '가족은 누구로 구성되는가?'라는 질문에 답하며, 포함과 배제에 관한 명확한 기준을 제시한다. 전통적으로 구조적 정의는 생물학적이고 법적인 관계에 기초한다. 자녀, 이모, 삼촌,

조부모는 모두 혈연으로 연결되어 있기에 가족으로 간주된다. 남편과 아내, 입양 자녀는 법으로 연결돼 있으므로 가족이다. 그러나 위탁 아동, 애완동물, 친한 가족 친구는 구조적 정의에서는 가족에 해당하지 않는다. 이들은 법적으로나 혈연으로나 관련이 없기 때문이다. 구조적 가족 정의는 감정이나 경험에 좌우되지 않는다. 역동적이지 않지만, 모든 사람에게 일관되게 적용되는 논리적 분류를 할 수 있다.

기능적 정의는 '가족은 무엇을 하는가?'라는 질문에 답해준다. 이 정의는 사회적 과업이 가족 단위로 성취된다고 본다. 이 과업을 성취하는 집단은 누구든지 가족으로 분류된다. 더글러스 켈리(Douglas Kelley)는 『부부간 커뮤니케이션』(Marital Communication)에서 기능적 정의에 따라 결혼 관계와 유사한 다양한 관계를 설명한다. 그는 이런 관계의 기능적 특징을 "장기적, 공적 헌신, 낭만적, 파트너"라고 소개한다.[4] 그러므로 이 범주에 해당하는 모든 관계(가령, 장기적 동거 관계)가 그의 가족 소통 연구의 검토 대상에 포함될 수 있다. 또 다른 예로는 아이들의 사회화에 일차적 책임을 지는 집단이 가정일 수 있다. 이 가족 개념의 기준으로 사회화에 초점을 맞추면 위탁 가정이 가족에 포함될 수 있다. 또 아이들에게 돌봄을 제공하는 고모나 이모, 삼촌이나 큰아버지, 조부모가 여기에 포함된다. 그러나 무자녀 기혼 부부는 여기에 해당하지 않는다. 아이들을 사회화하는 역할을 하지 않기 때문이다. 이 기능이 일차적이라면 이 기능을 감당하지 않는 모든 집단은 가족으로 규정할 수 없다. 기능적 개념 정의는 일부 모호성과 변화의 여지를 허용한다.

마지막으로, 상호 교류적 가족 정의는 가장 모호하고 역동적인 범주에 해당한다. 이 정의는 사람들이 자신을 인식하는 방식과 서로 소통하는 방식이 가족을 정의하는 데 우선되어야 함을 전제한다. 예를 들어, 가족을 '자기 정의적 친밀 집단'으로 정의하면 대부분 관계가 가족의 범주에 해당할 수 있다. 룸메이트, 의형제, 입양 부모, 애완동물, 데이트 상대가 대표적이다.[5] 또한 상호 모순의 여지도 허용한다. 개인이 자신을 한 가정의 일원으로 보고 상대방은 그렇게 보지 않을 수 있다는 말이다. 개인이 하루는 자신을 가족의 일원으로 보다가 예기치 못한 상처를 경험한 후 그 가족과 절연하기로 할 수도 있다. 상호 교류적 개념은 커뮤니케이션 학자들이 소통을 필수 요소로 보기 때문에 종종 사용되는 개념이다.

자발적 관계와 비자발적 관계

또한 가족을 자발적 또는 비자발적인 기준으로 분류하여 이해할 수 있다. 결혼은 헌신적인 관계지만 자발적인 관계다. 부부는 관계를 유지하기로 서로 합의한다. 친구 관계, 팀, 그 외 다른 종류의 클럽도 모두 자발적이다. 이런 관계나 활동은 누구도 강제하지 않으며, 언제라도 끝낼 수 있다. 그러나 부자 관계는 비자발적이다. 생물학적 친족 관계는 개인이 선택할 수 있는 관계가 아니다. 인위적으로 부모라는 역할을 바꿀 수 없다.

삶에는 자발적인 관계와 비자발적인 관계가 모두 존재한다. 그렇다면 가족을 어떻게 분류할 수 있을까? 혈연관계인데도 원할 때마다 관계를 단절할 수 있는가? 어느 정도는 가능하다. 그러나 다른 한편으로는 불가능하다. 우리는 다른 사람과 소통하는 방식을 바꿀 수 있으며, 그것은 중요한 결과를 초래한다. 누군가가 아버지와 모든 교류를 끊거나 이혼 후 아버지를 한 번도 만나지 않게 된다면(통계에 따르면, 이혼 후 생물학적 아버지와 만나는 자녀 비율은 40%에 불과함) 관계를 유지하고 있다고 말하기 어려울 것이다. 적어도 그 관계를 비자발적인 관계라고 하기는 어려울 것이다.[6] 혹은 자녀가 자신이 입양되었음을 모르는 상태라면 생물학적 부모와 자발적 관계를 맺고 있다고 말하기 어려울 것이다. 그러나 병원에 가서 검진을 받을 때 그 아이가 계부나 '삼촌'이라고 부르는 엄마의 친구가 심장병 이력이나 당뇨가 있는지를 의사들은 신경 쓰지 않을 것이다. 이런 자발적인 관계는 그 아이가 심장병에 걸릴 가능성에 아무런 영향을 미치지 않는다. 그러나 아이의 생물학적 아버지나 할아버지가 고혈압이거나 콜레스테롤 수치가 높다면, 이와 관련한 건강상의 문제가 생길 가능성이 크다.

개념을 정의해야 하는 이유

어떤 개념 분류가 '정확한가'라는 질문은 핵심을 놓치는 것이다. 다양한 유형의 개념이 존재할 수 있기 때문이다. 다만 이런 정의가 다양한 목적으로 사용될 수 있다는 점을 인정해야 한다.

사회과학 연구는 엄밀한 개념 정의가 필요하다. 포함해야 할 것과 제외해야 할 것을 명확하게 구분해야 한다. 이런 이유로 구조적 정의가 연구용으로 자주 사용된다. 우선시하는 구조적 정의의 특징은 연구에 따라 달라지지만 샘플링과 연구 조사에 필요한 명확한 기준을 정하는 것은 중요하다. 정책 역시 마찬가지다. 연방법, 주법, 조례를 제정할 때 그 적용 대상이 누구인지 아는 것이 중요하다. 법과 관련된 개념 정의는 또한 일관되어야 하며, 모든 환경에서 동일하게 적용되어야 한다.

다른 상황에서 개념 정의의 엄밀성과 동일성은 그렇게 중요하

> **적용 활동 2.2**
>
> **가족에 대한 조직적 정의**
> - 유명한 회사나 비영리 기관이나 다른 기관에서는 가족을 어떻게 정의하는지 알아보라.
> - 논의: 여기서 정의한 가족에 포함된 이들은 누구인가?(삼촌, 팀원, 무자녀 부부, 애완동물) 가족에서 제외된 이들은 누구인가?
> - 다른 사람과 이 가족의 정의를 보고, 그것이 구조적, 기능적, 상호 교류적 정의 가운데 어디에 속하는지 분류하라.
> - 논의: 이 가족 정의는 어느 범주에 잘 맞는가? 이 범주의 정의에 동의하는 부분과 반대하는 부분은 무엇인가?
> - 이 개념은 조직의 어떤 목적에 기여하는가?

지 않을 수 있다. 예를 들어, 일상적인 대화를 나누면서 우리 말이 법정에서 증거로 제시될지 염려하는 경우는 거의 없다. 가족 같은 사람을 '조시 삼촌'이라고 부를 수도 있다. 실제로 많은 아시아 문화에서는 공식적인 생물학적 관계가 아니더라도 존경과 친밀함을 표현하기 위해 '이모'나 '삼촌'이라는 호칭을 사용한다. 핵심은 가족의 정의가 때에 따라 다른 의미로 사용될 수 있다는 것이다.

하나님이 생각하시는 가족의 정의는?

정의에 여러 범주가 존재하며, 이것이 여러 가지 기능을 수행한다는 것을 알아보았다. 그러면 기독교적 관점에서는 가족을 무엇이라고 생각할까? 하나님은 가족을 정의하시는가? 그렇다면 그것은 구조적, 기능적, 상호 교류적 정의 중 어디에 해당하는가? 이 질문에 답하려면 하나님이 인류에게 주신 구체적인 계시인 성경을 살펴봐야 한다.

삼위일체 고찰

성부, 성자, 성령으로서 하나님의 본질을 살펴보려면 창세기에서 시작해야 한다. 사회적 상호작용을 집중해서 살펴볼 목적으로 성경의 첫 장들을 꼼꼼히 읽어보면, 그 모든 것이 하나님으로부터 시작되었고 창조된 질서에 반영되어 있다는 것을 알 수 있다. 다시 말해, 하나님은 사회적 존재이시다. 인간의 사회적 본성은 하나님의 본성이 반영된 것이다. 애덤 리드(Adam Reed) 목사는 이것을 다음과 같이 표현했다.

> 시간이 시작되기 전에, 인간이 지상을 걷기 전에, 하늘에 새가 날고 들판에 짐승이 어슬렁거리기 전에, 별들이 우주에 자리를 잡기 전에 하나님이 계셨다. 하나님은 완벽한 존재로 존재하셨다. 어떤 결핍도 없으셨다. 성부, 성자, 성령은 서로 기꺼이 원하는 완전한 연합과 관계 속에서 만족하셨다. 인류가 필요할 정도로 내면의 공허감을 느껴서 인류를 창조해야 할 어떤 이유도 그분께는 없었다.[7]

성경을 확인해보자. 제일 먼저 "태초에 하나님이 천지를 창조하시니라…하나님의 영은 수면 위에 운행하시니라"(창 1:1-2)는 말씀을 읽게 된다. 그다음 "우리의 모양대로 우리가 사람을 만들고"(창 1:26)라는 말씀이 나온다. 창세기 본문은 창조에서 언급된 "우리"라는 복수의 존재가 누구인지에 대한 질문을 제기한다. 그 답은 삼위일체 교리에서 찾을 수 있다. 예를 들어, "하나님의 영"은 창세기 1장 2절에서 창조주로 언급되며, 시편에서 이 점이 확인되고 있다(가령, 시 33:6; 104:30). 요한복음은 창세기 말씀과 놀라울 정도로 유사한 내용으로 시작하며, 예수님이 창조 세력의 일원임을 분명하게 암시한다. "태초에 말씀[예수 그리스도]이 계시니라 이 말씀이 하나님과 함께 계셨으니 이 말씀은 곧 하나님이시니라"(요 1:1). 바울은 골로새서 1장 16절에서 "만물이 그[예수 그리스도]에게서 창조되되"라고 적으며 이 사실을 강조한다. 이런 성경 구절들은 본질적으로 사회적인 하나님이 자기의 형상대로 관계적이고 사회적인 존재로 남자와 여자를 창조하셨음을 증거하고 있다.

최초의 제도

창세기 2장은 아담과 하와의 서로에 대한 관계를 확인해주는 이야기를 소개한다. 하나님은 여자를 창조하시고, 그녀를 남자에게 데려다주셨다. 그렇게 해서 결혼은 인간 최초의 사회적인 제도가 되었다. "이러므로 남자가 부모를 떠나 그의 아내와 합하여 둘이 한 몸을 이룰지로다"(창 2:24). 그들의 결혼을 인증하거나 규정하는 어떤 정부 문서도 없었고, 종교의식을 치르거나 목사의 축복을 받은 것도 아니었다. 그 대신 성경은 "둘이 한 몸을 이룰지로다"라고 말한다. 결혼의 완성은 하나님이 시작하시고 축복하신 이 가정이라는 제도의 핵심적인 부분이었다. 기독교적 시각에서 가정을 이해하기 위해서는 가정이 하나님의 뜻에서 생겨났고, 그분의 관계적 성품을 반영한다는 이해에서 출발한다.

이 문제를 다른 각도에서 접근해보자. 창세기 1장과 2장에는 적어도 세 가지 주요 관계가 나타난다. 하나님과 인간의 관계(1:27), 자연과 인간과의 관계(1:29), 남자와 여자와의 관계(2:22-25)다. 창세기 3장에서는 두 가지 새로운 관계가 등장하는데, 하나는 사탄과 인간의 관계이고 다른 하나는 인간과 죄의 관계다. 죄는 특별한 방식으로 이런 다른 관계들에 영향을 미쳤다. 인간과 하나님의 관계(3:8, 22), 자연과의 관계(3:17), 악한 영들과의 관계(3:15), 서로와의 관계(3:7, 12)를 재규정하도록 만들었다. 무화과 잎사귀는 인간과 하나님을 가로막고 남자와 여자를 가로막는 장벽의 상징이 되었다. 하나님이 땅을 저주하셨으므로 자연과 인간과의 관계 역시 변화가 생겼고, 노동해서 먹고 살아야 하는 새로운 종류의 생존 방식이 시작되었다. 하나님은 또한 사탄과 인간이 "원수가 되게" 하셔서 둘은 서로 적대하게 되었다(창 3:15). 그리고 하나님은 아담과 하와에게 가죽옷을 만들어 입히시며, 하나님과 인간 사이에 새로운 관계를 설정하셨다.

창세기 4장의 다음 장면은 부모와 자녀 간 관계와 형제자매의 상호작용을 보여주지만, 이 관계들은 이상적이지 않다. 이 새로운 관계들은 하나님이 창세기 1장 28절에서 "생육하고 번성하[라]"고 명령하셨을 때 정하신 가정을 드러낸다. 가인이 동생 아벨을 죽이면서 기록된 최초의 살인 사건이 발생한다. 그러고서 세대가 흐를수록 인류가 더욱 악해지는 내용이 등장한다(창 6:5). 인류사에서 최초의 가정은 분명히 역기능적 가정이었다!

그러나 그렇더라도 하나님은 절대 가정을 포기하지 않으신 것 같다. 하나님은 창세기에서 가정을 만들고 축복하셨으며, 성경 전반에 걸쳐 가정에 깊은 관심을 보이신다. 예를 들어, 성경이라는 제한된 지면에서 하나님은 굳이 수고롭게 족보를 언급하신다. 그분은 누가 누구를 낳았는지에 관심을 보이셨다(가령, 창 5장; 민 26장). 십계명 중 한 명령은 "네 부모를 공경하라"(출 20:12)이다. 심지어 가족 관계가 올바로 정립되지 않으면, 한 나라나 지역이 심판받을 것이라고 말씀하실 정도였다. 소선지자 중 한 명은 메시아가 오시기 전에 한 선지자가 와서 "그가 아버지의 마음을 자녀에게로 돌이키게 하고 자녀들의 마음을 그들의 아버지에게로 돌이키게 하리라 돌이키지 아니하면 두렵건대 내가 와서 저주로 그 땅을 칠까 하노라 하시니라"(말 4:6)고 선언했다.

성경은 또한 가정에 주어진 약속들을 기록한다. 하나님은 공동체나 국가나 민족을 하나의 단위로 부르실 수 있었지만, 그 대신 한 가족을 통해 '그분의 귀중한 소유'(출 19:5; 신 7:6)가 될 백성을 키우는 길을 선택하셨다. 하나님은 먼저 유대 민족을 선택하셔서 자녀가 없는 부부, 아브라함과 사라를 부르시고, 이 부부에게서 이삭과 야곱과 야곱의 열두 아들로 이어지는 한 가정을 만드셨다. 우리는 이 가정과 민족을 위한 축복 기도를 여러 차례 볼 수 있다. 예를 들어, 야곱이 그의 아들들에게 내린 축복(창 49장), 모세가 이스라엘 열두 지파를 위해 기도한 축복(신 33장) 등이 있다. 또한 하나님은 아브라함과의 언약(창 22:17)이나 다윗에게 주신 확신(삼하 7:12-16)과 같은 약속을 유대인에게 주셨다. 그분이 가정에 깊은 관심을 가지신 것이 분명하다.

이렇게 성경을 살펴보면 가족을 생물학적 관계를 기반으로 구조적으로 정의할 수 있다는 근거를 발견하지만, 하나님이 엄격한 구조적 관습에 얽매이지 않으신다는 점도 알 수 있다. 한번 생각해보라. 이스마엘과 이삭은 모두 아브라함의 생물학적 자손이자 아들이었다. 그러나 성경은 "여종의 아들"과 "자유 있는 여자의 아들"을 구분한다(창 21:10; 갈 4:30 참고). 이삭은 기적 같은 약속을 이루는 역할을 했지만(창 18장), 이스마엘은 그렇지 않았다. 바울은 아브라함의 아들들이 "여종에게서는 육체를 따라 났고 자유 있는 여자에게서는 약속으로 말미암았느니라"(갈 4:23)고 주장한다. 이것은 하나님이 기능적

> **적용 활동 2.3**
>
> **성경의 가정들**
>
> 사회 전반, 여러 교파와 기독교 전통에서는 가족을 다양하게 정의한다. 잠시 시간을 내어 당신의 신앙 전통과 그 전통에서 가족에 대해 가르치는 교리를 생각해보라. 당신의 교단이나 전통에서는 가족을 어떻게 정의하는가? 가정과 결혼을 이해하도록 도와줄 성경 구절에는 어떤 것이 있는가?

가족 개념을 어떻게 사용하시는지 알 수 있는 한 가지 예다. 그 밖의 다른 예로는, 형 에서가 아닌 동생 야곱이 축복받았다는 사실을 들 수 있다(창 25:19-34). 이방 여인 룻은 유대인 가정에 시집을 와서 이스라엘에서 가장 유명한 왕인 다윗 왕의 증조할머니가 되었다(룻 1:16-2:23). 이처럼 문화적 관행에서 벗어난 사례들은 우리가 가족을 지나치게 단순하게 정의하는 것을 막는다. 가족의 생물학적 구조와 기능 그리고 가족 간의 소통 모두 중요하다.

하나님의 가족

구약의 많은 이야기에서 보듯이, 가정은 하나님이 우리가 다른 사람들과 어떻게 관계를 맺기를 원하시는지를 보여주는 그림일 것이다. 한번은 예수님이 생물학적 가족에 대한 질문을 받으셨다. 그분은 그 질문에 하나님이 정의하신 가족을 명확히 하면서도, 듣는 사람들이 혼란스러워할 수도 있는 답변을 해주셨다. 마태복음 12장 46-50절에 나온 대화를 보라[The Passion Translation 성경, 역자 사역(이하 TPT성경)].

예수님이 여전히 무리에게 말씀하고 계실 때, 그분의 어머니와 형제들이 예수님께 할 말이 있다면서 밖에 서 있었습니다. 그러자 어떤 사람이 말했습니다. "보십시오. 선생님의 어머니와 형제들이 밖에 서서 당신을 뵙기를 바랍니다." 그러나 예수님은 그를 바라보며 말씀하셨습니다. "나의 참 어머니와 형제를 소개하겠다." 예수님은 주변에 모인 제자들을 가리키며 말씀하셨습니다. "잘 보라. 이들이 나의 진정한 가족이다. 하늘에 계신 아버지의 뜻에 순종하는 사람이 바로 나의 진정한 가족이 될 것이다."

『크리스천 가정』(The Family: A Christian Perspective on the Contemporary Home)을 쓴 잭과 주디스 발스윅(Jack and Judith Balswick)은 "예수님이 실제로 가족을 약화하셨다고 주장할 수도 있다"라고 말한다. 그 이유는 예수님이 독신 생활을 택하셨고, "가족과 충돌하는 급진적인 제자도를 가르치셨기 때문"이다.[8] 그러나 그들은 이런 이해가 하나님의 가르침과 동떨어지는 측면이 있다고 주장한다. 이 이야기는 가족의 구조적 정의를 폐기한 것으로 보기보다 가족의 범주를 확대한 이야기로 볼 수 있다. 예수님은 기능적 가족 정의를 내리셨다. 즉, 하나님 아버지의 뜻에 순종하는 모든 사람이 가족의 일원이 된다는 것이다. 어떤 사람을 '이웃'으로 볼 것인지를 두고 예수님이 '선한 사마리아인'이라는 유명한 비유로 당대의 이해에 도전하신 것처럼(눅 10:29-37), 여기서 그분은 가족이 누구인지를 확장하는 정의를 제시하고 계신다.

성부 하나님: 예수님이 제시하신 순종을 기반으로 한 정의는 가족을 생물학적 출생이나 결혼으로 정의하는 전통적인 구조적 정의와

일반적인 이해에서 벗어난다. 요한복음은 이 차이를 이해하도록 도와준다. 요한은 예수님을 영접한 사람들에 대해 이렇게 기록했다. "영접하는 자 곧 그 이름을 믿는 자들에게는 하나님의 자녀가 되는 권세를 주셨으니 이는 혈통으로나 육정으로나 사람의 뜻으로 나지 아니하고 오직 하나님께로부터 난 자들이니라"(요 1:12-13). 같은 복음서의 조금 뒤에서는 예수님이 종교 지도자 니고데모에게 '거듭난' 사람만이 하나님 나라를 볼 수 있다고 가르쳐주신다. "사람이 물과 성령으로 나지 아니하면 하나님의 나라에 들어갈 수 없느니라 육으로 난 것은 육이요 영으로 난 것은 영이니"(요 3:5-6). 다르게 표현하면, 종교적 의식인 세례는 죽음과 새로운 탄생을 상징한다. 로마서 6장 4절은 종종 세례 의식과 함께 인용된다. "그러므로 우리가 그의 죽으심과 합하여 세례를 받음으로 그와 함께 장사되었나니 이는 아버지의 영광으로 말미암아 그리스도를 죽은 자 가운데서 살리심과 같이 우리로 또한 새 생명 가운데서 행하게 하려 함이라." 이것은 하나님의 가족이 그 안으로 들어가는 영적 탄생으로 표시된다는 것을 의미한다.

바울은 다른 부모의 비유를 사용하여, 우리가 하나님의 가족으로 입양되었다고 말한다. 에베소서 1장 4-5절에서 바울은 "그리스도 안에서 우리를 택하사 우리로 사랑 안에서 그 앞에 거룩하고 흠이 없게 하시려고 그 기쁘신 뜻대로 우리를 예정하사"라고 했다. 또한 다른 곳에서도 이와 유사하게 말한다. "너희는 다시 무서워하는 종의 영을 받지 아니하고 양자의 영을 받았으므로 우리가 아빠 아버지라고 부르짖느니라 성령이 친히 우리의 영과 더불어 우리가 하나님의 자녀인 것을 증언하시나니"(롬 8:15-16). 예수님도 "하늘에 계신 우리 아버지"께 기도하라고 가르치셨다(마 6:9). 자녀로 태어나든지 입양되든지 이 성경적 언어는 우리를 하나님과 아버지-자녀 관계로 연결시킨다.

그리스도의 신부: 성경은 또한 다른 여러 곳에서 집단으로서 교회가 그리스도 예수의 신부라고 말한다. 고린도후서 11장 2절에서 바울은 교회가 그리스도와 결혼으로 서약 관계를 이룬다고 지적하며, 이 심상은 또한 요한계시록 19장 7-8절에서도 등장한다. 예수님이 그분의 신부인 교회와 혼인 예식을 하는 그림이다. 우리는 개별적으로 하나님의 자녀로 묘사되지만, 예수님과 교회의 관계는 남편과 아내의 관계로 묘사된다.

실제로 결혼은 하나의 그림이다. 바울은 결혼을 그리스도와 그분의 교회의 관계로 비유한다. 에베소서 5장 21-23절은 이 관계를 이렇게 묘사했다(TPT성경).

> 그리스도를 경외하는 마음으로 서로 사랑으로 섬기십시오. 아내들이여, 주님께 헌신하듯 남편을 존중하십시오. 그리스도가 구주와 몸을 살리는 분으로서 교회를 이끄시듯이, 남편도 아내를 이끌기 때문입니다. 교회가 그리스도께 헌신하듯이 아내들도 모든 일에서 남편에게 헌신해야 합니다.
>
> 남편들이여, 그리스도가 그분의 신부인 우리에게 보이신 것 같은 헌신으로 아내에 대한 사랑을 보여주어야 합니다. 그리스도는 우리를 위해 주으셨고, 우리를 거룩하고 순결하게 만드시려고 자신을 희생하셨습니다. 그분은 하나님의 말씀이라는 깨끗한 물로 우리를 씻어 정결하게 하십니다. 그분이 우리 안에서 이루시는 모든 일은, 우리를 성숙한 교회로 세워 그분의 기쁨이 되게 하시려는 것입니다. 그리고 마침내 우리가 그분께 찬양의 근원이 되어, 영광스럽고 빛나며, 아름답고 거룩

하고, 흠 없이 완전한 존재가 될 때까지 그 일은 계속될 것입니다.

남편은 아내를 자기 몸처럼 사랑하고 돌볼 의무가 있습니다. 아내를 사랑하는 것이 곧 자신을 사랑하는 것입니다. 아무도 자기 몸을 학대하지 않으며, 오히려 자신을 돌보고 섬기며 필요를 채웁니다. 바로 이것이 그리스도가 교회를 위해 하시는 일입니다. 그리스도는 자기 몸의 지체인 우리를 섬기고 만족하게 하십니다.

이런 이유로 남자는 아버지와 어머니를 떠나 아내와 결합하여 한 몸을 이루어야 합니다. 결혼은 전능하신 하나님의 아름다운 설계로, 그리스도와 교회의 관계를 생생하게 보여주는 위대하고 신성한 신비입니다.

에베소서의 이 구절은 결혼 관계가 교회와 예수 그리스도와의 관계를 그리고 있다는 점을 분명히 보여준다.

'서로' 가족으로서 관계 맺기: 신약 저자들이 독자들에게 성부 하나님과 예수 그리스도와의 연합을 가족 관계를 반영하는 것으로 보도록 권장하는 것이 분명하다. 그렇다면 그리스도인들은 서로와의 관계를 어떻게 봐야 할까? 교회가 어떻게 운영되는지를 묘사하는 언어는 무엇일까? 이 질문에 대한 답도 바로 가족 관계를 반영한다.

흥미롭게도 다메섹의 교회 지도자인 아나니아는 당시 악명 높은 교회 박해자의 시력 회복을 돕기 위해 그를 만났을 때 "형제 사울"이라는 호칭을 사용한다(행 22:13). 당신을 체포하거나 죽이려고 작정한 사람을 '형제'라고 부를 수 있겠는가? 하지만 훗날 바울로 불리는 사울 역시 회심한 후에 비슷한 호칭을 사용했다. 그는 디모데를 나의 "사랑하는 아들"(딤후 1:2)이라고 불렀고, 디도를 "같은 믿음을 따라 나의 참 아들"(딛 1:4)이 된 사람으로 불렀다. 바울은 디모데에게 나이 든 여성을 어머니처럼, 나이 든 남성은 아버지처럼, 젊은 여성은 누이처럼 대하라고 가르친다(딤전 5:1-2). 그는 또한 자신의 팀이 "유모가 자기 자녀를 기름과 같이"(살전 2:7) "아버지가 자기 자녀"(살전 2:11)에게 하듯이 대했다는 점을 상기시킨다. 야고보는 자기 '형제자매들'에게 어떻게 살아야 할지를 가르친다(약 4:11). 이런 가족적인 호칭은 교회가 얼마나 친밀한 관계여야 하는지 보여준다.

교회는 가족처럼 살도록 가르침을 받는다. 프랜시스 챈(Francis Chan)은 『교회의 부르심』(Letters to the Church, 토기장이)에서 교회를 갱단에 비교했다.[9] 그는 "이번 주 갱단 모임은 어떠했어요?"와 같은 말이나 "아이의 축구 경기가 있어서 갱단 모임에 참석하지 못했어"라는 식의 말이 얼마나 터무니없는지 지적한다. 갱단들이 일주일에 단 한 번 90분짜리 모임만 한다는 생각은 그 자체로 말이 안 된다. 다른 활동이 있어서 '갱들의 모임'을 놓칠 수 있다는 발상 역시 말이 안 된다. 갱단에 참여하는 데는 더 큰 헌신과 전념이 필요하다. 마찬가지로 챈은 교회의 일원이 되는 일에도 가족과 같은 수준의 더 깊은 전념이 필수라고 주장한다.

가정은 자연적이며 기초적이다

학문적 범주의 개념에 대한 우리의 고찰과 가족을 정의하는 몇 가지 성경적 고려 사항을 감안하여, 우리는 이 장을 성경적 시각의 핵심이 반영된 역사적 개념으로 마무리하고자 한다. 1948년 새롭게 출범한 유엔은 세계인권선언문을 제정했다. 그 당시는 제2차 세계대전 직후

였으며, 전 세계적으로 집단의식이 형성되고 있던 때였다. 강제 결혼, 아동 결혼, 명예 살인, 남녀 관계의 심각한 불평등에 대한 새로운 자각 속에서 유엔은 가정에 관한 조항을 이 선언문에 담았다.

1. 성년에 이른 남녀는 인종, 국적, 종교와 관계없이 결혼하고 가정을 이룰 권리가 있다. 이들은 결혼, 결혼 중 그리고 결혼 해소 시에 평등한 권리를 가진다.
2. 결혼은 결혼을 원하는 두 사람의 자유롭고 완전한 동의에 의해서만 성립된다.
3. 가정은 사회의 자연적이고 근본적인 단위이며, 사회와 국가로부터 보호받을 권리가 있다.[10]

이 정의는 가정을 중요하게 여기고 있지만, 하나님이 가정을 최초의 사회 제도로 세우셨다는 점은 인정하지 않는다. 유엔의 개념 정의는 가정을 "자연적"이라고 규정하며, 사회 조직에 "근본적"임을 인정한다(3장에서 이에 대해 다룰 것이다). 실제로 유엔의 규정은 가정이 사회를 형성하는 기초이며, 따라서 국가와 사회로부터 보호받을 가치가 있다고 전제한다. 또한 이 정의는 결혼의 형성, 지속, 해소에 있어 남녀를 평등하게 대우한다. 이 정의는 우리의 이해와 상당히 일치하며, '자연법'이라고 불리는 철학에 기초하고 있다.[11] 가정은 이 이상일 수는 있지만, 이 이하일 수는 없다.

자연법의 관점에서 가정을 규정하는 가장 명확한 주장 중 일부는 앨런 칼슨(Allan Carlson)과 폴 메로(Paul Mero)가 작성한 선언문에 제시되었다.[12] 그들의 선언서는 '자연적인 가정'의 다섯 가지 신조를 소개한다. 그것은 다음과 같다.

- 가정은 창조 질서의 일부다.
- 가정은 인간 본성에 새겨져 있다.
- 가정은 풍성한 기쁨의 근원이다.
- 가정은 새 생명의 원천이다.
- 가정은 질서 있는 자유의 보루다.

이런 기본적인 원리는 '자연적인' 가족에 대한 그들의 입장을 강조한다. 그들은 "가족의 이야기는 이상적인 비전인 동시에 보편적 실재다"라고 주장했다.[13] 칼슨과 메로에게 가정은 명백히 자연적이고 기초적인 사회의 구성 단위다. 그들은 또한 자연적 가정이 한 남자와 한 여자의 결합으로 시작된다고 주장한다. 자연법의 관점에서 가족을 정의하는 것을 반영해볼 때, 이것이 성경적 관점과 얼마나 부합한다고 생각하는가? 이 정의에 따라 포함되는 사람과 제외되는 사람은 누구인가?

우리가 보기에 수천 년에 걸친 인간 역사라는 무게와 자연법의 논리는 자연적인 가정을 옹호하며, 이것은 또한 하나님의 계획과 부합한다. 그러나 이런 시각에 지나치게 매몰되면 신앙과 실천, 기능과 상호작용에 따라 정의되는 하나님의 가족의 중요성을 간과하게 된다. 가족을 정의하는 일은 복잡하며, 하나의 정의만 고집할 경우 다른 정의들의 중요한 측면을 놓치게 된다.

결론

이 장을 되돌아보면, 자연적 가족과 영적인 가족 모두 존재함을 알 수 있다. 가족을 정의의 어느 한 범주만을 통해 단순히 바라보는 것은 장단점이 있다. 하나님은 가정을 최초의 제도로 세우셨으며, 가족은 하나님이 교회와 관계를 맺으시는 방법과 교회 구성원들이 서로 관계를 맺어야 하는 방식을 상징하고 구현하는 제도다.

신약에는 예수님의 제자들이 '서로' 어떻게 대해야 하는지에 관한 명령이 약 50개가 나온다. 이것은 상호작용과 가족 간의 소통을 위한 명령이며, 사람들이 공동체를 이루며 살아가도록 계획된 하나님의 청사진을 보여준다. 성경과 사회적 상호작용을 연구한 결과에서 가정이 가장 잘 운영되는 방식이 무엇인지에 대한 많은 지식을 얻을 수 있다. 우리는 하나님이 가르쳐주신 공동체의 관계 방식을 더 깊이 배움으로써 더 나은 가족 구성원이 될 수 있다고 믿는다. 그리고 가정에서 소통하는 방식을 배움으로써 하나님의 영적 가족과 서로 관계하는 방법에 대해서 더 많이 배울 수 있다.

3장
가족, 신앙, 사회

가정은 진공 상태로 존재하지 않는다. 사회구조 자체와 긴밀하게 얽혀 있고 교회, 학교, 정부, 미디어 및 과학기술, 직장과 같은 다른 사회 기관들과 상호작용을 한다. 가족 내외부에서의 의사소통은 이런 상호작용을 위한 기제이며, 의사소통은 이런 광의의 사회 제도들이 서로 어떻게 작용하는지를 이해하는 데 필수다. 3장에서는 다양한 상황 속에서 가족을 이해하기 위해 성경이 보여주는 가족 모델을 제시하고, 다양한 가족 유형의 사회적 경향을 살펴볼 것이다.

서론

다음은 가정에 관한 성경의 사례들이다.

야곱은 자매 2명과 결혼했고 첩 2명을 두었다. 이 결합으로 아들 12명을 낳았고, 이들은 이스라엘 민족을 이루게 되었다. 이스라엘은 신정 체제로 조직되었고, 하나님에 대한 전적인 복종과 그분의 인도하심에 대한 믿음을 바탕으로 국내외 문제를 다루었다(창 29-50장).

성경은 솔로몬이 아내 700명과 첩 300명을 두었으며, 이에 따라 이스라엘 국가의 이해관계가 충돌하게 되었다고 기록한다(왕상 11:3). 신학, 정치, 가족 관계가 얽히면서 이스라엘 민족은 우상숭배에 빠지게 되었다.

호세아 선지자는 창녀와 결혼했고, 그녀가 다른 남자와 간통한 후에도 이 여성에 대한 신의를 지키며 그녀를 버리지 않았다. 그의 결혼은 음란한 이스라엘 민족에 대한 하나님의 신실하심을 보여주는 살아 있는 상징이 되었다(호 1, 3장).

세례 요한은 왕의 부도덕한 결혼 관계를 비판하여 감옥에 갇히고 결국 처형당했다(마 14장).

다양한 가정의 경험과 그들이 당대의 사회 문제와 어떻게 연관되었는지를 보여주는 그림은 가정, 신앙 그리고 사회의 상호작용을 설명한다. 즉, 선지자와 제사장, 왕의 역할, 성경이 지지하는 정부의 형태, 가정이 사회에 대해 지는 책임과 권리 그리고 그 반대의 경우, 개인과 공적 집단의 관련성에 대한 문제를 소개한다. 이 중요한 주제를 모두 다룰 수는 없지만, 이 장에서는 두 가지를 살펴볼 것이다. 첫째, 우리는 사회에서 가족의 역할을 이해하는 데 도움이 되는 성경에 기초한 모델을 제시한다. 가정은 "사회의 자연적이고 기초적인 구성단위"이기 때문에 사회에 필수적이다.[1] 둘째, 우리는 미국 내의 가족 경향을 살펴보며, 사회 기관들(가령, 법원, 기업, 교회)의 정책과 실천이 사회 내 가족 형태와 기능(가령, 결혼, 이혼율, 출산율)에 어떤 영향을 미치는지 살펴볼 것이다.

사회의 신학적 모델

새로운 천년이 시작될 무렵 델 태킷(Del Tackett)은 진리, 신학, 철학, 인류학, 사회학, 정치학, 윤리학과 법과 관련된 주제로 비디오 강의 시리즈인 트루스 프로젝트를 진행하는 팀을 이끌었다.[2] 트루스 프로젝트의 한 가지 목표는 모든 사회 체제가 기본적으로 '하나님은 누구

그림 3.1 트루스 프로젝트 사회 모델 (© 2006 Focus on the Family. All rights reserved. Used with permission.)

신가?', '인간은 누구인가?', '진리는 무엇인가?'와 같은 질문에 대답해야 할 필요가 있음을 예증하는 데 있었다.

이 기초를 토대로 트루스 프로젝트는 철학, 과학, 역사, 윤리라는 기둥들이 서로 구별된 사회적 영역으로 구성된 사회 질서를 지탱하는 사회 체제의 종합적인 모델을 제시했다. 이 모델에서는 교회, 가정, 하나님과 인간과의 관계, 국가, 노동, 공동체가 사회의 개별적인 영역을 이루는 동시에 법, 정치, 경제, 예술, 미디어, 음악, 문학 역시 사회 질서의 일부를 형성한다(그림 3.1 참고). 이런 종합적인 체계는 수많은 요소를 포함하고 있으므로, 이를 나누어 자세히 살펴보려고 한다.

첫째, 사회 질서의 기초는 신학적인 질문('하나님은 누구신가?')과 인류학적 질문('인간은 누구인가?')에 어떻게 대답하며 우리가 진리라고 생각하는 것('무엇이 실제로 진리인가?')이 무엇인가에 결정된다. 하나님이 존재하시며, 자기 형상대로 인간을 창조하셨다고 가정한다면, 나이와 성별, 인종, 신념 혹은 다른 범주와 상관없이 그분의 형상을 지닌 모든 사람이 중요하다는 결론에 도달한다. 더 나아가, 실제 세계는 가시적인 자연 세계를 넘어 하나님, 사탄, 천사라는 초자연적인 영역을 포함하게 된다. 다시 말해, 이런 근본적인 질문에 어떻게 대답하느냐가 우리의 존재론(우리 존재의 본질에 대한 믿음), 인식론(지식의 본질과 기원에 대한 신념), 가치론(가치와 소중한 것의 본질에 대한 신념)을 결정하게 된다.

트루스 프로젝트 모델은 우리 자신과 세계에 대한 우리 믿음이 사회 구조와 관계라는 영역에서 어떻게 드러나는지를 보여준다. 기독교적 시각에서 가정은 하나님의 형상을 지닌 존재들로 구성되며, 자녀는 모든 생명의 주관자이신 하나님이 주신 축복이다. 가정은 하나님이 제정하신 최초의 제도로서 사회 구조의 일부다(1장, 2장 참고). 인간의 노동은 선하며, 이는 하나님이 온 땅을 다스리라고 명하신 명령을 이행하는 것이다(창 1:28). 용납할 수 있는 행동이나 그렇게 할 수 없는 행동을 정의하는 법은 하나님의 본성에서 나온다(가령, 레위기에서 하나님은 명령하시고 나서 "나는 여호와 하나님이라"고 말씀하실 때가 많았다). 그리고 정부는 하나님의 권세에 복종해야 한다(마 15:1-9). 이 모델은 사람들이 가진 근본적 신념이 사회의 구조, 정책, 관행, 개인의 삶에 영향을 미친다는 것을 보여준다. 저자이자 이그나이트(Ignite!) 설립자인 팀 핸슬(Tim Hansel)이 말한 것처럼 "우리의 모든 신학은 결국 전기가 되어야 한다."[3]

적용 활동 3.1

기본적인 질문에 대답하기

- 잠시 시간을 내어 다음 질문을 생각해보라. '하나님은 누구신가?' 물론 이 질문에 완벽하게 대답할 필요는 없다. 하지만 하나님이 누구신지에 관한 당신의 생각을 묻는 친구가 있다면 어떤 답을 할지 생각해보라. 몇 가지 생각을 적어보라.
- 이제 자신이 한 답변 내용을 곰곰이 생각해보라. 그 답변 내용의 출처는 어디인가? 설교나 강의에서 도움을 얻었는가? 성경이 출처인가? 자연 세계를 관찰한 결과인가? 그동안 경험했던 영적 체험에서인가? 기도? 책? 영화? 중요한 점은 당신이 어떤 권위나 경험을 바탕으로 진리라고 믿는 가정이나 생각이 있다는 것이다. 이 인식론적 출발점(즉, 하나님에 대한 당신의 믿음)은 실상 하나의 전제에 해당한다. 즉, 다른 신념이나 행동의 근거로서 사실이라고 믿는 가정인 것이다.
- 배우자(친구나 동료)와 함께 당신이 발견한 하나님에 대한 자신의 믿음을 나누고, 상대방이 하나님에 대해 배운 점에 대해서도 들어보라.

출발하는 전제가 서로 다르다면 사회의 질서를 바라보는 인식 역시 다를 것이다. 예를 들어, 우리 신학이 무신론이라면 사회 질서와 가정에 대해 완전히 다른 결론에 도달할 것이다. 많은 무신론자가 인류학(인간 본성)과 관련해 가정하는 한 가지는, 인간이 주로 생존하고 존재를 지속하려는 동기에 의해 형성된다는 진화론적 가르침에서 나온다. 여기서 우리 자신의 이익을 증진하거나 자손을 많이 낳는 것이 삶에서 가장 중요하다는 결론이 도출된다. 많은 사람이 사회 조직과 정치적 연합을 포괄적 적합도(inclusive fitness, 인간 종족의 보존을 묘사하기 위해 대진화론를 주장하는 사람들이 사용하는 용어)를 높이기 위한 방편이라고 해석해왔다. 그러나 이런 가정을 출발점으로 삼을 경우,

존재의 궁극적인 의미나 목적은 성립되기 어렵다. 이에 따르면, 인간은 수백만 년에 걸쳐 일어나는 우주적 사건들의 결과에 지나지 않는다. 사람들은 관계나 박애 정신, 가정 등 다른 수단으로 의미를 창조하지만, 존재 자체는 절대 궁극적 의미를 지니지 않는다. 인생은 그저 존재할 뿐이므로 우리는 우리의 이익을 극대화하고 최대한 누려야 할 필요가 있다. 국가와 사법 체계는 사회 붕괴를 방지하고 사회 질서를 유지하기 위해 존재하지만, 국가는 초월적인 근거나 기준을 갖지 않는다. 도덕성은 계속 달라지며 사회적으로 구성되는 것으로 그 근거가 되는 신적 속성에 기초하지 않는다. 가정은 자녀를 돌보기에 유용하고 실용적인 사회 조직 체계지만, 비슷하게 효율적인 다른 사회 체계들보다 더 가치 있는 것은 아니다.

사회 조직에 대한 트루스 프로젝트 모델은 한 사회의 기본 신념이 그 사회의 조직 방식에 영향을 미친다는 것을 확인해준다. 한 인구 집단이나 국가 리더십에서 이런 신념에 변화가 생길 때 그로 인한 질서 역시 변화가 생긴다. 한 사회 내의 다른 구성원이나 집단이 기본적인 질문에 서로 모순되는 답변을 할 때 그들은 사회의 조직에 대해 서로 다른 결론에 도달하게 된다. 미국의 양당 체제를 생각해보라. 공화당과 민주당은 일부 공통된 가치를 공유하지만, 근본적인 차이가 있으며(즉, 이런 기본적인 질문에 대한 답이 다르다) 그로 인해 극명하게 대립하는 정책적 결정을 내리는 경우가 적지 않다.

하나님, 인간, 실재에 대한 우리의 근본적인 신념이 사회 구조에 어떤 영향을 미치는지 이해하면, 전 세계의 다양한 사회가 왜 가정에 다른 가치를 부여하는지 명확히 이해할 수 있다. 예를 들어, 히브리인들의 사례를 생각해보라. 출애굽기에서, 애굽의 교활한 바로는 하층 계급의 히브리인 인구가 많아져서 자기 나라가 위험해질 수 있다고 생각했다. 그래서 그는 그들을 노예로 삼고 모든 남자아이를 죽이기로 한다. 말하자면 자연적으로 도태되게 한 것이다. 바로의 조치로 옳고 그름, 용납과 불용납을 결정하는 핵심 역할을 국가가 떠맡게 되었다. 모든 생명의 가치가 동일했던 것이 아니었다. 히브리 노예들은 본질적으로 가치가 없었기에 그들을 죽일 수 있었다. 역사적으로 이런 비극적인 사건은 계속 반복되었으며(나치의 유대 민족 학살, 아메리카 대륙에서의 캐나다 원주민 강제 이주), 남을 희생하고 누군가를 높이는 사회적 인식이 만연할 때 늘 이런 일이 생겼다. 가정을 한 사회가 어떻게 바라보는지는 그 사회에서 가정의 역할과 형태, 권리, 책임에 영향을 미칠 것이다.

루마니아 고아원의 비극

가정에 대한 인식이 어떤 영향을 미치는지 보여주는 한 가지 사례는 비교적 최근에 발생한 비극적인 루마니아 고아 사태다. 한 루마니아 독재자가 부강한 국가를 이루는 방법이 많은 인구에 있다고 생각했다. 그는 많은 자녀를 낳도록 장려하고, 국가가 모든 아이를 양육해주겠다고 약속했다. 이렇게 탄생한 아이들을 양육하기 위해 수많은 고아원이 세워졌고, 이 때문에 가정들은 효과적으로 해체되었다. 불행히도 이 아이들은 부모의 사랑과 신체 접촉, 상호 교감과 자극, 심지어 영양 공급마저 박탈당했다. 수많은 아이가 사망했다. 대부분 발달과 성장의 심각한 지체, 인지 결함, 영양실조 등 방치로 인한 참혹한 결과를 겪었다. 국제 사회는 이 상황에 관심을 갖고 아이들을 입양시킬 것을 제안했다. 전 세계의 부모들이 이 아이들을 입양했다. 입양된 많은 아이가 회복되었지만, 그래도 상당수는 수년 동안 결핍을 해결할 수 없었고, 심지어 성인이 될 때까지도 그 결핍이 채워지지 못한 경우가 많았다(가령, 성인이 되어서도 키와 체중이 정상적인 수준에 도달하지 못했다).[4] 몇몇 연구자가 입양의 효과를 조사한 결과, 가정에 입양되는 나이가 어릴수록 아이들이 받는 장기적인 결과가 더 좋다는 것을 발견했다.[5] 이 루마니아 고아 사태에서 얻은 교훈은 아이의 정상적인 발달을 위해서는 신체적 애정과 접촉이 절대적으로 필요하다는 것이었다. 또한 이는 사회에 가정과 자녀에 대한 믿음을 형성할 수 있으며, 국가와 같은 다른 사회 조직들이 가정의 형태와 경향에 영향을 미칠 수 있음을 보여준다.

트루스 프로젝트 모델의 또 다른 개념은 사회가 서로 다른 유형의 기관들로 구성돼 있다는 것이다. 가정은 하나의 사회적 기관이지만, 국가, 종교, 노동 시장, 공동체 역시 사회 기관에 속한다. 이 기관들이 서로 어떻게 관여하는지는 사회를 정의하는 또 다른 중요한 특징으로, 가정도 이 특징의 영향을 받는다. 기관이 가장 중요한가? 어떤 기관이 가장 많은 자원을 받는가? 어떤 기관이 어떤 사회적 임무를 담당할지 결정되는가?

이런 틀을 염두에 두고 가정이 하나의 사회적 영역이며, 가정에 대한 신념과 변화가 사회로부터 큰 영향을 받는다는 사실을 인정하고, 가정의 형태와 흐름에 대한 연구자들의 인식을 살펴보자.

생각해볼 점 3.2

누가 최종 책임을 지는가?

사법권은 법적 결정을 내리거나 정의를 실행하는 공식적 권한을 말한다. 연방 보안관은 전국적인 사법권을 가지고 있지만, 보안관과 부보안관은 특정 카운티 내의 치안을 담당한다. 그렇다면 자녀에 대한 사법권은 누구에게 있으며, 그 권한은 언제 변할까?

자녀는 가정 내에서뿐 아니라 학교, 교회, 동네, 스포츠팀 등 다양한 환경에 놓여 있다. 아이가 다양한 장소와 사회 집단을 넘나들며 상호작용을 할 때, 누가 책임져야 할까? 우리는 부모에게 그 책임이 있다고 믿는다. 너무 자주 기독교 가정이 다양한 영역에서 자녀에 대한 권한을 포기해왔다. 교육과 종교를 예로 들어보겠다.

자녀를 훈련할 책임은 국가나 시장, 교회에 있는 게 아니라 가정에 있다. 부모는 감독하거나 직접적인 역할을 맡을 수 있지만, 궁극적으로 교육은 부모의 책임이다. 이 책임은 포괄적이다. 거기에는 학문적인 부분뿐 아니라 인생의 중요한 결정도 포함된다. 이를 일반 계약자에 비유할 수 있다. 계약자가 프로젝트를 진행하기 위해 배관공이나 전기 기술자를 고용하더라도 그 건물에 대한 궁극적인 책임은 계약자에게 있다. 부모 역시 자녀의 교육에 도움을 얻기 위해 필요한 사람들을 고용할 수 있지만, 자녀가 성인이 되기까지 교육의 책임은 궁극적으로 부모에게 있다. 부모가 자녀를 공립학교나 사립학교에 보낸다면, 자녀 교육을 국가나 학교나 그 교육 커리큘럼에 위탁한 셈이다. 또한 자녀를 학교의 생활 교육 커리큘럼(가령, 성교육, 철학적 시각)에 노출한다는 의미이기도 하다. 계약자가 배관공을 고용하는 것처럼 하청을 주기 위해서는 하청업자의 작업을 감독하고 검증하는 작업이 필요하다. 학교 교육의 경우, 학부모 교사 연합회에 참가하거나 교육 위원회에서 활동하는 경우가 여기에 해당할 수 있다. 숙제를 돕고 학교에서 있었던 일을 들어주며 교육 목표를 감독하는 일도 또 다르게 참여하는 방식이다. 부모가 교육을 외부에 맡기지 않고 더 적극적이고 직접적인 역할을 감당하는 홈스쿨링을 하는 것도 또 다른 선택이 될 수 있다.

가정은 또한 종교 문제에 대해 자녀를 교육할 궁극적인 책임이 있다. 교회와 사역자는 가정보다 자녀를 교육할 권한이 더 큰 전문가로 볼 수 있지만, 성경은 종교 교육의 책임이 가정에 있음을 분명히 한다(신 6장 참고). 학교 교육과 마찬가지로, 일부 종교적 훈련이나 영성 교육을 외부에 맡길 수 있지만, 자녀에 대한 궁극적인 책임은 여전히 부모에게 있다. 신앙 교육은 가정에서 시작된다.

가정은 성경에서 최초의 제도이며, 사회에서 가장 기본이 되는 조직이기 때문에 가정이 감당해야 하는 책무들이 있다.

가정의 인구통계학적 변화

인구통계 학자들은 사회 내의 가정을 조사할 때 종종 가정의 형태와 경향을 파악하기 위해 핵심 지표를 추적한다. 추적 대상인 가정의 형태로는 한부모 가정, 재혼 가정, 동성 결혼, 동거 커플 등을 들 수 있다. 그들은 또한 초혼 연령대, 결혼율, 이혼율, 출생률과 같은 경향도 추적한다. 인구통계 학자들은 종종 이런 지표가 인구의 하위 그룹에서 어떻게 변하는지 관찰한다. 대학 졸업자와 고등학교 졸업자를 비교하거나 인종 집단에 따라서 이 지표가 어떻게 바뀌는지를 살펴본다. 또한 새로운 사회적 형태가 나타났을 때 이를 연구하기도 한다. 우리는 이 책의 3부에서 이런 경향을 더 상세히 살펴볼 것이다. 하지만 지금은 이런 흐름이 가정의 현재 상태를 파악하는 데 어떤 도움이 되는지 확인해보려고 한다.

인구통계 학자들은 변화와 흐름을 더욱 정확히 파악하기 위해 종종 이론화 작업을 실시한다. 그들의 설명은 영적인 영향력이나 동기를 인정하지 않는 이론적 틀을 사용하는 경우가 거의 대부분이다. 그렇다고 그들의 설명이 틀렸다거나 그것을 완전히 무시해야 한다는 뜻은 아니다. 다만 그리스도인 독자들과 사상가들은 성경에 계시된 진리에 비추어 이 자료와 흐름을 살펴봐야 한다. 미국에서 동성 결혼을 합법화한 역사적 사건을 살펴보라(생각해볼 점 3.3 참고). 이 사례의 경우, 한 가지 원리를 확인할 수 있다. 어떤 일이 특정 문화에서 규범적이고 합법적이라고 인정받는다고 해서 성경적 가르침과 일치한다는 의미는 아니라는 것이다(레 18:22; 레 20:13; 롬 1:18-32; 고전 6:9-11 참고). 우리는 동성 결혼이나 동성애라는 현실 자체를 부정하지는 않는다. 하지만 결혼에 대한 성경적 이해는 이성애적 결합을 전제한다는 입장을 분명히 한다. 또 다른 예로, 신앙을 깊이 통합해야 하는 사회적 정의의 변화는 종종 정치화된 낙태 문제와 관련이 있다. 낙태와 살인이 다르다는 주장은 얼마나 타당한가? 만약 자궁 안에서 자라는 생명이 인간이 아니라고 확신한다면, 낙태는 영아 살해와는 다르다고 생각할 것이다. 인간의 생명이 시작되는 시점에 대한 사회의 정의는 낙태에 대한 공공의 인식과 정책 결정에 영향을 미친다. 교회가 이런 질문에 어떻게 대답하는지는 사회의 다른 영역들과 상호 연결되어 있다. 교회와 국가의 입장이 다를 경우 누구의 주장이 우위에 있게 되고 누가 침묵해야 할까? 생명에 대한 성경적 관점과 정의는 대중적이거나 정치적인 관점과 어떻게 조화를 이루게 될까? 실제로 사회 영역들의 상호작용은 생과 사를 가르는 결과를 낳는다.

생각해볼 점 3.3

동성 결혼에 대한 역사적 고찰

1948년 유엔은 세계인권선언문을 발표하고 부부 관계를 사회의 기본적 구성단위라고 정의했으며, 레즈비언, 게이, 양성애, 트랜스젠더, 동성 결혼은 실제로 존재했는데도 관련 논의가 공개적으로 이루어지지 않았다. 동성 관계가 분명히 존재했지만, 당시에는 그것을 일탈 행위로 간주했다. 동성에게 끌리는 감정과 동성 관계에 대한 이런 시각은 이후 수십 년간 그대로 유지되었다. 실제로 미국 심리학회(APA, American Psychological Association)가 퍼낸 1987년도 진단통계편람(DSM, Diagnostic and Statistical Manual)에는 동성애를 일종의 장애로 표기했고, 1992년까지 세계보건기구(WHO, World Health Organization) 역시 동성애를 일종의 장애로 보았다.[6]

퓨 리서치에 따르면, 1990년대에 들어서 일부 국가가 게이와 레즈비언 커플을 시민 결혼과 동거 동반자로 인정하면서 동성 결혼이 주목받기 시작했다.[7] 2000년대와 2010년도에는 약 26개국에서 동성 결혼을 합법화했다. 네덜란

드는 2000년 동성 결혼을 합법화한 최초의 국가이고, 그다음 10년간 6개국이 그 뒤를 따랐다(벨기에, 캐나다, 노르웨이, 스페인, 남아프리카공화국, 스웨덴). 전 세계 나라가 195개국임을 감안하면, 동성 결혼을 인정한 국가는 소수였다.

뉴스 매체 CNN이 정리한 연표를 참고하면, 미국에서 동성 커플의 법적 지위가 전국적 이슈로 부상한 때는 1996년 9월 빌 클린턴 대통령이 결혼보호법(Defense of Marriage Act)에 서명했을 때였다. 이 법은 결혼을 "남편과 아내로서 한 남자와 한 여자의 법적 결합"이라고 규정했다.[8] 그해 12월, 하와이는 동성 커플을 이성 커플과 동등한 법적 지위로 인정한 첫 번째 주였지만, 그다음 날 법원 판결이 번복되었다. 몇 년 후인 1999년 버몬트주에서도 비슷한 판결을 내렸다. 2003년, 매사추세츠주 대법원은 결혼보호법이 동성 결혼을 사실상 금지하는 위헌이라고 판결했다.

그 이후 몇 년 동안, 법정과 의회에서는 동성 결혼의 법적 지위를 지지하거나 반대하는 정치적 움직임이 일어났다. 사회와 법원은 동성 배우자와의 결혼을 인정하거나 금지하는 것 사이에서 계속 왔다 갔다 했다.

2004년 매사추세츠 법원은 동성 결혼을 합법화했고, 이렇게 해서 동성 결혼을 허용한 최초의 주가 되었다. 주민 투표로 동성 결혼을 금지한 주들도 있었다. 이런 정치적 투쟁은 이후 몇 년간이나 지속되었다. 2009년 버락 오바마 대통령은 행정 명령으로 연방 직원들의 동성 배우자를 차별하지 않도록 했고, 2011년 국방부에서는 군목이 동성 결혼을 집례할 수 있도록 허락했다. 2013년에 재무부는 법적 혼인 동성 부부도 세금 혜택을 받을 수 있게 했다. 이러한 변화는 동성 커플의 법적 지위와 관계없이, 이러한 파트너십에 대한 다양한 분야에서의 지지가 증가하고 있음을 나타낸다.

2014년, 더 많은 법원이 동성 결혼을 인정하는 판결을 내렸고, 이를 금지하는 개별 주의 결정을 무효화했다. 결국 연방대법원에 상고된 사건과 관련해 연방대법원은 5대 4로 개별 주들이 동성 결혼을 법적으로 금지할 수 없다는 판결을 내렸다. 이 판결로 2015년 6월, 50개 전 주에서 동성 결혼이 합법화되었다. 반대 의견(소수)의 하나는 법원의 결정(다수의 결정)을 조목조목 반박했다. 로버츠 연방대법원장은 자신의 우려를 공개적으로 표명하며 반대 입장문을 발표했다.

판례에 따르면, 헌법은 결혼할 권리를 보호하며, 주마다 결혼법을 평등하게 적용해야 한다는 데는 이의가 없다. 이 사건에서 실제 문제는 '결혼'이 무엇인지를 정의하는 것, 더 정확하게는 무엇이 '결혼'을 구성하는지와 누가 이것을 결정하는지에 관한 것이다…

대다수가 인정하듯이, 결혼은 '수천 년 동안 여러 문명에서 존재했다.' 그렇게 수천 년 동안 어느 문명에서든지 '결혼'은 오직 한 가지 관계를 의미했다. 바로 한 남자와 한 여자의 결합이다. 남녀의 결합인 결혼에 대한 이 보편적 정의는 역사적인 우연이 아니다. 결혼은 정치 운동, 발견, 질병, 전쟁, 종교 교리 혹은 세계 역사상 다른 어떤 움직이는 힘에 의해 생겨난 것이 아니다. 그리고 분명히 말하자면, 게이와 레즈비언을 배제하자고 하는 역사 이전의 결정으로 인한 결과도 아니다.[9]

미국에서 결혼이 한 남자와 한 여자 사이에만 이루어진다는 의문이 제기된 것은 최근의 변화다.

가정과 동성 결혼을 규정을 둘러싼 논쟁은 공적인 영역에서뿐 아니라 학계에서도 진행되었다. 『결혼의 의미』(The Meaning of Marriage),[10] 『자연적 가족』(The Natural Family),[11] 『결혼의 미래』(The Future of Marriage),[12] 『결혼 옹호』(Defending Marriage)[13]와 같은 책들은 모두 연방대법원의 판결 이전에 출간된 책으로, 결혼의 기존 정의를 유지해야 한다는 증거와 논리를 제공했다. 예를 들어, 데이비드 블랜킨혼(David Blankenhorn)은 동성 결혼 옹호자들이 성과 자녀라는 두 가지 핵심 문제에 대해 제대로 정의를 내리지 못하고 있다고 지적했다.[14] 결혼에 대한 인류학 문헌과 현대의 정의를 비교하면서 블랜킨혼은 많은 현대적 정의가 사랑, 개인적 성취, 우정, 사회적 성공을 중심으로 이루어진다고 보고했다. 그러나 세계 각지에서 시간에 걸쳐 나타난 많은 인류학적 관행에 따르면, 결혼에 대한 정의는 대부분 자녀 양육과 성적 관계의 규제에 중심을 두고 있었다. 이러한 차이는 중요했으며, 당시 블랜킨혼은 결혼에 대한 법적 재정의를 시도할 가치가 없다고 주장했다.

결혼 역사가 스테파니 쿤츠(Stephanie Coontz)는 이성애와 동성애를 모두 포함하는 성적 관행이 알려진 역사 대부분에서 시행돼왔다고 보고한다.[15] 그러나 결혼의 사회적 이해에 대한 근본적인 변화는 실상 사랑을 결혼의 기초로 중시하게 되면서 일어났다. 쿤츠는 역사적으로 대부분 결혼은 개인 간의 행위인 동시에 사회적 행위였다고 주장한다. "18세기 후반까지 전 세계 대부분의 사회에서 결혼을 두 사람의 자유로운 선택에 맡기기에는 너무 중요한 경제적, 정치적 제도로 여겼다. 특히 사랑처럼 비이성적이고 일시적인 감정을 기초로 결정을 내릴 경우라면 더욱 그러했다."[16]

"사랑이 결혼의 최우선 가치가 되면서" 한 남자와 한 여자의 관계에 얽매이지 않고 모든 새로운 형태의 결합이 가능해졌다.[17] 결혼이 개인적 성취의 문제라면 나중에 '영혼의 짝'을 만날 때 배우자와 이혼하지 못할 이유가 어디 있겠는가? 서로 사랑하는 두 남자가 결혼하지 못할 이유는 또 어디에 있겠는가? 어떤 근거로 이런 결합을 부인할 수 있겠는가? 쿤츠는 인구통계학적 흐름을 요약하며 이렇게 말한다. "모든 곳에서 결혼은 점점 더 선택의 문제가 되면서, 언제라도 깰 수 있는 것으로 여겨지고 있다. 한때 예견할 수 있었던 결혼과 자녀 양육의 관계가 의미를 잃어가고 있다."[18] 이런 "세계사적 결혼의 변화"[19]는 점진적으로 이루어진 느린 진화 과정이었고, 결국 사회 전반에 퍼졌다. 동성결혼 운동은 결혼이 사회적이고 규범적인 선(善)에서 개인적이고 개별적인 선택으로 변화하는 이 근본적인 변화의 논리적 결과 중 하나에 불과했다.

미국 가정의 현대적 풍경

<결혼과 가정>(*Journal of Marriage and Family*)은 10년마다 가정의 변화에 관한 자료를 업데이트하는 "10년 평가"라는 기사를 발표했다. 가장 최신 평가 기사는 2020년 이후 가정의 경향에 관한 기사로 미국 가정을 연구한 결과를 보고한다.[20] 퓨 리서치 센터 역시 가정에 대한 인구통계학적 흐름을 관찰하는 연구를 실행했다. 이런 자료와 다른 자료들을 바탕으로 현재의 미국 가정의 풍경을 간략히 살펴보도록 하자.

시작하기 전에 당부할 말이 있다. 인구통계 데이터를 해석할 때 이 자료가 가정에 대한 사회학적인 인구 집단 수준의 그림을 제시한다는 점을 이해해야 한다. 예를 들어, 우리는 약 45%의 결혼이 실패한다는 데이터를 제시할 테지만, 이는 어떤 결혼이 실패할 확률이

45%, 성공할 확률이 55%라는 의미가 아니다. 데이터는 전체적 경향을 보여주지만, 특정 결혼이 끝나거나 지속되는 데는 여러 가지 이유가 있다. 통계학은 데이터를 집계하여 표본과 인구 집단에서 경향과 패턴을 찾는 학문 분야다. "와, 이혼율이 거의 50%라면 결혼할 이유가 있을까요? 이혼할 확률과 결혼을 유지할 확률이 똑같은데요"라고 말하는 학생들과 우리는 너무 많은 대화를 나누었다. 불행히도 이런 결론은 데이터가 보여주는 것을 잘못 이해한 것이다. 데이터는 당신의 결혼이 45%의 확률로 해소된다고 말하는 것이 아니라, 초혼이 끝날 확률이 전체적으로 약 45%임을 말하는 것이다. 여기에는 중요한 차이가 있다.

결혼

결혼할 때 남성과 여성 간에는 일관된 나이 차이가 있으며, 보통 남성이 여성보다 약 두 살 더 많다. 2020년 기준으로 초혼의 평균 연령은 남성은 29.8세, 여성은 27.8세였다.[21] 또한 결혼율(전체 인구 중 결혼한 사람의 비율)은 꾸준히 감소했다. 1967년에는 성인의 70%가 배우자와 함께 살았지만, 2018년에는 성인의 51%만이 결혼한 상태였다.[22] 결혼과 다른 인구통계 변수에서 나타나는 많은 경향성이 인종 및 민족과 교육 수준에 따라 다르다는 점을 유념할 필요가 있다. 아시아인은 전체 성인의 63%, 백인은 57%, 히스패닉계는 48%, 흑인 성인은 33%가 결혼한 상태였다.[23] 고등학교 졸업자보다 대학 졸업자들이 결혼 비율이 더 높고 더 늦게 결혼하며 동거하는 비율은 더 낮았다.

결혼율이 감소하는 이유는 무엇일까? 경제적 요인이 결혼율 감소의 부분적인 이유가 될 수 있다. 안정적 수입, 낮은 채무, 안정적 직장을 얻을 때까지 결혼을 미루기 때문이다. 동거 비율의 증가 역시 결혼율 감소의 이유를 일부 설명한다. 젊은 사람들이 교제를 미룬다는 말이 아니라 20대 초반에 한 명 이상의 파트너와 동거하면서 결혼이 지연된다는 것이다. 일부는 이러한 흐름을 결혼에 대한 사회적 후퇴로 해석하지만, 청년의 약 75%가 결혼하는 것이 중요한 인생 목표라고 답했다.[24]

재혼

재혼율도 감소하고 있으며, 1950년에서 2017년 사이에 재혼율은 절반가량 감소했다.[25] 이혼 후 동거율 증가가 이러한 감소의 일부 원인일 수 있다.[26] 인종과 교육 수준에 따른 차이도 뚜렷하게 나타난다. 가령, 흑인 여성과 라틴계 여성은 백인 여성에 비해 재혼하기까지 더 오랜 시간이 걸린다. 고등학교 졸업자보다는 대학 졸업자가 재혼율이 더 높다.

이혼

이혼율은 여전히 높지만 1980년대 이후로 꾸준히 감소하고 있으며, 결혼 부부의 약 45%가 이혼하고 있다. 젊은 층에서 이혼율이 감소하고 있지만(일부 원인은 동거율의 증가와 초혼 연령 상승 때문) 노년층의 이혼율은 증가하고 있다. 노년층의 이런 변화는 '회색 이혼 혁명'으로 불린다.[27] 결혼 해소율은 인종 및 민족, 교육 수준에 따라 달라진다. 초혼이 20년 이내에 끝난 비율은 다음과 같다. 흑인은 63%, 히스패닉은 47%, 백인은 46%, 아시아인은 31%이다. 교육 수준이 높은 사람은 교육을 덜 받은 사람보다 더 안정적인 결혼 생활을 하는 것으로 보고된다.[28] 대학 졸업자는 그렇지 않은 사람보다 더 안정적인 결혼 생활을 한다.[29] 대학 졸업자의 경우, 20년 이내에 이혼한 비율이 약 22%에 지나지 않았지만, 대학 중퇴자는 51%, 고등학교 졸업자는 59%, 고등학교를 졸업하지 않은 사람은 61%였다.[30]

동거

동거에 대한 조사가 시작된 이후로 동거율이 증가했지만, 지난 10년간은 정체 상태였다.[31] 2019년 퓨 리서치는 18-44세의 성인 중 59%가 정식 혼인을 하지 않고 동거한 경험이 있다고 보고했다. 동거는 모든 연령대에서 증가했다. 30세 이하의 성인 중 12%가 결혼하지 않고 동거하고 있으며(1995년에는 5%), 30-49세 성인 중 9%(1995년에는 3%), 50세 이상의 성인은 4%가 동거하고 있다고 보고했다(1995년에는 1%). 다른 인구통계학적 패턴처럼, 인종과 민족에 따라 차이가 있으며(백인 성인은 62%, 흑인 성인은 59%, 히스패닉 성인은 56%가 동거 경험이 있다고 답했다), 교육 수준에 따른 차이도 확인할 수 있다(학사 학위가 없는 성인 중 74%가 동거 경험이 있다고 답했으며, 학사 학위 이상을 소지한 성인은 59%가 동거 경험이 있다고 답했다).[32]

출산율

일부 예외를 제외하면 미국의 출산율(아기의 출생자 수)은 지난 백 년 동안 계속 감소했다. 최근에는 40세 이상 여성의 출산이 증가했지만, 10대와 20대 여성의 출산율 감소보다 증가율이 낮다. 특히 10대 출산율이 급격히 감소하고 있다. 출산율의 감소는 흑인, 백인, 아시아인, 히스패닉계를 비롯한 다양한 인종적, 민족적 집단에 나타나며, 특히 히스패닉계 여성의 경우 출산율 감소가 가장 두드러진다.[33] 교육 수준이 높은 여성이 교육 수준이 낮은 여성보다 출산율이

> **적용 활동 3.4**
>
> **미국의 가정에 영향을 주는 요인들**
> - 유급 육아 휴직, 보육비 보조금, 근로 시간 유연성과 같은 정부 정책이 부부의 자녀 출산 결정에 어떤 영향을 미칠지 생각해보라.
> - 교회나 교육 같은 다른 사회 영역의 정책과 태도가 미국 가정의 구조에 어떤 영향을 미쳤거나 미칠 수 있을까?

낮으며, 종종 30대가 되어서야 초산 경험을 한다. 이는 교육 수준이 낮은 여성이 30대에 출산을 마무리하는 것과 비교된다. 출산율의 감소는 미국에서 주요한 사회적 변화와 더불어 진행되었다. 가령, 피임약의 합법화, 성적 혁명, 여성의 참정권, 가정 경제 구조의 변화, 자녀의 존재 가치에 대한 문화적 시각 변화가 그것이다. 미국에서 출산율의 감소는 또한 전 세계적 출산율의 변화와 궤를 같이했다. 특히 소득 수준이 높은 선진국에서 이 현상이 두드러졌다.[34]

가족 구조

지금까지 우리가 살펴본 경향(결혼, 재혼, 이혼, 동거, 출산율)은 미국 가정의 구조를 형성하는 데 영향을 미쳤다. 현대의 많은 기혼 부부가 자녀를 두지 않는다. 일부는 불임이 그 원인이지만, 또 많은 부부가 '자발적 무자녀'를 선택하여 임신과 자녀 양육을 피하고 있다. 오늘날 성인의 약 71%가 자녀 없이 사는데, 이는 1967년의 52%에서 증가한 수치다.[35] 자녀를 둔 가구는 자녀의 거주 형태에 따라 분류할 수 있다. 대부분 자녀(60%)는 결혼한 생물학적 부모와 함께 살고 있으며, 추가로 3%는 동거 중인 생물학적 부모와 함께 산다. 24%는 한 부모 가정에서 산다(엄마와 사는 자녀는 21%, 아버지와 사는 자녀는 3%). 재혼 가정은 자녀의 거주 형태의 9%를 차지한다.[36] 조부모와 함께 사는 자녀도 있다(2%).[37]

가장 극적인 변화 중 하나는 한부모 가정에서 자녀들이 산다는 것이다. 1970년에는 모든 자녀의 약 12%가 한부모 가정에서 살았지만, 2018년에는 약 25%의 자녀가 한부모 가정에 살고 있으며, 이는 다른 선진국들과 비교할 때 가장 높은 수치에 해당한다.[38] 아이들의 생활 환경의 변동성 역시 다른 국가들에 비해 미국이 놀라울 정도로 높다.[39]

> 미국인의 가정생활은 어떤 나라들보다 더 변동성이 높다. 결혼도 많이 하지만 이혼율도 높다. 또 한부모 가정도 많지만 재혼율도 높다. 동거 기간은 더 짧다. 성인기 이후의 생활 과정에서 결혼과 이혼이나 동거 관계의 변화가 다른 나라에 비해 더 빈번하다.[40]

미국의 가정 구조는 다양하고 끊임없이 변화하고 있다.

결론

성경은 결혼과 가정의 중요성을 분명하게 가르치지만, 성경 인물들이 가정을 꾸리는 방식은 오늘날의 경우처럼 다양했다. 솔로몬 왕은 아내 700명과 첩 300명을 두었고, 호세아 선지자는 한 아내만을 사랑했다.[41] 이런 다양함은 가정이 다른 사회적 영역에서 일어나는 일에 어떤 영향을 주고받는지 보여준다. 이 장에서는 사회적 맥락에서 가정을 이해하기 위해 신학에 근거한 모델을 제시했고, 미국 가정의 현황을 살펴보기 위해 사회적 추세와 흐름을 살펴보았다. 이 장 전체에서 우리는 가정이 사회 구조의 일환임을 보여주었다. 즉, 가정이 "창조적이고, 생동감 넘치며, 변화하고, 적응하는 제도"로 사회의 본질적인 구조에 긴밀히 연결돼 있다는 점을 설명했다.[42]

4장
이론과 신학

4장에서는 사회 현실에 대한 기본적인 신학적 이해와 광범위하게 인용되는 가족 상호작용 이론을 독자들에게 소개할 것이다. 성경의 거대 내러티브는 인간과 관계에 대한 기독교적 사고를 이해하는 틀로 제시된다. 또 가정을 연구하기 위한 네 가지 이론(체계 이론, 내러티브 이론, 변증법적 이론, 발달론적 이론)을 살펴보되, 이런 이론적 관점과 신학적 사상이 어떻게 통합되는지를 다룬다.

서론

먼저 익숙한 한 가지 비유를 살펴보도록 하자. 바로 선한 사마리아인의 비유다(눅 10:30-36).

> 예수께서 대답하여 이르시되 어떤 사람이 예루살렘에서 여리고로 내려가다가 강도를 만나매 강도들이 그 옷을 벗기고 때려 거의 죽은 것을 버리고 갔더라 마침 한 제사장이 그 길로 내려가다가 그를 보고 피하여 지나가고 또 이와 같이 한 레위인도 그곳에 이르러 그를 보고 피하여 지나가되 어떤 사마리아 사람은 여행하는 중 거기 이르러 그를 보고 불쌍히 여겨 가까이 가서 기름과 포도주를 그 상처에 붓고 싸매고 자기 짐

승에 태워 주막으로 데리고 가서 돌보아 주니라 그 이튿날 그가 주막 주인에게 데나리온 둘을 내어 주며 이르되 이 사람을 돌보아 주라 비용이 더 들면 내가 돌아올 때에 갚으리라 하였으니 네 생각에는 이 세 사람 중에 누가 강도 만난 자의 이웃이 되겠느냐.

이 비유를 어떻게 해석해야 하는가? 문자적으로 해석해서, 모든 사람을 이웃으로 대하라는 권면으로 이해해야 하는가? 아니면 하나님의 율법은 알지만, 이웃은 제대로 사랑하지 않는 사람들에 대한 정죄로 봐야 하는가? 알레고리적 해석은 어떤가? 성 아우구스티누스는 죽도록 방치된 남자가 타락한 인류를 상징하고 사마리아인은 그리스도를 상징한다고 주장한다.[1]

어느 해석이 옳은가? 모든 해석이 다 옳은가? 아니면 모두 다 틀린 해석인가? 핵심은 모든 인간 활동이 그렇듯이, 어떤 해석의 렌즈를 사용하느냐에 따라 이 비유를 여러 가지로 해석할 수 있다는 것이다. 관점에 따라 해석은 영향을 받는다. 이론은 가정의 여러 측면을 비롯한 현실의 측면들을 이해하는 데 도움을 주는 렌즈에 해당한다. 커뮤니케이션 교수이자 저자인 엠 그리핀(Em Griffin)은 공저자들과 그것을 이렇게 표현했다. "이론은 커뮤니케이션의 일부 특징에 관심을 집중하고 일부 특징은 무시하거나 적어도 배경으로 미룸으로써 우리 인식에 영향을 미친다."[2] 이 장에서는 이론이 가정을 이해하는 해석학적 렌즈로 사용되는 과정을 살펴볼 것이다.

우선, 성경에서 제시된 인간 역사에 대한 공통된 한 가지 관점을 소개하고자 한다. 창조, 타락, 구속, 회복으로 이어지는 이 내러티브 구조는 인간과 관계에 대한 기독교적 사상을 이해하는 기초를 제공한다. 다음으로 우리는 가족 커뮤니케이션 이론가들이 기초로 삼는 주요 철학적 관점을 개관할 것이다. 이런 철학적인 패러다임들을 살펴본 후에는 가족 커뮤니케이션의 네 가지 이론, 즉 체계 이론, 내러티브 이론, 변증법적 이론, 전 생애적 발달 이론을 소개하고, 신학사상들이 이런 이론적 관점들과 어떻게 통합되는지에 대해서 논의한다. 한 가지 이론만으로는 가족 커뮤니케이션처럼 보편적이고 복합적인 상황을 이해하기에 충분하지 않으므로 여러 가지 이론을 두루 제시할 것이다. 우리는 독자들이 세상과 인간의 작동 방식에 대한 특정한 가정에 기반하여 이런 이론들이 개발되었음을 이해하고, 사회현실에 대한 일부 기본적인 신학적 이해와 가족 상호작용에 대한 주요 이론을 파악할 수 있기를 바란다.

성경의 거대 내러티브

서구 신학자들은 성경이 창조, 타락, 구속, 회복의 네 가지 전개 흐름을 포함하는 거대한 내러티브를 담고 있다고 주장한다. 이 내러티브 구조는 기독교적 관점에서 가정을 이해하기 위한 분석적 틀을 제공한다.

'창조'는 하나님이 의도하신 대로 만물이 질서 있게 존재하는 방식으로, 하나님과 자연, 다른 이들과 생명을 주는 관계를 제공한다. 인간은 하나님의 형상으로 창조되었고(창 1:26-28), 하나님이나 타인들과 소통할 능력을 부여받았다. 하나님은 만물이 서로 조화롭고 온전하게 살아가도록 창조하셨다(히브리어로는 '샬롬'). 그곳에는 평화와 하나님의 물리적인 임재가 있었다. 가정을 비롯해 인간과 모든 피조물은 서로 형통하며 번성함을 누렸다.

'타락'은 그 질서에 균열이 생긴 것이다. 하와가 '동산 중앙에 있는 나무의 열매를 먹어도 죽지 않을 것'이라는 뱀의 거짓말을 믿고 나서 죄가 세상에 들어왔다(창 3:1-7 참고). 이 선택으로 인간은 하나님과 분리되었고, 하나님과 다른 사람, 자연과 누리던 친밀함과 연합도 깨져버렸다. 그것은 우리를 선과 악을 평가하는 체제로 몰아넣었다.[3] 죄의 결과 모든 피조물이 그 영향에 굴복하게 되었다(롬 8:20-22). 타락 이후, 아담과 하와, 그들의 모든 후손은 "창조와의 관계적 연합을 회복"하려고 애썼다.[4] 커뮤니케이션 학자 퀀틴 슐츠가 지적했듯이, 하나님과의 소외는 우리의 올바른 소통 능력을 훼손했다.[5] 가정 안에서의 의사소통은 영원히 불완전해지고 파편화되었다.

'구속'은 예수 그리스도의 생명, 죽음, 부활을 통해 인간이 하나님과 화목해지는 것이다. 하나님과 다른 이들과의 친밀한 관계가 타락으로 손상되었고, 하나님은 오직 그분의 아들 예수가 십자가에 달리는 피의 제사를 통해서만 올바른 관계를 맺을 수 있게 하셨다. 이 제사를 통해 우리는 "하나님께 직접 나아가서 그분과 다시 소통하게 되었고, 모든 인류를 위한 하나님의 원래 의도를 회복하게 되었다."[6] 하나님의 구속 내러티브 안에서 살아가면 하나님이나 사람들과 관계적 형통함을 누릴 수 있다. 그러므로 모든 소통이 타락의 영향을 받는 현실에 놓여 있더라도, 우리는 여전히 가족 안에서 연결과 연합을 경험할 수 있다. 일반 은혜와 그리스도를 통한 구원으로 하나님이 인류를 구원하셨기 때문이다.

마지막으로, '회복'은 성경의 내러티브 구조에서 미래의 행위에 해당한다. 사망이 폐지되고 모든 죽은 자가 그리스도 안에서 부활할 때 새로운 창조가 완성될 것이다. "모든 눈물을 그 눈에서 닦아 주시니 다시는 사망이 없고 애통하는 것이나 곡하는 것이나 아픈 것이 다시 있지 아니하리니 처음 것들이 다 지나갔음이러라"(계 21:4). 피조물이 새롭게 되리라는 소망은 언젠가 하나님이 영원토록 모든 피조물과 관계를 회복하리라는 확신이다. 하나님이나 다른 이들과 소통하며 올바른 관계를 누리며 살 능력은 그때에야 온전히 회복될 것이다.

이 성경 내러티브는 가족 간의 경험을 비롯해 인간의 사회적 경험을 포괄적으로 설명해준다. 인간은 기본적으로 이기적이며(죄인이며), 사회에는 그 이기심이 만연하다. 세상의 악은 이 이기심이 원인이다. 그런데 심판 중에도 하나님은 자비를 베풀고 은혜를 주셨다. 하나님은 인간이 아닌 땅과 뱀을 저주하셨고, 여자의 후손(그리스도)이 뱀(사탄)의 머리를 상하게 할 것이라는 구속 계획을 예고하셨다. 에덴동산에서 그들을 추방하신 것은 하나님이 취하실 수 있는 가장 정의로운 사랑의 선택이었다. 이제 우리는 타락의 영향과 일반 은총 모두 받는 세상에 살고 있다. 내러티브 구조는 하나님이 의도하신 관계와 인간의 실제 경험 사이에 큰 간극이 있음을 보여준다. 그러나 희망은 있다. 관계가 구속되어 회복될 수 있는 것이다. 그리고 언젠가 만물이 새로워질 것이다.

성경의 거대 내러티브는 기독교 사상과 학문의 많은 부분을 인도하는 세계관의 일환이다. 이 내러티브는 인간과 인간 역사를 바라보는 우리의 시각을 형성한다. 그러나 학계에는 다른 철학적 관점도 존재한다. 이론가들은 하나님, 인간, 실제, 지식의 본질에 대한 자신들의 세계관과 전제를 바탕으로 이론을 전개한다[다양한 세계관에 대해서는 제임스 사이어(James Sire)의 훌륭한 자료, 『기독교 세계관과 현대사상』(The Universe Next Door, IVP)을 참고하라].[7] 이는 모든 학문이 지적으로 중립적이지 않음을 의미한다. 모든 학문은 현실이 어떻게 작동하는지에 대한 가정, 즉 특정한 관점에 영향을 받는다. 다음으로는 가정을 이해하기 위한 세 가지 주요 이론적 관점을 살펴보고, 또 다른 하나의 선택지를 고려할 것이다.

이론적 패러다임

가족의 소통에 대한 이론은 세계관에 따라 달라진다. 기독교 세계관은 하나님은 살아 계시며 우리와 소통하신다는 신학적 전제에서 출발하며, 현상은 자연적, 초자연적인 원인으로 설명된다. 현대 서구 학문에서 지배적인 세계관은 하나님이 존재하지 않으며(즉, 물질이 존재하는 모든 것이며), 현상은 오직 자연 세계 내의 사건과 경험으로만 설명할 수 있다는 전제에서 출발한다. 이런 세계관은 일반적으로 크게 세 가지 패러다임으로 구분된다. 바로 자연주의(실증주의), 해석주의, 비판 이론이다.

'자연주의'는 근대적인 연구 패러다임이다. 계몽주의 시기에 유행했고, 사회과학에서 채택된 과학적 방법의 발전에 이바지한 것으로 인정받는다. 이 접근 방식은 자연에 존재하는 것을 이해하고 그것을 인간에게 유리한 방향으로 조정하는 데 중점을 둔다. 핸드폰과 컴퓨터와 같은 소통 기술의 창의적인 발전은 대체로 자연주의적 틀에서 비롯했다. 자연주의는 객관적인 현실이 존재하며, 그것은 논리와 보편적인 법칙에 지배되고, 관찰을 통해 발견될 수 있다고 주장한다. 이 접근법을 취하는 학자들은 의사소통 과정이 정형화되어 있고, 예측과 설명이 가능하다고 믿는다. 그들은 그런 정형화된 패턴을 발견하고 이해하는 데 집중한다. 많은 과학자가 유신론적 세계관을 가졌지만, 과학적 자연주의의 지배적인 시각은 그렇지 않다. 오직 '자연적인 것'만이 존재한다고 믿는다.

자연주의는 하나님의 보이지 않는 속성과 신적 특징(롬 1-2장)을 연구하는 데 성경적 관점과 일치하지만, 하나님의 특별 계시(성경)와 자연을 창조하고 그 모든 것을 그분의 능력의 말씀으로 지탱하는 초월적인 하나님(히 1:3)을 거부한다는 점에서 성경적 입장과 차이를 보인다. 자연주의자는 객관주의자이며 문서로 만든 자료를 기초로 결정을 내리지만, 객관주의자인 그리스도인은 문자적 성경 해석을 고집할 수 있다.[8] 예를 들어, 객관주의자는 성경을 권위로 삼고 남편과 아내의 역할을 정의한다. 거기에 논란의 여지는 거의 없다.

'해석주의'는 단일하고 객관적이며 관찰 가능한 실재라는 개념을 거부하고, 실재에 대한 여러 주관적인 관점을 지지한다. 실재는 발견되는 것이 아니라 구성되는 것이다. 해석주의자는 특정 실재들이 가족 구성원들이 다양한 사회적 시스템 내외에서 서로 작용하며 일상적으로 어떻게 생산되고 유지되며 변화하는지를 배우는 데 집중한다. 그래서 연구할 때 참여자들의 진실을 반영하려고 노력한다. 일반적으로 절대적인 존재를 부정하며, 그런 주장의 자기모순적 성격을 무시한다(즉, 진리가 존재하지 않는다는 것을 보편적인 진리라고 주장한다). 해석주의 연구는 긍정적 변화를 촉진하는 데 사용될 수도 있고, 단순히 개인과 집단의 경험과 인식을 묘사하는 데 사용될 수도 있다.

이런 관점은 우리가 각기 다른 고유한 관점과 경험을 가졌다는 점에서 성경의 관점과 일치한다. 예를 들어, 사복음서는 모두 그리스도의 생애를 묘사하지만, 각각 그리스도의 다른 측면을 강조하고, 같은 사건이어도 다르게 묘사한다. 해석주의는 하나님이 모든 진리의 저자라는 성경적 관점과는 다르게, 모든 '진리'를 동등하게 보고 부정한다. 즉, 해석주의는 모든 '진리'가 동등하므로 창조, 타락, 오직 그리스도만을 통한 구속이라는 하나님의 계시를 받아들이지 않는다. 이 관점을 취하는 그리스도인들은 절대적인 진리를 믿을 수 있지만, 인간으로서 제한된 능력 때문에 절대적인 진리를 아는 것은 어렵거나 불가능하다고 주장할 수 있다. 고린도전서 13장 12절을 인용하며 스트롬(Strom)과 애고조(Agodzo)는 그것을 이렇게 표현한다. "믿음으로 그들은(주관주의자들은) 모든 피조물이 특정한 방식으로 존재한다고 믿지만…인간이 여전히 하나님의 창조된 사회적, 영적 질서를 이해하고 묘사하려고 할 때 흐릿한 유리창을 통해 본다고 겸손하게 인정한다."9

'비판 이론'은 사회 변화에 초점을 맞춘다. 비판적 관점을 취하는 학자들은 사회 내 권력 기관이 사회적 현실에 미치는 영향을 집중적으로 연구하는 활동적인 학자들이다. 자연주의와 해석주의 입장을 고수하는 사람들과 달리, 비판적 이론가들은 사회적 실재를 발견하거나 구성하는 데 관심이 있는 것이 아니라 사회 제도 내에 존재하는 "모순이나 불화나 불평등"에 주목한다.10 비판 이론가들은 체제 내의 본질적인 불평등에 초점을 맞추고, 변화를 옹호하고자 정치적으로 활동한다. 비판 이론가들은 종종 사회 정의와 권력 기관의 개혁에 관심을 기울인다. 비판적 시각에서는 개인이나 특정 가정이 외부의 담론과 세력의 영향을 받기 때문에 특정 잘못에 대해 절대적인 책임을 질 수 없다.

비판 이론은 불의를 바로잡고자 노력하고 더 큰 세력이 개인과 가정에 영향을 미친다는 점을 인식한다는 점에서 성경의 관점과 일치한다. 또한 가정과 사회의 일치나 평화를 추구한다는 점에서도 성경과 입장이 유사하다. 그러나 비판 이론은 개인이나 집단을 정의나 불의, 옳고 그름, 선과 악의 기준으로 삼음으로써 성경적 관점과는 차이를 보인다. 모든 패러다임처럼, 이것은 인간의 마음속 죄로 인해

한계가 있고 오염되어 있다. 비판 이론은 권력에 초점을 맞추며 변화를 옹호하기 때문에 이런 관점으로 가정을 바라보는 그리스도인은 가정 내에서 권력이 어떻게 분배되는지, 권력 기관이 가정에 미치는 영향을 우려한다. 예를 들어, 비판적 이론가들은 남편과 아내의 역할을 언급하는 성경 구절(가령, 엡 5장)에 대해 자신의 해석이나 특정 문화적 해석을 선호하며 성경을 비판할 수 있다. 또 그들은 교회를 포함한 다른 어떤 기관이 가족이나 가족 구성원이 어떻게 행동해야 하는지에 대한 지침을 공유하는 것을 반대할 수 있다.

커뮤니케이션 교수이자 학자인 라이언 비셀(Ryan Bisel)을 따라 이 책에서 우리는 또 다른 접근 방식을 채택하고자 한다. 비셀은 아테네 아레오파고스 언덕의 사도 바울에 대해 이렇게 말했다.

> 한편 스토아학파는 하늘이 대부분 땅과 동일하다고 주장했다. 신은 모든 것에 존재하고 모든 것이 곧 신이기에 굳이 신이란 존재가 필요하지 않다. 그러나 에피쿠로스학파는 신이 땅을 만들었지만, 하늘의 거처는 너무 멀리 있고, 신이 거의 땅에 기능에 개입하지 않는다고 주장했다. 사고하는 인간이라면 경험과 추론의 어떤 다른 가능성을 제안할 수 있겠는가?[11]

비셀이 설명하듯이, 바울은 또 다른 방식을 제시했다. 두 이론적 관점에서 장점은 인정하고 단점은 배제하는 대안을 제시했다. 우리 역시 이 책 전반에 걸쳐 이 대안을 제시하려고 한다. 이제 이 관점을 명확히 해보겠다.

가정에 대한 자료와 이론은 '중립적'이지 않으며, 연구자들이 자료를 해석하는 방식은 주관적이고 자신의 패러다임과 이론의 제약을 받는다. 그렇지만 일반적으로 우리는 어떤 자료에서든 배울 수 있다. 적어도, 우리는 다양한 방식으로 가정의 여러 측면을 바라보는 사람들이 있음을 알고 있다. 이런 사실을 유념하면, 우리는 겸허하게 늘 배우는 자세를 견지할 수 있다. 자연주의에서는 창조 질서를 집중해서 살피고, 그것으로부터 배울 수 있다. 해석주의에서는 개인을 이해하고, 개인의 행동을 이끄는 경험과 관점을 이해할 수 있다. 비판이론에서는 다양한 사람을 제약하고 행동하게 하는 체계의 영향력에 대한 관점과 세상의 불의를 자각하는 눈을 얻을 수 있다. 기독교적 시각은 이런 연구들이 전제하는 세계관을 초월하며 초자연적인, 말 그대로 자연을 초월하는 종합적인 일련의 신념을 고수한다. 이는 "좋은 것을 취[할 기회]"(살전 5:21)를 제공한다. 다양한 신앙적 배경과 패러다임을 가진 사람들에게 이런 접근 방식은 자기 입장을 타협하지 않고 경청하며 배울 수 있게 해준다.

다양한 이론

패러다임은 실재를 넓은 시각으로 바라볼 수 있게 해주며, 그 실재를 해석할 원리를 제공한다. 실제로 우리는 종종 특정한 측면을 더 잘 이해하기 위해 시야를 좁히고, 그 측면을 다른 각도에서 살펴봐야 할 필요가 있다. 이때 이론이 그 역할을 한다. 이론이란 "일련의 체계적이고 지식에 근거한 직관"이자[12] "사실의 패턴에 대한 설명"이며[13] "의사소통 과정의 본질에 대한 모든 체계적 요약"이다.[14] 간단히 말해, 가족 의사소통 이론은 가정의 여러 측면을 더 명확하게 이해할 수 있도록 밝혀주는 정보에 기반한 명제들의 집합이다. 이론은 중요하다. 이론은 가정 구조, 패턴, 상호작용을 서술하고 설명하며 예견하도록 도와주며, 가족 의사소통의 복합성을 이해하도록 돕는다.

이 장에서 다루는 이론들은 가족의 상호작용을 이해하는 데 중요한 역할을 한다. 다른 이론들 역시 유익하며 커뮤니케이션 학자들은 『가족 커뮤니케이션 관여 이론』(Engaging Theories in Family Communication)과 같은 가족 이론에 관한 목록을 발표했다.[15] 이론은 사물이 어떻게 작동하는지를 가설로 제시하며, 인간 행동에 대한 연구를 통해 우리의 지식을 확장하기 때문에 더 넓어지거나 수정되기도 한다. 이 점을 염두에 두고, 네 가지 이론적 접근 방식인 체계 이론, 내러티브 이론, 변증법적 이론, 발달 이론의 핵심 원리를 살펴보려고 한다.

체계 이론

가정을 일종의 체계로 바라보는 접근 방식은 가정 내 개인들의 행동이 가족 집단에 어떤 영향을 미치는지, 그리고 그 반대의 경우도 어떤 영향을 미치는지에 집중한다. 이 이론은 가정을 하나의 체계라고 주장한다. 즉, 가정을 "상호작용을 하며 상호 의존적인 여러 부분이 패턴화된 방식으로 작동하여 시너지적인 전체를 만들어내는 것"이라고 설명한다.[16] 체계 이론의 관점은 다음과 같은 여러 중요한 특성이 있는 광범위한 이론이다.[17]

'상호 의존성'은 가족 구성원 간의 상호 연결성을 의미한다. 한 가족 구성원의 행동은 다른 모든 가족 구성원과 그들의 의사소통 패턴에 영향을 미친다. 아마도 모두 자신의 가정에서 이런 특성을 목격한 적이 있을 것이다. 예를 들어, 어머니가 다른 주에 있는 직장에 취직하면, 불가피하게 가족 모두의 삶이 변한다. 남동생이 마약을 팔다가 기소당하면 온 가족이 황폐해진다.

'계층성'은 가족이 다양한 체계와 하위 체계(가령, 형제자매, 부모)

로 조직되어 있다는 것을 의미한다. 각 집단은 자신만의 체계로 간주되며, 더 큰 가족 체계의 일부로 여겨진다. 예를 들어, 이혼한 부모를 둔 자녀는 새아버지와 어머니(이복형제 포함) 가정과 아버지와 자신만으로 구성된 가정에서 매우 다른 가정의 계층성을 경험할 수 있다.

'전체성'은 가족이라는 단위가 가족을 구성하는 개별 구성원의 합보다 크다는 개념이다. 가족 전체는 의사소통을 이해하는 주요 분석 단위가 되며, 하위 체계의 상호작용 패턴은 그다음이 된다. 예를 들어, 치료사는 체계 이론을 적용하여, 한 아이의 우울 증상이 부부간의 갈등으로 인해 발생했다고 설명할 수 있다. 전체성은 한 구성원에 대한 영향을 다른 구성원의 상호작용 전체로서 가정은 한 가족 구성원에 대한 영향을 타인들과의 상호작용 패턴과 연결시키며, 단순하고 개인적인 설명을 거부한다.

'패턴'은 가족 내에서 작동하는 규칙과 규제에서 비롯된다. 어떤 가정은 취침 의식이나 주일 아침 의식을 정해두었을 수 있다. 이런 패턴은 가정의 안정에 기여한다. 이와 관련하여 상호작용의 복잡성은 인간 행동에 대한 단일하고 기계적인 설명을 찾는 것이 불가능하거나 적어도 비현실적이라는 개념이다. 단일한 인과 관계는 너무 단순하다. 그 대신 체계 이론 접근법은 상호작용 패턴이 행동을 더 잘 설명한다고 주장한다.

'개방성'은 가정이 가정 외부의 조건에 영향을 받는다는 것을 인정한다는 의미다. 가정은 더 큰 사회적 세력과 독자적으로 존재하지 않는다. 학교 스포츠 행사로 가족의 일정과 재정이 압박받을 수 있다. 영화가 사춘기 청소년의 전형적인 행동 방식에 대한 가족들의 태도에 영향을 줄 수 있다. 가정은 개방된 체계다. 하지만 외부의 영향을 통제하기 위해 경계를 설정할 수 있다. 예를 들어, 가정은 그 영향력을 축소하기 위해 소셜 미디어 사용을 엄격하게 제한할 수 있다.

'피드백'은 가족이 일정한 균형이나 안정 상태를 달성하는 방식을 의미한다. 가족 내의 현재 상태를 유지하거나 변화로 이어질 수 있는 여러 유형의 피드백 고리(feedback loop)가 존재한다. 가정 체계가 제대로 작동하면 항상성을 유지한다고 하며, 균형을 이루는 상태라고 할 수 있다. 정해진 규칙과 규정에 따라 운영되는 가정은 기능적이라고 할 수 있다. 형성적 변화(morphogenic change)는 가정의 형태나 본질이 변하는 갑작스러운 피드백 고리에서 발생한다. 아기가 새로 태어나는 것이 형성적 변화에 해당한다. 연설한 후 받는 '피드백'과 달리 체계 이론의 피드백 고리는 하나의 단위로서 가정을 규정하거나 변경하는 방식과 관련이 있다.

'등결과성'(equifinality)은 목표를 이루는 여러 방식이 있다는 개념을 의미한다. 체계 이론은 우리가 목표 지향적인 존재이며, 같은 결과(가령, 가족 만족도)에 도달하는 데 여러 방법이 있을 수 있다는 점을 제안한다.

체계 이론은 원래 분자 화학에서 지정학적 주기, 분자 물리학에서 성격 심리학에 이르기까지, 모든 학문 분야에서 지식을 통합하는 일반적인 틀을 제공하기 위한 것이었다.[18] 당신은 이 체계 이론을 기독교 신학에 얼마나 잘 적용할 수 있겠다고 생각하는가?

삼위일체적 시각

하나님을 삼위일체로 보는 한 가지 방법은 그분을 하나의 체계로 이해하는 것이다. 4세기 기독교 신앙 선언문인 니케아 신경은 다음과 같이 선포한다. "우리는 한 분이신 하나님 아버지, 전능하신 분을 믿습니다…우리는 한 분이신 주 예수 그리스도, 하나님의 독생자

적용 활동 4.1

하나의 체계로서 신적 삼위일체

- 삼위일체적 관점의 특징은 어떤 면에서 체계 이론의 핵심 요소를 반영하는가? 두 접근법의 차이는 무엇인가? 삼위일체가 체계의 한 예라고 주장할 수 있는가? 이유는 무엇인가?
- 체계란 가족을 이해하기 위한 은유다. 이 은유는 가족의 의사소통을 이해하는 데 도움이 되는가? 아니면 방해되는가? 어떤 면에서 그러한가? 체계가 가족 상호작용의 핵심을 포착하기에는 너무 기계적인 은유는 아닌가? 그렇다면 왜 그렇고, 아니면 왜 그렇지 않은가? 가정의 역동성을 더 잘 포착하기 위한 은유에는 어떤 것이 있을까?

를 믿습니다…우리는 주님이시며 생명을 주시는 성령을 믿습니다."[19] 삼위일체는 세 위격, 즉 아버지, 아들, 성령으로 이루어진 한 분 하나님이시다. 삼위는 모두 거대한 한 체계의 일부이지만, 또한 각기 고유하고 완전하다. 삼위의 각 위는 온전한 하나님이시며, 상호 의존적이고 사랑으로 서로 안에 거하신다.

삼위일체는 가정의 번영을 위한 모델이다. 가정은 각 사람이 하나님의 형상대로 창조되었으므로 서로 의존하고 사랑 안에서 함께 묶인 관계를 형성하도록 부름을 받았다. "그러므로 서로에 대한 우리의 사랑은 우리가 인간으로서 존재하는 진리를 반영해야 한다. 즉, 우리는 모두 서로 연결되고 의존하고 있다는 것이다. 우리는 서로와의 관계를 통해서만 우리의 가장 진실한 자아를 발견한다."[20] 이것은 누구도 진정으로 자신만으로 완전히 충족할 수 없음을 의미한다. 각 가족 구성원은 자기만의 특별한 은사와 성격을 지녔으며, 그로 인해 고유하고 중요한 역할을 해낸다. 삼위일체의 관점은 관계성, 상호성,

다양성, 평등성, 공동체성을 기반으로 하고 있다.²¹

내러티브 이론

가족에 관한 이야기를 해보라. 미담을 좋아하지 않는 사람이 누가 있겠는가? 우리는 모두 이야기를 좋아한다. 이야기는 사람을 사로잡고 빛을 비춘다. 이야기는 가정을 이루고 유지하며 이해하는 데 도움이 된다. 하나님도 좋은 이야기꾼이시다. 앞에서 살펴보았듯이, 성경의 거대 내러티브는 인간 역사의 이야기를 보존하고 있다. 그것은 아브라함과 족장들에서부터 시작하여, 애굽의 노예 생활과 출애굽, 사사와 예언자와 왕이 존재하던 시대를 거쳐 이어지는 히브리 가족의 흥미진진하고 얽히고설킨 이야기를 하나로 엮어낸다. 히브리 가족사를 끝까지 수놓는 한 가지 주제는 메시아 예수 그리스도를 통해 모든 인류를 구원하시는 하나님의 사역이다.

내러티브 이론은 커뮤니케이션 이론가인 월터 피셔(Walter Fisher)가 발전시킨 것으로, 이 이론에 따르면 인간은 경험을 이야기하는 존재다.²² 이야기는 경험에 의미를 부여하며, 우리는 공유하는 이야기를 통해 공동체를 형성하게 된다. 피셔에 따르면, 이야기는 일관성, 즉 서사적 개연성이 있어야 하고, "진실해야 하거나" 서사적 충실성이 있어야 한다. 학자들은 피셔의 내러티브 패러다임을 비판하는 동시에 그의 주장을 근거로 자신들의 주장을 확장한다. 윌리엄 커크우드(William Kirkwood)는 이야기를 판단하는 피셔의 기준에 상상력을 자극하고 새로운 가능성을 여는 능력이 포함되어야 한다는 설득력 있는 주장을 전개한다.²³ 그는 다양한 관점에서 이야기를 생각해볼 수 있도록 서사적 공감을 발휘해야 한다고 제안한다.²⁴

소통된 내러티브 의미 형성(Communicated narrative sense-making)

은 조디 켈라스(Jody Kellas)와 헤일리 홀스트먼(Haley Horstman)이 제안한 개념으로, 서사적 공감을 강조한다.[25] 가족 이야기는 종종 사건에 대한 여러 관점을 제시하며, 이는 개인과 가정 내 관계적 안녕에 영향을 미친다. 소통된 내러티브 의미 형성은 네 가지 과정으로 구성된다. 참여, 차례대로 이야기하기, 관점 취하기 그리고 일관성이다.

'참여'는 가족 이야기를 말로 하거나 비언어적으로 전달하는 것이며, 구성원들이 대화에 참여하도록 따뜻하게 초대하는 과정이다. '차례대로 이야기하기'는 이야기가 전개되면서 번갈아 가며 이야기를 주고받는 것이다. '관점 취하기'는 다른 사람들의 관점과 경험을 이야기 속에 통합하는 과정이고, '일관성'은 이야기의 사건들을 조율하여 의미 있는 이야기로 만들어가는 것이다.

가족이 모여 이야기를 나누고 있다고 상상해보라. 함께 이야기를 공유하자는 초청에 응할 마음이 있는가? 누가 이야기를 주도할 것인가? 다양한 관점을 고려할 수 있겠는가? 나오는 이야기를 이해할 수 있겠는가? 아니면 겉돈다고 느끼겠는가? 이런 질문을 되새기며 생각해보는 것이 바로 '소통된 내러티브 의미 형성'에 참여하는 것이다.

왜 가족 이야기를 나누는 것일까? 이야기는 수없이 많은 방식으로 "가족에 영향을 미치는 동시에 가족을 반영하기 때문이다."[26] 이야기는 가족에게 매우 중요한 여러 기능을 수행한다. 우리는 이야기의 세 가지 포괄적 기능에 초점을 맞추고자 한다. 그것은 정체성 형성, 의미 형성, 사회화다.[27]

'정체성 형성.' 이야기는 우리의 정체성을 형성한다. 우리는 이야기를 하고 다시 전하면서 종종 자신과 가족을 어떻게 묘사하고 싶은지에 맞춰 경험을 강조할 때가 많다.[28] 이런 회고적 이야기는 "시간을 거슬러 올라가 사건과 경험을 기념하는 방식"으로 진행되며, 종종 "일관성 없는 기억, 과장, 부인"이라는 특징을 드러낼 때도 있다.[29] 여기서 이야기의 정확성은 중요하지 않다. 중요한 것은 가족이 자신들의 정체성을 반영하는 방식으로 그 이야기를 어떻게 기억하기로 선택했는지다.

이런 정체성 형성 기능은 신앙 회심 이야기의 핵심을 차지한다. 기독교 복음 전도는 종종 개인의 회심 이야기를 통해 그의 정체성이 어떻게 달라졌는지를 보여준다. 이 '간증'은 일반적으로 세 단계로 구성된다. 먼저 그리스도를 만나기 전의 삶을 설명하고, 그다음으로 회심한 영적 경험을 이야기하며, 마지막으로 그리스도인이 된 후 변화된 삶을 묘사한다. 이런 간증을 반복해서 나누면 그리스도를 따르는 제자로서 정체성이 강화된다.

'의미 형성.' 이야기는 또한 경험을 이해하는 데 도움을 준다. 그것이 즐거운 사건이든, 고통스러운 사건이든 마찬가지다. 이야기 나누기는 사건에 대해 일정 부분 통제감을 얻을 방법을 제공하고, 그 사건에 대한 감정을 처리하고 표현할 길을 마련해준다.

'의미 형성'의 복잡성이 잘 드러내는 내(다이앤) 가족사를 소개하겠다. 내 아버지는 위스콘신의 작은 폴란드 마을에서 아홉 명의 형제자매 중 한 명으로 자랐다. 기온이 영하 23-29°C까지 내려가면, 내 할머니는 자녀들에게 따뜻한 감자 하나씩을 들려 학교에 보냈다. 그들은 손이 얼지 않도록 감자를 꼭 쥐고 학교까지 걸어갔다. 학교에 도착한 뒤에는 감자를 교실 난로 위에 올려두었다. 짐작하다시피, 감자는 점심으로 먹을 것이었다. 나는 이 이야기를 좋아한다. 할머니의 지혜로움이 돋보이는 이야기이기 때문이다. 동시에 할머니가 자녀 아홉 명을 먹이고 입히느라 고생한 현실도 보여준다. 할머니는 자녀

적용 활동 4.2

가족의 이야기

- 잠시 시간을 내어 가족의 이야기를 하나 적어보는데, 가능한 한 자세히 적어보라.
- 이 이야기를 되짚으며 다음 질문들에 답해보라. 이 이야기가 당신과 당신의 가족에게 어떤 의미가 있는가? 이 이야기는 당신 가족의 정체성을 어떻게 반영하는가? 이 이야기가 당신 가족의 어떤 측면을 이해하는 데 도움이 되는가? 어떤 부분에서 이 이야기는 가족의 가치, 규칙, 양식을 이해하는 데 도움이 되는가?

를 힘들게 부양했다. 이 이야기는 기억에 남을 방식으로 가족사의 복잡함을 이해하는 데 도움을 준다.

'사회화.' 이야기는 가정 내에서 일상생활의 규칙과 규범에 적응하도록 우리를 사회화시킨다. 이는 우리가 무엇을 기대해야 하는지, 무엇이 우리에게 기대되는지를 알려주는 문화를 만든다. 이런 규칙과 규범은 가치를 기억하고 실천하도록 돕는 일종의 연상 장치다. 예수님이 말씀하신 많은 생생한 비유는 기억에 남으며, 신앙생활을 영위하는 데 도움이 된다. 선한 사마리아인의 비유는 인종과 계급이 타인을 사랑하는 데 장애가 되지 않는다는 교훈을 준다. 또 이야기의 중요한 기능 중 하나는 중요한 가치와 교훈을 한 세대에서 다른 세대로 전달하는 것이다. 이를 통해 우리는 그 가치를 받아들이고 교훈을 배우기를 기대한다.

변증법적 이론

관계적 변증법 이론은 가족의 의사소통을 이해하는 또 다른 중요한 방식이다. 이 이론은 인간관계의 내재적 모순에 집중한다. "변증법적 이론의 핵심에는 관계의 모순이나 긴장이 불가피하고 필요하다는 것이다." 즉, 의미는 "서로 대립하는 담론의 해석을 통해" 구성된다.[30] 가족 구성원들이 이런 상충하는 담론과 씨름하며 이 긴장을 헤쳐나가는 과정에서 관계가 발전할 수도 있고 무너질 수도 있다. 의미는 대화를 통해 공동으로 구성되며, 대화를 통해 가족은 정체성을 형성하고 구성원마다 자기 역할과 책임을 이해하게 된다. 또 대화를 통해 가족이 외부 영향력과 문화적이고 사회적인 담론이 어떻게 자신들에게 영향을 미치는지 이해할 수 있다.

변증법적 이론을 통해 확인된 세 가지 주요 모순은 자율성과 연결성, 개방성과 폐쇄성, 확실성과 불확실성이다. 우리는 이런 긴장 상태의 양 측면에 대한 욕구를 가지고 끊임없이 씨름하며 이를 탐색한다.

'자율성과 연결성'은 혼자 또는 함께 보내는 시간 그리고 자신과 타인에 대한 권리와 의무를 포함하여 다양한 방식으로 표현된다. 이는 '나' 정체성과 '우리' 정체성의 관점에서 설명될 수 있다. 가족이 함께 즐기는 활동은 공유된 '우리' 정체성을 형성하고, 개인적으로 즐기는 활동은 '나' 정체성을 우선시하는 방식으로 나타날 수 있다.

'개방성과 폐쇄성'은 솔직한 공개와 신중함, 사생활 사이의 대립을 나타낸다. 이는 사생활을 지킬 권리와 표현의 자유에 대한 권리로 설명할 수 있다. 한편으로는 서로 개방적이고 상처를 받더라도 자신을 공개하기를 원할 수 있지만, 때때로 공유하지 않기로 선택할 수도 있다.

'확실성과 불확실성'은 즉흥성과 변화에 맞서 일정하고 정해진 일과에 대한 욕구의 대립이다. 다시 말해, 예측할 수 있는 확실성을 즉흥적인 불확실성보다 선호하거나 그 반대가 될 수 있다. 물론 가족 구성원 간에만 긴장이 존재하는 것이 아니라 가정과 외부 네트워크 간의 긴장도 존재하며 이것을 외적 모순이라고 한다. 이와 평행을 이루는 외적인 세 모순은 포용과 배제, 규범성과 독자성, 공표와 은닉으로 나눌 수 있다.

관계적 모순을 부정적(싸움, 대립, 긴장 상태)으로 보거나 관계가 어렵다는 증표로 보기가 쉽다. 이런 관점은 타락에 관한 신학적 관점과 유사하다. 어떤 관계도 완벽하지 않다는 것이다. 그러나 멜리사 프레이머 블랙(Melissa Framer Black)의 흥미로운 연구는 긴장이 어떻게 관계를 강화할 수 있는지를 보여준다.[31] 이 연구는 정통 유대교 가정의 순결법을 실천하는 여성들이 경험한 긴장을 조사했다. 이 순결법에 따르면, 아내의 생리 기간과 그 이후 7일간 모든 형태의 남녀 간 신체 접촉을 금한다. 멜리사는 부부들이 겪는 모순적인 상황과 결혼을 유지하기 위한 전략을 조사했다. 연구 결과는 여성들이 긴장을 경험하는 방식과 함께, 결혼한 부부들 사이에 새로운 종류의 긴장이 있음을 확인했다. 그 긴장은 바로 '친구-연인 변증법'이다. 예를 들어, 부부가 신체 접촉을 피해야 하는 기간에, 연인으로서의 관계는 잠시 멀리하고, 그 대신 친구로서 함께 산책하거나 게임을 하며 서로 관계를 유지하려고 노력하는 것이다. 이처럼 서로의 역할이 바뀌는 과정에서 생기는 긴장이 바로 '친구-연인 변증법'이라고 할 수 있다. 결국, 이 연구는 부부가 의도적으로 친구로서의 역할을 강화하면서도, 그 안에서 여전히 연인으로서의 관계를 유지하려는 긴장이 부부 관계를 더욱 활기차게 만든다는 것을 보여준다.

관계상의 모순을 제거해야 할 요인으로 바라보기가 쉽다. 그러나 설령 그편이 이상적이더라도 변증법 이론가들은 그것이 불가능하다고 주장한다. 이 관점에서 관계는 가족의 상호작용을 창조하고, 공동으로 창조하는 과정에서 지속적으로 존재하는 모순의 연속이다. 더욱이 성경의 내러티브 구조에 근거하면, 우리는 이미 구속을 경험했지만 아직 회복을 경험하지 못한 긴장 속에서 살아가고 있다. 이 '이미'와 '아직'의 현실은 우리가 성공적으로 헤쳐나가는 법을 배워야 하는 변증법적 긴장이다. 저명한 학자 파커 팔머(Parker Palmer)가 지적한 대로 "우리의 일차적 욕구는 긴장을 해소하는 것이 아니라 우리 인생이 걸쳐 있는 그 양 기둥을 온전하고 고통스럽게 인식하며 그 모순을 살아내는 것이다. 그렇게 할 때, 우리는 역설 속으로 빠져들게 되고, 그 중심에서 초월과 새 생명을 발견할 것이다."[32] 긴장을 살아내는 방식을 인식하면 성경적 내러티브를 깨닫게 된다. 즉, 구원자이자 속히 오실 회복자, 하나님이자 사람이신 그리스도의 실재를 깨달을 것이다.

적용 활동 4.3

관계적 변증법 확인하기

- 급우나 친구, 가족, 지인과 인터뷰를 해보라. 그들에게 특정 관계에 대해 생각하고, 그 관계에서 변화가 일어난 사건이나 상황을 묘사하도록 요청하라. 그 변화가 관계를 더 멀어지게 했는지 아니면 더 가까워지게 했는지를 설명하게 하라. 그런 뒤 그들의 대답을 '변증법적 긴장'의 관점에서 분석해보라.
- 어떤 변증법적 긴장이 가장 두드러졌는가? 그 긴장을 세 가지 주요 변증법 중 하나로 분류할 수 있는가? 아니면 또 다른 변증법을 발견했는가?
- 그 긴장이 사람들을 얼마나 가까워지게 했는가? 혹은 얼마나 멀어지게 했는가?

발달론적 이론

가족의 의사소통 발달 이론은 시간이 흐르면서 가족이 겪는 변화에 초점을 맞춘다. 어떤 연구자들은 부부가 처음 결혼할 때, 자녀를 낳을 때, 자녀가 집을 떠날 때와 같은 다양한 인생 단계를 거치면서 가정이 어떻게 변화했는지를 관찰했다. 그들은 특정 인생 단계에서 이루어지는 가족 간의 의사소통을 집중적으로 분석했다. 다른 연구자들은 개인과 가정에서 나이에 따라 일어나는 변화를 살펴보는 전 생애적 발달 접근 방식을 선택했다. 예를 들어, 전 생애적 발달 관점은 영아기, 유아기, 아동기에 의사소통이 발달하는 과정을 살펴보며, 노년기에 어떻게 기억력이 약화하고 어휘력이 감소하는지를 살펴본다. 그들은 특정한 한 인생 단계를 연구하지 않고 더 전반적인 발달 과정을 살펴본다. 발달은 아동기에서 멈추지 않고 전 생애에 걸쳐 일어난다.[33] 이 책 3부에서는 결혼, 양육, 황혼기의 의사소통을 집중적으로 다루기 위해 발달 이론을 채택했다. 여기서는 전 생애적 발달 관점에 대한 네 가지 주요 주장을 살펴볼 것이다.[34] 이 접근법은 개인과 가족이 존재하는 동안 겪는 지속적인 변화에 초점을 맞춘다.

첫 번째, 전 생애적 발달 관점은 긍정적인 발달이 생애 전반에 걸쳐 일어난다고 주장한다. 이 발달 이론가들은 나이가 들수록 긍정적인 발달이 감소한다는 광범위하게 수용되는 관점을 거부한다. 생애 전반의 생리학적 변화(가령, 신체 쇠약, 시력 저하)만을 보는 것은 근시안적인 접근이므로 발달 이론의 관점으로 보는 이론가들은 다른 측면의 성장이 있음을 인정해야 한다고 주장한다. 예를 들어, 갈등 해결 능력과 논쟁에 참여할 때를 아는 지혜는 결혼 생활의 연륜이 높아질수록 깊어진다. 하나님의 행위와 그분의 성품, 그분의 길을 아는 것(시 103:7)도 평생 이루어지는 영적 성숙의 한 측면일 수 있다. 전 생애에 걸친 긍정적 발달을 인정하면 단순히 물리적 발달 너머로 우리 시야를 확장할 수 있다.

두 번째 주장은 전 생애에 걸쳐 일어나는 변화에 다양성과 다원성이 존재한다는 것이다. 발달은 복합적인 과정이다. 단선적이지 않고 개인들이 인생 주기를 지나는 방식이나 속도도 서로 다르다. 또한 발달 역량도 다르기에 같은 속도로 발전하지 않는다. 여기서 동일한 결과에 도달할 수 있는 다양한 경로(등결과성)라는 체계 이론의 개념이 적용된다. 많은 사람이 50세에 이르지만, 그들이 갖춘 능력과 지혜의 수준은 모두 다르다. 우리에게 영감을 주는 인물은 모세다. 그는 120세까지 살았지만, 시력이나 체력이 약해지지 않았다(신 34:7). 이런 일이 우리에게 일어날 가능성은 거의 없다[무엇보다 우리(조너선과 다이앤)는 모두 어릴 때부터 안경을 썼다]. 이처럼 전 생애에 걸친 발달의 정도는 다양하고 다차원적임을 알 수 있다.

세 번째, 발달은 득실의 역학으로 가장 잘 이해할 수 있다. 이것은 발달 관점에서 매우 중요한 가르침 중 하나다. 생의 주기 동안 우리는 어떤 능력은 얻고, 어떤 능력은 잃는다. 시간의 흐름을 거치면서 이득을 강화하는 법을 배우고 손실을 성공적으로 보상하는 길을 발견한다. 예를 들어, 십대들은 15년 이상 운전을 한 사람들보다 반응 속도가 더 빠르다. 그러나 운전 경력이 긴 사람들은 더 안전하게 운전한다(특정 나이가 되면 보험료가 저렴해진다). 이유는 무엇인가? 운전 경험이 쌓이면서 반응 시간보다 더 중요한 운전 기술이 축적되기 때문이다. 이런 득실의 역학은 광범위한 영역에서 진행된다. 우리는 갈등을 완화하기 위해 잘 경청하는 법을 배운다. 생일을 알려주는 앱처럼 과학기술을 이용하여 감퇴하는 기억력을 보완할 수 있다. 이처럼 득실의 예는 수없이 많다.

네 번째 주장은 전 생애에 걸쳐 개인 내 다양성과 개인 간 다양성이 존재한다는 것이다. 이는 특정 개인이 다양한 속성에서 서로 다른 속도로 발달할 수 있다는 것을 의미한다(개인 내 다양성). 한 개인이 피아노에는 탁월한 능력을 보이지만, 기타를 배우는 데는 느릴 수 있다. 또 개인마다 같은 능력에 대한 발달 속도가 다를 수 있다(개인 간 다양성). 어떤 사람이 다른 사람들보다는 피아노를 쉽게 배우지만, 피아노 신동보다는 실력이 떨어질 수 있다. 이 네 번째 주장의 또 다른 의미는, 다양한 인생 단계에 있는 사람들 간의 사고와 행동 차이가 나이 외에 다른 요인들, 즉 교육이나 삶의 경험에 따라 설명될 수 있다는 것이다. 다시 말해, 생물학적 나이는 어떤 사람의 능력을 예측하는 강력한 지표가 되지 않을 수 있다. 이에 따라 특정 발달 단계 내에서도 개인 간에 큰 차이가 발생할 수 있다. 예를 들어, 영적 성숙은 그 사람의 신앙생활 기간으로 결정되지 않는다. 말 그대로, 당신은 5년 된 그리스도인답게 성숙할 수도 있고, 5년이나 신앙생활을 했지만 1년 된 그리스도인의 영적 수준일 수도 있다. 시간이 흐른다고 영적 성숙

적용 활동 4.4

이득과 손실이라는 틀

- 디모데전서 4장 15절을 묵상하라. "이 모든 일에 전심전력하여 너의 성숙함을 모든 사람에게 나타나게 하라." 이 말씀은 어느 부분에서 전 생애 발달 관점을 구체화하고 있는가?
- 지금 사람들과 어떻게 소통하고 있는가?(가령, 사용하는 언어나 대화 형태나 대화 주제) 이것을 인생 초기 단계에서 소통했던 방식들과 비교해보라. 어떤 차이가 있는가?

이나 깊이가 저절로 생기는 것은 아니다(마 7:24-27; 약 1:22; 히 5:12 참고).

커뮤니케이션 학자 존 누스바움(Jon Nussbaum)과 그의 동료들은 전 생애 발달 관점으로 인생 주기(가령, 유아기, 아동기, 성인으로의 이행기, 노년기)에 따라 의사소통이 어떻게 발달하고 변화하며 기능하는지를 이해한다.[35] 이 전 생애 커뮤니케이션 관점은 학제적 접근법으로 인생 주기에 따른 의사소통을 이해한다. 즉, 발달 심리학(가령, 언어와 인지 능력의 변화)과 사회학(가령, 인구학적 변화와 사회 정책이 인생 주기에 미치는 영향)에서의 연구를 바탕으로 의사소통이 각 인생 주기에서 어떻게 이루어지는지를 이해하고자 한다.

결론

패러다임과 이론은 현실을 보는 다양한 방식을 제시함으로써 가족 의사소통을 더 깊이 이해하도록 도와준다. 창조, 타락, 구속, 회복이라는 성경의 흐름을 연구함으로써 우리는 인류를 향한 하나님의 계획과 목적에 관심을 집중하게 된다. 의사소통이 가족 관계를 구속하고 회복하는 수단이 되는 방식도 하나님의 이 계획과 목적에 포함된다. 삼위일체적 관점은 가족 구성원이 하나님의 형상대로 창조되었기에 독립적이면서도 상호 의존적인 존재임을 강조한다. 가정에 대한 체계 이론, 내러티브 이론, 변증법적 이론, 발달론적 이론은 가족 의사소통을 이해하기 위한 광의의 틀을 제공해준다. 각 이론은 가족의 특정 측면을 더 상세히 살펴보게 해준다. 어떤 이론으로도 가족 간 상호작용의 모든 측면을 완전하게 다룰 수 없으며, 각 이론에는 긍정적인 면과 부정적인 면이 존재한다. 우리의 목표는 성경에서 제시하는 진리를 타협하지 않으면서, 각 이론에서 배울 수 있는 장점에 집중하는 것이다. 선한 사마리아인 비유를 해석하는 다양한 방식이 있듯이, 의사소통을 바라보는 데는 다양한 렌즈가 존재하며, 그 렌즈들은 고유한 관점을 제공하고 가정에 대한 우리의 이해를 돕는다.

2부
기능적인 가족 의사소통

모든 가족이 성취해야 할 주요 의사소통 기능에는 적어도 다섯 가지가 있다. 그것은 (1) 서로 연결되기 (2) 불가피한 갈등 다루기 (3) 용서를 구하고 베푸는 방안 찾기 (4) 스트레스 관리하기 (5) 삶의 현실적인 일들 처리하기이다. 앞으로 다섯 장을 할애해 이 기능을 차례로 살펴볼 것이다. 우리는 이 기능들을 가족 의사소통의 과업으로 본다. 이 과업들은 신혼부부부터 자녀가 있는 가정, 직계 가족과 확장된 가족 모두에 적용된다. 다시 말해, 결혼 생활을 한 기간이 얼마인지 자녀가 몇 살이든 상관없이, 연결은 가정의 중요한 기능이다. 갈등은 결혼한 지 1년이 지난 뒤에도, 자녀가 '미운 두 살'을 지난 후에도 사라지지 않는다. 즉, 살아 있는 한 용서할 일이 생긴다는 뜻이다. 이런 기능들을 각 장에서 논의할 때 우리는 관련 이론과 성경과 기독교 사상의 사례들을 함께 제시할 것이다.

기본적인 가족 기능의 하나인 '연결'부터 살펴보자.

5장

연결을 위한 의식
건강한 관계를 위한 리듬 형성하기

의식은 성찬 예식과 같은 종교적 행위와 관련된 경우가 많지만, 또한 가정에서 의미와 가치를 전달할 때도 중요하다. 5장은 하나님이 그분의 사역과 약속을 기억하도록 가정들에 명하신 것처럼, 일반적이고 특별한 의식을 통해 가족 간의 연결을 강화하는 방법을 다룰 것이다. 이 장에서는 가족 간 연결을 위해 경청을 생활화하는 법, 관계 유지 행동을 활용하는 법, 서로의 사랑의 언어로 소통하는 법 등의 주제를 개괄적으로 살펴볼 것이다. 마지막으로, 이 장은 연결을 위한 의사소통의 실질적인 전략으로 격려를 활용하는 방법을 제시하고, 이를 기억하는 데 도움이 되는 유용한 암기법을 소개한다.

서론

가장 유명하고 널리 시행되는 기독교 의식은 성만찬이다. 누가복음 22장 7-20절은 이를 이렇게 기록한다.

> 유월절 양을 잡을 무교절 날이 이른지라…[예수께서] [제자들에게] 이르시되 내가 고난을 받기 전에 너희와 함께 이 유월절 먹기를 원하고 원하였노라 내가 너희에게 이르노니 이 유월절이 하나님의 나라에서 이루기까지 다시 먹지 아니하리라 하

시고 이에 잔을 받으사 감사 기도하시고 이르시되 이것을 갖다가 너희끼리 나누라 내가 너희에게 이르노니 내가 이제부터 하나님의 나라가 임할 때까지 포도나무에서 난 것을 다시 마시지 아니하리라 하시고 또 떡을 가져 감사 기도하시고 떼어 그들에게 주시며 이르시되 이것은 너희를 위하여 주는 내 몸이라 너희가 이를 행하여 나를 기념하라 하시고 저녁 먹은 후에 잔도 그와 같이 하여 이르시되 이 잔은 내 피로 세우는 새 언약이니 곧 너희를 위하여 붓는 것이라.

예수님은 성찬을 교회의 의식으로 제정하셨으며, 이는 유월절 식사(예수님이 십자가에 못 박히시기 전날 제자들과 함께 지키신 유대인의 유월절 만찬, 막 14:12-26 참고)를 재해석한 것이었다. 성찬은 기독교 신앙의 본질적인 의식이 되어, 다양한 전통에서 여러 방식으로 기념되고 있다.

의식은 일정한 방식으로 의미와 의의를 전달하며, 종교 행위일 뿐 아니라 가족 의사소통에서도 중요하다. 이 장에서는 의식을 통해 가족 간 연결을 구축하는 방법, 연결을 위한 생활 방식으로서의 경청, 관계 유지 행동을 활용하는 방법 그리고 다른 사람들에게 사랑과 격려를 듬뿍 주는 방법을 다룬다.

가족 의례

연결을 설명할 수 있는 수많은 은유와 조직적 틀이 있지만, 그중에서 단연 좋은 것 중 하나는 '의식'이라는 개념일 것이다. 의식이란 "긍정적, 상징적 의미를 지니는 반복적인 행동과 일상"의 집합이다.[1] 이 개념 정의에서 중요한 것은 의식이 긍정적이며 의미가 있다는 것이다.

스티븐 월린(Steven Wolin)과 린다 베넷(Linda Bennett)은 의식이란 "그 반복을 통해 가족 구성원들이 경험하는 만족감 때문에 시간이 흐르면서 체계적으로 실행되는 상징적인 의사소통의 형태"라고 말한다.[2] 일상의 만남 속에서 가족들은 관계적 연결을 촉진하는 의식을 실천한다. 아이들은 점심 도시락을 챙겨주고 통학 버스까지 바래다주는 부모의 예측 가능한 행동 때문에 자신들이 사랑받고 인정받는다고 느낀다. 남편과 아내는 매일 아침 커피를 갈고 물을 끓이며, 완벽한 한 잔을 만드는 과정을 즐긴다. 이런 일상적 만남이 반복되며 시간이 지나면서 연결을 위한 의식이 형성된다.

의식을 만들고 실천하는 행위는 공유된 경험과 기억을 형성하며, 관계에서 중요한 기능을 한다. 의식은 정체성을 형성하고 유지하는 데 도움이 될 수 있다. 사람들이 자신보다 더 거대한 무언가에 소속된 느낌이 들게 하는 것이다.[3] 의식은 또한 역사를 전달하고, 그 과정에서 "문화적 맥락 속에서 아이들을 사회화하는 역할을 한다."[4] 예를 들어, 유월절 식사를 생각해보라. 유월절은 하나님이 애굽의 노예 생활에서 히브리인들을 건져주신 것을 기념하는 의식화된 축제다. 이 의식을 치르며 가족들은 애굽에서 탈출한 이야기를 다음 세대에 전할 수 있고, 자기 백성을 거룩하게 하고 구원하며 구속하여 결국 약속의 땅으로 인도해가시는 하나님의 약속을 매년 상기시킨다.

하나님은 종종 가정에 그분의 역사와 약속을 기억하라고 명하신다. 시편 145편은 한 세대가 다음 세대에게 하나님의 왕국을 찬양할 것이라고 말한다. 신명기 6장 6-9절은 가족들이 하나님의 계명을 다음 세대에 전할 것을 권장한다.

오늘 내가 네게 명하는 이 말씀을 너는 마음에 새기고 네 자녀에게 부지런히 가르치며 집에 앉았을 때에든지 길을 갈 때에든지 누워 있을 때에든지 일어날 때에든지 이 말씀을 강론할 것이며 너는 또 그것을 네 손목에 매어 기호를 삼으며 네 미간에 붙여 표로 삼고 또 네 집 문설주와 바깥문에 기록할지니라.

의식은 또한 가족을 안정시키고 즐겁게 하는 역할을 한다. 혼란스럽고 불확실한 시기에 의식은 불확실성과 스트레스의 물결을 예측하고 진정시킬 수 있는 닻이 된다. 예를 들어, 결혼식과 장례식과 같은 의식은 가족이 새로 생기고 가족과 이별하는 것과 같은 자연스러운 가정의 변화로 인한 스트레스를 헤쳐나가는 방편이 된다.[5] 그 외 여러 의식을 통해 친밀감과 우정을 고취할 수 있다. 의식과 관련된 공동 활동에 참여함으로써 가족은 단합하고 끈끈한 유대와 친밀감을 형성하며 지속하게 된다.[6] 더 나아가 의식은 매우 즐거울 수 있다. 예를 들어, 매년 가족 여행에서 깃발 뺏기 놀이를 하거나 매주 부부의 밤을 보내는 것처럼, 의식은 가족 구성원들에게 즐거움의 원천이 될 수 있다.[7]

의식의 범주

의식은 형식적일 수도 있고 격식에 얽매이지 않고 자유로울 수도 있다. 월린과 베넷은 세 가지 범주의 가족 의식을 확인해준다. 그것은 축하, 가족 전통, 일정한 형식을 갖춘 상호 활동이다.[8] 결혼식은 공식적인 가족 축하 의식의 한 가지 예다. 이것은 양 가정의 문화적 결합을 상징하며 (보통) 긍정적인 경험에 해당한다.[9] 의식은 "단순히 예식 자체나 실제적 활동이 아니라 그 의식을 준비하며 그것을 경험하고 일상으로 다시 재통합하는 전체 과정을 말한다."[10] 장소 선정이나 결혼 예식에 관한 세부 내용 결정, 하객 명단 작성, 장식 선택, 피로연 준비와 같은 결혼식 준비는 결혼 당일만큼이나 의식의 중요한 부분이다. 더 공식적이고 사회적인 성격의 다른 축하 의식으로는 추수감사절, 부활절, 장례식, 통과 의례(가령, 베이비 샤워, 성인식, 졸업식 파티)를 들 수 있다.

모든 의식이 사회에서 폭넓게 인정받는 것은 아니다. 일부 의식은 특정 가정에만 존재한다. 이런 특정한 가족 전통은 참여하는 사람들에게 긍정적이고 강렬한 추억을 남긴다. 크리스마스는 일반적인 축하 의식이지만, 그 의식을 치르는 전통은 가정마다 다르다. 예를 들어, 성경에 기록된 예수님의 탄생 이야기를 읽거나 관련된 영화를 보며 성탄절을 기념할 수 있다. 성탄절 달력으로 크리스마스를 기념하거나 강림절 촛불을 밝히는 가정도 있다. 모든 가정이 성탄절 촛불을 밝히지 않더라도 이것을 하나의 전통으로 지키는 가정도 있다. 우리(조너선) 집에서는 성탄절에 생카카오 콩으로 핫초코를 만들어 마신다. 콩을 볶고 껍질을 벗겨 가루로 갈기까지 한 시간이 걸리는데, 기호에 따라 설탕을 넣으면 열매가 씹히는 맛이 진하고 풍부한 핫초코를 즐길 수 있다. 가족 전통에는 연례 사냥, 쇼핑, 특별한 날에 즐기는 마차, 가족 금식이나 기도 주간 등이 포함될 수 있다.

의식의 마지막 범주는 일정한 형식을 갖춘 상호 활동이다. 이는 가장 일반적인 형태의 가족 의식으로, 아침 인사와 잠자기 전 인사와 같은 일상적인 것들이 포함된다. 이런 비공식적이고 규칙적인 상호 작용은 매일 발생할 수 있다. 예를 들어, 수면 의식이 있다. 이 의식은 부모와 자녀에게 사랑과 돌봄과 안정성을 상징할 수 있다. 이런 일상적 의식의 예측 가능성 때문에 자녀는 안정감을 느끼고, 부모는 자신이 필요한 존재임을 확인하게 된다. 세수, 양치질, 샤워하기, 잠옷으로 갈아입기와 같은 일이 의식에 포함될 수 있다. 그런 다음 『반지의 제왕』이나 『곰돌이 푸』나 『잘 자요, 달님』과 같은 그림책을 한 장 읽어줄 수 있다. 또 하루 동안 감사했던 일을 생각해보고 감사 기도를 드린다. 묵상, 성경 읽기, 꾸준한 기도로 하나님과 연결되는 것은 삶의 평화와 방향을 제시할 수 있는 또 다른 일상의 의식이다. 가족 구성원들이 이러한 일상적인 루틴에 긍정적인 의미를 부여함으로써, 그것들은 연결을 위한 의미 있는 의식으로 변화할 수 있다.

적용 활동 5.1

가족 의식

- 가족 의식과 그 의식이 당신에게 주는 의미를 이야기해보라.
- 축하, 가족 전통, 일정한 형식을 갖춘 상호 활동이라는 가족 의례의 세 가지 주요 범주로 이 의식들을 구분해보라.

부부간 의식을 조사한 연구는 다양한 유형의 규칙적인 상호작용을 집중적으로 다루었다. 캐럴 브루스(Carol Bruess)와 주디 피어슨(Judy Pearson)은 인터뷰와 개방형 설문 조사를 참고하여 부부들에게서 보이는 다섯 종류의 유형화된 상호작용을 서술한다.[11] 첫째, 매일의 일상적 대화는 부부만 사용하는 표현(가령, '허니')과 일정한 시간을 정해 대화하기(아침마다 커피를 마시며 대화하거나 저녁 시간에 아이들을 재운 뒤 대화 시간 갖기)가 포함된다. 둘째, 의식은 일상적인 일을 처리하

는 루틴을 포함한다. 예를 들어, 식사 준비, 설거지, 쇼핑, 세탁과 같은 일 등이 있다. 셋째, 부부간의 시간은 여가 활동을 함께하는 것과 같은 의식을 포함한다. 여기에는 부부의 저녁 데이트가 포함될 수 있다. 부부간에만 나누는 일정한 상호작용 의식도 있다. 이색적인 전통과 서로의 관계에서 특별한 기념일을 즐기는 것이 대표적이다(각종 기념일이나 첫 데이트 기념). 마지막으로 부부는 성적인 친밀감과 관련된 의식을 즐길 수 있다. 여기에는 친밀함을 과시하는 애정 표현, 성관계하는 주기와 패턴, 시간이 포함된다. 의식은 다양한 문화적 축제와 가족 전통을 포함할 수 있지만, 정례화된 상호작용 의식은 아마도 가족 간의 연결을 유지하는 데 매우 중요한 의식 중 일부일 것이다.

　　의식은 연결을 이해하는 좋은 틀이다. 왜냐하면 가정을 이루는 데 필요한 의미 있는 리듬을 우리에게 일깨워주기 때문이다. 이런 틀은 일상의 기쁨과 관계의 어려운 문제는 의미가 부여되어야 한다는 관점을 채택한다. 우리는 이제 가정생활에서 의미와 의식을 주고받는 여러 방식을 살펴볼 것이다. 먼저 모든 유형의 가족 관계에서 중요한 기초가 되는 경청에 대해 살펴보고자 한다. 그다음으로 결혼 관계와 형제 관계를 유지하는 데 도움이 될 행동을 살펴볼 것이다. 마지막으로 사랑을 표현하고 서로 격려하기 위한 의식을 발전시킬 방법을 살펴보는 것으로 마무리할 것이다.

상호 연결을 위한 생활 방식으로서 경청

잠언 18장 13절은 듣기 전에 대답하는 것은 어리석고 수치스러운 일이라고 말한다. 야고보서 1장 19절은 모든 사람이 속히 듣고, 천천히 말해야 한다고 말한다. 또 다른 잠언 말씀(10:19)은 말이 많으면 허물을 면하기 어려우나 입술을 제어하는 자는 현명한 자라고 말한다. 시편 141편 3절은 "여호와여 내 입에 파수꾼을 세우시고 내 입술의 문을 지키소서"라고 말한다. 분명히 이런 구절들은 듣고 이해하는 것의 중요성을 강조한다. 경청이 중요하다는 것은 대부분 인정할 것이다. 하지만 우리는 경청의 과정을 집중적으로 살펴볼 것이다.

잠언 20장 5절은 "사람의 마음에 있는 모략은 깊은 물 같으니라 그럴지라도 명철한 사람은 그것을 길어 내느니라"고 말한다. 우물에서 물을 길어본 적이 있는가? 대부분 수도 시설을 갖춘 곳에서 살아서 우물물을 길어본 경험이 거의 없을 것이다. 양옆에 줄이 매달린 두레박이 있는 우물 앞에 서 있다고 상상해보라. 줄을 손에 감고 쥐고 있다. 그것은 두껍고 거칠며 길고 무겁다. 똬리를 틀듯이 감긴 줄은 길이가 91m 정도 된다. 24층 건물보다 더 높다. 이 우물에는 도르래도 없고 우물 펌프도 없다. 다만 60cm 크기의 구멍 주위로 돌이 둘려 있다. 무거운 나무 두레박을 우물 아래 83m까지 내린다. 두레박을 기울여 물을 담은 다음 끌어 올린다. 7.5ℓ, 약 7kg이 넘는 물이 담긴다. 그런 다음 두레박을 끌어 올리기 시작한다. 최대한 많은 양의 물을 퍼 올리기를 원한다면, 밧줄이 우물의 상단 가장자리에 닿게 해서는 안 된다. 그러면 두레박이 우물 안에서 튕기며 물이 빠져나가게 되기 때문이다. 바로 당신이 길으려고 애쓰는 물 말이다. 그 대신 우물 위로 손을 뻗어 한 번에 한 손씩 밧줄을 끌어 올려야 한다. 천천히 인내하며 체계적이고 일관되게 이 작업을 해야 한다.

우물에서 물을 길어 올리는 일이 펌프를 이용하거나 수도꼭지를 트는 것보다 잠언 저자가 상상하는 장면에 더 가까울 수 있다. 잠언 구절은 명철한 사람이 다른 사람의 마음에서 깊은 생각을 길어 올릴 수 있다고 주장한다. 이 유비에 대해 생각해보라. 잠언은 인내심을 갖고 신중하고 한결같이 꼼꼼하게 연결하고자 하는 행동을 특별히 중요하게 생각한다. 이렇게 해서 다른 사람의 깊은 심중에 있는 계획과 생각, 감정, 동기에 도달하고 그것을 밖으로 끌어낼 수 있다. 이런 식의 방법은 종종 대화 중에 질문하는 방식을 사용한다. 기독교 사역자인 스티브 샤드랙(Steve Shadrach)은 "질문으로 스스로 해답을 찾아낼 수 있도록 도와줄 수 있다면, 절대 답을 직접 말해주지 말라"[12]고 했다. 샤드랙과 다른 이들이 제안하는 몇 가지 열린 질문은 다음과 같다. 영적인 체험을 한 적이 있는가? 그 체험에 대해 말해줄 수 있는가? 어떤 기도 생활을 하고 있는가? 완전한 성취를 이루는 데 도움이 되는 것이 무엇이라고 생각하는가? 하나님이 함께하신다고 확신하는 일을 한 적이 있는가? 그런 일을 마지막으로 한 적은 언제인가? 이런 열린 질문을 던짐으로써 다른 사람의 마음에 있는 생각을 끌어낼 깊은 대화를 나누게 된다.

꾸준히 다른 사람과 연결을 유지하고 싶다면, 좋은 경청자가 되기 위한 의도적이고 지속적인 노력을 기울여야 한다. 좋은 경청 방식을 기억하는 데 유용한 약어는 'ACE' 청취자가 되는 것이다. 첫째, A는 '집중'(attention)의 첫 글자다. 온몸을 다해 경청해야 한다는 의미다. 휴대폰이나 책 같은 방해 요소는 내려놓고, 컴퓨터나 태블릿 화면에서 시선을 돌리라. 상대방과 눈을 맞추고, 대화에 더 몰입하라. 들으려는 자세를 유지하며 팔짱을 끼지 말라. 대화 상대를 향해 몸을 돌리고, 어깨너머로 대화하지 않도록 주의하라.

ACE 경청자가 두 번째 할 일은 '명확히'(clarify) 이해하는 것이다. 이것은 마음으로 듣는 것이라고 생각하면 된다. 상대방의 말이 이해되지 않는다면 이렇게 물어보라. "지금 ~라고 했는데 무슨 의미인가요?" "그런 말은 들어본 적이 없는 것 같은데, 이해할 수 있도록 예를 하나 들어주실 수 있을까요?" 또한 "더 자세히 말해주세요"와 같은 간단한 문장을 기억하고 연습해야 한다. 이런 질문들은 자녀, 친구, 반 친구 혹은 배우자가 대화를 계속 이어가도록 돕고, 당신이 주의를 기울이고 있으며 더 많은 정보를 원한다는 신호를 보낸다. 또한 단순히 설명을 원하는 문구를 반복하거나, 누군가의 말을 바꿔 말하면서 그들의 감정적인 뉘앙스를 제대로 이해했는지 확인할 수도 있다.

마지막으로 ACE 경청자들은 계속 대화를 이어나가며 서로 속내를 들여다보도록 독려한다(encourage). 요는 상대방의 깊은 속마음에서 계획을 끌어내어 이해해주는 사람이 되는 것이다. 신체적, 사회적 환경에 주의를 기울이며 상대방이 안심할 수 있는 환경을 조성하는 것이 중요하다. 어떤 것은 개인적으로 말하는 편이 가장 좋다. 또 여러 사람이 함께 있을 때 전략적인 접근이 필요한 주제도 있다. 대화를 끌어내는 안전한 환경을 조성하기 위해 긍정적으로 피드백을 하고 상대방을 진심으로 이해하고자 노력하라. 상황과 상관없이 상

적용 활동 5.2

우물에서 물 긷기

- 누군가와 마음을 터놓고 대화를 나누었던 때를 생각해보라. 대화 내용을 자세히 말하지 말고 이런 대화를 끌어내고자 사용한 소통 방식이 무엇인지 이야기해보라.
- 서로 짝을 이루어 구체적인 내용을 서로 이야기하고 비교해보라. 비슷한 부분은 무엇인가? 차이점은 무엇인가?
- ACE 경청을 실천하기 위한 구체적인 방법은 무엇인가?

대방이 안심할 수 있는 안전한 사람이 되어줄 수 있다. 상대방이 부담을 느끼지 않는 선에서 신체 접촉을 하고(포옹, 주먹 인사, 하이파이브, 어깨 두드리기 등), 함부로 비판하지 않으며, 실패든 성공이든 모든 부분을 나눌 수 있음을 알려주라. 비밀을 지켜주는 일 역시 너무나 중요하다. 험담은 어떤 관계든 깊은 대화를 막는 손쉬운 길이다.

연결을 위한 의식으로서의 관계 유지 행동

관계 유지 행동이란 소중한 관계를 원하는 상태로 유지하기 위해 계획한 일련의 의사소통 행동을 의미한다.[13] 관계는 상호작용을 통해 형성되고 유지되기에, 관계 유지 행동은 우리가 의도적으로 다른 사람과의 관계를 유지하기 위해 말하거나 행동하는 일들이다. 이러한 행동은 일상적인 삶의 단조롭거나 반복적인 측면을 포함하기도 하지만, 또한 전략적이고 계획적인 행동도 포함된다.[14] 로라 스태포드(Laura Stafford)와 다니엘 캐너리(Daniel Canary)는 가장 인정받는 관계 유지 유형론을 개발했다.[15] 이 유형론은 원래 다섯 가지 범주로 구성된다.

- **긍정성**: 경쾌하고 유쾌하며 낙관적인 방식의 소통하기
- **개방성**: 관계의 본질에 대해 직접적이고 솔직하게 소통하기
- **확신**: 관계에 대한 애정과 헌신 전달하기
- **사회망**: 부부 활동에 친구나 가족을 동참시키기
- **일 공유**: 공동 활동과 집안일 함께 나누기

수십 년간의 연구는 이런 관계 유지 전략이 관계의 안정성과

만족도에 필수라는 것을 확증했다.

그러나 연결은 일방적이지 않다. 관계를 형성하고 유지하는 데는 두 사람이 필요하다. 관계 유지 행동을 예측하기 위한 이론적 틀로 공정성 이론(Equity Theory)을 사용할 수 있다. 이 이론은 우리가 주어진 관계에서 균형을 유지하는 동적 평형을 지속하고자 한다고 제안한다. 따라서 우리는 관계가 공정하거나 형평성 있게 보일 때 관계를 유지하기 위한 행동에 참여하게 된다. 공평한 관계는 각자가 받는 혜택과 보상이 관계에 이바지한 정도나 치른 대가에 상응하는 관계를 말한다. 불공정성은 두 가지 형태로 나타난다. 이바지한 정도에 비해 보상의 정도가 상대방보다 낮을 때 과소 보상을 받는다고 보며, 상대방보다 개인이 받는 혜택이나 기여도가 높을 때 과대 보상을 받는다고 본다. 스스로 보상이 적다고 생각할 때 불만족을 느끼는 이유를 쉽게 확인할 수 있다. 이 이론에 따르면, 관계 유지 행위는 비용 편익 분석에 따라 보상이 예상보다 많으면 관계에 더 투자하고, 보상이 적으면 관계에 적게 투자하는 식으로 변화를 보인다. 이상적인 관계는 보상이 균등하게 교환되어 서로 공평하고 상호 이익이 되는 관계다. 달리 말해, 관계 만족도는 관계의 비용과 보상을 확인하고, 이에 맞춰 유지 행동을 조정하는 '정신적 대차대조표'(mental balance sheet)에 기반을 두고 있다.[16]

긍정성, 개방성, 확신, 사회망 그리고 일 공유에 참여하는 이유를 설명하는 또 다른 이론은 아서 애런(Arthur Aron), 데브라 마셰크(Debra Mashek), 일레인 애런(Elaine Aron)이 개발한 IOS 이론(Inclusion of the Other in the Self, 나의 자아에 다른 사람을 포함시키는 정도)이다.[17] IOS 이론은 가까운 관계에서 사람의 파트너(즉, 타인)가 자신(즉, 자아)의 일부가 된다고 제안한다.[18] 말 그대로, 친밀해지기 위해서는 나의 자아에 타인을 포함시켜야 한다는 것이다. 이 이론에서 관계 유지 행동은 '자원과 정체성, 관점의 공유 인식을 높이는 소통 행위'다.[19] 아래는 이런 각 포용 영역에 대한 개념 설명이다.

- **자원 공유**: 물리적 자원, 지식, 작업 등 공유된 자원에 접근할 수 있다.
- **정체성 공유**: 신체 접촉, 직접적인 애정 표현, 관계 관리와 관련한 대화, 애칭, 서로 개인적으로 나눈 부분을 포함한 공유된 기억과 정체성을 촉진하는 활동을 뜻한다.
- **관점의 공유**: 종종 공유된 경험에서 발전한 공유된 관점을 구성하는 행동들을 뜻하는데, 여기에는 일상적 대화, 농담, 깊은 대화, 함께 시간 보내기나 오락하기 등이 포함된다.

이런 일련의 행위에 참여하면 관계를 유지하는 데 도움이 될 수 있으며, 이것은 비단 결혼한 부부에게만 해당하지 않는다. 형제나 자매도 '존스 형제'나 '김가네 자매'처럼 공유된 정체성을 발달시킬 수 있다. 시간이 흐르면서 상대방이 새로운 것을 배우거나 변화가 일어나거나 발전하게 되면 그렇게 얻은 이득이 자아로 통합될 수 있고 이렇게 해서 관계 역동이 새로워지며 관계 유지에 대한 동기가 더욱 강화된다.

기독교적 관점에서 IOS 이론은 '우리', 즉 개인 간의 상호 연결성을 강조하기 때문에 매력적이다. 그러나 공정성 이론은 '나'에 초점을 맞추며 개인에게 최선의 이익이 무엇인가에 집중한다. 우리는 또한 '거듭남'으로 어떻게 우리 안에 하나님의 성령이 거하시는지 확인할 수 있다(요 3장 참고). 사도 바울이 쓴 것처럼 "누구든지 그리스도 안에 있으면 새로운 피조물"(고후 5:17)이다. 자아에 하나님(타인)이 포함되는 것이다. 앤드루 레드베터(Andrew Ledbetter)와 그의 동료들이 언급한 대로 자아-타자 포함 접근법은 마틴 부버(Martin Buber)의 대인 관계 의사소통 개념을 포착한다. 부버는 이를 "두 사람 사이의 핵심에 자리하는 것"으로 설명했다.[20] 반면에 하나님이 제공하시는 상호 교환으로 인간은 어마어마한 과대 보상을 받게 된다. "세상을 자기와 화목하게 하시며 그들의 죄를 그들에게 돌리지 아니하시고…하나님이 죄를 알지도 못하신 이를 우리를 대신하여 죄로 삼으신 것은 우리로 하여금 그 안에서 하나님의 의가 되게 하려 하심이라"(고후 5:19-21). 하나님이 아들 예수 그리스도 안에서 죄를 정죄하심으로 죄를 용서하신 것은 불공평한 교환이지만, 우리와 관계 맺기 위한 사랑과 완전한 헌신을 모델로 보여주는 것이다.

형제자매 간 관계 유지 행동

가족 구성원들과는 어떻게 관계를 유지하는가? 연구에 따르면, 대부분 사람이 가족과 연결되기 위해 긍정성과 일 공유 전략을 선호하며, 개방성은 가장 적게 사용하는 전략이라고 한다.[21] 왜 그럴까? 긍정성은 우리가 서로 소통을 즐긴다는 것을 나타낼 수 있으며, 일 공유는 우리가 서로 매우 실질적인 방법으로 지원해야 함을 나타낸다. 그렇다면 개방성은 왜 가장 선호하지 않는 전략일까? 자기를 드러낼수록 더 깊은 친밀감을 느끼는 낭만적인 관계와 달리, 가족 관계에서는 자기 노출이 깊고 친밀한 공유 없이 정보를 전달하거나 받는 수단일 수 있기 때문이다.

가정에서 형제 관계를 유지할 때 기대하는 것이 무엇인가? 그런 기대가 실제적인 관계 유지 행위에 어떤 영향을 주는가? 그런 기대가 충족되지 않을 때 가족 관계의 만족도는 어떻게 되는가? 엘리자베스 홀(Elizabeth Hall)과 제나 맥널리(Jenna McNallie)는 관계 유지 행동에 대한 형제자매들의 인식과 기대를 조사하고 이런 인식과 기대가 만족도와 어떤 연관이 있는지 살펴보았다. 조사 결과, 형제와의 관계 유지 행동에 대한 높은 인식은 관계 만족도와 연관이 있음이 밝혀졌다.[22] 참여자들은 형제자매들이 관계 유지 행동에 참여하기를 기대했고, 그 기대에 부응할 때 더 만족스러워했다. 조사 결과는 또한 양육 과정이 종종 그런 기대를 결정한다는 것을 보여주었다.

당신은 형제자매와의 관계를 어떻게 분류하겠는가? 친밀한 관계, 우호적인 관계, 충성스러운 관계, 무관심한 관계, 적대적인 관계 중 어떤 유형인가? 관계의 질이 두 사람이 관계를 유지하는 방식에 어떤 영향을 미치는가? 당연하겠지만 관계의 질은 중요하다. 예를 들어, 형제자매와의 관계를 친밀하다고 본다면, 그 관계를 유지하기 위해 확신, 개방성, 사회망 전략 등을 활용할 가능성이 크다.[23] 그러나 우호적이거나 충성스럽지 않는 관계로 인식한다면, 그렇지 않을 수도 있다. 만약 형제자매와의 관계를 친밀하거나 우호적인 관계로 분류한다면, 그 형제자매가 더 많은 관계 유지 행동을 당신에게 할 것이라고 인식할 가능성이 크다. 그러나 그 관계를 충성스럽지 않거나 무관심하거나 적대적인 관계로 분류하면 그렇지 않을 것이다.[24]

사랑과 격려

어떤 관계 유형을 유지하든 경청은 연결을 위한 토대를 마련한다. 그러나 더 근본적인 것은 사랑이다. 사랑은 하나님이 시작하신 것이다.

그것은 하나님의 성품에서 나온다. 하나님은 사랑이시므로 항상 사랑으로 시작하신다. 그리스도의 죽음은 바로 그 사랑의 증명이다. 우리는 그리스도를 하나님의 소통(육신이 된 말씀)이자 성부 하나님의 사랑을 완벽히 표현한 존재로 볼 수 있다. 우리의 소통 역시 우리 사랑을 표현해야 하며, 이에 대해서는 다음 장에서 집중해서 살펴볼 것이다. 이제 '사랑의 언어'와 서로 더 격려하기 좋은 방법을 살펴볼 것이다.

연결을 위한 의식으로서 사랑의 언어 말하기

30여 년 전에 게리 채프먼(Gary Chapman)은 교구민들을 위해 결혼 상담을 해주던 목회자였다. 수많은 부부와 대화하면서 그는 부부들이 서로 진심으로 사랑하지만, 사랑받는다는 확신이 없어서 소통에 어려움을 겪고 있음을 알게 되었다. 인간은 모두 채워져야 하는 '사랑의 탱크'가 있다는 심리학적 개념을 차용해, 채프먼은 상대방이 사랑을 표현하고 있지만 그것을 포착하지 못해서 서로 사랑의 탱크를 채워주지 못하고 있음을 알게 되었다. 마치 같은 언어를 사용하고 있지만, 다른 두 언어로 사랑을 전달하는 것과 같았다. 예를 들면, 아내가 중국어만 알아듣는 남편에게 이탈리아어로 "사랑해요"라고 소리 지르는 것과 유사하다. 메시지의 긴급성은 전달될 수 있지만, 분노나 좌절감의 표현으로 잘못 해석할 가능성이 크다. 채프먼은 결국 결혼 관계, 친구 관계, 자녀와의 관계에서 사랑을 표현하고 받는 두드러진 방식을 대표하는 다섯 종류의 '사랑의 언어'를 정리했다.[25] 그 다섯 가지 언어는 다음과 같다.

- **인정하는 말:** 칭찬의 말이나 감사와 격려의 말로 꾸준히 애정을 전달해주기를 원한다.

- **함께하는 시간:** 다른 사람이 집중적인 관심을 제공하는 것을 선호하는 것으로, 공감적이고 반영적인 경청, 자아 공개 그리고 서로 즐길 수 있는 활동에 참여하는 것을 포함한다.
- **선물:** 다른 사람이 애정을 나타내는 시각적인 상징을 선물하는 것을 선호하는 것으로, 이러한 선물은 정기적으로 받는 편이 좋지만 비쌀 필요는 없다.
- **봉사:** 다른 사람이 애정을 표현하기 위해 실용적인 행동을 하는 것을 선호하는 것으로, 그 예로 일상적인 일을 다른 사람이 대신 해주는 것을 들 수 있다.
- **스킨십:** 다른 사람으로부터 사랑을 표현하는 촉각적인 표현을 선호하는 것으로, 부부간의 성적인 접촉뿐만 아니라 다른 관계에서의 비성적인 접촉도 포함된다.

채프먼은 각자 선호하는 제1 사랑의 언어가 있다고 주장하며, 어떤 사람은 2개, 심지어 3개 언어가 사랑의 언어인 경우도 있다고 주장한다. 사랑을 효과적으로 전달하려면 우리 자신이 사랑을 느끼는 방식이 "항상 다른 사람이 감정적으로 사랑을 느끼는 방식과 같지 않다"는 점을 인식해야 한다.[26] 우리는 가족의 제1 사랑의 언어(그리고 부차적인 사랑의 언어도)가 무엇인지 확인하고 그들의 사랑의 탱크를 채워주기 위해 그 언어로 말하려고 노력해야 한다.

상대의 사랑의 언어로 이야기하면 관계의 만족도가 향상된다. 니콜 에그버트(Nichole Egbert)와 데니즈 포크(Denise Polk)[27]는 스태포드, 데인턴(Dainton), 하스(Haas)의 잘 정립된 관계 유지 유형(긍정성, 개방성, 확신, 사회망, 일 공유)과 비교해 채프먼의 사랑의 언어 이론을 검증하고[28] 두 모델 간의 유사성을 발견했다. 타인의 사랑의 언어로 소통하는 데 높은 점수를 보여준 사람들은 관계 유지와 관련해서도 점수가 높았다. 에그버트와 포크의 연구는 관계 유지 행동이 관계 만족도와 상관이 있음을 보여주는 조사와 더불어[29] 상대방의 제1 사랑의 언어를 사용하는 것이 관계 만족도를 높이는 관계 유지 전략이 됨을 시사한다. 사랑의 언어와 관계 만족도의 상관성에 의문을 표시하는 더 최근 연구는 상대방의 사랑의 언어를 단순히 안다고 관계 만족도가 높아지는 것은 아님을 발견했다. 하지만 연구자들은 "관련된 행동을 표현하는 적극성과 능력은 관계 만족도와 관련이 있음"을 인정했다.[30] 다시 말해서, 더 나은 관계는 상대방의 사랑의 언어를 알 때뿐 아니라 그것을 실제로 전달할 때 맺을 수 있다는 뜻이다.

사랑을 전달하는 의식을 개발하는 것은 어떤 모습일까? 한 가지 제안을 하자면, 일주일을 투자해 그 주간에 매일 다른 사랑의 언어로 애정을 창조적으로 표현해보는 것이다. 월요일에는 선물을 통해 사랑을 표현하고, 화요일에는 신체 접촉을 통해, 수요일에는 실제적인 고백으로 사랑을 표현하는 식이다. 아니면 하루를 정해 각각의 사랑의 언어로 사랑을 표현하는 방법을 고려해보는 것도 좋다. 잠자리에 들기 전 포옹하는 의식은 신체 접촉으로 사랑을 표현하는 것이다. 도시락과 함께 손 편지를 전달하는 것은 말로 사랑을 표현하는 것이다. 이처럼 사랑을 표현하고 소통을 강화할 수 있는 의식은 수없이 많다.

격려

우리 모두에게는 사랑뿐 아니라 격려가 필요하다. 신약 성경에는 서로 격려하라고 가르치는 성경 구절이 많다(살전 5:11; 히 10:24; 갈 6:2 참고). 격려의 말을 들어야 하지만 불행히도 실제로 격려의 말을

> **적용 활동 5.3**
>
> ### 자신의 사랑의 언어가 무엇인지 확인해보라
> - 당신의 사랑의 언어는 무엇인지 테스트해보라. https://love-language.co/ko
> - 서로 짝을 지어 결과를 이야기해보라. 검사 결과, 자신의 사랑의 언어를 정확히 확인할 수 있었는가? 다른 사람이 당신의 '사랑의 탱크'를 채워주려면 구체적으로 어떻게 해야 하는가?
> - 자신과 가까운 사람을 떠올려보고, 그 사람의 '사랑의 탱크'를 채워주려면 수 있는 두 가지 구체적인 방법을 고민해보라.

듣는 경우는 그리 흔하지 않다. 미국에서 저명한 결혼 관계 전문가인 존과 줄리 가트맨(John and Julie Gottman)은 사람들이 부정적인 말 하나에 긍정적이고 격려해주는 말 다섯 번이 필요하다고 주장한다. 이 5대 1의 '마법의 비율'은 우리가 균형 잡힌 시각을 유지하는 데 도움이 된다.[31] 우리는 부정적인 말을 쉬지 않고 듣기에 긍정적인 의사소통은 관계에서 중립적인 상태로 돌아가는 데 도움이 된다.

긍정적인 의사소통은 처음에는 조금 어색하게 느껴질 수 있다. 우리는 대부분 머릿속에 떠오르는 모든 격려의 말을 자연스럽게 표현하도록 훈련받지 않았기 때문에 그것이 부자연스럽게 느껴진다.[32] 친구나 형제자매, 또는 연인이나 배우자가 긍정적인 말을 하는 것이 가식적이거나 진부하거나, 심지어 얕게 느껴질 수 있다. 나(조녀선)는 이 연습을 상당 시간 해왔고, 점점 더 그것이 얕지 않다는 것을 깨달았다. 머릿속에 떠오르는 생각을 일부라도 입으로 표현하는 것은 실제로 도움이 되었다. 우리는 모두 다른 사람의 마음을 읽을 수 없기 때문에, 말로 표현하지 않으면 형제자매, 동료, 배우자, 친구들은 우리의 긍정적인 생각을 들을 수 없다. 그래서 소통이 중요하다! 칭찬을 나누는 것은 관계에 안정감을 주고 애정을 키워준다. 이것은 절대 얕거나 가식적인 것이 아니라, 관계에 꼭 필요한 균형을 형성한다. 그 결과, 긍정적인 말을 많이 하는 것은 관계에서 좌절감을 표출하거나 제안하거나 조언하거나 심각한 의견 차이를 논의할 수 있는 안정적인 공간을 만든다. 일상적인 대화에서 균형 잡힌 긍정성이 없다면, 이러한 어려운 주제들은 관계에서 분리, 소외, 혐오감을 초래할 수 있다.

격려의 지침으로 삼을 기억하기 좋은 줄임말은 CPA이다. 보통 CPA는 공인회계사(Certified Public Accountant)를 가리키는 줄임말이지만, 여기서는 성품(Character), 성과(Performance), 외양(Appearance)을 가리킨다. 칭찬의 이 세 가지 영역은 광범위하고 다양한 인간 경험을 아우른다. 우리는 거의 모든 일에 칭찬과 격려, 인정의 말을 해줄 수 있다. 또한 의도적으로 이 영역들의 순서가 정해진다. 이 영역들은 가장 쉽게 통제하는 영역에서부터 통제하기 어려운 영역 순으로 진행된다. 이 순서는 또한 우리 존재의 가장 중요한 측면(가령, 우리의 인격, 정체성, 핵심 가치)에서 머리 스타일처럼 상대적으로 중요하지 않은 영역으로 이어진다.

CPA 격려 모델은 모든 유형의 관계에 중요하지만, 이를 부모와 자녀의 예를 들어 설명하겠다. 예를 들어, 아홉 살 소년이 어린이 야구 리그에서 안타를 쳤다고 생각해보자. 경기가 끝나고 소년과 부모가 그 순간을 되새기며 대화를 나눌 때 부모가 "너 정말 멋지더라!"라거나 "멋진 안타였어"라고 말한다고 해보자. 이러한 칭찬은 외모나 성과에 대한 것이며, 아이는 분명히 기분이 좋을 것이다. 부모가 또한

"오늘 네가 친 안타 멋졌어. 네가 스윙을 연습하면서 열심히 노력한 게 정말 기특하다!"라고 칭찬할 수도 있다. 이런 격려도 성취에 대한 격려로 "멋진 안타였어"라는 칭찬보다 수준이 높다. 이런 칭찬은 끈질긴 노력과 원하는 결과를 연결하므로 계속해서 열심히 노력하도록 강력한 동기를 부여할 수 있다. 한 걸음 더 나아가, 부모는 "오늘 멋진 경기를 펼쳤어! 열심히 노력해서 그 노력의 대가가 오늘 열매를 맺게 됐네. 네가 참 자랑스러워! 멋진 경기였어!"라고 칭찬해줄 수도 있다. 이런 칭찬은 성품의 수준으로 격상한 격려다. 이 격려는 아이가 열심히 하는 사람임을 인정한다. 격려를 인격의 관점에서 표현함으로써, 부모는 자신들이 중요하게 여기는 가치, 예를 들어 열정이나 인내를 확언하게 된다. 우리가 누군가의 성품을 인정해줄 때 그것은 깊은 자신감의 저수지를 만들어내며, 야구뿐 아니라 다양한 분야에서 긍정적인 행동을 이끌어낸다. 예수님이 베드로를 어떻게 격려하셨는지를 보라. "또 내가 네게 이르노니 너는 베드로라 내가 이 반석 위에 내 교회를 세우리니 음부의 권세가 이기지 못하리라"(마 16:18). 예수님은 에둘러 표현하지 않으시고 단도직입적으로 말씀하셨다. 또 베드로의 외모나 업적에 초점을 맞추지 않으시고, 핵심 정체성, 즉 그의 성품에 관해 말씀하셨다.

의사소통, 특히 격려의 의미에 영향을 미칠 수 있는 또 다른 차원은 공적인지 사적인지의 여부다. 격려의 두 차원이 모두 필요하고 중요하다. 하지만 이런 차원은 메시지가 지닌 무게에 실제로 영향을 미친다. 공개적이고 단도직입적인 격려는 일반적으로 더 가치가 있다. 공개적으로 칭찬을 들으면 당황하는 사람도 있겠지만, 인정의 무게가 달라진다. 영화 시상식이나 미인 대회에는 관객이 없어서는 안 된다. 사실, 관객은 수상자가 받는 상에 더 특별한 의미를 부여하고,

많은 사람에게 중요한 동기 부여의 요소가 되기 때문이다. 마찬가지로 칭찬을 공개적으로 하면 그것을 더 의미 있게 만들 수 있다. 하나님도 가족을 공개적으로 칭찬하셨다. "이는 내 사랑하는 아들이요 내 기뻐하는 자라 하시니라"(마 3:17). 부모도 때로 하나님이 하신 것처럼 해야 한다.

부부도 서로 공개적으로 '자랑'할 기회를 가져야 한다. "와, 당신은 내가 아는 사람 중에서 유머 감각이 제일 뛰어난 사람이야." "친절한 당신에게 항상 감동하는 거 알아?" "당신은 참 따뜻한 사람이야! 소외된 사람들을 돌보는 모습을 보여줘서 고마워!" 개인적으로 칭찬할 수도 있지만, 또한 공개적으로 애정과 칭찬을 표현할 필요가 있다. 결혼식은 애정을 공개적으로 표현하는 좋은 예지만, 거기서 멈춰서는 안 된다.

결론

서로 연결될 방법을 찾는 것은 가족이 함께 살면서 늘 고민해야 하는 매우 중요한 일이다. 갈등을 다루고 용서를 구하며 회복 탄력성을 키우고 함께 살아가는 것과 더불어 의미 있는 연결을 만드는 것은 가정 생활의 축복 중 하나다. 그러나 연결을 위한 의식을 혁신하거나 유지하거나 개발할 수 있다는 것을 안다고 해서 반드시 공유된 의미가 담긴 의식을 실천하는 것으로 이어지는 것은 아니다. 실제로 레슬리 백스터(Leslie Baxter)는 가정이 의식을 대하는 방식을 여섯 가지로 나누었다.[33] 첫째, 의식이 부족한 가정은 가정의 의식을 드물게 실천하며, 중요한 이정표를 종종 무시한다. 둘째, 엄격한 의식을 치르는 가정은 의식을 시행하는 데 엄격한 규칙을 지킨다. 셋째, 왜곡된 의식을 치르는 가정은 어떤 가족 구성원이나 가정생활의 특정 측면에 치우친 의식을 치른다. 넷째, 공허한 의식을 치르는 가정은 중요한 의미가 담기지 않은, 정형화된 의식을 치르는 가정임을 의미한다. 다섯째, 의식이 중단된 가정은 죽음이나 질병과 같은 갑작스러운 변화로 인해 의식을 실행하지 못하는 경우를 말한다. 여섯째, 유연하게 의식을 치르는 가정은 가정 의식의 중요성을 유지하면서도 삶의 전반에 걸쳐 융통성 있게 의식을 치를 수 있다. 우리는 당신이 유연하고(경직되지 않고), 의미 있으며(공허하지 않으며), 공유된(치우치지 않은) 가정 의식을 실천하여 서로 연결될 수 있기를 바란다.

6장

갈등을 다루는 원칙
어려운 대화에 대한 기준의 설정

갈등은 가정생활에서 피할 수 없는 부분이며, 이를 잘 처리하는 것은 가족의 정서적, 신체적, 영적 건강을 위해 중요하다. 그뿐만 아니라 예수님이 서로 사랑하는 모습을 통해 누가 그분의 제자인지를 알게 되리라는 말씀을 하신 것처럼, 갈등을 하나님을 존중하는 방식으로 다루는 것은 그리스도인들에게 핵심 가치다. 6장은 가정 내 갈등의 원인에 대해 논의하는 것으로 시작한다. 그 후 갈등을 정의하고, 갈등의 유형과 징후를 식별하며, 갈등 관리 스타일의 유형론을 제시한다. 마지막 부분에서는 연구자와 치료사가 갈등에 성공적으로 대처하는 방법을 소개하고, 그것을 하나님을 존중하는 방식으로 처리하는 전략을 소개한다.

서론

성경에서 악명 높은 가족 간 불화는 쌍둥이 에서와 야곱 사이에서 발생했다. 이 형제는 장자에게 상속 재산과 가문의 통치권을 두 배로 주는 문화적 관습을 두고 다툼을 벌였다. 야곱은 붉은 렌틸 수프 한 그릇을 대가로 장자권을 '샀고', 그 때문에 형의 노여움을 샀다. 그 후 어머니와 공모하여 야곱은 거의 눈먼 아버지를 속이기 위해 에서의 옷을 입고, 팔에 동물 털을 붙이고, 고기를 구워 아버지에게 다가갔다. 아버지의 임종이 가까워지자 에서는 이렇게 맹세했다. "아버지를 곡할 때가 가까웠은즉 내가 내 아우 야곱을 죽이리라 하였더니"(창 27:41). 에서와 야곱이 화해한 것은 수십 년이 지나서였다. 에서는 야곱을 용서하고 "달려와서 그를 맞이하여 안고 목을 어긋맞추어 그와 입 맞추고 서로 [울었다]"(창 33:4). 가정 내 편애와 갈등이라는 측면에서 이 가정의 사례는 매우 중요하다. 야곱과 에서의 갈등에 담긴 지정학적, 신학적 의미를 깊이 생각해볼 수 있겠지만, 우리의 목적은 이것이 가족 내 의사소통과 어떤 관련이 있는지를 살펴보는 것이다.

갈등은 사회생활에서 피할 수 없는 부분이다. 특히 어린 시절에는 가정 내 갈등이 다른 곳보다 더 흔하게 발생할 수 있는데, 많은 사람 특히 어린아이가 가정에서 대부분 시간을 보내기 때문이다.[1] 형제자매 간 경쟁심을 생각해보라. 보통 농담처럼 가볍게 이야기하듯, 가인은 아벨이 동생이라는 존재였다는 이유만으로 그를 미워했다. 이 장은 가족 간 갈등의 원인에 대한 논의로 시작하려 한다. 그런 다음 갈등의 정의를 내리고 갈등의 유형을 확인하며, 갈등 해결이 가정의 정서적, 신체적, 영적 건강에 중요하다는 연구 결과를 살펴볼 것이다. 이 장의 목표는 단지 가족 내 문제에 대해서만 가르치는 것이 아니라, 그것을 성공적으로 해결하는 방법을 가르치는 것이다. 장의 마지막 부분에서는 연구자와 치료사가 갈등을 성공적으로 관리하는 방법을 소개한다.

가정 내 갈등의 원인은 무엇인가?

당신 자신의 가정이나 잘 아는 가정을 생각해보라. 그 가정에서 갈등이 생기는 이유는 무엇인가? 돈 때문인가? 집안일 때문인가? 아니면 시댁? 여가 활동? 이런 문제들은 성격 차이, (미래의) 자녀, 종교, 직장, 친구와 함께 흔히 논쟁의 주제가 된다.² 당신에게 뜨거운 쟁점이 되는 문제는 무엇인가? 이런 식의 원인은 대부분 가족의 화목을 방해하는 외부 요인들로 귀결된다. 부부는 원하는 목표를 달성하기에 충분한 돈이 없다는 이유로 제한을 느낀다. 자녀는 집안 규칙이 너무 엄격하거나 느슨하다고 느낀다. 지나치게 핸드폰이나 텔레비전을 봐도 가족 간 불화가 생긴다.

성경은 갈등의 뿌리에 대해 많은 예시와 가르침을 제공한다. 예를 들어, 야고보서 4장 1-2절은 이렇게 가르친다. "너희 중에 싸움이 어디로부터 다툼이 어디로부터 나느냐 너희 지체 중에서 싸우는 정욕으로부터 나는 것이 아니냐 너희는 욕심을 내어도 얻지 못하여 살인하며 시기하여도 능히 취하지 못하므로 다투고 싸우는도다." 잠언 역시 갈등에 관한 많은 원인을 소개한다.

- 미움이 다툼을 일으킨다(잠 10:12).
- 교만이 다툼을 일으킨다(잠 13:10).
- 탐욕이 다툼을 일으킨다(잠 28:25).
- 화를 내는 자가 다툼을 일으킨다(잠 29:22).

기독교 작가이자 피스메이커 앤 릴레이셔널 위스덤 미니스트리(Peacemaker and Relational Wisdom Ministries)의 설립자인 켄 산데(Ken Sande)는 우리 마음의 충족되지 않은 욕망이 파괴적인 갈등의 근본 원인이라고 주장한다. 그는 이렇게 적고 있다. "원하는 것이나 필요하다고 생각하는 것을 가지지 못해서 만족하지 못할 때 그 욕망은 요구가 된다. 누군가가 그 욕망을 채워주지 못하면, 우리는 마음으로 그를 비난하고 자기 요구를 관철하려고 다투고 싸우게 된다. 간단히 말해, 갈등이 생길 때는 우리 욕망이 요구로 발전할 때며 우리는 이 일에 방해가 되는 사람은 누구든지 정죄하고 처벌하려고 한다."³ 산데는 이렇게 욕구가 계속 고조되는 것을 부인할 수 없다고 주장한다. "나는 욕망한다. 나는 요구한다. 나는 처벌한다."⁴

자기중심적인 우리의 행동으로 인해 갈등이 일어날 여지는 충분하지만, 갈등에는 영적인 차원도 있을 수 있다. 갈등은 전쟁이며, 영적인 전쟁일 수 있다. 사탄의 세력은 관계를 파괴하고 무너뜨리려는 일에 열중하며, 우리는 이런 어둠의 세력을 무시해서는 안 된다.⁵ 다른 예도 들 수 있지만, 갈등의 영적인 차원을 명확히 드러내는 한 가지 예는 제자 베드로가 예수님께 다른 방법을 취할 것을 설득하려 했을 때다. 예수님은 베드로에게 "사탄아 내 뒤로 물러가라"(마 16:23)고 꾸짖으셨다. 우리는 당신이 형제나 여자 친구, 부모님에게 이런 말을 사용하는 것을 추천하지는 않지만, 이 성경 구절은 영적인 세력이 우리의 대화와 관계에 영향을 미칠 수 있음을 보여준다.

유명한 옥스퍼드 교수 C. S. 루이스(Lewis)는 사탄의 시각에서 책 한 권을 썼다. 그 책 『스크루테이프의 편지』(The Screwtape Letters, 홍성사)는 풋내기 악마 유혹자인 웜우드가 삼촌이자 노련한 악마들의 군주인 스크루테이프와 주고받은 편지 모음이다. 여기서 스크루테이프가 가족 간의 의사소통에 대해 웜우드에게 가르쳐주는 가상의 사탄적 지혜를 일부 소개한다.

두 인간이 오랜 세월 함께 살다 보면 서로 견디기 힘들 만큼 거슬리는 말투나 표정이 생기기 마련이다. 그 점을 노려야 해. 네 환자는 어머니가 눈썹을 치켜올리는 표정을 어렸을 때부터 몹시 싫어했으니, 바로 그 표정을 환자의 의식 속에 최대한 부각하면서, 그게 얼마나 꼴 보기 싫은지를 일깨워주거라. 그리고 자기가 그 표정을 싫어한다는 걸 어머니가 뻔히 알면서도 일부러 그런다고 믿게 하는 거야. 너만 잘한다면, 자기가 얼마나 터무니없는 생각을 하고 있는지 전혀 알아채지 못할 게다. 자신에게도 어머니의 기분을 거슬리게 하는 표정과 말투가 있을지 모른다는 의심은 행여라도 하지 않도록 각별히 주의하거라. 환자는 자기 표정이나 말투가 어떤지 잘 모르니까 그리 어려운 일은 아닐 게야.[6]

상상력에 기반한 이야기이지만, 루이스가 묘사한 영적 영역이 인간의 의식에 개입하는 방식은 현실과 크게 다르지 않을 수 있다. 만약 하나님이 능동적으로 말씀하시는 분이라는 것을 믿고, 천사들의 음성을 들은 사람들이 실제로 있었다는 것을 믿는다면(가령, 엘리야, 다니엘, 마리아, 요셉), 악마들이 말을 걸어오거나 관계를 왜곡하거나 소통을 위축시킬 가능성 역시 있음을 믿을 수 있다.[7] 무엇보다 하와와 예수님 모두 사탄과 대화를 나눈 적이 있다(창 3장, 마 4장 참고). 스크루테이프는 이렇게 조언한다. "죽을 인간들이 우리가 무엇인가를 그들의 의식 속에 심어준다고 늘 상상하는 꼴이 우스꽝스럽지. 사실 우리의 최고 성과는 그 일들을 계속 생각하지 않도록 히는 것인데 말이지."[8] 사탄의 세력이 우리가 다른 사람들과 상호작용을 하는 데 아무런 영향을 미치지 않는다면 왜 하나님의 전신 갑주가 필요하겠는가? 원수의 불화살이 아무 효과가 없거나 영향을 미칠 수 없다면 에베소서 6장에서 사도 바울의 가르침은 무의미한 말이 될 것이다. 심지어 갈등과 관련하여 바울은 이렇게 권면한다. "분을 내어도 죄를 짓지 말며 해가 지도록 분을 품지 말고 마귀에게 틈을 주지 말라"(엡 4:26-27). 갈등을 방치하는 것은 영적인 틈을 만들고, 영적으로 취약해지게 만드는 행동이다.

우리는 갈등이 타락의 결과이며 영적 세력들이 부추기는 일이라고 생각한다. 사탄이 하와를 시험해서 죄가 세상에 들어오기 전에 아담과 하와는 하나님과 더불어 평화(샬롬)를 누리며 서로는 물론이고 자연과도 화목하게 살았다. 이제 갈등은 피할 수 없게 되었다. 그 갈등은 우리가 자기 방식대로 주장할 권리가 있다고 믿는 근본적인 신념에서 비롯한다. 인간은 마치 하나님보다 자신이 더 잘 안다고 행동하고 믿는다. 안목의 정욕, 육신의 정욕, 이생의 자랑에 현혹되어 우리는 하나님에 대해 집요하고 근원적으로 반항하는 상태가 되었다(요일 2:16 참고). 우리는 선과 악을 아는 지식(벌거벗음, 수치, 기만, 속임)을 얻었지만, 샬롬은 상실했다.

갈등이란 무엇인가?

학자들은 종종 갈등을 두 사람이 제한된 자원을 두고 경쟁하고, 그 중 한 사람이 원하는 것을 얻지 못하는 상황으로 정의하는 경우가 많다. 예를 들어, 조이스 하커(Joyce Hocker)와 윌리엄 윌모트(William Wilmot)는 갈등을 이렇게 정의한다. "갈등은 최소한 두 독립적인 당사자 간에 표현된 투쟁으로, 이들이 상충하는 목표, 부족한 자원, 목표 달성을 방해하는 타인의 간섭을 인식할 때 발생한다."[9] 가정이라는 상황에서 갈등은 "가족 구성원들이 목표, 규칙, 역할, 문화, 의사소통 양식에 대해 불일치를 인식하는 과정"이라고 할 수 있다.[10] 이 정의에서 핵심적인 두 요소는 갈등이 시간이 흐르면서 발전하는 과정이라는 것과, 갈등이 인식에 의존한다는 점이다. 즉, 가족이 실제로 갈등을 겪고 있는지, 아니면 실제로 갈등이 없는데도 서로 불일치를 인식하는지에 따라 갈등이 달라진다는 것이다.

이 정의가 어느 정도 타당성은 있지만, 갈등은 단순히 과정이나 인식 이상의 것이다. 실제로 갈등을 의견 충돌의 한 유형으로만 여긴다면 그것의 진정한 본질을 못 본 것이다. 갈등은 '함께'와 '때리다'라는 라틴어에서 유래했다.[11] 갈등은 의견 차이보다는 주먹싸움에 더 가깝다. 사람들이 침묵, 말, 행동으로 서로 '때리는' 전투인 것이다. 의견 충돌과 갈등 사이에는 중요한 차이가 있다. 의견 차이는 사

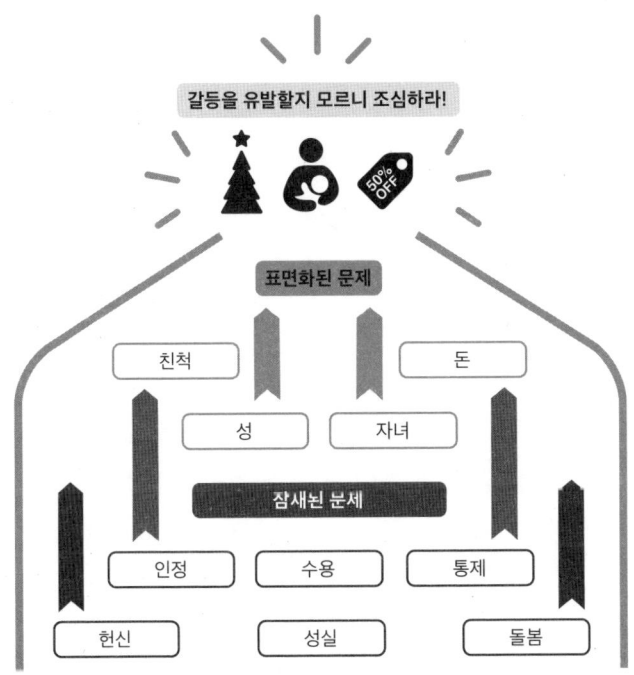

그림 6.1 갈등 유발 사건, 표면화된 문제, 잠재된 문제 [Howard J. Markman, Scott M. Stanley, Susan L. Blumberg, *Fighting for Your Marriage: Positive Steps for Preventing Divorce and Preserving a Lasting Love* (San Francisco, CA: Jossey-Bass Publishers, 1994)에서 인용.]

실, 정책, 가치에 대해 다른 의견을 갖는 것일 뿐이다. 그러나 갈등은 가치에 대한 개인적인 차이에서 비롯하며, 감정적으로 강하게 얽혀 있고 오래 지속된다. 갈등은 삶의 질에 영향을 미치고, 예수 그리스도의 제자로서 우리의 진정성을 손상한다.[12] 이 본질 때문에 갈등은 항상 단순히 부정적인 것만이 아닌, 그 갈등을 해결하려는 노력과 화해를 통해 더 나은 관계를 형성할 기회가 되기도 한다(고후 5장).

가정 내에 갈등이 어떻게 발생하는지를 이해하는 데 도움이 되는 모델은 증거 기반의 결혼 전 상담 프로그램 중 하나인 '갈등 예방 및 부부 관계 교육 프로그램'(PREP, Prevention and Relationship Education Program)에 포함되어 있다. 하워드 마크맨(Howard Markman)과 동료들은 갈등이 어떻게 발생하는지를 보여주는 모델을 제시하는데, 이 모델은 갈등이 표면적인 트리거 사건에서 시작되지만 그 이면에 숨겨진 문제들에 의해 촉발된다는 것을 보여준다(그림 6.1 참고).[13] 그들은 이런 상호 연관된 측면들을 간헐천과 유사하다고 생각했다(가령, 옐로스톤 국립공원의 올드 페이스풀 간헐천처럼). 표면적으로는 때때로 트리거 사건에 대한 폭발이 일어나지만, 이러한 폭발은 표면 아래에서 점차 쌓이는 압력에 의해 발생하는 것이다. 압력은 돈, 직업, 시댁, 성관계와 같은 갈등의 주제가 될 수 있는 공통된 경험의 틈새에서 축적될 수 있다. 이런 주제들은 단독으로는 충분한 압력이 없어 폭발하지 않지만, 더 근본적인 인간의 필요, 욕구, 동기에 따라 촉발될 수 있다.

크리스마스 휴가를 어디서 보낼지 부부가 대화하는 내용을 엿들었다고 상상해보자. 대화하도록 유발한 것은 휴가다. 며칠간의 유급 휴가는 부부가 둘만의 시간을 보낼지, 아니면 친지들과 시간을 보낼지에 대해 대화할 기회가 되었다. 그들은 새로운 전통을 만들 것인지 혹은 친정이나 시댁의 전통 중 하나를 그대로 따를지 양가 집안의 전통을 이어받을지 대화를 나눈다. 그 대화를 계기로 전통을 존중하는 방법과 의미 있는 휴가 의례가 되기 위한 방식과 같은 문제들에 관심을 갖게 된다. 그리고 인정과 존중 같은 잠재된 문제들이 표면화된다. 시댁에 가서 명절을 보내게 되면, 아내는 자신이 원하는 대로 휴가를 즐기기 어렵다는 무력감을 느끼고 화가 날 수도 있다. 남편은 가족 전통에 따라 성탄절에 연어를 먹고 싶지만, 아내가 연어를 먹고 싶어 하지 않아서 거부당했다는 느낌이 들 수 있다. 통제와 존중이라는 드러나지 않은 문제들이 모두 12월 25일이라는 성탄절에 유발되어, 가족과 전통에 대한 갈등을 부추기게 되는 것이다. 이것은 흔히 볼 수 있는 사건을 예로 든 것이지만, 갈등을 유발하는 요인은 수천 가지다. 결혼, 출산, 휴가와 같은 일반적인 스트레스 요인도 있지만, 개인과 부부와 가정에 따라 나타나는 특이한 스트레스 요인도 존재한다.

적용 활동 6.1

갈등이 생기는 문제를 대본으로 써보기

- 일반적인 갈등 주제를 선택한다(가령, 돈 문제, 시댁과의 갈등, 집안일 분배 문제). 갈등을 일으킬 수 있는 트리거 사건을 식별한다. 이제 두세 가지 잠재된 문제가 어떻게 갈등을 촉발할 수 있는지 생각해본다.
- 갈등 상황을 묘사하는 영화 대본을 최대한 현실적으로 써본다. 대본은 가족 구성원이 '트리거' 사건이나 대화에 직면하는 장면으로 시작한다. 트리거에 대한 대화는 하나의 '문제'와 최소 두 가지 '숨은 문제'를 드러내야 한다.

가족 체계 내의 갈등

가정 내 갈등은 개인 간에 개별적으로 발생하는 문제가 아니라 하나의 체계 내에서 일어나는 일이다. 체계 내에서 갈등이 발생하는 두 가지 두드러진 방식은 전이 효과와 보상 효과가 있다. 전이 효과는 가정 내의 한 하위 체계에서 나타나는 형태가 다른 하위 체계에서도 반복되는 경우 발생한다. 예를 들어, 남편과 아내의 지속적인 갈등이 관계에서 비기능적인 행동을 모델링하면서, 그 갈등이 부모와 자녀 혹은 자녀와 자녀 관계로 확산되어 파괴적인 갈등 형태를 일으킬 수 있다. 또한 보상 효과도 해로울 수 있다. 이는 한 가정의 하위 체계가 다른 하위 체계의 파괴적인 행동을 보상하려고 건강하지 않은 방식으로 구성원들이 행동할 때 발생한다. 예를 들어, 결혼 관계에 어려움을 겪고 있는 부모가 자녀와의 상호작용에 지나치게 관여하거나, 과도하게 관대하거나, 너무 느슨하게 대하는 방식으로 부정적인 행동을 보상하려고 할 수 있다.[14]

갈등 유형

갈등을 해결 가능한 문제와 해결 불가능한 문제로 나누는 것은 간단하면서도 유용하다.[15] 해결할 수 없는 문제는 지속적이거나 반복되는 관계상의 갈등으로, 완전한 합의에 이를 수 없는 경우가 많다. 이런 갈등은 종종 성격, 역할, 가치관의 차이에 뿌리를 두고 있다. 부부 갈등의 69%가 이런 해결 불가능한 범주에 속한다고 추정된다.[16] 안정적이고 행복한 결혼 생활을 하는 부부들은 단순히 '의견 차이를 인정하거나', 이런 문제를 해결할 다른 방법을 찾는다. 안정적이지 않은 관계에서는 지속적인 갈등이 교착 상태로 이어지기가 쉽다.

부부는 문제를 반복해서 언급하게 되며, 결국 이는 상처, 좌절감, 불신을 쌓게 된다. 해결 가능한 갈등은, 말 그대로 부부가 합의에 이를 수 있는 문제를 뜻한다. 그러나 해결 가능한 문제라도 완전히 해결할 수 없는 문제일 가능성도 염두에 두어야 한다.[17] 효과적인 해결 전략은 해결 가능한 갈등을 성공적으로 해소하는 데 도움을 준다.

갈등을 이해하는 또 다른 방식은 갈등이 내용적 수준과 관계적 수준에서 어떻게 발생할 수 있는지를 보는 것이다. 내용적 수준은 사람들의 의견이 일치하지 않는 '무엇' 또는 주제에 해당한다. 예를 들어, 사립대학과 공립대학 중 어디를 다닐지, 새 차를 살지 말지, 휴가를 어디로 갈지를 두고 서로 의견이 다를 수 있다. 관계적 수준은 갈등의 '어떻게'에 해당한다. 이것은 주로 목소리의 톤, 표정, 눈빛과 같은 비언어적 의사소통으로 표현된다. 이 수준은 이러한 행동들이 개인 간의 관계에 관해 무엇을 전달하는지에 집중한다. 예를 들어, 아버지와 그의 십대 딸이 통금 시간을 두고 의견 차이를 보였을 때(갈등의 내용), 딸이 눈을 굴리고 걸어가면서(갈등의 관계적 수준), 아버지를 무시하는 마음이 있음을 보여줄 수 있다.

마지막으로, 가족 갈등은 건설적일 수도 있고 파괴적일 수도 있다. 해로운 갈등도 있지만 모든 갈등이 다 나쁜 것은 아니다. 가족들이 갈등을 피한다고 항상 최선은 아니다. 갈등이 상처를 남긴다고 말하고 싶다면, 아프게 하는 친구이 말은 신뢰할 수 있다는 잠언(잠 27:6)을 귀담아들을 필요가 있다. 우리는 모두 스스로 자각하지 못하는 약점이 있고, 공동체는 그 약점을 보도록 도와줄 거울이 된다. 갈등을 통해 우리가 얼마나 해롭거나 파괴적이거나 무지한 방식으로 행동하는지 자각할 수 있다. 다른 사람들이 우리가 변화해야 할 행동과 태도를 식별하고 다루는 데 도움을 준다. 갈등을 통해 형제의 눈 속에서 티끌을 꺼내려고 할 때 우리 눈의 들보를 깨달을 수 있다는 예수님의 가르침(마 7:3-5)이 생각난다.

갈등의 유익은 여러 가지다. 갈등을 계기로 다른 사람들의 말에 귀 기울이게 되고, 그들의 생각과 입장에 공감할 수 있다. 우리는 가족 구성원에 대해 새로운 사실을 배우게 된다. 또한 특정 문제를 해결할 다양한 방법이 있음도 인식하게 된다. 갈등은 '집단적 사고'를 방지할 수 있는데, 이는 갈등을 통해 상황을 다른 시각으로 바라보고 실행 가능한 해결책을 끌어내려는 창조성이 자극되기 때문이다. 또한 우리의 시각이 지나치게 협소한 상태이고, 습관이나 전통에 무의식적으로 젖어 있었음을 깨달을 수도 있다. 마음을 연다면, 갈등을 통해 겸손과 사랑과 공감과 인내를 배울 수 있다. 또 자기 통제도 배우고, 단합을 소중히 여기게 되며, 가족 전체에 이익이 되는 해결책을 찾을 수도 있다. 간단히 말해, 사람들과의 갈등, 특별히 가정 내 갈등은 서로 어떻게 대할지에 대한 성경 구절을 실천하는 계기가 될 수 있다. 우리는 서로 사랑하고 존중하며 세워주고 용납하며 훈계하고 돌보며 용서하고 오래 참음으로 섬기며 복종해야 한다.

갈등의 조짐

수천 명의 부부를 관찰하고, '관계의 달인'과 '관계의 재앙' 사례를 수없이 관찰한 존 가트맨과 낸 실버(Nan Silver)는 행복한 결혼 생활을 유지하기 위한 일곱 가지 원칙을 추렸다.[18] 그들은 공저한 책에서 관계상의 갈등이 나타날 조짐을 먼저 살펴본 뒤[19] 관계의 파국이 임박했음을 보여주는 여섯 가지 징후를 알려준다.

거칠고 부정적인 대화의 첫마디는 대화한 지 몇 분 만에 부정적인 말과 비난으로 대화를 망칠 수 있음을 가리킨다. 가트맨과 실버는 첫 3분 만에 대화의 결과를 96% 정확하게 예측할 수 있다고 주장한다. 여기서 배울 수 있는 교훈은 명확하다. 대화를 부드럽게 시작하라는 것이다. 잠언 15장 1절은 "유순한 대답은 분노를 쉬게 하여도 과격한 말은 노를 격동하느니라"고 가르친다.

요한계시록의 네 기수는 관계의 파국이 임박했음을 알리는 의사소통 행동을 확인해준다. 관계를 망치는 네 가지 요소는 비난, 방어, 경멸, 담쌓기다. 순서대로 이 요소를 소개하지만, 반드시 특정한 순서로 이런 일이 발생하지는 않는다. 또한 건강한 관계에서도 때때로 이러한 징후가 나타날 수 있다는 점을 아는 것이 중요하다. 그러나 이 네 가지 행동이 함께 나타나고, 빈번하고 습관적으로 발생할 경우, 그것은 관계에 문제가 있다는 신호일 수 있다.

첫 번째 반응은 비난이다. 비난은 논리적 오류인 인신공격(*ad hominem*, 문자적으로 '사람을 공격하는')과 유사하다. 비난은 개인의 성격이나 인격에 대해 부정적으로 말하는 것이다. 구체적인 행위나 사건에 대한 언급인 불평보다 더 심각한 반응이다. "나는 그렇게 늦게 저녁을 먹는 게 싫어"라는 불평은 "당신이 나보다 친구들을 더 중요하게 생각하는 것 같아서"라는 내용을 덧붙이면 비난이 된다. "내가 항상 잔디를 깎아야 하니 불공평하다고 생각해"라는 불평은 "당신이 너무 게을러서"라는 말을 덧붙이면 비난이 된다. 불평은 흔히 세 부분으로 이루어진다. 개인이 느끼는 감정에 대한 표현(가령, "상처받았어."), 구체적인 상황이나 행동에 대한 확인(가령, "당신이 결혼기념일을 잊어버려서."), 해결책(가령, "다음 주에는 기념일을 축하할 수 있을까?")이다. 불평을 표현하는 것은 정상적인 상호작용의 일부로, 관계에서 건강하게 표현될 수도 있다. 그러나 형제자매, 배우자, 자녀, 부모를 비난하며 모욕하는 것은 그렇지 않다.

두 번째 반응은 방어다. 방어는 자기 행동을 정당화하면서 책임을 다른 사람에게 전가하는 자기 보호의 방식이다. 방어적인 발언의 예시는 다음과 같다. "쇼핑하는 데 돈을 너무 많이 써버린 것 같아. 하지만 당신이 늘 여행만 다니고 나하고는 시간을 보내지 않아서 그런 거야." "당신 말이 맞아. 당신이 우리 부모님과는 절대 안 만나려 하니 나도 당신 가족 모임에 가고 싶지 않아." 자신이 공격받는다고 느낄 때 일종의 방어적 반응을 보이는 것은 자연스럽다. 그러나 우리 대부분은 방어적인 자세를 버리고, 상대방의 입장을 이해하려는 자세를 취하는 법을 배워야 한다. 즉, 자기 입장을 정당화하고 상대방을 비하하는 대신, 경청하고 이해하려는 자세가 필요하다.

세 번째 반응은 경멸이다. 경멸은 상대방을 존중하지 않고 스스로 우월감을 드러내는 것이다. 이는 지속적으로 무례하게 대하는 것을 뜻한다. 경멸의 표현에는 빈정거림, 욕설, 눈을 굴리는 것, 악의적인 농담 등이 포함된다. 가트맨과 실버는 그것을 이렇게 표현했다. "어떤 형태든 경멸은 관계에 독이 되며, 이는 혐오감을 전달하기 때문에 문제를 해결하기가 거의 불가능해진다."[20]

네 번째 반응은 담쌓기다. 담쌓기란 물리적이고 심리적으로 다른 사람을 무시하는 것이다. 담을 쌓는 사람은 대화하고자 하는 어떤 시도에도 반응을 보이지 않고 자리를 떠나거나 완전히 무시한다. 이런 사람은 상대방이나 그 사람이 말하는 내용에 전혀 관심이 없는 듯이 행동할 수 있다. 예를 들어, 다른 사람에게 벌을 주려고 침묵하고, 다른 통화나 책에 빠져 의사소통을 차단하며, 상대에게 더는 어떤 소통도 할 여지가 없다는 메시지를 전달한다.

플러딩은 마치 홍수처럼 부정적인 감정이 지속되고 그 강도가 심해서 신체적으로나 정서적으로 탈진한 느낌이 드는 것을 말한다.

갈등이 너무 압도적이어서 관계에서 물러나게 된다. 관계를 포기하게 되고 혼이 나가버리는 것이다.

몸의 언어로 관계가 어려움에 봉착했음을 알아차릴 수 있다. 가트맨과 실버는 긴장된 대화에서 나타나는 생리적 반응을 구체적으로 언급한다. 여기에는 심박수 증가, 혈압 상승, 아드레날린 분비 등이 포함된다. 이런 생리적 반응은 정보를 처리하는 능력의 저하로 이어진다. 보통 갈등 상황에서 싸우거나 얼어붙거나 도망가게 되는데, 그 갈등을 생산적으로 다룰 능력은 심각하게 떨어진다. 이런 몸의 반응은 명확하게 사고하고 결정을 내리는 능력을 크게 손상한다. 마치 우리의 고차원적인 뇌 기능(전두엽)이 일시적으로 중단되고, 기본적인 기능만 남게 되는 것과 같다(뇌간에 의해 조절되는). 몸이 고도의 경계 상태에서 회복되려면 20분 이상 걸릴 수 있다.[21]

회복 시도의 실패는 또 다른 관계적 어려움의 징후다. 회복 시도는 관계의 긴장을 완화하기 위해 사용하는 전략이며 단순한 행동(가령, 재미있는 윙크)에서부터 더 복잡한 행동(가령, 공식적인 사과)까지 다양하다. 성공적인 회복 노력은 정서적 긴장과 스트레스 수준을 낮추어준다. 회복 전략이 성공적인지는 회복을 위해 노력하는 당시 관계의 상태에 따라 달라진다. 관계가 튼튼할수록 회복 전략 자체의 질과 상관없이 회복 시도가 더 성공적이다. 예를 들어, 서툴게 사과하더라도 그때 관계가 좋은 상태라면 그 전략이 효과를 볼 수 있다. 그런데 만약 관계가 이미 흔들리는 상태라면, 완벽하게 사과해도 관계를 회복하는 데는 실패할 수 있다.

부정적인 과거의 기억은 불행한 관계를 암시한다. 가트맨과 실버가 지적한 대로 관계에 문제가 있을 때 "역사는 다시 쓰인다. 좋지 않은 방향으로."[22] 과거에 대한 기억이 좋지 않은 부부는 신혼여행에 대한 기억이 희미하거나 그때 식당에서 먹었던 음식이 맛이 없었다는 식으로 기억할 수 있다. 같은 경험이라도 지금 행복한 부부는 식은 음식이 나와서 함께 웃었다거나 옷이 젖어서 재미있는 추억으로 남았다는 식으로 기억할 수 있다. 행복한 부부는 단순히 긍정적인 면에 집중하려는 것이 아니라, '장밋빛 안경'을 통해 세상을 보고 있다. 하지만 불행한 부부는 현재의 관계의 상태에 비추어 자기 경험과 기억을 재해석한다. 이를 '부정적 감정으로 인한 기억 왜곡'(Negative Sentiment Override)이라고 한다.[23]

이런 설명적 정보를 건강한 관계를 위한 처방으로 적용해보면, 갈등이 생기기 전에 튼튼한 관계를 가꾸는 일에 집중해야 한다. 가트맨과 실버는 이렇게 주장한다. "행복한 결혼 생활을 한 부부들의 삶을 20년 이상 추적한 결과, 관계를 회복하거나 이혼을 예방하는 핵심은 갈등을 어떻게 처리하느냐가 아니라 싸우지 않을 때 서로 어떻게 대화하고 행동하느냐에 관한 것임을 알게 되었다."[24] 갈등 상황에서는 거칠게 대화를 시작하지 말고, 따뜻한 말을 건네라. 또 비난, 경멸, 방어, 담쌓기와 같은 행동을 피하며, 플러딩의 경고 신호와 관련해 신체 반응이 어떠한지 잘 살펴봐야 한다. 그리고 효과적인 회복 기술을 배우고 사용하며, 관계에서 잘된 부분에 집중하고, 긍정적인 역사를 돌아보는 것이 중요하다. 그러나 가장 중요한 것은 폭풍이 몰아닥칠 때 갈등을 헤쳐나가는 데 도움이 되도록 매일 관계에 집중하고 그 관계를 위해 노력하는 것이다.

가족 간 갈등 다루기

가족 관계에서 갈등을 해결할 방법에는 여러 가지가 있다. 대부분의 조언은 지식을 습득하고 관계의 기술을 개선하며 적절한 도구를 사용하는 데 중점을 둔다. 자신의 성향을 되돌아보는 것도 매우 도움이 될 수 있다. 그러나 갈등을 처리하는 자신의 경향을 인식하는 것만으로는 충분하지 않다. 원만하게 관계를 맺을 수 있는 기술을 개발하는 것이 매우 중요하다. 갈등이 심각하거나 반복적이거나 주기적인 경우, 목회 상담가나 전문 상담사의 도움을 받아도 좋다. 가정 내에 발생하는 고압적인 갈등은 해결을 위한 공식적인 도구가 필요할 수 있다. 마크맨과 동료들은 이를 원자로에 비유하며, 갈등이 고압적일 때는 구조(체계적이고 구체적인 방법이나 절차)를 추가하는 것이 중요하다고 설명한다. 갈등의 수위가 낮아지면 덜 구조적인 접근이 필요하다.[25] 따라서 도구, 기술, 지식은 상대와 하나님을 존중하는 방식으로 갈등을 다루는 데 도움이 될 수 있다.

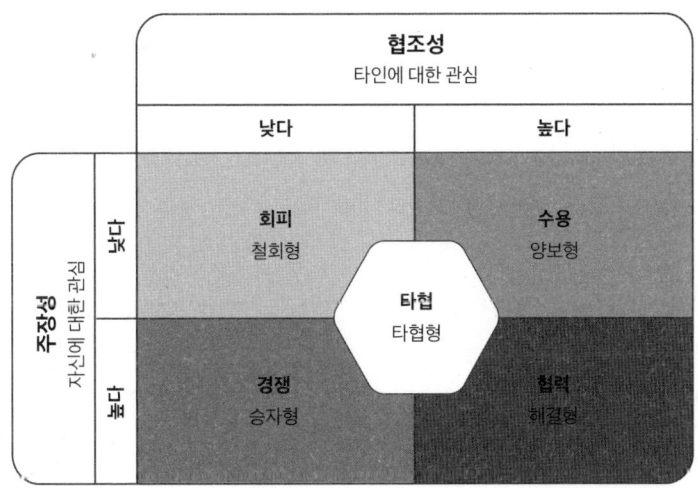

그림 6.2 갈등 관리 방식 확인하기 [Jack O. Balswick, Judith K. Balswick, *The Family: A Christian Perspective on the Contemporary Home*, 3rd ed. (Grand Rapids, MI: Baker Academic, 2007), 262에서 인용.]

갈등 관리 유형

관계에서의 갈등을 어떻게 다루는가? '무슨 일이 있어도 이기겠다'고 결심하고 싸울 준비를 하는 편인가? 갈등을 회피하는 편인가? 아니면 더는 갈등을 일으키고 싶지 않아 빨리 양보하는 편인가? 한 가지 대중적인 갈등 관리 모델 중 하나는 두 가지 차원에 기반을 두고 있다. 하나는 자신에게 더 중점을 두는 방식(주장성)과 타인이나 관계에 더 관심을 두는 방식이다(협조성).[26] 이 두 차원에서 다섯 가지 유형을 확인할 수 있다(그림 6.2 참고).

승자형: 이 유형은 경쟁적이고 공격적인 성향을 보이며, 자기 자신에 대해서는 높은 관심을, 타인에 대해서는 낮은 관심을 보인다. 우리는 옳다고 믿는 것을 위해 싸워야 할 때가 있다. 이때 논쟁에서 이길 수는 있지만, 그 과정에서 가족 관계에 손상을 줄 수 있다는 사실은 염두에 두어야 한다.

철회형: 혹은 회피형은 갈등에 개입하기보다는 스스로 차단하려는 성향을 보이며, 자기 자신과 타인에 대해 낮은 관심을 보인다. 잠시 휴식을 취하거나 감정을 가라앉히려고 물러나는 것은 괜찮지만, 장시간 물러나는 것은 가족에게 '갈등을 해결할 만큼 그들을 신경 쓰지 않는다'는 신호로 보일 수 있다.

해결형: 혹은 협력형은 갈등의 해결에 관심이 많으며, 자기 자신과 타인 모두에 관심도가 높다. 협력에 시간, 노력, 에너지를 많이 투자하는 타입이지만 종종 모든 가족 구성원에게 최대의 만족을 선사한다.

양보형: 혹은 수용형은 지혜를 발휘해 다른 가족들의 소망을 자신의 소망보다 우선하며, 자기 자신에게는 낮은 관심을, 타인에게 높은 관심을 보인다. 어떤 문제가 자기 자신보다 다른 사람들에게 더

중요한 문제라고 생각하면, 상대방의 요구에 부응할 수 있다. 다른 사람에 대한 사랑으로 양보하는 것은 칭찬받을 만하지만, 거절에 대한 두려움에서 비롯한 양보는 바람직하지 않다.

타협형: 자신과 타인에 대해 골고루 관심을 가지고 갈등을 해결하고자 한다. 모든 당사자는 자신이 생각하는 최선이나 이상적인 해결책을 서로 수용할 수 있는 범위 내에서 양보한다. 이 방식은 사소하거나 중요하지 않은 언쟁에 적절하며 신속히 결정해야 하는 문제에 대해서는 유용하지만, 종종 모두가 만족하지 않는 결과로 마무리될 수 있다.

이 갈등 관리 유형을 보면 타협형과 해결형은 일반적으로 자신, 타인 그리고 관계에 대한 우려 사이에서 가장 좋은 균형을 보인다. 그러나 가족 학자 잭 발스윅(Jack O. Balswick)과 주디스 발스윅(Judith K. Balswick)은 어느 한 방식의 우위성을 주장하는 것은 비효율적이라고 지적한다.[27] 그들은 각 방식에 대한 성경적인 근거가 있다고 주장한다. 각기 장단점이 있으므로 상황과 관계상의 목표에 따라 가장 효과적인 방식을 선택할 수 있다. 각자 특정한 전략에 더 끌리는 경향이

적용 활동 6.2

갈등 관리 방식 확인하기
- 당신이 선호하는 갈등 관리 방식은 무엇인가?
- 당신이 아는 한 부부를 떠올려보라. 각 사람은 어떤 갈등 관리 방식을 보여주는가? 그들이 자신의 기본 방식을 바꾸는 모습을 본 적이 있는가? 어떤 상황에서 그렇게 했는가?

있을 수 있지만, 자신과 타인에 대한 우려는 조정할수록 갈등이 생길 때 더 유연성을 발휘하여 적절히 대처하게 될 것이다.

갈등을 다루는 도구

연구자들은 갈등을 다루기 위한 관계적이고 심리학적인 다양한 방법을 제시했다. 우리는 약간 다른 조언을 제공하기는 하지만, 가족들이 갈등을 헤쳐나가는 데 도움이 될 세 가지 모델을 살펴볼 것이다. 그러나 악한 영적 세력들이 조장하거나 최소한 부추기는 갈등도 일부 존재하기 때문에 먼저 우리 관계 속에서 보이는 영적 전쟁의 징후를 확인하고 마귀의 영향력을 효과적으로 무너뜨릴 수 있는 도구를 소개할 것이다.

갈등의 징후와 영적 도구: 우리는 관계에서 영적 전쟁이 일어나고 있음을 어떻게 인식할 수 있을까? 커뮤니케이션 학자이자 교수인 팀 뮬호프(Tim Muehlhoff)는 영적 전쟁의 확실한 몇 가지 징후를 확인했다. 그것은 부적절한 분노, 임박한 파국의 예감, 폭력적인 꿈, 하나님과 우리 자신에 대한 최선의 것을 믿지 않는 상태다.[28] 심지어 사소한 도발로 생긴 만성적 분노와 원한과 수그러들지 않는 '깊이 자리한 공포감'은 사탄이 대적한다는 증거다.[29] 폭력적이고 두려움을 유발하는 꿈이 현실처럼 느껴지는 것도 사탄이 개인의 삶과 마음에 발판을 마련했다는 점을 나타낼 수 있다. 마지막 두 가지 징후는 사탄이 우리의 생각에 미치는 교활한 영향과 관련 있다. 우리는 하나님과 자신에 대한 거짓말을 믿을 수 있다. (가령, "하나님이 나를 버리셨다." "하나님은 더는 나를 돌보지 않으신다." "나는 사랑받을 자격이 없다.") 이는 사탄의 모국어가 거짓말이기 때문이다(요 8:44). 사탄의 의도가 항상 훔치고, 죽이며, 파괴하는 것임을 인식하면(요 10:10) 삶에서 그들의 통제와 권세에 맞서 싸울 준비와 능력을 더 잘 갖출 수 있다.

성경은 우리가 하나님께 복종하고 사탄을 대적하면, 사탄이 우리를 피해 도망갈 것이라고 가르친다(약 4:7). 성경은 또한 하나님이 우리를 공격할 영적 세력에 맞서 보호할 영적 갑옷을 준비해주시며(엡 6장), 하나님의 백성을 지원하는 천군 천사들이 우리와 함께한다고 가르친다(왕하 6:8-18). 내(조너선) 아내와 낯선 지역을 여행하고 있을 때였다. 갑자기 우리는 서로 다투고 비난하느라 서로 존중하고 있지 않음을 깨달았다. 그때 갑자기 아내가 전심으로 나나 우리 가족을 돌보지 않는다는 생각이 들었다. 아내가 나중에 고백했지만, 그때 아내의 머릿속에 '난 별로 유능하지 않아. 나 자신을 더 잘 꾸며야 해'라는 음성이 들렸다고 한다. 이 모든 일은 우리가 장거리 자동차 여행을 하는 동안 말로 서로 비난하고 다투는 2분여 사이에 일어난 것이었다. 우리 중 한 사람이 이런 식의 소통이 우리가 평소 하던 것이 아님을 지적했다. 우리는 잠시 비난하기를 멈추고, 우리나 우리 부부 관계를 대적하는 모든 영적 세력을 제거해달라고 하나님께 기도했다. 그러자 그 즉시 그런 생각과 목소리들이 사라졌다. 기도하고 나자 비난하던 마음도 사라졌다. 이상한 기분이 들었지만, 그 갈등이 영적인 것이라고 확증할 방법은 없었다. 그러나 그것은 분명히 우리 결혼 생활을 겨냥한 "악한 자의 불화살"(엡 6:16) 중 하나였을 것으로 추측한다. 영적 무기를 사용하여 우리는 영들과 싸우고 "모든 생각을 사로잡아 그리스도에게 복종하게"(고후 10:5) 할 수 있다. 기도는 영적 저항을 좌초시킬 기초다. 그러나 모든 갈등을 기도로만 완전히 해결할 수는 없다. 그래서 가정 내 갈등을 해결할 수 있는 세 가지 훌륭한 모델을 제시하고자 한다.

갈등의 본질 다루기: 켄 산데는 변호사로 훈련받았고 갈등과

갈등 해결에 관한 책을 집중적으로 써왔다. 그는 성경이 갈등과 화평하게 하는 일에 대해 가르치는 방식을 자신의 관점에서 제시했다. 그는 갈등은 마음에서 시작된다고 주장하며, 갈등을 해결하기 위한 네 가지 단계를 제안한다. 그것은 '하나님께 영광을 돌리라', '자기 눈에서 들보를 빼내라', '온유한 심령으로 바로잡으라' 그리고 '가서 화해하라'이다.30 (이 네 가지 원리는 '더 높이 가라', '진실을 말하라', '부드럽게 개입하라', '함께하라'고 불리기도 한다.31) 이런 관점을 취하는 것은 절대 쉬운 일이 아니다. 갈등 중에 이 단계를 거치기 위해서는 의지적인 반성이 필요할 수도 있다. 그러나 이 과정을 몇 번 반복하다 보면, 그것이 일상적인 습관이 될 수 있다. 그것은 상황과 갈등에 접근하는 자연스러운 방법이 될 수 있다.

'하나님께 영광을 돌리라.' 첫 번째 단계는 하나님을 영광스럽게 하는 것이 목표라는 점을 인정하는 것이다. 골로새서 3장 17절에서 확인하듯이, 우리는 "또 무엇을 하든지 말에나 일에나 다 주 예수의 이름으로 하고 그를 힘입어 하나님 아버지께 감사[해야 한다]." 갈등 중에도 우리는 하나님을 의지하고 그분께 순종하며 찬양을 드려야 한다. 또 자신에게 이렇게 물어야 한다. '이 상황에서 하나님을 찬양하고 영광을 돌릴 방법은 무엇인가?'

'자기 눈에서 들보를 빼내라.' 두 번째 단계는 우리가 갈등의 원인 제공을 한 부분이 무엇인지 확인하는 것이다. 우리는 방어하는 데 급급하고 남을 탓하기가 쉽다. 그러나 이런 반사적인 반응을 멈추고 '이 갈등이 일어나게 된 내 책임은 무엇인가? 이 책임을 인정하고 나를 통해 예수님의 일하심을 보여줄 방법은 무엇인가?'라고 물어야 한다. 마태복음 7장 4-5절은 우리에게 필요한 자세를 다음과 같이 그린다. "보라 네 눈 속에 들보가 있는데 어찌하여 형제에게 말하기를 나로 네 눈 속에 있는 티를 빼게 하라 하겠느냐 외식하는 자여 먼저 네 눈 속에서 들보를 빼어라 그 후에야 밝히 보고 형제의 눈 속에서 티를 빼리라." 회복과 화해의 과정은 먼저 갈등의 원인을 제공한 우리 태도와 행동에 책임을 진 후에야 시작될 수 있다.

'온유한 심령으로 바로잡으라.' 산데의 모델에서 세 번째 단계는 갈등에 대해 상대방과 개인적으로 대면해야 할 시기와 방식에 대한 전략을 짜는 것이다. 산데는 성경이 회복 과정을 시작할 수 있는 많은 방식을 제시하고 있으며, 잘못을 직접 지적하는 것은 하나의 방법일 뿐이라고 주장한다. 우리는 '어떻게 하면 사랑으로 다른 사람들을 섬기며 그들이 이 갈등에 원인 제공한 부분에 대한 책임을 지도록 도울 수 있을까?'라는 질문을 던지며 하나님의 지혜를 구할 필요가 있다. 심각한 과실이 아니라면 모른 척 지나가는 것이 최선일 수도 있다. 잠언 19장 11절은 "노하기를 더디 하는 것이 사람의 슬기요 허물을 용서하는 것이 자기의 영광이니라"고 말한다. 심각한 잘못을 저질렀다면, 그 사람과 직접 대화할 필요가 있을 것이다. 하지만 "상대방의 입장과 상황의 긴급성에 맞게 소통의 수위를 조절해야 한다."[32] 책망하고 훈계해야 할 때가 있지만 우리는 또한 범사에 오래 참으며 가르치고 격려하도록 부르심을 받았다(딤후 4:2).

'가서 화해하라.' 네 번째 단계는 상대방과 올바른 관계를 진심으로 바라며 적극적으로 행동하는 것이다. 산데에 따르면, "화해는 뉘우친 사람에게 회개의 증거를 보일 기회를 주고, 그 과정을 통해 다시 신뢰를 회복할 수 있게 하는 것이다."[33] 이 과정은 종종 그 사람의 행동이 초래한 해를 용서하는 것을 포함한다. 우리는 '어떻게 하나님의 용서를 표현하고, 이 갈등을 합리적으로 해결할 수 있도록 격려할 수 있을까?'라고 물어야 한다. 갈등을 해결하기란 절대 쉬운 일이 아니지만, 화평은 노력할 가치가 있다. "평안의 매는 줄로 성령이 하나 되게 하신 것을 힘써 지키라"(엡 4:3). 그런데 화해할 수 없는 갈등도 일부 있다. 그래도 화해가 그리스도인 가정의 마땅한 표식이어야 한다고 믿는다.

적용 활동 6.3

가족 갈등
- 실제 있었던 혹은 가상의 갈등을 글로 써보라.
- 갈등을 해결하기 위해 참여자들이 사용한 갈등 전략을 분석해보라.
- 갈등 장면을 다시 써보고, 성경적 화해에 대한 산데의 모델을 제대로 이해했는지 확인해보라.

말하고 듣는 기법: 이 기법(Speaker-Listener Technique, 화자-청자 기법)은 갈등 사안을 두고 소통을 촉진하는 데 도움이 되는 두 번째 도구다. 이것은 갈등에 관해 대화하는 동안이나 대화가 끝난 후 관계가 파탄에 이르지 않도록 보호하며, 최대한 구조화된 방식으로 상호작용을 하는 방법이다. 마크맨과 동료들은 원자력 발전소의 비유를 사용하여 구조가 과열된 논의를 통제하는 데 도움이 된다고 조언한다.[34]

말하고 듣는 기법은 차례대로 의견을 나누고 듣는 모델이다. 이 방법은 양측이 규칙을 따르기로 동의하고 각자의 역할을 맡을 때 효과적으로 작동한다. 논의가 진행되는 방식에 대한 규칙은 다음과 같다. 첫째, 부부는 화자가 발언할 차례라는 데 동의한다. 마크맨과 동료들은 발언권을 가진 사람에게 작은 카펫 조각이나 펜, 시계, 클립처럼 실제 물건을 들게 하는 것도 좋은 방법이라고 추천한다. 둘째, 부부는 발언권을 서로 나누기로 동의한다. 한 사람이 먼저 순서대로 말하는 화자가 되고, 다른 사람은 청자로서 듣는다. 그런 다음 역할을 바꾼다. 마지막으로, 화자-청자 기법을 사용할 때 부부는 문제에 대한 논의와 문제 해결을 분리하기로 동의한다. 이렇게 함으로써 문제를 해결하기 위해 서두르지 않을 수 있고, 핵심 문제를 해결하지 않고 관계의 임시방편적 처방을 성급하게 적용하지 않게 될 수 있다. 그 대신 문제 논의의 초점은 각자의 관점에서 상황을 진지하게 이해하는 것으로 바뀐다.

화자-청자 기법에 참여하는 규칙 외에도, 각 역할에 대한 규칙이 있다. 화자의 규칙은 자기 생각만 말해야 하고(상대의 생각을 넘겨짚거나 판단하지 않기), 짧고 간단하게 말해야 하며(상대방의 말에 끼어들지 않기), 자기 말로 풀어 설명하도록 노력해야 한다. 이 규칙에 따라 화자는 특정 주제에 관한 자기 생각을 반드시 표현해야 한다. 청자의 규칙에 따르면, 듣는 사람은 말하는 사람의 메시지에 집중하고, 화자가 말한 내용을 자기 식대로 오해하지 않으며, 그의 말에 반박하지 말아야 한다. 이런 규칙을 효과적으로 지키면, 서로의 말을 경청할 수 있고 가트맨이 말한 관계를 망치는 네 가지를 피할 수 있다. 또한 화자와 청자의 역할을 충실히 이행하고 이런 규칙을 지키면, 문제에 관한 대화의 틀과 형식성이 보강된다. 이런 기법은 다소 작위적이고 우리가 일상에서 나누는 대화 방식과는 거리감이 있다. 하지만 상대방에게 성급하게 반응하지 않을 수 있고 각자의 경험을 더 깊이 이해할 수 있다.

화자-청자 기법 대화가 어떤 것인지 그 예시를 소개한다. 존과

루크는 같은 방을 쓰는 십대 형제다.

> **존**(카펫 조각을 쥐고): 네가 아침 6시로 알람 시간을 맞추어놓고 알람을 끄지 않아서 7시까지 계속 알람이 울려서 너무 화가 났어.
>
> **루크**(존에게서 카펫 조각을 받고): 알람 소리가 여러 번 울려서 네가 화가 났다는 말이구나. 근데 그게 그렇게 화가 날 일이었니?
>
> **존**(다시 카펫 조각을 쥐고): 그래. 계속 알람이 울리면 나는 다시 잠들 수가 없단 말이야. 난 잠이 더 필요하다고!
>
> **루크**(존에게서 카펫 조각을 받고): 넌 잠을 더 자고 싶고, 충분히 자야 온종일 잘 지낼 수 있다는 말이구나. 그럼 알람이 한 번만 울리고 꺼지면, 다시 잠들 수 있다는 말이지?
>
> **존**(카펫 조각을 받고): 맞아. 바로 그 말이야. 들어줘서 고마워. 애초에 7시에 일어날 거면 왜 알람 시간을 7시로 맞추지 않는 건지 이해가 안 돼. 한 시간 전부터 알람이 울리게 둘 필요는 없다고 생각해.
>
> **루크**(카펫 조각을 들고): 계속 알람이 울리게 해서 미안해.
>
> **존**(카펫 조각을 들고): 그렇게 말해줘서 고마워.

이런 형식에 따른 상호작용은 여러 긍정적인 측면이 있다. 중요한 점은 갈등 주제에 대한 감정의 강도에 따라 필요한 구조의 수준이 일치해야 한다는 것이다.

갈등을 헤쳐나가기 위한 네 가지 질문: 뮬호프는 갈등을 다루기 위한 또 다른 도구를 제시한다.[35] 그는 서로 의견 차이가 심할 때 스스로 네 가지 질문을 던지라고 제안한다.

- 이 사람이 믿는 것은 무엇인가?
- 이 사람이 이런 믿음을 가진 이유는 무엇인가?
- 우리가 서로 합의하는 부분은 어디인가?
- 내 갈등 해결 방식에 따라, 나는 어떻게 이 의견 차이를 극복할 수 있을까?

각 질문에 대답한 후 한 가지 구체적인 행동 계획을 세워야 한다. 즉, 뮬호프는 우리가 구체적인 계획을 세워야 한다고 주장한다. "이 사람과, 이 시간에, 이런 상황에서, 내가 다음에 해야 할 말은 무엇인가?"[36] 서로 동의하는 부분을 찾을 수 있다면 먼저 그 부분에서 시작하고, 그다음에 의견 차이를 다루어야 한다. 공통점을 확립하려면, 상대방이 무엇을 믿고 있는지와 그가 왜 그런 믿음을 가지고 있는지를 이해할 필요가 있다.

적용 활동 6.4

아그립바 왕에게 한 바울의 변론
- 사도행전 26장 1-29절에서 아그립바 왕에게 한 바울의 변론을 읽어보라.
- 이 상황에서 바울이 사용한 전략을 분석해보라. 뮬호프가 소개한 도구를 모두 사용했는가?
- 분석을 바탕으로, 당신은 갈등을 해결할 때 어떤 전략이나 모델을 사용하시겠는가?

결론

아무리 많은 지식과 최고급 기술과 도구가 있더라도 갈등은 피할 수 없다. 관계상의 잘못은 일어나기 마련이다. 마음의 상처는 받을 수 있다. 그리스도인이라고 해서 이런 경험을 안 하게 되는 것은 아니다. 요한이 지적하듯이(요일 1:8) 우리가 자신의 죄를 인정하지 않으면 스스로 속이는 것이다. 이 장에서 우리는 갈등의 개념을 확인하고 갈등의 원인, 양상, 여러 갈등 관리 방식을 다루었다. 가장 중요한 것은 하나님을 존중하는 방식으로 갈등을 처리하는 전략을 제시한 것이다. 여기서 우리는 용서와 화해로 나아가야 하며, 갈등에서 용서로 나아가는 일은 에서와 야곱의 사례에서도 볼 수 있듯이 많은 시간이 필요한 과정이다. 우리에게 자비를 베푸시는 하나님을 신실하게 따르며 우리도 다른 사람에게 자비를 베풀어야 한다. "주와 같은 신이 어디 있으리이까 주께서는 죄악과 그 기업에 남은 자의 허물을 사유하시며 인애를 기뻐하시므로 진노를 오래 품지 아니하시나이다"(미 7:18).

7장

관계 회복
용서를 베풀고 받기

상처와 오해는 피할 수 없다. 그것은 우리 관계에서 이기심과 부서짐으로 생기는 불가피한 결과이지만, 용서는 관계를 회복시킨다. 이 장은 상처를 주는 말과 그에 대한 여러 유형의 반응을 연구한 결과를 근거로, 관계 회복과 용서를 특별히 강조할 것이다. 용서를 소개하는 방법으로 요셉의 성경 이야기를 강조하며, 심리학자와 커뮤니케이션 학자들의 연구도 함께 다룰 것이다. 7장은 용서가 무엇이고, 무엇이 용서가 아닌지를 구분하고, 용서의 과정과 그 효과에 대해서도 다룬다. 마지막으로, 사람들이 순종해야 하는 성경적 명령으로서 용서를 소개할 것이다. 용서의 과정에 참여하면 풍성한 가족 관계를 누릴 여지가 생긴다.

서론

"아버지 저들을 사하여 주옵소서 자기들이 하는 것을 알지 못함이니이다"(눅 23:34). 지상에서 마지막 순간을 보내시면서 예수님은 아버지께 자신을 무자비하게 때리고 십자가에 못 박은 사람들을 용서해달라고 요청하셨다. 용서는 예수님이 모범을 보여주신 것처럼 기독교인의 삶에 필수적이고 근본적인 한 측면이다. 단순히 멋진 감정이나 그리스도인이 선택할 수 있는 하나의 태도가 아니다. 예수님이 가르쳐주셨듯이, 우리는 매일 "우리가 우리에게 죄지은 자를 사하여 준 것 같이 우리 죄를 사하여 주시옵고"(마 6:12)라고 기도해야 한다. 용서는 역설적으로 여전히 우리가 내리는 하나의 선택이지만(사람들에게 베푸는 것이지만), 또한 그리스도인의 가정을 향한 명령이며 우리가 갖추어야 할 필수적인 태도이기도 하다. 형제간 경쟁의식과 용서에 관한 가장 오래되고 자세한 이야기 중 하나를 살펴보는 것으로 시작해보자.

요셉은 이스라엘의 열두 지파를 이룬 열두 형제 중 한 명이었다. 요셉의 형들은 "그를 미워하여 그에게 편안하게 말할 수 없[을]"(창 37:4) 정도로 혐오하고 질시했다. 요셉의 형들은 그를 죽이기로 모의했지만 결국 "은 이십에 그를 이스마엘 사람들에게 팔매 그 상인들이 요셉을 데리고 애굽으로 갔[다]"(창 37:28). 하나님은 노예 생활을 하던 요셉을 애굽의 관리로 높여주셨고 부당하게 투옥당했을 때 계속해서 그를 지켜주셨다. 세월이 흐르고 요셉은 결국 하나님의 역사하심으로 고귀한 자리까지 오르게 된다. 요셉은 왕을 알현할 기회를 얻었고, 꿈을 해몽하고 확실한 재앙을 피할 방도를 왕에게 조언해주었다. 바로는 그를 "애굽 온 땅"을 관할하는 관리로 임명했다(창 41:41). 노예가 천하를 호령하는 지위에 오르다니! 참으로 믿기 어려운 성공담이다. 하지만 이런 이야기는 여전히 계속되고 있다.

극심한 기근이 온 땅을 덮치자 요셉의 형들이 곡식을 구하러 애굽으로 왔다. 요셉은 형들을 알아보았지만, 그들은 요셉을 알아보지 못했다. 요셉은 형들이 성숙해졌는지, 그들의 마음이 변했는지 알아보려고 그들을 시험했다. 마침내 그는 극적인 장면을 연출하며 자신의 신분을 밝힌다.

요셉이 형들에게 이르되 내게로 가까이 오소서 그들이 가까이 가니 이르되 나는 당신들의 아우 요셉이니 당신들이 애굽에 판 자라 당신들이 나를 이곳에 팔았다고 해서 근심하지 마소서 한탄하지 마소서 하나님이 생명을 구원하시려고 나를 당신들보다 먼저 보내셨나이다 이 땅에 이 년 동안 흉년이 들었으나 아직 오 년은 밭갈이도 못 하고 추수도 못 할지라 하나님이 큰 구원으로 당신들의 생명을 보존하고 당신들의 후손을 세상에 두시려고 나를 당신들보다 먼저 보내셨나니(창 45:4-7).

요셉은 형들을 용서하고 애굽 땅으로 이주하게 한 뒤 그들과 그들의 가족을 부양했다.

이 장에서는 상호작용에서 발생하는 불가피한 마찰을 처리하기 위한 의사소통 방법을 제공하여 가족 관계에 희망을 준다. 이전 장에서 논의했듯이, 갈등은 피할 수 없다. 상처를 주는 메시지와 행동 역시 마찬가지다. 서로 간의 관계는 "화목하게 하는 직분"(고후 5:18)을 실행할 기회가 되고 "허다한 죄를 덮[는]"(벧전 4:8) 사랑을 보일 기회가 된다. 우리는 모두 용서를 구하고 용서를 베풀어야 하며 포기하지 말고 계속 그렇게 해야 한다. 용서는 하나님의 명령이며 우리의 선택이다. 상처를 주는 행동이나 사건은 사소한 약속 위반에서부터 도저히 용서할 수 없을 것 같은 심한 모욕에 이르기까지 다양하다. 상처를 준 행동에 사과하는 것이 올바른 반응인가? 사과와 용서의 차이는 무엇인가? 고통을 준 사람을 우리는 용서해야 하는가? 이 장은 이런 질문을 다루고서 요셉과 그의 형제들의 이야기를 기반으로 용서의 주제를 확인하는 것으로 마무리할 것이다.

상처를 주는 가족의 말

우리는 말과 행동으로 가족에게 상처를 주고, 그들의 말과 행동도 우리에게 상처를 준다. 상처 주는 메시지에 어떻게 반응해야 할까? 당신이 농구팀을 결성할 능력이 없을 것이라고 형이 놀린다. 당신의 머리 스타일을 보고 어머니가 혹평할 수도 있다. 당신의 중요한 선택을 두고 아버지가 신랄하게 비난할 수도 있다. 성경은 "죽고 사는 것이 혀의 힘에 달렸[다]"(잠 18:21)고 말하며 "유순한 대답은 분노를 쉬게 하여도 과격한 말은 노를 격동하느니라"(잠 15:1)고 조언한다. 말에는 큰 위력이 있다. 당신은 어떤 말에 특히 상처받는가? 거절이나 비난의 말, 배신의 말이나 이죽거리는 말, 무시하거나 무시하는 듯한 말인가?

가정은 두 가지 이유로 상처를 주는 말을 연구할 수 있는 특별한 상황에 해당한다.[1] 첫째, 가족의 유대는 종종 자발적으로 이루어지는 것이 아니다. 파괴적인 말이 오가거나 극복할 수 없는 차이점이 있음에도 우리는 가족이라는 이유만으로 연결되어 있다. 이러한 유대는 쉽게 '떠날' 수도 없고, 끊을 수도 없다. 이 영속적 결속감은 대부분의 다른 관계 형태와는 다르다. 둘째, 가족 구성원 간에 공유된 역사는 그들이 상처 주는 메시지에 어떻게 반응할지에 영향을 미칠 수 있다. 이러한 발언은 공유된 경험의 작은 부분에 불과하기 때문이다. 상처를 주는 메시지의 몇 가지 개별적 사례를 다루는 것과 상처를 준 사건들의 긴 역사를 다루는 것은 별개의 문제다.

상처를 주는 메시지의 유형

누구나 각자의 사연을 이야기할 수 있지만, 아니타 반겔리스티

(Anita Vangelisti)는 대학생들에게서 메시지를 수집하고 분류하여 상처를 주는 메시지 유형을 소개했다.² 그 유형은 다음과 같다.

- **비난:** 실패나 잘못에 대해 누군가를 탓하기("너 때문에 엄마와 아빠가 화났어.")
- **평가:** 개인의 가치를 표현하기("넌 이 집의 골칫거리야.")
- **통보:** 정보를 누설하기("난 더는 널 사랑하지 않아.")
- **지시:** 지시하거나 명령하기("더 열심히 공부해야 해.")
- **충고:** 행동 방침을 제공하기("네가 더 열심히 공부하면 아버지에게 인정받을 수 있을 거야.")
- **요구 사항의 피력:** 선호하는 내용 표현하기("밥 먹을 때 이 주제는 이야기하지 말자.")
- **추궁:** 묻거나 질문하기("네가 동생을 정말 도울 수 있다고 생각하니?")
- **위협:** 처벌을 가할 의도를 드러내기("그런 태도를 바꾸지 않으면 집 밖으로 못 나갈 줄 알아.")
- **조롱:** 농담조로 놀리기("너는 꼭 꾸어다 놓은 보릿자루 같구나.")
- **거짓말하기:** 속이기("넌 사실 우리 가족이 아니야. 입양한 거야.")

반겔리스티의 연구에 따르면, 상처를 주는 메시지의 가장 일반적인 유형은 비난, 평가, 일방적으로 통보하는 것이다. 그녀의 연구는 사실을 지적하는 메시지, 특별히 노골적으로 사실을 지적하는 메시지가 가장 큰 상처가 된다는 것을 보여준다.³ 분명히 상처를 주는 메시지는 우리의 마음에 큰 상처를 남기며 관계를 해친다. 관계를 세우고 격려하기보다 무너뜨리고 사람의 의욕을 꺾어버리는 것이다.

상처를 주는 메시지에 대한 반응

누군가가 깊은 상처를 주는 말을 할 때 당신은 어떻게 반응하는가? 연구자들은 대학생들이 상처를 받았을 때 반응하는 전형적인 방식을 연구했다.[4] 우리는 이 반응을 수동적 반응, 공격적 반응, 단호한 반응 전략으로 구분했다.

수동적 반응: 여기에는 상처를 부정하는 것이 포함되며, 이 반응을 학자들은 '철벽 방어'라고 부르기도 한다(메시지를 무시하거나 웃어넘기거나 침묵을 지키는 것).[5] 또 다른 수동적 방식은 로라 게레로(Laura Guerrero)와 동료들이 '회피 혹은 부정'이라고 부르는 반응으로, 침묵하며 부정적인 감정을 외면하는 것이다. 그들은 또한 부정적인 감정 표현(가령, 좌절, 불안, 우울과 같은 감정을 나타내는 비언어적 행동)을 식별한다. 마지막으로 묵인(울기, 마지못해 인정하기, 사과)과 같은 것도 또 다른 유형의 수동적 반응이다.[6]

공격적 반응: 여기에는 언어적(타인을 공격하거나 자기를 방어하거나 비꼬거나 설명을 요구하거나 제시하는 것)[7]이고 적극적인 폭력적 의사소통(위협하거나 상대방을 신체적으로 해치는 것)이 포함된다.[8] 분배적 의사소통은 무례하거나 비난하거나 논쟁하거나 욕설을 사용하는 등의 언어적으로 공격적인 반응으로 정의된다. 마지막으로, 적극적인 거리두기는 물리적으로 외면하거나 상대방에게 침묵으로 대하는 식과 같은 행동이 특징적이다.[9] 침묵이 공격적이지 않은 것처럼 보이지만 침묵으로 관계를 적극적으로 차단하는 것(가트맨이 말한 담쌓기처럼)은 공격적인 반응에 해당한다.

단호한 반응: 이것은 마지막 유형의 반응이다. 우리는 수동적이거나 공격적인 반응의 함정을 피하고 단호한 방식으로 의사소통할 것을 권장한다. 그러나 연구자들이 확인한 모든 반응 전략 중에서 단 하나만이 단호한 반응이다. 게레로와 동료들은 이를 '통합적 의사소통'이라고 부른다.[10] 이는 문제를 차분하게 논의하는 것과 같은, 직접적이고 비공격적인 의사소통 반응을 포함한다. 아홉 가지 반응의 범주 중 오직 하나만이 단호하다는 사실은, 안타깝게도 이것이 흔한 반응이 아님을 알려준다. 이는 배우고 실천해야 하는 전략이며, 아마도 가정에서 이 반응에 대한 모범을 보여주기가 쉽지 않을 것이다.

성경에서 상처를 주는 메시지에 대한 마지막 단호한 반응은 사랑이다. 이 반응은 상처를 부인하거나 무시하지 않으며(수동적 전략과 달리), 그 대신 우리 자신, 우리의 상처, 상처를 준 사람 그리고 그 결과를 하나님께 맡기기로 선택하는 것이다. 예수님의 십자가 사건에 대한 베드로의 증언을 들어보라.

> 욕을 당하시되 맞대어 욕하지 아니하시고 고난을 당하시되 위협하지 아니하시고 오직 공의로 심판하시는 이에게 부탁하시며 친히 나무에 달려 그 몸으로 우리 죄를 담당하셨으니 이는 우리로 죄에 대하여 죽고 의에 대하여 살게 하려 하심이라
> (벧전 2:23-24)

베드로의 가르침은 예수님께 시선을 집중하라고 하는 히브리서 저자의 권면과 일치한다. "믿음의 주요 또 온전하게 하시는 이인 예수를 바라보자 그는 그 앞에 있는 기쁨을 위하여 십자가를 참으사 부끄러움을 개의치 아니하시더니 하나님 보좌 우편에 앉으셨느

니라 너희가 피곤하여 낙심하지 않기 위하여 죄인들이 이같이 자기에게 거역한 일을 참으신 이를 생각하라"(히 12:2-3). 기독교 작가인 제임스 조던(James Jordon)은 "하나님의 사랑 안에서 살아간다면 기분이 상하거나 상처받는 일은 있을 수 없다"라고 했다.[11] 이는 절대 상처를 받지 않는다거나 기분이 상하지 않는다는 뜻은 아니다. 우리가 하나님께 우리의 걱정을 맡기고(빌 4:6-7), 경험하는 일에 대해 불안해하지 않기로 결심하며, 의도적으로 그리고 초자연적으로 다른 사람을 사랑하기로 결심할 때 상처받지 않는다는 의미다. 사랑은 "성내지 아니하며 악한 것을 생각하지 아니[한다]"(고전 13:5). 우리가 이렇게 할 때 성경은 "모든 지각에 뛰어난 하나님의 평강이 그리스도 예수 안에서 너희 마음과 생각을 지키시리라"(빌 4:7)고 약속한다. 하나님으로 충만할 때 아버지의 사랑으로 우리는 예수 그리스도처럼 단호하게 반응하며 "아버지, 저들을 용서해주소서"라고 말할 수 있다.

적용 활동 7.1

상처를 주는 메시지에 반응하기

- 가족이 당신의 기분을 상하게 하는 말을 했던 기억에 남는 순간을 생각해 보라. 그때 나눈 대화가 어땠는지 적어보라. 어떤 상황에서였는가? 무슨 일로 상처를 주는 말을 하기에 이르렀는가? 당신에게 상처가 되었던 메시지는 무엇이었는가? 그때 당신은 어떻게 반응했는가?
- 상처를 주었던 그 메시지를 어떤 유형으로 분류할 수 있는가? 상처를 준 메시지에 대한 당신의 반응을 또 어떤 유형의 반응으로 분류할 수 있겠는가? 이 메시지가 당신과 당신에게 상처를 준 가족의 관계에 얼마나 영향을 미쳤는가?[12]

이 장의 나머지 부분에서 상처를 다루는 긍정적이고 생산적인 방법에 계속 집중할 것이다. 먼저 관계 회복 노력에 대한 연구를 살펴본 다음, 용서에 대해 다룰 것이다.

관계 회복 메시지

신뢰를 저버렸거나 관계가 상처를 입었을 때 우리는 그 관계를 회복해야 한다. 재닛 마이어(Janet Meyer)와 카이라 로덴버그(Kyra Rothenberg)는 관계 회복 전략을 여덟 가지로 구분했다.[13] 그것은 다음과 같다.

- **사과:** 상처를 주는 말을 한 데 대해 사과하기("~해서 미안해.")
- **변명:** 그 말을 한 이유에 대해 변명하기("잠을 설쳐서 그랬어.")
- **합리화:** 상처를 준 행동의 여파를 최소화하기 위해 상처 준 말을 정당화하려 하거나 방어하려고 시도하기("나한테 솔직하라고 네가 그랬잖아.")
- **잘못 부정:** 자신이 했던 말을 부정하거나 갚아주기("농담이었어." "그럴 의도는 아니었어.")
- **침묵:** 아무 일도 없었다는 듯이 행동하기("할 말이 없어.")
- **비언어적 반응:** 말한 것이 후회스럽다는 뜻을 드러내고자 비언어적 행동하기(입을 가리고 눈을 감는 행동)
- **말 돌리기:** 대화의 주제 바꾸려고 시도하기("그런데 최근 날씨는 어떻게 생각해?")
- **상처 상쇄:** 받은 상처를 상쇄할 말을 시도하기(갑자기 듣고

있는 상대방을 칭찬하기)

이 관계 회복 전략 목록을 검토해보라. 상처를 주거나 후회스러운 말과 행동을 한 뒤 관계를 회복하려고 할 때 각 전략을 사용할 가능성은 얼마나 되는가? 이 중 어떤 전략이 수동적, 공격적, 단호한 반응으로 분류될 수 있을까? 또 이런 전략 중에 역효과를 낸 적이 있는 것이 있는가? 관계의 피해를 복구하려는 노력에서 가장 효과적인 전략은 무엇이라고 생각하는가?

용서

관계를 이어가도록 해줄 또 다른 회복 전략은 용서다. 전혀 예상치 못한 상태에서 다음과 같은 이메일을 받는다면 어떤 기분이 들지 생각해보라. "당신은 절 잘 모르겠지만, 이제 당신 남편과의 만남을 끝냈습니다…당신 가족에게 상처를 줘서 미안합니다."[14] 당신이 이런 메일을 받으면 어떤 기분이 들고, 어떻게 반응하겠는가? 이런 메일을 받은 크리스티는 남편에게 직접 물어보기로 결심했다. "처음에 남편은 방어적이었고, 그런 일은 없었다면서 전화를 끊어버렸어요. 하지만 잠시 후에 다시 전화하더니 울면서 사실이라고 실토하고 제발 용서해달라고 빌었어요"라고 크리스티는 회상했다. 어쨌든 그녀는 결정을 내려야 했다. "결혼 생활을 지키려고 싸울 수도 있었고, 아니면 이 사건이 모든 것을 바꾸도록 내버려둘 수도 있었어요." 크리스티는 용서라는 의지적이고 극히 힘든 결정을 내렸다.

때로 상처가 너무 깊어서 사과만으로는 충분하지 않을 때가 있다. 그런 깊고 가슴 아픈 상처는 불륜, 신체적 학대, 버려짐 또는 무시에서 비롯될 수 있다. 용서하지 않으면 우리는 쓸쓸함과 원한, 복수의 순환 속에 갇히게 된다. 용서는 우리를 과거에서 벗어나게 해주고, 앞으로 나아갈 수 있게 해준다. 성경에서 용서는 명령인 동시에 선택이자 대처 기술이다. 용서로 크리스티는 남편과의 관계를 이어갈 수 있었다. 용서는 개인과 가정과 심지어 사회에도 긍정적인 효과를 미친다는 것이 입증되었다.

용서란 무엇인가?

용서는 신약의 헬라어로 두 단어를 사용한다. 아피에미(*aphiemi*)가 '풀어주다, 방면하다'라는 뜻이라면, 카리조마이(*charizomai*)는 '값없이 혹은 무조건 은혜를 베풀다'라는 뜻이다.[15] 용서는 과정이다. 상처와 복수의 욕망을 내려놓고 결국 가해자에게 어떤 악의도 품지 않는 과정을 말한다. 이상적인 용서는 "부정적인 것을 버리고 긍정적인 것을 가꾸는 것이다."[16]

일부 사람에게는 용서가 종교적인 개념처럼 보일 수 있다. 실제로 거의 모든 세계 종교에서 용서를 가르치고 이를 권장하지만, 용서는 또한 사회적 연구의 주제이기도 하다.[17] 연구자들은 용서를 자기 용서, 신의 용서, 파트너의 용서로 구분했다. 이러한 용서의 유형들은 사람들이 어떻게 관계를 회복하고 기능하는지 더 잘 이해하는 데 도움을 준다. 자기 용서는 우리가 개인적인 실패나 관계에서 저지른 잘못에 대해 느끼는 악의, 죄책감 또는 원한을 제거하는 방법이다.[18]

신적 용서는 지고의 존재에게서 받는 용서다.[19] 기독교적 관점에서, 하나님은 그리스도를 통해 사람들의 죄, 범죄, 불법(모두 다른 히브리어 단어)을 용서하신다. 무디 성경 연구소는 정통 기독교적 관점에서 가르친다.

7장. 관계 회복

성경에 따르면 죄는 대가를 치러야 한다(롬 6:23; 벧전 1:18-19). 예수 그리스도가 죽으셨을 때 그분은 타락한 인간을 대신해 그들을 위한 대속물로 고통을 당하셨다. 그리스도의 죽음으로 사람은 그분을 믿는 믿음을 근거로 의롭다는 선언을 받을 수 있게 되었다(마 20:28; 롬 3:21; 고후 5:21). 그리스도의 죽음은 단순히 악에 맞서는 선언이나 사랑의 표현이 아니라 하나님의 요구를 만족시킨 납입금이었다.[20]

신적 용서는 값을 주고 산 것이다. 우리는 그리스도의 대속적 죽음으로 아버지의 용서와 축복을 누리며 신적 가족으로 입양되는 경험을 할 수 있게 되었다(롬 8:15).

배우자 용서 혹은 사람 간 용서는 우리가 다른 사람을 용서할 때를 말한다. 커뮤니케이션 학자인 빈센트 월드론(Vincent Waldron)과 더글러스 켈리(Douglas Kelley)는 용서를 다음과 같이 규정한다.

> 용서는 상처를 준 행동을 당사자나 양측 모두 인정하는 관계 상의 과정이다. 상처를 받은 당사자는 상처를 가한 가해자가 자격이 없더라도 자비를 베푼다. 당사자나 양측은 부정적인 심리 상태에서 긍정적 심리 상태로 변화를 경험하며, 화해의 가능성과 함께 관계의 의미가 재정립된다.[21]

용서에 대한 이 개념은 다섯 부분으로 나뉜다. 용서는 (1) 관계 상의 과정이며 (2) 상처를 인정하고 (3) 자비를 베풀며 (4) 변화로 이어지고 (5) 화해나 해체 등 관계의 재정립을 낳는다.

용서와 연관된 단계들을 기억하기에 유익한 앞 글자 줄임말은

REACH다. 심리학자 에버렛 워딩턴(Everett Worthington)이 조어한 이 순차적 모델은 다음의 다섯 단계로 이루어진다.

> R: 상처를 되돌아보기(Recall the hurt)
> E: 가해자에 대해 공감하기(Empathize with the wrongdoer)
> A: 이타적으로 용서하기(Altruistically offer forgiveness)
> C: 용서 실행하기(Commit to forgive)
> H: 용서 유지하기(Hold on to forgiveness)[22]

변호사이자 목사인 켄 산데는 관점을 약간 달리하여 과정을 상술하는 데 집중하지 않고 누군가를 용서한다고 말할 때 네 가지 약속을 하게 된다고 주장한다.[23] 그 네 가지는 다음과 같다. (1) 잘못을 곱씹지 않겠다. (2) 그 상처를 빌미로 다른 사람들에게 해를 끼치지 않겠다. (3) 그 일에 대해 험담하지 않겠다. (4) 그 일이 관계가 앞으로 나아가는 것을 방해하지 못하게 하겠다. 이런 약속은 실천하기가 쉽지는 않지만, 전혀 예상하지 못할 자유를 선사한다. 우리가 겪는 상처의 정도나 양을 통제할 수는 없더라도 기꺼이 용서를 베풀기로 우리 마음은 통제할 수 있다.

용서에 관한 오해 불식시키기

'용서는 무엇인가?'라는 질문을 다룰 때 용서가 무엇이 아닌지도 염두에 두는 것이 중요하다.[24] 당신은 용서에 관해 어떤 오해를 하고 있는가? 가장 흔히 오해하고 있는 점을 살펴보자.

오해 1: 용서는 잊는 것이다.

오해 2: 상대방이 미안하다고 할 때까지 용서할 필요는 없다.

오해 3: 용서는 가해자와 계속 친구로 남아 있어야 한다는 의미다.

오해 4: 용서는 상대방을 위한 것이다.

오해 5: 용서는 내가 밟히는 존재가 돼야 한다는 의미다.

사람들은 이런 오해를 광범위하게 믿고 있지만, 사실 이런 오해는 용서의 본질을 흐린다.

이런 오해들을 불식시키면서, 용서가 망각이 아니라는 것을 알아야 한다. 실제로 고통스러운 기억을 잊기란 불가능할 수 있다. 어떤 사람은 모든 범죄를 잊지 말아야 한다고 주장하는데, 기억하는 것이 범죄가 반복되지 않게 하는 데 도움이 될 수 있기 때문이다. 그것은 우리 경험의 일부이며, 우리 자신과 다른 사람들의 치유와 성장을 위한 촉매제가 될 수 있다.

용서는 또한 상처를 준 사람과 어떤 소통을 하지 않고도 할 수 있는 일이다. 또 외부의 보상, 기대, 타인의 압박 때문에 용서해도 안 된다. 사람은 자발적이고 자유롭게 용서를 선택해야 한다. 굳이 말로 드러내지 않거나 다른 사람과 소통하지 않고도 용서를 할 수 있다.

용서는 또한 화해와는 다르다. 우리에게 큰 상처를 준 사람을 진심으로 용서하더라도 그 관계가 절대 회복되지 않을 수도 있다. 용서는 부당하게 행동한 사람에 대한 마음의 내적인 변화다. 가해자가 사랑과 공감의 선물을 거부할 수 있지만, 용서라는 선물은 그 선물을 줄 사람의 결정에 달려 있다.

"용서하지 않는 것은 독을 마시고 다른 사람이 병에 걸리기를 바라는 것과 같다"라는 말이 있다. 용서는 그동안 우리가 받았던 은혜를 확장할 뿐만 아니라 우리를 속박에서 벗어나게 해준다. 원한을 붙잡고 있으면, 결국 그것은 자신과 주변 사람들만 해칠 뿐이다. 그러나 용서를 베풀면 자유를 얻는다. 그래서 닐 앤더슨(Neil Anderson)이 주장한 '자유에 이르는 일곱 단계' 중 한 단계에 용서가 있다.[25] 아직 용서하지 못한 부분을 밝혀낼 더 구체적인 목록을 원한다면, 앤더슨의 『이제 자유입니다』(Bondage Breaker)나 『내가 누구인지 이제 알았습니다』(Victory over the Darkness, 이상 죠이북스)를 읽어보라. 이 두 안내서는 모두 용서가 어떤 식으로 개인적 자유를 누리게 해줄 열쇠가 되는지 성경적 근거를 소개한다. 용서는 종종 관계 개선(가해자와 다른 사람들과의 관계 모두), 분노와 슬픔의 감소, 희망의 증가로 이어진다.[26]

마지막으로, 용서는 잘못을 변명하거나 부인하거나 묵인하는 것이 아니다. 사실 용서할 때 상대방의 행동이 명백히 잘못되고 불쾌한 것임을 규정하게 된다. 용서는 수동적이지 않고 용기와 힘이 필요하다. 실제로 더글러스 켈리는 'TUF'(Truth, Understanding, Freedom)라는 앞 글자 줄임말을 사용하여, 용서하는 데는 용기가 필요함을 보여준다.[27] 'T'는 진실을 가리킨다. 우리에게 일어난 일과 우리 자신의 상황에 대해 진실을 주장할 용기가 필요하다. TUF 용서법은 우리에게 잘못되고 좋지 않은 일이 일어났다는 진실을 주장하면서도, 또한 우리가 다른 사람들에게 실망을 주고 상처를 주는 존재임을 고백한다. 또한 "현재 겪는 일을 견딜 수 있고, 우리의 고통을 치유할 수 있으며, 자신과 다른 사람들을 위한 더 나은 삶을 만들 수 있다"라는 진실을 주장한다.[28] 'U'는 이해를 가리킨다. 우리 자신과 우리에게 상처 준 사람을 이해하려는 용기다. 'F'라는 글자는 자유를 의미한다. 상처에서 벗어나기를 선택하고 용서를 베풀려는 용기다.

언제 용서해야 하는가?

용서는 본질적으로 개인이 내리는 선택의 문제다. 용서할지 아니면 용서를 거부할지의 선택이 아니라 주 예수님의 명령에 순종할지 불순종할지의 선택 문제로 볼 수 있다. 생각해볼 점 7.2에서 용서에 관한 성경 구절 몇 개를 소개한다. 성경을 보면, 다른 사람, 심지어 원수까지도 사랑이라는 순수한 동기로 용서해야 한다는 강력한 근거가 제시돼 있다(마 5:44).[29] 용서하지 않는 종의 비유를 생각해보라(사복음서에 모두 기록된 비유). 마태복음의 이 이야기는 베드로가 예수님께 "주여 형제가 내게 죄를 범하면 몇 번이나 용서하여 주리이까?"(마 18:21)라고 묻는 것으로 시작한다. 예수님은 일흔 번씩 일곱 번 용서하라고 대답하신 다음, 종의 주인이 종의 엄청난 빚을 탕감해 주고 자유롭게 방면한 비유를 들려주시며 용서하지 않을 때 당할 심각한 결과를 설명해주신다. 빚을 탕감받은 종은 밖으로 나가서 자신의 빚과 비교조차 되지 않은 적은 빚을 진 동료를 용서해주지 않았고, 그것을 갚을 때까지 그 동료를 감옥에 가두었다. 주인은 종의 이런 처사에 크게 분노했다. "이에 주인이 그를 불러다가 말하되 악한 종아 네가 빌기에 내가 네 빚을 전부 탕감하여 주었거늘 내가 너를 불쌍히 여김과 같이 너도 네 동료를 불쌍히 여김이 마땅하지 아니하냐 하고 주인이 노하여 그 빚을 다 갚도록 그를 옥졸들에게 넘기니라"(마 18:32-34). 비유는 서로 용서하지 않으면 어떻게 될지 엄중하게 경고하는 것으로 끝난다. "너희가 각각 마음으로부터 형제를 용서하지 아니하면 나의 하늘 아버지께서도 너희에게 이와 같이 하시리라"(마 18:35). 하나님은 우리를 용서하신다. 그리고 우리도 다른 사람을 용서하라는 명령을 받았다.

용서의 유형

에버렛 워딩턴과 동료들은 개인적 용서와 상호 용서를 구분한다.[30] 이 연구자들에 따르면, 개인적인 용서에는 두 가지 유형이 있다. 결단적 용서는 "가해자에게 복수하거나 회피하지 않겠다는 행동 의도의 표현(상호작용이 안전하다면)이다."[31] 정서적 용서는 "용서하지 않는 부정적인 감정을 긍정적인 타인 지향적 감정(공감, 연민, 사랑과 같은)으로 대체하는 과정으로, 이는 감사, 겸손, 반성, 희망과 같은 자기중심적이지 않는 감정들에 의해 촉진될 수 있다."[32] 개인적인 용서와는 반대로 상호 용서는 헌신적이고 지속적인 인격적 관계라는 상황에서 일어난다. "모든 용서하지 않는 부정적 감정이 해결되고 순수하게 긍

생각해볼 점 7.2

용서에 대한 성경 구절

- 너희가 사람의 잘못을 용서하면 너희 하늘 아버지께서도 너희 잘못을 용서하시려니와 너희가 사람의 잘못을 용서하지 아니하면 너희 아버지께서도 너희 잘못을 용서하지 아니하시리라(마 6:14-15).
- 서서 기도할 때에 아무에게나 혐의가 있거든 용서하라 그리하여야 하늘에 계신 너희 아버지께서도 너희 허물을 사하여 주시리라 하시니라(막 11:25).
- 너희는 스스로 조심하라 만일 네 형제가 죄를 범하거든 경고하고 회개하거든 용서하라 만일 하루에 일곱 번이라도 내게 죄를 짓고 일곱 번 네게 돌아와 내가 회개하노라 하거든 너는 용서하라 하시더라(눅 17:3-4).
- 서로 친절하게 하며 불쌍히 여기며 서로 용서하기를 하나님이 그리스도 안에서 너희를 용서하심과 같이 하라(엡 4:32).
- 누가 누구에게 불만이 있거든 서로 용납하여 피차 용서하되 주께서 너희를 용서하신 것같이 너희도 그리하고(골 3:13).

정적인 정서적 감정을 함께 경험할 수 있다."³³

마지막 유형의 용서는 상상적 용서다. 상상적 용서는 "관계 당사자들이 자신과 관계의 세계를 바라보는 관점을 변화시켜, 공동으로 공유된 인간적인 관계성을 창조하도록 격려하고 가능하게 하는 변화적인 시각이다."³⁴ 상상적 용서의 아름다움은 그것이 관계적이며 변화를 일으키는 과정이라는 점이다. 이 과정은 과거의 상처를 치유하고, 바라는 모습으로 관계를 새롭게 상상함으로써 희망을 만들어내는 것이다. 켈리와 동료들은 이 용서의 단계를 다음과 같이 정리했다.

1. 한쪽 또는 양 당사자가 상처 주는 행동을 했음을 인정한다.
2. 양 당사자가 정서적 반응을 경험하고 새로운 관계 상황을 이해하고자 노력한다.
3. 가해자는 피해자의 관점을 상상하고, 후회와 진심을 담아 완전한 사과를 한다.
4. 피해자는 가해자의 관점을 상상하고 공감하며, 인정한 잘못에 대해 자비로 대응한다.
5. 양 당사자가 파괴적인 반응을 하는 데서 건설적으로 인지적, 감정적, 행동적 반응을 하도록 노력한다.
6. 화해를 위한 안전한 조건이 형성되거나 회복되었을 때 당사자들은 관계에 대한 이해를 재상상하고 재협상하며 (재)실행할 수 있게 된다.³⁵

적용 활동 7.3

용서 구하기

- 용서를 구해야 할 잘못을 저지른 적이 없는지 생각해보라. 그 잘못에 대해 다른 사람에게 용서를 구해야 한다면, 어떻게 용서를 구할 것인가? 어떤 말과 행동으로 용서를 구해야 할지 적어보라.
- 켈리는 용서를 구하는 세 가지 전략을 제시한다. 용서를 명확하고 직접적으로 요청하는 방법인 '직접적 전략'("나를 용서해주겠니?"), 유머, 비언어적 수용 표현인 '간접적 전략'(제3자에게 부탁하여 용서 구하기), 용서를 구하지만 조건이 있을 수 있는 '관계적 전략'이 있다.[36] 당신은 켈리의 이 세 가지 용서 구하기 전략 중에서 어떤 방법을 시도해봤는가? 설명해보라.

적용 활동 7.4

용서하기

- 누군가가 용서해달라고 부탁했을 때를 생각해보라. 그 사람은 무슨 말을 했고, 당신은 어떻게 반응했는가? 켈리는 용서를 허락하는 다섯 가지 전략을 제시한다. '명시적 전략'("너를 용서한다."), '토론 전략'("대화해보고 결정하겠어."), '비언어적 전략'(포옹과 보디랭귀지), '최소화 전략'("그건 별일 아니라고 그에게 말했어."), '조건적 전략'("~하면 그때 용서하겠어.").[37]
- 이 다섯 가지 용서 전략 중 당신이 사용해본 것은 무엇인가? 설명해보라.

결단적 용서에서 개인적, 상호 간 용서 그리고 상상적 용서로 이어지는 진행 과정을 살펴보라. 첫째, 우리는 우리에게 상처를 준 사람을 용서하기로 결단한다. 둘째, 가해자에 대해 용서하지 않는 부정적 감정을 긍정적 마음으로 대체한다. 셋째, 상처를 준 사람과 인격적인 관계를 이어가기로 노력한다. 마지막으로, 미래에 대한 희망을 품고 함께 앞으로 나아간다. 이 과정이 절대 쉽지는 않다. 또한 상호 간 용서와 상상적 용서가 가능하지 않은 상황일 수도 있다. 그러나 연구는 용서로 얻는 몇 가지 긍정적 유익이 있음을 보여준다.

관계상의 성과

연구는 용서를 표현하는 소통 전략이 관계의 만족도와 연관이 있음을 일관되게 확인했다. 한 연구는 누군가에게 상처를 준 후 직접적으로 용서를 구하는 방법(적용 활동 7.3 참고)이 관계상의 손상 정도를 낮추고 만족도를 높인다는 것을 보여주었지만, 조건적인 용서 방식은 관계를 위협하고 더욱 손상하며, 간접적인 용서는 관계상의 손상과 관련이 없음을 보여주었다.[38] 또 다른 연구는 관계상의 만족은 용서 방식과 관련이 있음을 확인했다(적용 활동 7.4 참고). 결혼한 부부의 경우, 관계상의 만족은 비언어적인 표현이나 축소 방식과 상관성이 높았고 데이트 중인 커플의 경우, 직접적인 방식이 상관성이 높았다. 또한 부부 관계나 연인 관계 모두 관계상의 만족과 조건적 용서는 부정적으로 관련성이 있었다.[39] 그러나 또 다른 연구는 관계에 만족하는 개인들은 용서를 표현할 때 비언어적이고 잘못을 최소화하는 명시적 방식을 선호함을 보여주었다.[40] 이 연구들의 결과를 종합적으로 보면, 용서는 명시적으로 용서를 구하거나, 비언어적인 행동을 통해 용서를 표현하거나, 용서를 구할 필요성을 최소화하는 방식으로 잘 전달될 수 있음을 알 수 있다. 또 이 연구들은 이타적이고 무조건으로 용서하는 것의 중요성을 강조한다. 용서의 궁극적 결과는 하나 됨이다. "용서는 공동체가 하나 되게 하도록 관계를 회복시킨다."[41] 용서로 관계와 가정의 하나 됨을 이룰 수 있다.

결론

우리는 이 장을 요셉과 그의 형제들의 이야기로 시작했다. 이제 용서에 대해 더 잘 이해하게 되었으므로, 요셉의 용서로 가는 여정에서 나타나는 몇 가지 주제를 살펴보겠다.[42]

- **요셉은 무조건적인 용서를 베풀었다:** 형들이 먼저 사과하기를 기다리지 않고 요셉은 형들을 용서했다.
- **요셉의 용서가 쉬운 것은 아니었다:** 요셉은 분노를 잠재우고 실제로 용서하는 데 어려움을 겪었다. 용서는 시간이 걸리는 과정이다.
- **요셉의 용서는 사랑의 용서였다:** 요셉은 단순히 불공평함을 받아들이거나, 상처받지 않는 척하거나, 형제들에게 무관심해지지 않았다. 그는 용서하면서 형제들에게 사랑을 베풀었다.
- **요셉의 용서는 형들과 그 자신에게 생명을 주었다.**

바라건대, 당신의 이야기는 요셉처럼 그렇게 극단적이지 않았으면 한다. 그러나 설령 그렇더라도, 그의 인생은 우리에게 놀라운 용서의 모델이 된다.

우리 세상에서는 완벽한 관계를 맺기란 불가능하고, 서로 상처 주는 일을 피할 수는 없다. 상처를 극복할 방법을 찾는 것은 모든 가정이 직면하는 중요한 의사소통 과제다. 상처에 대한 우리의 반응은 관계가 발전하고 상처를 극복하며 심지어 번성할 수 있는 여지를 만들어준다. 이 장에서 우리는 상처를 주는 메시지와 그에 대한 전형적인 반응을 연구한 결과를 살펴본 뒤, 용서를 중심으로 한 관계 회복 방법을 다루었다. 하나님의 은혜로 한결같이 용서하고 회복하며 자신보다 관계를 더 우선할 때, 우리는 타인에 대한 진정한 사랑으로 '상처받지 않는' 사람이 될 수 있다. 궁극적으로 이런 상호작용으로 회복 탄력성이 높은 가족 관계를 맺을 수 있다. 이제 우리는 이 주제를 다루게 될 것이다.

8장

회복 탄력성 기르기
스트레스에 적응하기 위한 의사소통 전략

가족의 상호작용은 스트레스에 직면했을 때 회복 탄력성을 기르는 데 중요한 역할을 한다. 8장에서는 의사소통이 어떻게 회복 탄력성을 길러주는지에 대한 방법을 소개한다. 먼저, 통례적, 비통례적, 만성적 가족 스트레스 요인들을 다룬다. 그다음에는 스트레스 요인에 적응하고 대응하는 좋은 방법을 설명하는 두 가지 모델을 제시하고, 의사소통 중심의 회복력 이론과 관계적 부담의 기본 개념을 개관한다. 마지막으로, 의사소통과 신앙을 통해 가족의 회복력을 구축하는 실용적인 제안을 제시한다.

서론

성경은 역경을 만나 하나님의 선하심과 신실하심으로 '다시 회복하는' 인물들의 이야기로 가득하다. 특히 룻의 이야기가 두드러진다. 룻은 더는 의지할 데가 없는 신세였다. 남편은 죽었고, 자신은 무일푼이었다. 고향에서 멀리 떠나 있었고, 힘든 결정을 앞두고 있었다. 모압의 동족들에게로 돌아갈 것인지 시어머니인 나오미와 베들레헴으로 근거지를 옮길 것인지를 결정해야 했다. 그녀는 이스라엘의 하나님께 인생을 맡겼다. 그리고 담대하게 "내게 어머니를 떠나며 어머니를 따르지 말고 돌아가라 강권하지 마옵소서 어머니께서 가시는 곳에 나도 가고 어머니께서 머무시는 곳에서 나도 머물겠나이다 어머니의 백성이 나의 백성이 되고 어머니의 하나님이 나의 하나님이 되시리니"(룻 1:16)라고 선언했다. 룻의 베들레헴 생활은 험난했다. 하지만 그녀는 생계를 꾸리며 포기하지 않고 끈질기게 견뎠다. 이야기가 전개되면서 나오미가 보아스라고 하는 부유한 친척의 밭으로 룻을 보내어 이삭을 줍도록 하는 내용이 등장한다. 보아스는 결국 룻과 결혼하고 친척이 기업 무를 자가 되는 문화적 관습을 지켰다. 룻과 나오미를 보호해주고 그들의 토지와 유업과 재정적 안정과 족보를 회복하고 지켜주었다. 다윗 왕의 증조할머니이자 메시아 예수의 조상인 룻과 나오미의 이야기는 하나님이 우리 삶으로 그분의 아름다운 구속 계획을 이루어가시는 과정을 잘 보여준다(렘 29:11-13 참고).

룻의 이야기는 가정에 흔히 있는 스트레스 요인(가령, 가족의 죽음, 재정적 어려움, 이사, 고립)을 보여주고 삶의 회복 탄력성을 회복하는 법을 알려준다. 서로 진심으로 돌보며 믿음의 공동체에 소속되어 성실하고 한결같은 마음으로 하나님을 담대하고 적극적으로 따르는 것이다.[1] 우리도 역경을 만날 때 '회복할 수 있는' 이런 방법들을 사용할 수 있다. 회복 탄력성은 다른 이들과의 관계와 우리 경험을 통해 형성되고 유지되며 다듬어지기 때문에 가족의 상호작용이 탄력성 회복에 핵심적인 역할을 한다. 이 장에서는 먼저 가족의 스트레스 요인들의 유형을 다루고, 이어서 스트레스 요인들에 적응하고 대처하는 법을 이해하기 위한 두 가지 모델을 제시할 것이다. 다음으로, 탄력성과 관계 부담 이론(의사소통 중심의 탄력성 이론)의 기본적인 주장을 살펴볼 것이다. 마지막으로 가족 탄력성을 강화하기 위한 실제적 제안으로 마무리할 것이다.

가정의 스트레스와 스트레스 요인

스트레스는 새로운 자극에 대한 신체적, 감정적 반응이다. 이것은 긍정적이든 부정적이든 모든 사건이 스트레스를 유발할 수 있음을 의미하며, 누구나 스트레스를 경험한다는 뜻이다. 스트레스는 피할 수 없는 일이다. 성경은 우리가 모두 시련과 환난을 겪을 것이라고 말한다(약 1:2; 요 16:33). 인생의 많은 경험(예상한 일이든 예상치 못한 일이든, 바라던 일이든 바라지 않던 일이든)이 스트레스 요인으로 작용한다. 스트레스를 유발하는 사건은 인생의 중요한 사건부터 일상적인 골칫거리까지 다양하다. 골칫거리는 짜증 나고 불편한 사건과 활동을 말하는데, 상대적으로 스트레스 수준이 낮다.[2] 무엇인가를 잃어버리거나 놓치는 일, 계산하려고 오랜 시간 대기하기, 하던 일을 방해받는 경우는 매일 일상에서 맞닥뜨리는 번거롭고 성가신 상황이다. 그러나 인생의 중요한 전환기에도 스트레스를 받을 수 있다. 배우자나 자녀의 죽음, 실직, 이사는 큰 스트레스를 유발하는 사건이다. 스트레스에 관한 많은 이론과 모델은 어떻게 그것이 축적되는지를 다룬다. 하나의 큰 사건이 열 개의 작은 사건만큼 스트레스를 유발할 수도 있다. 스트레스 요인의 수와 심각성을 정량화하기 위해 많은 임상 전문가와 연구자는 홈즈-라헤 스트레스 지수를 사용한다. 적용 활동 8.1의 '스트레스 수준 평가하기'에서 스트레스 지수가 어떤지 확인해보라.

  가족 이론가들은 스트레스를 크게 세 가지 범주로 구분한다. 통례적 스트레스와 비통례적 스트레스, 만성적 스트레스다. 통례적 스트레스 요인은 인간의 발달 과정에서 필연적으로 발생하는 것이다. 출생, 독립, 결혼, 사망 등이 이 스트레스 요인의 대표적인 예다. 이런 요인은 가정생활 전반에 걸쳐 일어나며, 충분히 예상할 수 있는

적용 활동 8.1

스트레스 수준 평가하기

- 새로운 일을 시작할 때(가령, 대학 입학이나 취업)를 생각해보라. 환경이 변한 첫 한 달 동안 얼마나 많은 스트레스를 경험했는가?
- 스트레스 수준을 정량화하기 위해 변화 후 첫 한 달간 홈즈-라헤 스트레스 지수에 따라 얼마나 스트레스를 받는지 적어보라. https://www.stress.org/holmes-rahe-stress-inventory(영문)
- 당신이 이런 스트레스 요인에 적응하거나 대처하는 방법은 무엇인가?

변화다. 비통례적 스트레스는 어떤 독특한 상황에서 발생하며, 가족은 이런 스트레스에 상대적으로 덜 준비되어 있다. 이런 스트레스는 일반적으로 예상치 못한 사건 때문에 발생하며, 가족을 불안정한 상태에 놓이게 한다.[3] 토네이도 때문에 집이 파괴됐거나, 가족 중 한 사람이 기독교에서 다른 종교로 개종했다거나 말기 암 진단을 받은 경우가 비통례적 스트레스 사건의 예다. 통례적 스트레스는 심각할 수는 있지만, 비통례적 스트레스보다는 예측 가능하다. 출산이나 죽음을 애도하는 방법에 관한 모델이나 다른 가정의 선례를 참고할 수도 있다. 그러나 비통례적 스트레스 요인은 낯설고 특이하며 이 스트레스를 관리하기 위해서는 창조적인 문제 해결 방법이 필요하다. 만성적 스트레스는 특이한 환경이 장기간 지속되는 경우로, 이런 환경을 개선하기가 쉽지 않을 때 발생한다. 만성적 스트레스는 빈곤, 가족의 위험한 직업(경찰관이나 군인 같은), 선천적인 출생 결함, 문제 행동을 보이는 자녀와 같은 일이 원인이 되어 발생할 수 있다. 이런 만성적 상황은 높은 수준의 지속적인 가족 스트레스를 일으킬 수 있다.

쉽지 않겠지만 스트레스를 부정적으로만 보지 않는 것이 필요하다. 예를 들어, 자녀를 입양하는 것은 긍정적인 스트레스 요인으로 볼 수 있다. 이런 사건은 스트레스 요인에 대한 정의에 부합한다. "가족 단위에 영향을 미치고, 가족 사회 체제에 변화를 일으키거나 일으킬 가능성이 있는 명확한 삶의 사건이나 전환이다."[4] 삶의 갑작스러운 변화로 여러 가능성이 생긴다. 어떤 가정은 스트레스에 대처하는 데 어려움을 겪으며, 무력하고 기능을 잃은 상태로 남을 수 있다. 그러나 어떤 가정은 스트레스 요인을 긍정적인 변화와 성장을 촉진할 계기로 삼을 수도 있다.

잠시 시간을 내어 당신의 어린 시절 가정에서 경험했던 일을 떠올려보라. 당신의 가족이 겪은 스트레스 요인은 무엇이었는가? 그 스트레스 요인은 통례적, 비통례적, 만성적 요인 중 어디에 해당하는가? 그 요인들이 당신의 가정에 긍정적인 영향을 미쳤는가, 부정적인 영향을 미쳤는가? 아니면 두 경우 모두에 해당하는가? 이렇게 구분하는 일이 항상 쉽거나 필요한 것은 아니지만, 가족의 역할, 특히 가정 내 의사소통이 가족 스트레스에 적응하고 대처하는 데 어떤 영향을 미치는지 이해하는 데 도움이 된다. 다음으로 스트레스를 다루기 위한 최선의 대처 방식을 보여주는 두 가지 모델을 소개한다.

ABC-X 스트레스 과정 모델

루벤 힐(Reuben Hill)은 스트레스 사건과 가족 위기의 관계를 이해하기 위한 모델을 개발했으며, 스트레스가 많은 사건은 적절한 자원과 상황 평가가 수반된다면 반드시 위기로 이어질 필요가 없다고 주장했다.[5] 이 모델은 체계 이론을 수용하며 투입(ABC)과 산출(X)로 구성된다. 이 모델에서 A는 특정 스트레스 요인을 의미하고, B는 가족이 이용할 수 있는 자원을, C는 가족의 사건에 대한 인식이나 해석을 나타낸다. 이런 투입 요소들이 결합되어 스트레스성 사건으로 발생하는 위기의 정도인 X를 결정한다. 예를 들어, 아버지가 실직하더라도(A: 특정 스트레스 요인) 어머니의 수입으로 가정의 재정적 안정을 충분히 유지할 수 있다면(B: 이용 가능한 자원) 아버지의 실직이 충격적이고 갑작스러운 사건으로 인식되지 않을 수 있고(C: 사건에 대한 인식) 심각한 상황으로 이어지지 않을 수 있다(X: 스트레스 요인이 유발한 위기의 정도).

ABC-X 모델에서 의사소통의 구체적인 역할은 명시되어 있지 않다. 하지만 우리의 관점에서 보면, 의사소통은 위기 상황에서 활용할 자원이 될 수 있으며, 상황을 인식하는 방식을 재설정하는 데 도움이 될 수 있다. 자원(B)으로서 의사소통은 대화, 상담, 기도를 통해 감정적인 축적을 해소할 수 있는 출구를 제공할 수 있다. 이는 내면화된 스트레스를 완화할 수 있다. 또한 의사소통은 우리가 사람들과 상황을 어떻게 보는지를 변화시킬 수 있으며, 사건에 대한 인식을 바꿀 수 있다(C). 상황에 관해 대화하면서 우리는 경험의 장단점을 지적할 수 있으며, 스트레스를 기회로 재구성하는 데 도움을 받을 수 있다.

ABC-X 모델은 위기 자체에 대한 반응이 아니라 스트레스에 대한 가족의 반응에 초점을 맞춘다.[6] 다른 연구자들은 이 모델을 확장하여 가족들이 경험하는 스트레스와 위기의 지속적인 주기를 설명하려고 했다. 예를 들어, 해밀턴 맥커빈(Hamilton McCubbin)과 조앤 패터슨(Joan Patterson)은 힐의 이론을 확대하여 이중 ABC-X 모델을 개발했다.[7] 이 모델은 원래 변수들에 위기 후 변수들까지 고려한다. 이 모델은 '누적된 요구'라는 개념을 포함하는데, 이는 가족의 이전 삶의 사건들을 의미하며, 그 사건들이 위기 이후의 스트레스에 미치는 영향을 설명한다.

이중 ABC-X 모델은 스트레스에 대처하고 적응하는 과정에서 근본적인 요인들을 분석함으로써 스트레스 요인과 위기에 대한 가족들의 반응을 훨씬 더 정확하고 복합적으로 분석할 수 있게 해준다.[8] 가족의 적응은 다양한 방식과 수준으로 나타날 수 있으며, 이는 '부적응'(maladaptation)에서 '매우 잘 적응'(bonadaptation)에 이르기까지 정도가 다양하다. 부적응의 경우, 누적된 요구(스트레스)가 계속해서 가용 자원과 스트레스에 대한 인식을 앞지른다. 순적응의 경우, 요구와 자원 사이에 최소한의 간극이 존재한다. 부적응은 가족 구성원들 안녕의 문제로 이어진다(가령, 신체적, 심리적 건강 악화). 반대로 매우 잘 적응 상태에서는 가족의 안녕이 유지되거나 강화된다.[9] 기본적인 ABC-X 모델에서처럼, 매우 잘 적응의 핵심은 누적된 요구를 충족할 수 있는 충분한 자원을 갖추는 것이다.

ABC-X 모델에 추가할 수 있는 또 다른 방식은 만성적 스트레스를 포함시키는 것이다. 어떤 모델에서는 이를 '지속적인 취약성'이라고 부른다.[10] 만성적 취약 요인으로는 비교적 지속적인 가족 특성(가령, 성격, 장애)과 배경(가령, 트라우마, 만성 우울증)이 있다. 스트레스는 지속적인 취약 요인과 더불어 매일 발생하는 괴로운 일이 누적된 결과다. 이런 스트레스 요인(A)과 가족의 안녕(X)의 관계는 적응 과정(B, C)으로 조정을 받는다. 이 모델은 스트레스 요인의 수와 강도(A)에 장기적인 패턴과 기질을 포함할 수 있음을 명확히 하는 데 도움이 된다. 또한 가족 구성원들이 일상의 스트레스 요인들을 평가하고 대처하는 방법에 영향을 미치는 적응 과정으로서 의사소통의 긍정적 역할을 확인해준다.

가족 기능의 원형 모델

다음 모델은 가족들이 스트레스성 생활 사건을 성공적으로 헤쳐나가는 데 의사소통이 필수임을 말한다. 올슨의 원형 모델은 40년도 전에 개발되었으며, 가족 기능 이론 중에서 의사소통과 심리학 분야에서 널리 알려진 이론 중 하나다. 데이비드 올슨(David Olson)과 동료들은 두 가지 차원인 적응성과 응집성을 바탕으로 다양한 유형의 가족을 구분한다.[11] 그림 8.1는 적응성과 응집성의 네 가지 수준을 명확히 하는 원형 모델을 묘사한다.

가족 적응성은 "상황적, 발달적 스트레스에 대응하여 가족이 권력 구조, 역할 관계, 관계 규칙을 변화시킬 수 있는 능력"을 의미한다.[12] 이 모델은 적응성과 관련해 가족 기능의 네 가지 수준을 확인해

적용 활동 8.2

자원의 해석

1. 고린도후서 11장 16절-12장 10절에서 자신의 사역에 대한 바울의 증언을 읽어보라.
   - ABC-X 스트레스 모델에 비추어, 바울이 겪은 스트레스 요인(A)을 나열해 보라.
   - 바울에게 자원(B)은 무엇이었을까?
   - 바울은 스트레스를 줄이기 위해 자신의 경험을 어떤 식으로 해석하는가 (C)?

2. 빌립보서 4장 6-8절, 고린도후서 4장 16-18절을 읽어보라.
   - 스트레스에 대처하기 위해 어떤 자원을 활용하라고 바울은 권면하는가?
   - 바울은 그리스도인들에게 환경을 어떻게 인식하도록 권면하는가?

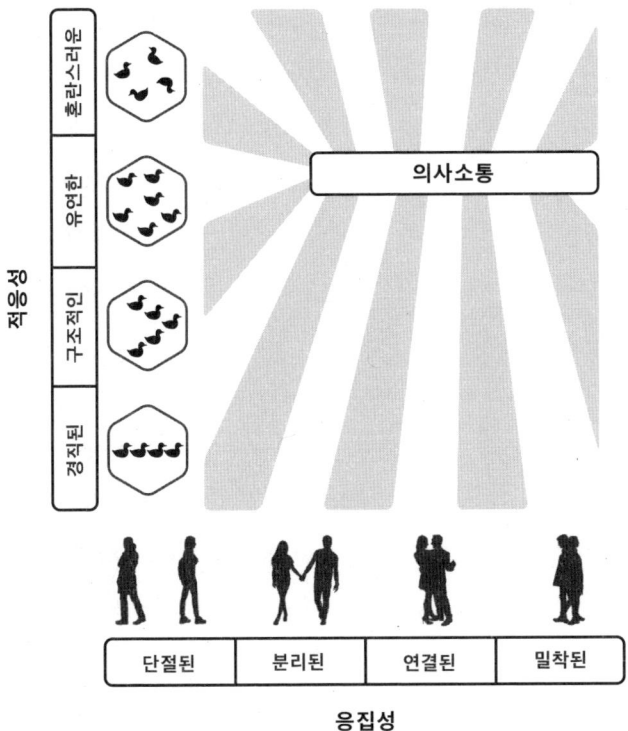

그림 8.1 올슨의 가족 기능 원형 모델 [David H. Olson, "Circumplex Model of Marital and Family Systems," *Journal of Family Therapy* 22, no. 2 (2000): 144-167에서 인용.]

준다. 낮은 수준에서 높은 수준에 이르는 이 네 가지 가족 유형은 '혼란스러운, 유연한, 구조적인, 경직된'으로 나뉜다. 최적의 가족 기능은 두 중간 수준(유연한, 구조적인)에서 이루어지며, 양극단(혼란스러운, 경직된)은 효율적이지 않은 것으로 본다. 적응성이 너무 높으면 리더십 부족, 훈육의 비일관성, 의사 결정의 끝없는 협상, 극적인 역할, 원칙 없는 규칙 변경으로 이어진다. 적응성이 너무 낮으면 독단적 리더십, 지나치게 엄격한 훈육, 의사 결정에서 협상 없음, 경직된 역할과 규율 강제로 이어진다.[13]

가족 응집성은 "가족 구성원 간의 정서적인 유대감과 개인적인 자율성을 경험하는 정도"를 가리킨다.[14] 응집성이 높은 가정은 함께 보내는 시간이 많으며, 주요 결정을 함께 내린다. 응집성이 낮은 가정은 함께 보내는 시간이 적으며, 다른 가족들과 상의하지 않고 결정을 내린다. 응집성을 기반으로 한 가족 기능의 네 가지 수준은 '단절된, 분리된, 연결된, 밀착된'으로 나눌 수 있다. 유연성, 즉 적응성처럼 최적의 가족 기능은 두 중간 수준에서 이루어지며(연결된, 분리된), 양극단(밀착된, 단절된)은 문제가 있는 것으로 본다. 응집성이 지나치게 높으면, 정서적 공동 의존성, 내적 경계의 모호함, 부모와 자녀 간의 지나친 유착, 사적 공간 부족, 거의 배타적인 공동 의사 결정으로 이어질 수 있다. 응집성이 너무 낮으면, 정서적 유대감 부족, 외부 경계의 개방, 낮은 애착 관계, 물리적 공간의 극대화된 분리, 과도한 자율적 의사 결정으로 이어진다.[15]

적응성과 응집성이 두 가지 주요 차원이지만, 올슨은 의사소통을 매우 중요하게 본다.[16] 의사소통은 가족이 성장하고 변화하면서 적응성과 응집력의 수준을 조정할 수 있도록 돕는 촉진적인 차원이라고 주장한다. 최적의 가족 기능을 위해서는 명확한 메시지 전달, 경청, 자기 개방과 같은 긍정적인 의사소통 행위가 필요하다. 반대로 일관되지 않고 부적절한 메시지 전달, 문제 해결 기술의 미흡, 공감 부족과 같은 부정적인 의사소통 기술은 가족이 스트레스성 생활 사건에 성공적으로 적응하지 못하도록 방해한다.

연구자들은 회복력을 형성하는 데 가족 의사소통의 역할을 이해하기 위해 이 모델을 적용했다.[17] 응집성과 적응성의 균형을 유지하는 방향으로 소통하는 가정은 그들이 겪는 역경의 유형과 정도와 상관없이 회복력이 높을 가능성이 크다.[18] 예를 들어, 가족이 갑작

적용 활동 8.3

가족 적응성과 응집성 분류하기
- 가정생활을 묘사하는 영화 한 편을 떠올리고, 거기서 통례적, 비통례적, 만성적 스트레스와 관련된 장면을 골라보라.
- 적응성과 응집성의 차원에서 그 영화의 가족들은 스트레스를 어떻게 설명하는가?
- 적응성(혼란스러운에서 경직된까지)의 관점과 응집성(단절된에서 밀착된까지)의 관점에서 그 가정을 분류하고, 그 구분을 지지하는 사례를 소개해 보라.

스럽게 병원에 입원하는 것과 같은 비통례적 스트레스 사건이 발생했을 때 회복력이 높은 가정은 이 위기 과정에서 함께 협력하며 높은 수준의 응집성과 유연성을 발휘한다. 가족들은 병원에 입원한 가족을 돌아가며 간호하고자 자기 일정을 재조정할 수 있고(적응성의 증가), 환자에 대한 정보를 공유하기 위해 소통망을 신속히 정비할 수 있다. 서로 식사 시간을 조정하고(응집력 증가), 변경된 일정에 맞추기 위해 가정 내 역할을 바꿀 수 있다. 이런 가족 역학의 변화는 의사소통을 통해 응집력과 적응성을 균형 있게 유지하면서 회복력을 높이게 된다.

가족 회복력

가족 스트레스와 관련된 과정과 그 결과를 집중적으로 살펴보면, 가족들이 어떻게 회복력을 얻게 되는지 예측할 수 있다. 역경과 스트레스가 많은 삶의 사건에 성공적으로 대처하고 적응하는 능력을 가족 회복력이라고 한다.[19] 의사소통의 관점에서 회복력은 개인의 경험과 사람들과의 상호작용으로 형성되고 발전하며 유지된다. 다시 말해, 가족 회복력의 발달을 지지하는 방향으로 소통하는 법을 배울 수 있다는 뜻이다.

타마라 아피피(Tamara Afifi)와 동료들이 개발한 회복력과 관계적 부담 이론(TRRL, Theory of Resilience and Relational Load)은 우리가 상호작용을 하는 방식이 스트레스를 다루고 가족 회복력을 형성하는 핵심 비결이라고 보는 의사소통 기반 이론이다.[20] 이 이론은 부부와 가족이 스트레스를 받는 사건을 겪을 때 서로 소통하는 방식과 그들의 전반적인 관계 유지 행동 방식에 집중한다. 이 이론에 따르면 "관계 당사자들과 가족 구성원들이 회복력을 갖고 성장할 수 있는 이유는 사회적으로 긍정적인, 일상의 언어적, 비언어적 행동, 인식 그리고 행동들 덕분이다."[21] 그림 8.2는 이 이론의 일부 요소를 설명한다. TRRL은 아래와 같이 다섯 가지 핵심 개념으로 요약할 수 있는 열 가지 주장으로 이루어져 있다.[22]

1. 사람들이 관계를 유지하는 데 시간을 투자하면, 관계에서 스트레스를 많이 받을 때 활용할 수 있는 예비 자원(감정적, 심리적, 관계적, 인지적)을 쌓는 것이다.
2. 사회 지향성이 강하고(즉, 자신을 파트너나 가족과 동일한 팀으로 인식하는 사람) 유사한 수준의 사회적 지향성을 가진 부부와 가족은 관계에 투자할 가능성이 더 크다. 부부나 가족 간에 이런 차이가 있으면 관계에 대한 헌신의 수준을 의심하게 되어, 관계적 부담이 증가할 수 있다.

3. 스트레스가 많은 사건이 발생한 후, 안정적인 평가(즉, 관계를 지지하는 스트레스 평가)와 긍정적인 의사소통 패턴을 사용할 때, 사람들은 관계에서 인정받고 자신감을 느끼기 때문에 관계 자원의 고갈을 방지할 수 있다. 그러나 위협적인 평가와 부정적인 의사소통 방식(즉, 스트레스에 대한 자기 보호 중심의 평가와 이기적인 의사소통)은 사람들이 자신을 방어하고 감정을 조절하는 데 시간을 소모하기 때문에 자원을 고갈시킨다.
4. 관계의 부담은 관계 파트너와의 공동체 지향성 인식에 영향을 미쳐, 개인들은 더는 같은 마음이 아닌 것처럼 느끼게 될 수 있다.
5. 고갈된 자원(또는 초기 투자 부족)은 개인과 관계의 건강에 영향을 미칠 수 있는 관계적 부담을 생성할 수 있다. 그러나 충분한 자원은 회복력, 성장, 건강(정신적, 신체적, 관계적 건강, 효능감, 건강한 행동)을 촉진할 수 있다.

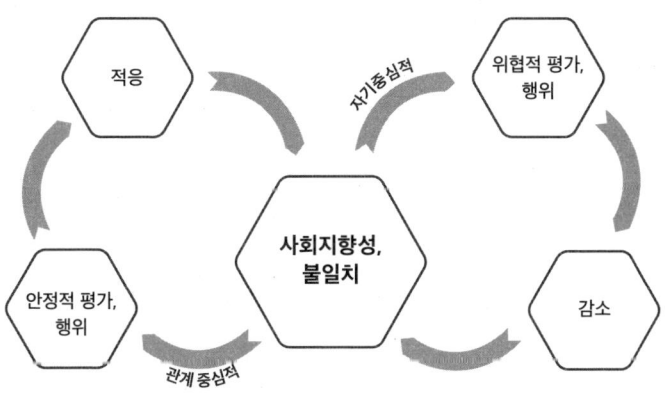

그림 8.2 회복력과 관계 부담 이론 [Tamara D. Afifi, Anne F. Merrill, Sharde Davis, "The Theory of Resilience and Relational Load," *Personal Relationships* 23, no. 4 (2016): 663-683에서 인용.]

이 이론의 몇 가지 부분을 확인해보자. 5장에서 우리는 관계 유지 행동을 다루었다. 관계 유지 행동에는 견고한 관계가 유지되는 데 도움이 되는 언어적, 비언어적 행위가 포함된다. 대표적으로 긍정성(서로 칭찬하기), 개방성(자기 정보 공유하기), 확신(서로에 대한 헌신 확언), 사회망(서로 공통으로 아는 친구들과 함께 시간 보내기), 일 공유(따분한 일 함께 하기)[23]가 포함된다. 이런 유형의 행동은 관계에 대한 투자이며, 건강한 감정적 예비 자원을 구축하기 위해 지속적으로 쌓아야 하는 것이다. 그렇게 함으로써 가족은 '정서적인 자산'(emotional currency)을 소유하게 되고, 스트레스가 많은 삶의 사건에 직면했을 때 이 예비 자원에서 인출할 수 있는 것이다. 이런 식으로 시간의 흐름에 따라 축적된 가정의 '정서적 자산'은 스트레스로 인한 물리적이고 심리적 결과의 완충 장치 역할을 하게 된다.

"우리가 함께 해냈어"라거나 "우리는 이렇게 함께하는 거야"라는 말은 공동체 지향성을 지닌 사람들의 의식 구조를 반영한다. TRRL은 사람들이 공동체 지향성이 높고, 모든 가족 구성원이 비슷한 수준으로 공동체 지향성에 헌신할 때 관계에 투자하고 감정적 자원을 구축한다고 주장한다. 역경에 직면했을 때, 강한 자원을 가진 가족은 상황의 스트레스에 대해 관계를 지지하는 평가(즉, 안정적인 평가)를 한다. 이는 더 나은 가족 적응과 건강으로 이어지며, 부부나 가족 중심의 태도를 강화하여, 그림 8.2에서 보듯이 결국 감정적 자원에 대한 더 높은 투자를 촉진한다. 그러나 자원이 부족한 가족은 자기중심적인 평가(즉, 관계를 위협하는 평가)와 갈등 행동을 더 많이 하게 된다. 이러한 위협적인 평가는 감정적 자원을 고갈시키고 스트레스를 악화하여 관계적 부담을 증가시킨다. 이는 건강이나 관계 면에서 부정적인 결과를 초래할 수 있으며, '우리는 하나의 팀이다'라는 태도에 도전할 수 있다. 이러한 악순환은 의사소통 유지 전략을 정기적으로 사용하여 감정적 자원을 구축함으로써 끊을 수 있다. 따라서 역경이 닥치기 전에 긍정적인 일상의 의사소통 패턴을 확립하는 것이 가족 회복력의 핵심이다.

가족 탄력성을 구축하기 위한 실제적 제안

회복 탄력성을 높이기 위해서는 적극적인 전략과 수동적 전략이 모두 필요하다. 예를 들어, 적극적 전략은 신앙 공동체에 의도적으로 참여하고, 이 공동체가 역경의 시기에 의지할 수 있는 자원임을 인식하는 것이다. 수동적 전략은 이미 역경을 겪는 상황일 때 그 공동체에 도움을 요청하는 것이다. 이러한 전략은 모두 어려움의 파괴적인 영향을 막고, 가족의 어려움을 헤쳐나가는 데 도움을 주는 보호 효과와 회복 효과가 있다. 이 전략의 일부를 살펴보자. 먼저 의사소통 중심 전략을 확인해보고, 회복력을 키우기 위한 신앙 중심의 전략을 마지막에 제시하려고 한다.

의사소통 중심 전략

커뮤니케이션 학자 패트리스 버자널(Patrice Buzzanell)은 비정상적인 스트레스와 위기 상황을 마주했을 때 회복 탄력성을 발휘하고 유지하기 위한 실제적인 다섯 가지 의사소통 과정을 제시한다.[24] 첫째, '일상 유지하기'로, 가능한 한 일상적인 루틴을 계속 유지하는 것이다. '계속 나아가라'는 말이 이 전략을 잘 반영한다. 예를 들어, 매일 함께 저녁기도를 드린다면 위기를 만나더라도 이 일상을 지속해야 한다. 둘째, '정체성 지지 강화'는 "개인과 그들의 가족, 동료, 공동체 구성원들이 자기 자신이나 서로와의 관계에서 자신의 정체성을 설명할 때 의존하는 상대적으로 지속적인 정체성 담론의 집합체"를 말한다.[25] 예를 들어, 어떤 가족은 성경의 약속을 믿으며, 위기 상황에서도 그들의 정체성을 그리스도 안에서 확립하고 가족 구성원들에게 그들의 위치를 상기시킬 수 있다. '의사소통 연결망 유지와 활용'은 어려울 때 의지할 수 있는 공동체(가령, 가족, 교회, 직장, 시민 단체)를 발굴하는 것이다. 실제적인 도움(가령, 식사 무상 지원)과 정서적 지지(가령, 불만을 털어놓을 수 있는 경청자)와 정보 지원(가령, 목회 상담, 유사한 일을 겪은 사람들의 조언)은 지원 연결망을 활용하는 방법이다. '대안적 논리 적용하기'는 위기 상황에서 우리가 다른 실천 방법이나 루틴을 개발해야 할 필요가 있음을 인정하는 것이다. 예를 들어, 가족들이 재정적 압박을 겪고 있다면, 비용이 많이 드는 화려한 휴가 대신 저렴한 '집캉스'를 선택하여 집에서 쉬거나 가까운 곳에 놀러 갈 수 있다. '생산적 활동에 집중하며 부정적 감정 처리하기'는 역경을 만날 때 우리 감정과 정서를 인정하고 처리하는 동시에, 부정적 감정에 골몰하는 것은 비생산적이므로 위기를 헤쳐나갈 계획을 세우며 보내는 것이 가장 최선이라는 점을 인정하는 것이다.

또 다른 의사소통 중심 전략은 가족 구성원들이 역경 상황을 이해하는 한 방편으로 공유된 이야기를 구성하도록 격려하는 것이다.[26] 1980년 경기 불황 시절에 재정적 어려움을 타개해야 했던 부모와 자녀의 인터뷰를 근거로 크리스틴 루카스(Kristen Lucas)와 패트리스 버자널은 직접적인 곤경을 다루기 위한 메시지 중심의 전략을 파악했다. 예를 들어, 소비를 줄이고 어려운 시기를 대비하자는 내용의 대화가 중심이 되었다.[27] 또한 이러한 대화는 젊은 세대의 가치관과 태도를 형성하는 데 영향을 미쳤으며, 열심히 일하고, 자기 재정 범위

내에서 살아가며, 대비책을 마련하는 것의 중요성을 강화했다. 이러한 대화는 장기적 회복력을 구축하도록 가르칠 좋은 기회가 되었다.

적용 활동 8.4

가족 위기에 대응하기 위한 전략의 활용

실제 혹은 가상의 가족 위기 상황을 설명하고, 아래 사안을 다루어보라.
- 위에서 논의한 전략들(일상 유지하기, 정체성 지지 강화, 의사소통 연결망 유지와 활용, 대안적 논리 적용하기, 생산적 활동에 집중하며 부정적 감정 처리하기, 공유된 이야기 구성)을 실행함으로써 가족 회복력을 구축할 방법을 논의해보라.
- 어떤 방법이 가장 생산적이라고 생각하는가? 가장 생산적이지 않은 방법은 무엇인가? 그 이유를 설명해보라.

신앙 중심의 전략

크리스토퍼 크롤(Christopher Krall) 신부는 회복력을 높이는 신앙 중심의 전략을 제안한다.[28] 그의 주장에 따르면, 우리는 더 나은 세상에 대한 소망 가운데 살아가며, 자신을 돌아보고 묵상하며 공동체에 의지하고 기도해야 한다. 우리는 이런 각 아이디어를 기독교 가정을 위한 추가적인 생각들과 함께 발전시킬 수 있다.

첫째, 회복력은 소망에서 생긴다. 크롤은 모든 사람이 안전하다고 느끼며 형통할 수 있는 환경, 즉 인간 번영에 기여하는 세계를 소망하는 데 집중적으로 관심을 기울인다. 의심하지 않고 더 나은 삶과 환경을 소망하면 회복력이 증진된다. 그리스도인들은 또한 앞으로 다가올 삶, 즉 부활과 사망에 대한 승리를 희망한다. 사도 바울은 고린도 교인들에게 이렇게 설득력 있게 주장했다. "만일 그리스도 안에서 우리가 바라는 것이 다만 이 세상의 삶뿐이면 모든 사람 가운데 우리가 더욱 불쌍한 자이리라"(고전 15:19). 마찬가지로 히브리서 저자는 신실한 형제자매들이 멀리서부터 소망으로 가득한 약속을 환영하며 '더 나은 본향, 곧 하늘에 있는 것을 사모한다'(히 11:16)고 칭찬한다. 하늘의 소망을 품는다고 지상의 삶에 희망을 품지 말라는 말은 아니다. 죽음 앞에서조차 회복력을 가질 수 있어야 한다는 것이다. 크롤이 결론적으로 주장하듯이 "스트레스와 인생의 외상성 공격에 무력하게 굴복하거나 두려움으로 마비될 이유가 없다. 오히려 믿음으로 단련된 힘으로 스트레스와 죽음도 이길 수 있다."[29]

회복력을 기르기 위한 두 번째 전략은 묵상이다. 가족들은 직접적이고 궁극적인 인생의 목적을 되새기는 시간을 보내야 한다. 하나님의 개입하심으로 삶의 유익을 누릴 수 있는 방식에 대해 가족과 대화해도 좋다. 가족 묵상과 대화와 더불어 개인적 묵상은 가족 상황과 관계에 대한 인식과 평가에 영향을 미침으로써 회복력을 기르는 데 도움이 될 수 있다. 또한 이런 묵상은 삶의 의미와 목적을 확인해준다. 크롤은 "흔들림 없이 믿음의 눈으로 바라보는 사람들은 스트레스에 압도당하는 사람이나, 자기 힘으로 인생의 도전을 헤쳐나가는 방법 외에는 달리 도리가 없다고 생각하는 사람이나, 인생의 의미나 목적에 대한 개념이 없는 사람보다 스트레스에 더 잘 적응하며 더 잘 견딜 수 있다"라고 주장한다.[30] 그러나 그리스도인은 바울이 고백한 것처럼 "내가 그리스도를 위하여 약한 것들과 능욕과 궁핍과 박해와 곤고를 기뻐하노니 이는 내가 약한 그때에 강함이라"(고후 12:10)고 선언할 수 있다.

셋째, 회복력이 있는 사람은 스스로 고립되지 않고, 다른 이들에게서 힘과 소망을 얻는다. 전도서 4장 9-12절은 이렇게 말한다.

> 두 사람이 한 사람보다 나음은 그들이 수고함으로 좋은 상을 얻을 것임이라 혹시 그들이 넘어지면 하나가 그 동무를 붙들어 일으키려니와 홀로 있어 넘어지고 붙들어 일으킬 자가 없는 자에게는 화가 있으리라 또 두 사람이 함께 누우면 따뜻하거니와 한 사람이면 어찌 따뜻하랴 한 사람이면 패하겠거니와 두 사람이면 맞설 수 있나니 세 겹 줄은 쉽게 끊어지지 아니하느니라.

이 장을 시작할 때 소개한 룻의 사례처럼, 우리는 중요한 관계를 끝까지 지킬 수 있다. 예수님도 이에 관한 본을 보여주셨다. 겟세마네 동산에서 극심한 스트레스를 경험하시던 예수님은 베드로, 야고보, 요한에게 함께 깨어 있어 달라고 요청하셨다(막 14:32-42). 사랑하는 사람들과 관계를 지속하고 공동체를 늘 가까이하는 것은 지혜로운 일이다.

마지막으로, 기도로 회복력을 강화할 수 있다. 기도는 우리의 시각을 바꾸어 하나님의 시각과 일치되게 해줄 뿐만 아니라(엡 1:18-19 참고), 영적인 영역과 자연적 영역에서의 일들을 움직이게 한다. 기도의 이런 두 가지 특성 때문에 오스왈드 챔버스와 같은 선교사들은 이렇게 말할 수 있었다. "기도는 더 위대한 사역을 하도록 우리를 준비시켜주는 것이 아니다. 기도 자체가 위대한 사역이다."[31] 하나님과 소통하는(말하고 듣는) 시간을 보낼 때 상황과 사람들에 대한 우리의 평가가 달라질 수 있다. 우리는 예수님과 같은 마음을 품게 되며(마 9:36; 마 14:14), 성령의 열매(갈 5:22)가 우리 삶에 드러나고, 욥처럼(욥기 38-40장) 하나님의 경이로운 역사를 깨닫고 우리의 시각을 바꿀 수 있다.

더 나아가 우리 기도는 가시적인 변화로 나타난다. 다니엘(단 9장)은 금식하며 기도했고, 그로 인해 나라에 영향을 미친 천사의 방문을 받았다. 야고보(약 5:17)는 다음과 같이 말했다. "엘리야는 우리와 성정이 같은 사람이로되 그가 비가 오지 않기를 간절히 기도한즉 삼 년 육 개월 동안 땅에 비가 오지 아니하고." 여호수아(수 10:12-15)는 하나님께 간구하던 중에 태양이 멈추도록 명령했고 실제로 태양이 멈추었다. 기도는 단순히 명상의 성격만 있는 것이 아니다. 하나님이 우리 생각에 귀 기울여 주시는 것이다. 기도는 "무엇이든지 기도하고 구하는 것은 받은 줄로 믿으라 그리하면 너희에게 그대로 되리라"는 약속을 붙잡고 하나님과 적극적으로 교류하는 것이다(막 11:24; 또한 마 21:22; 요 15:7 참고).

희망, 묵상, 공동체, 기도는 회복력을 기르기 위한 신앙 기반의 네 가지 전략이다. 더 일반적인 차원의 많은 연구 조사에서, 역경과 싸울 때 믿음에 의지하는 것이 효과적인 전략임이 입증되었다.[32] 예를 들어, 한 연구에서 장기 체류 숙박 시설에 살며 건강상의 문제로 힘들어하는 노년 저임금 노동자 16명을 대상으로, 스트레스가 많은 주거 환경과 어려움을 극복하기 위한 전략에 관한 인터뷰를 했다.[33] 이 인터뷰에서 신앙 기반의 세 가지 주제가 나타났다. 하나님은 계획이 있으시고('하나님은 모든 일을 알고 계신다'), 우리의 필요를 채워주시며('하나님은 항상 내 곁에 계신다'), 구원의 손길을 베풀어주신다('하나님의 손길로 나는 그것을 극복했다'). 이 이야기 분석은 신앙이 스트레스를 극복하는 수단('하나님은 나의 힘이시다')이자 역경을 이해하는 방법('하나님이 하신 일, 즉 그분이 모든 것을 주관하신다')임을 보여준다.

역경 속에서 하나님을 믿는 것은 성경에서 중요한 주제다. 예를 들어, 성경은 욥을 "온전하고 정직하여 하나님을 경외하며 악에서 떠난 자"(욥 1:1)로 묘사했다. 하나님은 사탄이 욥에게서 목숨을 제외한 모든 것, 즉 욥의 자녀, 재산, 건강(욥 1:12-18; 2:7)을 빼앗도록 허락하셨다. 그러나 욥은 고난 중에서도 하나님을 믿는 믿음을 지켰다. 사탄의 집요한 공격에도 그는 회복력을 잃지 않았다.

결론

스트레스는 인생에서 피할 수 없는 부분이지만, 우리는 스트레스를 잘 관리하고 가족 회복 탄력성을 기르기 위한 전략을 배울 수 있다. 이제 스트레스와 취약성이 개인의 자원, 시각, 대처 전략과 어떻게 서로 작용하여, 적응과 대처에 영향을 미치는지 이해하게 되었으리라 생각한다. 회복력을 기르는 비결은 가족 구성원들이 역경을 만나기 전후에 서로 소통하는 방식에 있다. 긍정적인 상호작용(가령, 서로 칭찬하고 격려하기, 생각과 감정 솔직하게 나누기, 함께 시간 보내기)은 가정에 대한 투자이며, 시간이 흐르면서 이런 저금을 저축해두면 스트레스에 직면했을 때 꺼내 쓸 수 있다. 의사소통은 또한 가정에서 적응성과 응집성의 수준을 조정하도록 도와주며, 역기능 가정에서 더 건강한 형태의 가정으로 전략적인 성장을 하게 해준다.

또한 가족의 역할과 책무를 의도적으로 표현하는 방식으로 가족의 사회 지향성을 창출하도록 상호작용을 할 수 있다. "우리가 해냈어"라는 공동체적 지향성을 전하는 메시지는 그런 전략의 하나다. 또 다른 전략은 가족 구성원들이 가족으로서 정체성을 강화해줄 가족 이야기를 함께 만들어가도록 격려하는 것이다. 가족의 신앙 정체성을 확인해주는 성경 구절을 함께 상기하고, 서로를 위해 기도하고 격려해주며, 의식과 매일의 의례를 실행하며 묵묵히 '함께함으로써' '우리는 이 일에 하나'라는 메시지를 표현하고, 가족 회복력을 기르는 것이다.

성경은 역경 속에서도 놀라운 회복력을 보여준 사람들의 이야기로 가득하다. 예를 들어, 소아시아 루스드라에서 사람들에게 돌에 맞아 바깥으로 버려진 바울은 사람들이 그가 죽은 줄 알고 떠난 뒤에도 다시 성에 들어갔다(행 14:19-20). 욥은 모든 것을 잃고도 하나님을 저주하지 않았다(욥 1:22). 또 룻은 비극적인 환경 속에서도 좌절하지 않았다. 우리는 그들에게서 배울 수 있다. 이 세상에서 우리 역시 "여러 가지 시험을 당[할 것이다]"(약 1:2). 하지만 성경이 적절히 지적하듯이, "우리가 사방으로 우겨쌈을 당하여도 싸이지 아니하며 답답한 일을 당하여도 낙심하지 아니하며 박해를 받아도 버린 바 되지 아니하며 거꾸러뜨림을 당하여도 망하지 아니[할 것이다]"(고후 4:8-9).

9장

의사소통의 정례화
일상의 삶을 함께 살기

9장에서는 가정에서 결정을 내리고 그것을 실행하는 데 의사소통이 어떤 역할을 하는지 살펴볼 것이다. 기업이 전략적인 기획 회의를 열고 예산을 책정하듯이, 가정도 그렇게 해야 한다. 기대, 동기, 조정을 중심으로 한 가족의 '삶을 함께 살아가는' 성경적 관점을 제시하며, 이 틀은 사랑을 동기 부여의 원천으로 삼고, 그 사랑의 표현으로서 은혜를 강조한다. 이 장은 가족들이 함께 집안일을 나누고, 예산을 마련하며, 첨단 기술과 미디어 사용의 원칙을 마련하는 방식을 다루고, 가족의 번영으로 이어지는 일상적이고 때로는 지루한 일들을 효과적으로 처리할 수 있는 실용적인 전략을 제시한다.

서론

가족 의사소통의 중요한 한 측면은 가정을 관리하기 위한 루틴을 설정하는 것과 관련 있다. 누군가는 음식 쓰레기를 처리하고, 쓰레기를 내다 버려야 한다. 공과금도 내야 하고, 세탁과 설거지도 해야 한다. 누가 다음으로 아이의 기저귀를 갈아야 할까? 가사 도우미 서비스를 신청해야 할까? 이처럼 가족이 누가 무엇을, 언제, 어떻게 할지를 결정하는 방식이 바로 가족 의사소통 과정이다. 우리는 이 측면을 '함께 삶을 살아가기'라고 부른다. 가족의 '실질적인' 일에 관해 생각하고 토론하며 실천하는 것은 평화롭고 지속 가능한 관계를 촉진하는 일상적 구조를 만든다.

가정생활을 헤쳐나가기 위해 사용된 의사소통 과정에 우리의 주의를 집중시키는 이야기가 있다. 창세기 23장에는 유대 족장 아브라함과 헷 족속 간에 진행된 협상이 나온다. 아내 사라가 죽고 아브라함은 매장지를 사고자 했다. 다음은 그들의 대화 내용이다.

[아브라함이] 이르되 나는 당신들 중에 나그네요 거류하는 자이니 당신들 중에서 내게 매장할 소유지를 주어 내가 나의 죽은 자를 내 앞에서 내어다가 장사하게 하시오
헷 족속이 아브라함에게 대답하여 이르되 내 주여 들으소서 당신은 우리 가운데 있는 하나님이 세우신 지도자이시니 우리 묘실 중에서 좋은 것을 택하여 당신의 죽은 자를 장사하소서 우리 중에서 자기 묘실에 당신의 죽은 자 장사함을 금할 자가 없으리이다
아브라함이 일어나 그 땅 주민 헷 족속을 향하여 몸을 굽히고 그들에게 말하여 이르되 나로 나의 죽은 자를 내 앞에서 내어다가 장사하게 하는 일이 당신들의 뜻일진대 내 말을 듣고 나를 위하여 소할의 아들 에브론에게 구하여 그가 그의 밭머리에 있는 그의 막벨라 굴을 내게 주도록 하되 충분한 대가를 받고 그 굴을 내게 주어 당신들 중에서 매장할 소유지가 되게 하기를 원하노라 하매
에브론이 헷 족속 중에 앉아 있더니 그가 헷 족속 곧 성문에 들어온 모든 자가 듣는 데서 아브라함에게 대답하여 이르되 내 주여 그리 마시고 내 말을 들으소서 내가 그 밭을 당신에게

드리고 그 속의 굴도 내가 당신에게 드리되 내가 내 동족 앞에
서 당신에게 드리오니 당신의 죽은 자를 장사하소서

아브라함이 이에 그 땅의 백성 앞에서 몸을 굽히고 그 땅의
백성이 듣는 데서 에브론에게 말하여 이르되 당신이 합당히
여기면 청하건대 내 말을 들으시오 내가 그 밭 값을 당신에게
주리니 당신은 내게서 받으시오 내가 나의 죽은 자를 거기 장
사하겠노라

에브론이 아브라함에게 대답하여 이르되 내 주여 내 말을 들
으소서 땅값은 은 사백 세겔이나 그것이 나와 당신 사이에 무
슨 문제가 되리이까 당신의 죽은 자를 장사하소서

아브라함이 에브론의 말을 따라 에브론이 헷 족속이 듣는 데
서 말한 대로 상인이 통용하는 은 사백 세겔을 달아 에브론에
게 주었더니.

    미국의 현대식 협상은 종종 이 대화와 정반대로 진행된다. 당사자들은 최상의 거래를 하려고 힘겹게 협상한다. 판매자는 자신이 받을 것으로 예상하는 가격보다 더 높은 가격을 요구하고, 구매자는 자신이 내야 할 것으로 예상하는 가격보다 더 낮은 가격을 제시하여, 서로 의견을 절충한다. 그러나 아브라함과 에브론의 협상은 극적일 정도로 달랐다. 본질적으로 에브론은 이렇게 말한 셈이었다. "우리 사이에 돈이라니 무슨 말입니까? 제가 당신을 섬기겠습니다. 제가 가진 자원으로 당신의 필요를 채워드리겠습니다." 그런데 아브라함은 이렇게 말했다. "당신을 예우하는 차원에서 한 푼도 깎지 않고, 다 드리고 싶습니다. 우리 가족의 중요한 일이니 제게 낮은 가격을 제시하지 마십시오." 이 장면은 그리스도인 가정들이 서로 어떻게 대해야 할지를

보여주는 흐뭇한 사례다. 그리스도가 명령하신 종의 도(막 10:45)와 서로 존경하기를 먼저 하는 태도(롬 12:10)를 잘 보여준다. 이들은 돈보다 사람의 관계를 더 중요하게 보았다.

가족이 '함께 삶을 살아가기' 위해 하는 행동에도 서로를 위한 이런 사랑이 드러나야 한다. 2장에서 살펴보았듯이, 가정은 그리스도의 몸의 구성원들이 서로에게 가져야 할 사랑을 반영한다. 결혼은 그리스도와 백성의 관계를 상징한다. 예수님이 이 관계에 적용하시는 기준은 바로 그분이 우리를 사랑하신 것과 같은 사랑이다(요 13:34). 예수님은 산상수훈에서 이것에 대해 가르치셨다(마 5-7장). 우리는 뺨을 때리는 사람에게 나머지 뺨을 돌려대야 하며, 조금만 함께 더 가달라는 이와 더 멀리까지 가주고, 원수를 위해 기도하며, 반복적으로 용서하고, 조건 없이 사랑해야 한다. 그리스도인 가정은 하나님이 정하신 관계의 기준에 따라 살아가야 하며, 이는 단순히 '해야 할 일'과 '하지 말아야 할 일'의 차원을 넘어선다. 우리 관계의 실질적인 측면을 다루는 법과 관련해, 하나님의 나라는 사랑으로 서로 존중하고(롬 12:10), 서로 사랑하는 것 외에는 어떤 빚도 남기지 않는 나라다(롬 13:8).

이 장에서는 가정이 결단하고 '함께 삶을 살아가기' 위한 행동과 관련해 절충해야 할 삶의 몇 가지 영역을 살펴볼 것이다. 특히 집안일, 가계 지출, 첨단 기술과 미디어 사용에 대한 원칙을 집중해서 살펴볼 것이다. 이런 영역이 가정의 모든 일은 아니다. 가정생활에는 다른 수많은 중요한 과제와 일상적인 일이 존재한다. 우리의 목표는 기독교적 관점에서 가족 의사소통에 접근할 때, '함께 삶을 살아가기' 위한 동기로서 사랑을 우선하고, 그 사랑을 표현하는 방식으로서 은혜를 강조하는 것이다.

가사 관리

삶에는 노동이 필요하다. 가족 대부분은 돈을 벌기 위해 직업을 가져야 할 뿐만 아니라 가정을 꾸리는 데 필요한 일들을 관리해야 한다. 가족들이 이 일들을 해결하는 방법이란, 일을 대신 해줄 사람이나 업체를 고용하거나, 가족 구성원들과 그 일을 분담하는 것이다. 다음은 일반적인 가사일 목록이다.

- 장보기
- 공과금 내기
- 가족 일정 짜기
- 설거지하기
- 잔디 깎기
- 자동차 관리하기
- 세탁하기
- 자녀를 차로 데려다주기
- 가족 휴가 짜기
- 집 청소하기
- 투자 계획 결정하기
- 집 정기 보수 관리
- 요리
- 집수리나 리모델링

아기가 태어나면 실제로 가사 노동량이 늘어나며, 기저귀 갈아주기, 옷 입히기, 밥 먹이기, 의료 보험 처리하기 등과 같은 일이 추가로 늘어난다.[1] 이런 소소한 일들을 처리하는 법을 결정하는 것이 '함께 삶을 살아가는' 중요한 한 측면이다. 우리는 기대, 동기, 조정이 중심이 된 틀을 가정에 제시한다.

기대

어린 시절에 청소 당번을 맡은 적이 있는가? 초등학교 선생님이 칠판을 지우거나 학급에서 키우는 동물의 먹이 주기 당번을 돌아가며 시킨 적이 있는가? 이런 조직 구조에서는, 예를 들어 가사 분담과 교실 관리의 경우, 책임을 할당하고 분담하는 식으로 일을 처리한다. 허드렛일이나 가사 노동에 대한 기대를 명확히 하고 책임을 지게 한다.

가정은 종종 명시적이든 암묵적으로든 집안일과 관련해 역할에 대한 기대가 있으며, 이 기대는 그들의 일상에 영향을 미친다. 게리 채프먼은 다섯 가지 사랑의 언어에 관해 강의하던 중에 이와 관련해 재미있는 이야기를 들려준 적이 있다. 그는 어렸을 때 진공청소기로 청소하는 것이 남자답지 않다고 생각했다. 여성만 청소기를 사용해야 한다는 일종의 편견을 가지고 있었다. 그는 자신이 빗자루나 대걸레를 쓸 수는 있어도 진공청소기를 쓰는 일은 절대 없을 것이라고 생각했다. 그러나 그의 아내에게는 그런 기대나 편견이 없었다. 그래서 결혼 후 두 사람은 순조롭게 이견을 조율할 수가 없었다. 여러 차례 언쟁을 벌인 후에야 문제의 근본 원인을 파악할 수 있었다. 게리는 서로 생각 차이가 있음을 확인하고, 구체적으로 그 사실을 표현한 뒤 설령 진공청소기로 거실을 청소하더라도 아내를 섬김으로써 사랑을 표현하기로 했다. 다만 '남자라면 진공청소기를 쓰지 않는다'라는 자신의 신념만은 마음에 간직하기로 했다.[2]

건강한 가족 루틴을 만들기 위한 첫 번째 단계는 기대를 인정하고 공유하는 것이다. 한 친구가 이런 이야기를 했다. "말로 표현하지 않은 기대는 관계를 파괴하는 지뢰가 된다!" 서로에 대한 기대를 인정하면 토론과 협상, 협력으로 서로 존중하는 일과를 이어갈 여지가 생긴다. 때로 이것은 자신의 방식을 고수해야 한다는 뜻이기도 하고, 자기 방식을 양보해야 한다는 뜻이기도 하다. 혹은 때로 가족을 섬기기 위해 자기 방식을 포기하고 기대치를 바꾸어야 한다는 뜻이기도 하다. 기대치를 확인하고 구체적으로 표현함으로써 고의적이든 실수든, 원인을 엉뚱한 데서 찾지 않고 관계상의 파국을 피할 수 있다.

동기

기대치를 구체적으로 알리는 데서 나아가 가족들은 자신의 동기를 들여다볼 필요가 있다. 집을 깨끗하게 유지하는 이유가 남들에

적용 활동 9.1

관계상의 지뢰

- 집안일과 관련해 말로 알리지 않고 혼자만 고수하는 원칙이 있는가? 이러한 원칙의 예로는 '쓰레기 처리는 항상 남자가 해야 한다'든지 '설거지는 다음 날로 미루지 말고 매일 잠자리에 들기 전에는 끝내야 한다'가 있다. 이런 종류의 암묵적인 기대가 있는지 최대한 적어보라.
- 이제 배우자와 함께 상대의 목록을 비교해보라. 당신의 기대는 상대방의 기대와 일치하는가? 아니면 상충하는가?
- 이런 기대가 룸메이트와의 관계, 형제자매와의 관계, 배우자와의 관계에 어떤 영향을 미칠 수 있는지 토론해보라.

게 좋은 인상을 주기 위해서인가? 가사를 분담하는 이유가 남성과 여성의 역할에 대한 문화적 기대에 부응하기 위한 것인가? 돈을 버는 이유가 부자가 되고 싶어서인가? 아니면 부모를 기쁘게 해주거나 너그럽게 베풀고 싶어서인가? 사람들이 인생의 과업을 수행하는 데는 수많은 동기가 있을 수 있다. 고린도전서 13장은 우리 동기가 사랑에 기반하지 않으면, 하나님을 영화롭게 할 수 없다고 말한다.

다른 누구보다도 서로 섬기려는 한 가족이 있다고 상상해보라. 한 사람이 식사를 준비하면, 다른 사람은 설거지하고, 바닥을 쓸고 닦아주며 요리해준 사람을 잘 섬겨준다. 누군가가 가족의 재정 관리를 책임진다면, 포커 게임처럼 다른 가족은 질세라 다른 집안일을 하겠다고 한다. "당신이 집안의 재정 관리를 해주니, 나는 분리수거와 화장실 청소를 맡을게요!" 이런 식의 사랑은 가족 안에 누가 더 잘 사랑하고 섬길 수 있는지를 두고 경쟁을 일으킬 것이다. 이런 상상은 "존경하기를 서로 먼저 하[라]"(롬 12:10)고 가르치는 말씀이 무슨 의미인지를 보여준다.

우리(조너선) 가정은 종종 '백지장도 맞들면 낫다'는 해묵은 속

적용 활동 9.2

가사 노동에 대해 '사랑의 장' 다시 써보기
- 고린도전서 13장을 읽으라.
- 다시 13장을 읽으며 이 장에서 소개한 예들을 바꾸어 가사 노동에 적용해보라. 예를 들어, '내가 이 집의 설거지를 도맡아 하더라도 사랑이 없으면 물이 새는 수도꼭지 같을 것이다'라는 식으로 적용해보는 것이다.
- 시인처럼 창의적이고 예술가처럼 삶을 누리며 재미있게 살아가라!

담을 자주 인용한다. 우리는 여기에 '그리고 마음이 행복하면 일이 더 빨라진다'라는 구절을 덧붙였다. 이것은 서로 섬기는 실제적인 측면에 집중하게 해줄 뿐만 아니라 도우려는 동기를 돌아보게 해준다. 동기를 중시하는 또 다른 구절은 하나님께 어떻게 순종해야 하는지를 정확히 보여준다.[3] 진정한 순종은 '즉각, 항상 그리고 즐거운 마음으로' 하는 것임을 알려주는 것이다. 이러한 표현들은 단순히 외형적 행동을 넘어 우리 마음의 태도를 살펴보라고 말한다. 그것은 우리 행동 이면의 '마음 상태'를 드러내고, 우리의 동기를 다시 생각하게 만든다.

조정

우리의 기대와 동기는 가정 내에서 일을 어떻게 조정할지에 큰 영향을 미친다. 실제로, 가사 분담을 어떻게 할 것인지를 가족회의에서 결정해야 할 수 있다. 회사에서는 회의를 통해 정보를 공유하고, 피드백을 요청하며, 아이디어를 내고, 사안을 평가하며, 업무를 위임하고, 협력적인 결정을 내린다. 이러한 유형의 대화는 모든 비즈니스의 성공에 중요하며, 가족 활동을 조정하는 데도 중요하다. 누가 아이들을 학교에 데려다줄 것인가? 저녁 식사 당번은 누가 맡을 것인가? 다음 병원 방문은 언제 하는가? 주택 구매 자금에 대해 은행과 전화 상담하면서 확인한 내용은 무엇이었는가? 가족 모임은 일상적인 일과 중요한 결정을 조정하는 기회가 될 수 있다. 기대와 동기, 조정이 가정에서 어떤 역할을 하는지 몇 가지 사례를 들어 확인해보자.

가사 노동

집안일에 관한 연구에서 가장 일반적인 주제 중 하나는 남성과 여성이 가사에 소비하는 시간 차이를 설명하려는 노력이다. 2019년 국가 자료에 따르면, 보통 남성은 하루에 대략 1시간 39분 정도를 가사에 할애하지만, 여성은 통상적으로 하루에 2시간 16분을 가사 노동에 사용한다고 한다.[4] 이 통계는 자녀가 맡은 가사는 고려하지 않았다. 그러나 많은 학자가 이 문제에 집중해왔으며, 이러한 차이에 대한 다양한 설명을 제시하고 있다.

가사에 대한 사회적 규범과 공정한 가사 분배에 대한 인식은 성별에 따른 가사 노동의 차이를 설명하려는 한 방식이다. 이런 관점에서는 성별 차이가 예상되며, 성평등보다 성별 규범을 따르는 것이 목표가 된다.[5] 또 다른 이들은 할당된 가사 노동의 유형이라는 측면에서 가사 분담에 대한 성별의 차이를 설명한다.[6] 여성은 주로 '여성에게 적합한' 가사(요리, 청소, 장보기 등)를 담당하는데, 이런 일은 일상적으로 해야 하는 일이다. 그러나 '남성에게 적합한' 가사(잔디 깎기, 집이나 자동차 수리 등)는 주기적인 작업이다.[7] 물론 일부 남성은 여성보다 집안일을 더 많이 하지만, 전반적으로 이런 가사 업무들에서 일관되게 성별 차이를 보인다.[8] 거시적 수준의 요인을 설명하는 학자들은 여성이 자녀를 출산하고 돌보는 주 양육자이기 때문에 시간제로 일하며 더 많은 가사의 책임을 떠안는다고 주장한다.[9] 우리의 모델을 바탕으로, 이러한 설명은 가사 노동 분배에서 남성과 여성에 대한 서로 다른 기대를 가리킨다.

심리학적 접근 방식으로 가사 분담의 차이를 설명하는 이들도 있다. 예를 들어, 한 이론은 사람들이 서로 다른 기준에 따라 행동하게 된다고 주장한다.[10] 개인마다 더러움이나 지저분함에 대한 허용 수준이 다르기에 청결함에 대한 기준이 높은 사람은 다른 가족보다 더러운 집 안 상태를 먼저 포착하므로, 배우자보다 먼저 청소해야 한다는 압박감을 더 강하게 느낄 것이다. 남녀의 가사 분담에 대한 차이를 설명할 때 이 이론에 따르면, 지저분한 집에 대한 여성의 평균 허용 수준이 남성의 평균적인 허용 수준보다 더 낮다고 설명할 것이다. '좋은 아내'나 '좋은 엄마'가 되어야 한다는 내재화된 압력 때문에 여성들이 가사 노동에 더 참여하는 이유를 설명할 수도 있다.[11] 우리 모델을 근거로 이런 심리적 과정을 살펴보면 행동의 동기를 확인하는 데 도움이 된다.

또 다른 접근 방식은 가사 노동 분담과 결혼 생활에 대한 부부의 철학을 통합해서 설명하고자 시도한다. 예를 들어, 닐스 블롬(Niels Blom)과 동료들은 가정들이 가사 노동과 직장 일을 어떻게 분담하는지에 대해 이론적 설명을 제시한다.[12] 그들은 평등을 지향하는 배우자와 평등을 지향하지 않는 배우자, 전문화된 역할과 전문화되지 않은 역할의 사례를 제시한다. 동반자적 결혼 관계에서 두 배우자는 동등하게 직장 생활을 하고 둘 다 동등하게 가사 노동을 분담한다. 상호 보완적 결혼 관계에서는 각기 역할을 전담하는 부부가 균등하지 않게 가사 노동을 분담할 것이다. 이에 대해 집 밖에서 일주일에 40시간을 일하지만 가사 노동은 전혀 하지 않는 남자와 일주일에 20시간 집안일을 하지만 노동을 해도 돈을 받지 못하는 아내를 대표적인 사례로 제시했다. 이런 대표적인 두 결혼 관계의 중간에 속하는 부부도 있을 수 있다.

가정에서 가사를 어떻게 나눌지 결정할 때 성별은 고려해야 할 변수 중 하나일 뿐이다. 나이, 능력, 관심사, 경험 등도 누가 무엇을 할지에 영향을 미친다. 가족들은 서로 소통하여 기대를 설정하고 사랑에서 비롯된 행동을 장려해야 한다. 집안일은 계획 회의, 목록 작성 그리고 교대로 책임지는 방식으로 조정할 수 있다. 가정은 주관적이고 불공평한 가사 노동 분담을 예방하기 위해 서로 대화하는 시간을 정기적으로 가질 수 있다. 명확하게 의사소통을 하면 함께 살아갈 때 가사에 대해 서로 갖는 기대치와 동기, 협력 방안을 고민하고 조정할 수 있다.

적용 활동 9.3

역할 분담에 대한 고민

- 가사 노동을 분담하는 여러 가지 유형을 확인해보라(동반자형, 상호 보완형, 중간형). 당신은 어떤 유형의 가정에서 자랐는가? 양쪽 부모 밑에서 자랐다면 부모님은 가사 노동과 직장 일을 어떻게 분담했는가? 한부모 가정에서 자랐다면 이런 가사 노동 분담이 어떤 식으로 이루어졌는가?
- 가정 경제와 가사 노동에 어떤 식으로 참여했는가? 예를 들어, 직장을 구하고 월세를 부담했는가? 아니면 자가용을 샀는가? 집안일을 하라는 요구를 받았는가? 형제들을 위해 요리해야 했는가?
- 10세 미만일 때 일주일에 몇 시간이나 집안일을 했는지 떠올려보라. 10-13세 때는? 14-17세 때는 어떠했는가?

예산 짜기

회사나 교회의 예산 회의에 참석해본 적이 있는가? 보통 검토해야 할 보고서가 있고, 다가오는 지출에 대해 논의하며, 목표를 달성하기 위한 최선의 전략을 결정해야 한다. 회계는 어떤가? 수입과 지출을 맞추는 작업은 즐거운가? 많은 사람에게 이런 식의 회의와 작업은 지루하거나 따분할 수 있지만, 그래도 절대 소홀히 할 수 없는 중요한 부분이다. 효과적인 가계 예산 관리는 가족의 안녕에 큰 영향을 미친다. 당연하지 않은가? 예를 들어, 부모가 지출을 통제할 수 없다면 자녀의 기본적인 필요를 채워줄 자원이 부족할 수 있다. 모든 회사가 비용을 쓰고 영수증으로 증빙하듯이, 가정도 마찬가지다. 가정의 재정을 관리하는 법을 배우는 것은 의사소통 루틴이 도움이 될 수 있는 영역이다. 이것을 잘하려면, 가족은 기대를 명확히 하고, 동기를 되새기며, 예산 관리의 실질적인 측면을 조정해야 한다.

가정 예산에 대한 우리의 기대와 동기는 과거의 경험, 가정환경, 미디어의 영향, 혹은 또래들이 돈을 다루는 방식의 영향을 받을 수 있다. 성경은 지출, 저축, 베풂과 우리 삶에서 재정이 차지하는 우선순위에 관해 명시적인 수많은 지침을 제시하고, 또한 관련된 원칙을 암시한다(생각해볼 점 9.4 참고). 성경에 비추어 돈을 바라보고, 지출, 저축, 투자, 베푸는 훈련과 관련한 기대를 명확히 하기 위해서는 여러 차례의 대화와 꾸준한 공부와 성찰, 가족 간 논의가 필요하다.

지출을 위한 실제적인 조정은 예산을 설정하고 지키는 과정을 통해 이루어진다. 의사소통 측면에서 이는 정기적인 예산 회의를 갖고, 서로 책임지게 하여 규칙적인 지출 습관을 유지하는 것을 의미한다. 예산 회의는 지출과 저축에 대한 우선순위와 목표를 설정하고, 월별 지출 항목을 정의하며, 각 분야에서 지출 한도를 결정하는 데 도움이 된다.

예산 논의에서는 많은 흥미로운 상호작용이 발생한다. 각자 가족 배경이 다르고, 돈에 대한 경험도 다르기에, 예산 회의를 하게 되면 부부나 가족이 말 그대로 합의를 이루고자 노력할 수밖에 없다. 각자의 기대, 우선순위, 습관, 목표, 꿈은 가정 예산에 반영된다. 돈은 우선순위와 욕망, 꿈을 반영하기 때문에, 예산에 관해 대화할 때 주의 깊게 듣는 것이 중요하다. 단순히 특정 항목의 지출 한도만이 아니라 다른 가족들의 기대치와 동기가 무엇인지 주의 깊게 경청하며 확인해보라.

생각해볼 점 9.4

일과 돈에 대한 성경 말씀

다음 성경 구절을 묵상하고, 일과 돈에 대한 가르침이 당신의 성장 환경과 일치하는 점이 있는지 살펴보라. 또 당신의 평소 습관과는 어떻게 연결되는가? 미디어에서 묘사하는 돈에 대한 이미지와는 어떤 관계가 있는가? 당신의 친구들이 일과 재정을 다루는 방식과 비슷한 점이나 다른 점이 있는가?

- 자기의 재물을 의지하는 자는 패망하려니와 의인은 푸른 잎사귀 같아서 번성하리라(잠 11:28).
- 부자 되기에 애쓰지 말고 네 사사로운 지혜를 버릴지어다 네가 어찌 허무한 것에 주목하겠느냐 정녕히 재물은 스스로 날개를 내어 하늘을 나는 독수리처럼 날아가리라(잠 23:4-5).
- 한 사람이 두 주인을 섬기지 못할 것이니 혹 이를 미워하고 저를 사랑하거나 혹 이를 중히 여기고 저를 경히 여김이라 너희가 하나님과 재물을 겸하여 섬기지 못하느니라(마 6:24).
- 부자는 가난한 자를 주관하고 빚진 자는 채주의 종이 되느니라(잠 22:7).
- 손을 게으르게 놀리는 자는 가난하게 되고 손이 부지런한 자는 부하게 되느니라(잠 10:4).
- 망령되이 얻은 재물은 줄어가고 손으로 모은 것은 늘어가느니라(잠 13:11).
- 각각 그 마음에 정한 대로 할 것이요 인색함으로나 억지로 하지 말지니 하나님은 즐겨 내는 자를 사랑하시느니라(고후 9:7).

- 네가 이 세대에서 부한 자들을 명하여 마음을 높이지 말고 정함이 없는 재물에 소망을 두지 말고 오직 우리에게 모든 것을 후히 주사 누리게 하시는 하나님께 두며 선을 행하고 선한 사업을 많이 하고 나누어 주기를 좋아하며 너그러운 자가 되게 하라 이것이 장래에 자기를 위하여 좋은 터를 쌓아 참된 생명을 취하는 것이니라(딤전 6:17-19).
- 내가 궁핍하므로 말하는 것이 아니니라 어떠한 형편에든지 나는 자족하기를 배웠노니 나는 비천에 처할 줄도 알고 풍부에 처할 줄도 알아 모든 일 곧 배부름과 배고픔과 풍부와 궁핍에도 처할 줄 아는 일체의 비결을 배웠노라 내게 능력 주시는 자 안에서 내가 모든 것을 할 수 있느니라(빌 4:11-13).
- 선한 눈을 가진 자는 복을 받으리니 이는 양식을 가난한 자에게 줌이니라 (잠 22:9).
- 네가 좀더 자자, 좀더 졸자, 손을 모으고 좀더 누워 있자 하니 네 빈궁이 강도같이 오며 네 곤핍이 군사같이 이르리라(잠 24:33-34).
- 그리고 그 땅의 십 분의 일 곧 그 땅의 곡식이나 나무의 열매는 그 십 분의 일은 여호와의 것이니 여호와의 성물이라(레 27:30).

기대치를 조정하는 일은 가족 안에서뿐 아니라 가정 간에도 일어난다. 부모는 자녀가 결혼하면 모든 재정 지원을 중단하는 것이 당연하다고 생각할 수 있다. 그러나 어떤 부모는 자녀가 결혼한 후에도 핸드폰 비용을 내주거나, 자녀가 부모의 집을 방문하는 데 필요한 연료비를 부담하거나, 차량을 빌려주는 것 같은 현물 지원을 하기를 바란다. 또 자녀와 손주와 같이 가족 여행을 가고 싶어 한다거나 매주 함께 식사하자고 초대할 수도 있다. 한 가정 안에서 혹은 가정 간 기대치를 확인하고, 이런 기대를 표현하는 일은 쉽지 않지만, 그럴 가치가 있다.

부부간에 발생할 수 있는 흥미로운 동적 관계인 강요된 이분법

(forced dichotomy)이 예산 논의에서 나타날 수 있다. 두 사람이 서로 매우 비슷하거나 매우 다를 때 두 사람만 있기 때문에 한 사람은 '주도하는 사람'이 되고, 다른 한 사람은 '방어하는 사람'이 될 수밖에 없다. 돈과 관련해서 이 강요된 이분법은 '낭비하는 지출자'와 '인색한 저축자'로 나타난다. 지출 한도를 설정하거나 서로 책임을 묻는 과정에서, 저축자는 비상금 마련이나 투자에 우선순위를 두지만, 지출자는 더 많은 소비를 하고 싶어 하는 경향을 보인다. 이 강제적 이분법을 알면, 부부는 상대의 성향과 망설임, 강점과 약점을 이해할 수 있다. 원활한 의사소통이 이 일을 효과적으로 할 수 있는 비결이다.

예산 문제를 둘러싼 가족간 상호작용이 경제적 계층에 따라 다르게 나타나는 것은 놀라운 일이 아니다. 『다 함께 홀로』(Alone Together)라는 제목의 흥미로운 책은 미국 내 경제적 계층에 따른 가족 상호작용을 묘사하고 있다.[13] 사회학자들은 생계를 유지하기에 자원이 충분하지 않은 부부들이 많은 대화를 나누지만, 그 대화는 주로 부정적이라는 사실을 발견했다. 그들은 어떤 공과금을 내야 할지, 어디로 이사할지, 어떻게 재정을 늘릴 수 있을지를 고민하면서 많은 스트레스를 받는다. 그러나 일상적인 생활의 필요(가령, 식비, 주거비, 교통비)를 충족할 만큼 충분한 자금을 가진 부부들은 하위 계층의 부부들과 비슷한 정도로 의사소통하지만, 그들의 소통은 더 긍정적이다. 이들 중산층 부부는 서로 즐기며 중요한 결정뿐 아니라 일상적인 삶에 대해서도 대화를 나눈다. 그러나 부유한 부부들은 같은 집에서 살면서도 거의 별개의 삶을 산다. 그들은 함께 있지만 따로 지낸다. 평균적으로 이런 부부들은 함께 상호작용을 하는 시간이 제한적이고, 일과 취미, 독립적인 활동에 몰두하는 데 더 많은 시간을 보낸다. 이런 연구 결과를 해석할 때 중요한 점은, 이것이 각 경제 계층의 평균적인 가정에 적용되며, 어느 특정 가정에만 해당하는 것이 아니라는 것이다. 평균적인 미국 가정을 살펴보면, 행복한 결혼 생활을 위한 '최적의 지점'이 있는 것 같다. 부부가 좋은 관계로 지내려면, 재물이 너무 많거나 너무 적어서는 안 된다. 잠언 기자가 하나님께 요청한 대로다. "나를 가난하게도 마옵시고 부하게도 마옵시고 오직 필요한 양식으로 나를 먹이시옵소서 혹 내가 배불러서 하나님을 모른다 여호와가 누구냐 할까 하오며 혹 내가 가난하여 도둑질하고 내 하나님의 이름을 욕되게 할까 두려워함이니이다"(잠 30:8-9).

가정 예산 짜기

이제 갓 성인이 된 청년 중에서 예산을 세워본 적이 없거나 지출을 추적해야 할 필요성을 느끼지 못하는 사람이 많다. 어떤 청년은 무엇부터 시작해야 할지 모른다. 여기서는 기본적인 예산 설정 가이드를 제공하고, 다음 부분에서 가정 예산 루틴을 짜는 데 도움이 되는 다섯 가지 팁을 제시할 것이다. 개인이든 가정이든 매달 벌어들인 금액보다 적게 지출하는 것이 원칙이다. 무엇보다 성경은 "빚진 자는 채주의 종이 되느니라"(잠 22:7)고 경고한다. 우리 역시 예산은 우선순위의 반영이라는 것을 다시 한번 강조한다. 가족의 가치가 예산과 지출을 통해 표현되는 것이다. 또한 지금 스스로 예산을 짜볼 것을 강력히 추천한다. 결혼한 상태가 아니더라도 부모님이나 신뢰할 수 있는 멘토에게 이 장에서 소개할 조언을 적용하도록 도와달라고 요청할 수 있다.

주택 임대료나 대출금, 공과금 외 여러 비용은 일반적으로 달마다 내야 하므로, 수입에 상관없이 가정의 예산은 보통 한 달을 기준으로 삼는다. 그러나 수입 일정(가령, 월급, 시간제로 주급을 받는 경우,

계약금이 청구서별로 지급되는 경우)에 따라 현금 흐름 계획(즉, 수입 시기와 지출 시기가 어떻게 일치하는지)을 세워야 할 수 있다. 가정의 중요한 일차적 지출 항목에 맞게 월별로 예산을 짜는 것이 바람직하다. 전통적으로 가계 예산을 짤 때 가장 먼저 중요한 네 가지 항목, 즉 식비, 주거비, 공과금, 교통비를 책정하라고 조언한다. 이 외 다른 지출 항목은 의류비, 의료비, 여가 및 오락 비용, 개인 지출 등이 있다. 또한 수입의 10%를 기부하는 십일조를 통해 베푸는 습관을 기르는 것도 성경적인 개념이므로, 이 실천도 권장한다. 예산 설정의 또 다른 기준은 '먼저 자신에게 투자하라'로, 매달 미래를 위해 저축하라는 것이다. 어떤 사람들은 이 금액을 수입의 약 10%로 설정하는 것이 바람직하다고 말한다.

실제적인 상호작용을 위한 조언

다음은 가족 단위로 예산 루틴을 설정하는 데 도움이 되는 다섯 가지 실용적인 팁이다. 첫째, 가족 예산 관리를 팀으로서 접근하라. 예산 문제를 개인적인 습관으로 볼 수 있지만, 결혼한 부부나 가정 예산을 함께 관리하는 가족에게는 '함께 삶을 살아간다'는 관점에서 접근하는 것이 더 좋다. 예산을 세우고 투자하는 방법에 대해 가족이 함께 수업을 듣거나 교육을 받으라. 재무 설계사를 만나 함께 상담을 받고, 함께 머리를 맞대고 우선순위와 지출 한도를 정하라. 예산 관리는 팀으로서 함께하는 작업으로 접근해야 한다.

둘째, 정기적으로 월별 예산 모임을 가지라. 매달 시간을 정해 지난달의 지출을 검토하라(가령, 한 팀으로서 지출 한도를 지킨 방법은 무엇인가?). 그리고 다음 달을 대비하여 새로운 지출 목표와 항목을 설정하라(가령, 다음 달에 기념해야 할 생일이나 휴일이 있는가? 판매 성과금 같은 추가 수입이 있는가?). 회의의 빈도는 부부가 함께 더 많은 경험을 쌓고 우선순위가 일치하게 되면서 줄어들 수 있다. 가계 지출에 대해 공유할 시간을 계획하고, 다가올 인생의 사건을 예측하는 것은 짧거나 급하게 이루어지는 대화를 방지할 수 있으며, 이를 통해 기대와 우선순위에 대한 의미 있는 대화를 할 수 있게 된다.

셋째, 서로 책임감 있게 대하면서도 유연성을 유지하라. 예산대로 실행하려면 자기 절제, 모니터링 그리고 책임감 있는 태도가 필요하다. 각자 얼마나 지출하고 있고, 어느 항목에서 지출하고 있는지 알아야 한다. 때로는 자기 자신과 다른 가족에게 '안 돼'라고 말해야 목표를 달성할 수 있다. 그리고 평소 예측을 잘하더라도 전혀 예상하지 못한 사건이나 긴급 상황이 발생할 수 있다. 부부나 가족은 긴급한 필요에 따라 지출의 우선순위를 조정할 수 있어야 한다. 갑작스러운 사망 사고가 생겼거나 장례식에 가야 하거나 자동차 타이어가 터지는 사고가 발생했다면, 즉시 대응할 수 있어야 한다. '비상금'(현금으로 150만 원 정도나 따로 저축해둔 돈)을 마련해두는 것은 예산을 지키면서도 유연성을 유지할 수 있는 좋은 방법이다.

넷째, 예산 회의 외에도 미래의 꿈을 나누는 시간을 갖는다. 인생의 목표와 소망하는 것과 좋아하는 일들을 이야기하라. 그런 다음 그 일들을 위해 저축의 우선순위를 설정한다. 이런 목록에는 거의 모든 것이 포함될 수 있다. 휴가, 자녀의 대학 등록금, 제트 스키와 같은 레저 비용, 해외여행, 은퇴 후 자금, 퀼팅 키트 같은 취미 비용 등이 여기에 해당한다. 핵심은 주기적으로(6-9개월마다 또는 매년) 서로 소망과 새로운 지출, 꿈에 대해 점검하고 나누는 시간을 갖는 것이다. 그런 다음, 이를 함께 이루기 위한 목표와 계획을 세운다.

마지막으로 현실을 반영하라는 것이다. 예산 짜는 책임을 서로 할당하라. 누군가는 항목별로 지출 현황을 확인하고 한 팀으로 한 달 동안 어떻게 소비했는지 보고할 필요가 있다. 누군가는 공과금을 책임지고 내야 한다(혹은 공과금 자동이체를 해두어야 한다). 누군가는 세금을 제때 납부하거나 수령인을 지정해두거나 가족 유언장을 보충하는 일을 해야 한다. 이런 일을 좋아하거나 잘 해낼 능력이 있는 사람이 담당하면 좋겠지만, 부부 모두(그리고 나이 든 자녀) 가족의 지출 현황을 파악하고 재무 절차를 알고 있어야 한다.

가정 내의 과학기술

그 밖에 가정에서의 세심한 의사소통 루틴에는 많은 유익이 있다. 예를 들어, 가족 구성원들은 기술과 미디어 활용에 대해 다양한 기대와 동기를 품고 있으며, 이는 가족의 일과로 조정되어야 한다. 이것은 가족회의를 열 만한 주제인가? 물론이다. 최근의 조사에 따르면, 8세에서 12세 사이의 어린이가 하루 평균 5시간 정도 컴퓨터나 텔레비전이나 핸드폰을 보고, 십대들은 보통 7시간 넘게 본다고 한다. 놀라운 점은 이 시간에 학교 과제를 위해 미디어를 본 시간은 포함되지 않았다는 것이다.[14] 같은 조사에서 12세가 될 때쯤 70%에 가까운 어린이가 스마트폰을 소유하게 된다고 밝혔다.

폴 패튼(Paul Patton)과 로버트 우즈 주니어(Robert H. Woods Jr.)는 『날마다 안식일처럼』(*Everyday Sabbath*)이라는 공저한 책에서 현대 디지털 기기 노출과 관련해 계획적인 미디어 사용을 옹호한다.[15] 그들의 조언처럼, 우리는 가정들이 세 가지 실천 행동을 중심으로 첨단 기기 사용에 관한 대화를 해볼 것을 권한다. 첫째, 가족들은 거룩한 의도성을 지니고 과학기술을 대해야 한다. 원칙 없이 습관적으로 기기를 사용하고 있다면, 과학기술의 전략적인 활용 방식과 시간을 결정한다는 목표를 세우고 미디어 사용을 고려해봐야 한다. 둘째, 거룩한 내면성으로, 가족들이 과학기술의 가치와 가정생활에 미치는 영향을 고려해야 함을 의미한다. 마지막으로 그리고 아마 가장 중요한 점으로, 가족들은 그들의 거룩한 정체성에 관해 대화할 필요가 있다는 것이다. 즉, 하나님의 형상으로 거룩하게 창조된 인격체로서 자신들의 정체성에 대한 인식에 과학기술이 어떤 영향을 미치는지, 아니면 그렇지 않게 믿도록 영향을 미치는지를 분별해야 한다.

가족들은 기술과 미디어에 관한 결정을 내려야 한다. 예를 들어, 부모는 자녀의 기기 사용을 제한해야 할까? 만약 그렇다면, 숙제나 게임이나 또래들과의 소통 중에서 어떤 영역을 제한해야 할까? 여기서 기대하는 바는 무엇인가? 이런 기기 사용을 제한하는 이유는 무엇인가? 일상적인 가족생활에서 기술 제한은 어떻게 보일까? 또한 우리는 이렇게 물을 수 있다. 자녀의 미디어 사용을 감독하는 것은 올바른 자녀 양육에 해당하는가? 그렇다면 어느 정도까지 그리고 어떤 기술에 대해 감독해야 할까? 가정은 이런 결정을 내려야 하며, 다양한 의도로 이를 결정해야 한다. 예를 들어, 한 연구에서 부모가 자녀의 스마트폰 사용에 간섭하는 방식을 확인했다. 그리고 사용을 제한하는 식의 중재보다는 대화 중심의 적극적인 중재가 더 바람직하다는 사실을 발견했다.[16] 대화 중심의 중재에서는 부모가 자녀에게 규칙을 일방적으로 강요하기보다는 자녀가 자기 의견을 말할 기회가 더 많이 생긴다. 물론 이는 어떤 규칙도 적용하지 말라는 의미가 아니며, 부모가 최종적인 권한을 포기해야 한다는 뜻도 아니다. 우리의 요점은, 결과에 영향을 받는 당사자인 가족 구성원들이 기대를 설정하고 동기를 확인하기 위해 가능한 한 적극적으로 대화에 참여할 수 있어야 한다는 말이다.

적용 활동 9.5

과학기술의 역할

지난 30년간의 대인 의사소통 기술(ICT, interpersonal communication technology)에 대해 잠시 생각해보라(가령, 이메일, 문자 메시지, 휴대전화, 소셜 미디어, 가상 현실 헤드셋).

파트너와 아래의 내용으로 대화해보라.

- 이런 기술이 제대로 작동하지 않거나 본연의 역할에서 벗어났을 때를 본 적이 있는가?
- 가족 관계에서 이런 기술은 어떤 역할을 하고 있는가?

기독교 작가인 앤디 크라우치(Andy Crouch)는 과학기술이 우리에게 도움이 될 때 본연의 역할을 하는 것이라고 주장한다. (1) 훌륭한 대화를 시작하도록 돕는다. (2) 우리가 사랑해야 할 진짜 사람들과 유대감을 형성하도록 돕는다. (3) 우리가 입고 있는 연약한 몸을 돌보도록 돕는다. (4) 인간 문화의 꽃인 영역(가령, 스포츠, 음악)에 대한 기술을 습득하고 연마하도록 돕는다. (5) 우리가 속해 있고 책임을 지고 있는 창조된 세상에 대한 경외감을 키워준다.[17] 과학기술의 역할에 대한 이런 다섯 가지 기대를 생각해보고, 파트너와 대화를 나누어보라.

- 가족의 대인 의사소통 기술(ICT) 사용이 이런 기대에 얼마나 부합하는가? 또 어떤 면에서 그렇지 않은가?
- 당신의 가정에서 이런 ICT 기술이 제 역할을 유지하도록 만드는 가족 루틴에는 무엇이 있을까?

가족이 기술을 비롯한 다양한 생활 분야에 관해 논의할 때 직면하는 또 다른 고려 사항은 사생활 보호다. 기술이 고도로 발달한

사회에서 사생활 보호는 새로운 중요한 의미를 지니게 되었다. 가정이 다루어야 할 사생활 관련 질문은 다음과 같다. '가족의 휴가 사진을 소셜 미디어에 업로드하는 것은 바람직한가?' '민망한 아기 사진을 업로드하는 것은 어떠한가?' '부모의 이혼 사실을 소셜 미디어에 공개해도 되는가?' '부모가 자녀의 소셜 미디어 비번을 알고 있다거나 그 반대의 상황은 어떠한가?' 의사소통의 사생활 관리 이론(CPM, Communication Privacy Management Theory)을 개발한 샌드라 페트로니오(Sandra Petronio)는 사생활이 효과적인 가족 기능에 중요하다고 주장한다.[18] 이 이론에 따르면, 무엇이 개인 정보로 간주되는지는 모든 가족 구성원이 같지 않다는 점을 강조한다. 개인 정보란 우리를 취약하게 만들며, 보통 언제, 어떻게 공개할지 우리가 결정하고자 하는 정보를 의미한다.[19] 예를 들어, 부모는 가정의 재정을 개인적인 문제로 볼 수 있지만, 자녀는 그렇게 보지 않을 수 있다. 반대로 어머니는 자녀의 건강 문제를 공개적인 문제로 볼 수 있지만, 자녀는 그렇지 않을 수 있다. 페트로니오는 우리가 개인 정보를 '소유한다'고 느끼며, 소유자로서 우리는 그 개인 정보를 둘러싸고 경계를 설정하고 다른 사람들이 이를 존중하기를 기대한다고 주장한다.[20]

이런 경계는 유동적일 수도 있고 고정적일 수도 있다. CPM은 이것을 투과성(permeability)이라고 부른다. 높은 투과성 성향을 지닌 가정이 있다. 이는 정보를 가정 내부와 외부에서 쉽게 공유한다는 의미다. 반면에 투과성이 낮은 가정도 있다. 즉, 가정 내외부의 정보 공유가 엄격하게 제한된다는 뜻이다. 물론, 중간 정도의 투과성을 보이는 가정도 있다. "이런 가정은 가정 내의 개인 간이나 가정 외부의 사람들에게 정보를 알리는 기준에 대해 더 신중하게 접근한다."[21] 이 이론은 또한 우리의 사생활 경계 안으로 들어오도록 허용한 사람과 방식을 규정하는 규칙이 있다고 주장한다. 마지막으로, CPM은 경계 혼란(boundary turbulence)의 가능성을 인정한다. 이는 개인 정보를 공개하거나 숨길 때 실수나 기대의 위반이 발생할 수 있음을 의미한다.

사생활과 관련해 이렇게 종종 서로 모순되는 규칙과 기대를 다루기 위해서는 메타 커뮤니케이션(소통에 대한 소통)이 필요하다. 가족 구성원들 간의 대화에서 서로 기대를 공유하거나 경계를 침범한 사례를 이야기할 수 있다. 메타 커뮤니케이션은 또한 가족이 어떤 의사소통 규칙을 세우고 싶은지 논의하는 것도 포함할 수 있다. 공유된 기대를 설정하는 것은 혼란을 방지하는 데 도움이 될 수 있지만, 혼란은 협상과 경계 규칙의 재정의를 통해 해결할 수도 있다. 예를 들어, 부모님의 이혼에 대해 게시하는 것이 적절한지 판단하려면 부모님의 개인 정보 경계에 대한 기대를 이해하는 것이 필요하다. 그리고 확신이 서지 않으면, 그 정보를 개인적인 것으로 간주하는 것이 가장 좋다.

결론

가사 노동, 예산 관리, 기술 사용, 개인 정보 관리 등 다양한 가족 활동은 모두 '함께 삶을 살아가는' 것의 일환이다. 모든 가정은 이를 관리할 방법을 찾아야 한다. 다양한 영역에서 사람들은 기대와 동기를 품고 있으며, 이는 조정되고 명확하게 소통되어야 한다. 우리의 상호작용은 서로 존경과 사랑으로 섬기려는 우리의 바람을 반영해야 한다(벧전 1:22; 갈 6:2; 빌 2:3; 막 10:45 참고). 아브라함과 에브론이 사라의 매장지를 놓고 협상한 아름다운 사례에서처럼, 가족은 함께 살아가며 물건보다 사람과의 관계를 더 소중히 여겨야 한다.

3부
다양한 가족 주기에서의 의사소통

부부간 상호작용
부모와 자녀의 상호작용
가족의 유산

3부는 크게 세 부분으로 나뉜다. 첫 번째는 결혼 생활에 초점을 맞추며(10장, 11장, 12장) 두 번째는 자녀 양육(13장, 14장)을 집중해서 다룰 것이다. 마지막으로, 가족의 유산에 대해 살펴볼 것이다(15장). 우리는 기독교적 관점에서 결혼에 관해 논의할 것이다. 결혼은 본질적으로 성적인 연결과 밀접한 관련이 있다. 또 결혼이나 동거, 그 외 결혼 관계와 비슷한 형태의 가정에서 이루어지는 소통을 설명하는 데 도움이 될 이론과 연구 조사 결과도 살펴볼 것이다. 그런 다음 자녀의 삶에서 나타나는 다양한 상황을 살펴본 뒤, 부모들이 자녀를 어떻게 양육하는지를 알아본다. 자녀와의 소통을 다룬 장들에서는 자녀의 행동뿐 아니라 자녀의 영적 형성에도 영향을 미치는 훈육과 같은 주제를 다룬다. 그리고 가족들이 유산을 남기는 방식을 살펴볼 것이다. 자녀는 재물 이상의 유산을 받으며, 영적인 축복이나 저주뿐 아니라 문화적 관행이라는 유산도 물려받는다. 이 모든 주제에 대해 우리는 성경적 관점과 사회과학적 증거를 통합하여 다양한 가족 주기에서의 소통에 대한 시각을 제시할 것이다.

먼저 구혼, 즉 인생의 동반자를 찾는 것부터 시작해보자.

10장
결혼에 이르는 길

결혼에 이르는 길은 다양하지만, 대부분의 남성과 여성은 결국 결혼하게 된다. 이 장에서는 결혼 관계가 어떻게 형성되는지 살펴보며, 짝을 선택하는 과정(즉, 인생의 동반자를 찾는 방법)에 대한 심리적, 생물학적, 사회적 관점을 검토한다. 이어서, 커플이 만나는 장소와 구혼 과정에서 소통이 차지하는 중심적인 역할을 살펴볼 것이다. 마지막으로, 결혼할 대상을 결정하기 위한 성경에 근거한 조언으로 이 장을 마무리할 것이다.

서론

나이가 많이 든 아브라함은 충직한 가정의 집사에게 아들 이삭을 위한 신붓감을 구해 오라고 지시했다. 종은 아브라함의 친척 중에서 이삭의 아내를 구해 오라는 지시를 받았고 이 지시를 이행하기 위해 그는 아브라함의 고향인 나홀의 성까지 먼 거리를 이동했다. 종은 출발하기 전에 아브라함에게 "여자가 나를 따라 이 땅으로 오려고 하지 아니하거든 [어찌할까요?]"(창 24:5)라고 물었다. 아브라함은 믿음으로 하나님이 "그 사자를 너보다 앞서 보내실지라 네가 거기서 내 아들을 위하여 아내를 택할지니라"(창 24:7)고 대답했다. 종은 나홀 성의 외곽에 있는 우물에 당도하자 이렇게 기도했다.

우리 주인 아브라함의 하나님 여호와여 원하건대 오늘 나에게 순조롭게 만나게 하사 내 주인 아브라함에게 은혜를 베푸시옵소서 성 중 사람의 딸들이 물 길으러 나오겠사오니 내가 우물 곁에 서 있다가 한 소녀에게 이르기를 청하건대 너는 물 동이를 기울여 나로 마시게 하라 하리니 그의 대답이 마시라 내가 당신의 낙타에게도 마시게 하리라 하면 그는 주께서 주의 종 이삭을 위하여 정하신 자라 이로 말미암아 주께서 내 주인에게 은혜 베푸심을 내가 알겠나이다(창 24:12-14).

그가 채 기도를 마치기 전에 리브가가 그 종 앞에 나타났고 종이 기도한 대로 행동했다. 그러자 종은 이렇게 예배했다. "나의 주인 아브라함의 하나님 여호와를 찬송하나이다 나의 주인에게 주의 사랑과 성실을 그치지 아니하셨사오며"(창 24:27).

이야기는 리브가가 가족들에게 우물에서 일어난 일을 세세하게 알리는 내용으로 이어진다. 리브가의 오빠는 서둘러 우물로 달려가서 그 종에게 집에서 묵어가도록 청한다. 리브가의 아버지와 오빠는 그 종이 여호와의 명령을 받았다는 것을 알자 곧 "리브가가 당신 앞에 있으니 데리고 가서 여호와의 명령대로 그를 당신의 주인의 아들의 아내가 되게 하라"(창 24:51)고 말한다. 그러나 이야기는 그것으로 끝나지 않는다. 리브가의 가족은 이 젊은 처녀에게 고향을 떠나 이삭의 아내가 되고 싶은지 의향을 확인한다. "리브가를 불러 그에게 이르되 네가 이 사람과 함께 가려느냐 그가 대답하되 가겠나이다"(창 24:58).

이 이야기는 매우 인상적이고 교훈적이다.[1] 이 이야기에서 확인할 수 있는 몇 가지 구애 원칙을 확인해보자. 이 구애 원칙은 배우잣감을 적극적으로 구하기(아브라함은 이삭의 신붓감을 찾아오라고 종을 보냈다), 기도하기(종이 기도한 대로), 가족과 신뢰할 수 있는 조언자들이 개입하기(아브라함과 리브가의 가족), 인생의 동반자를 위한 기준 확인하기(이삭의 아내는 유대인이자 이삭의 연령대에 맞는 '젊은 여성'이어야 했다)와 같은 내용을 포함할 수 있다. 아브라함이 세운 또 다른 기준은 여성이 자기 의지로 주거지를 이동하여 이삭과 함께 살아야 한다는 것이었다(창 24:5-9 참고). 높은 수준에서 인생의 목표가 서로 일치하는 것 역시 고수해야 할 구애 원칙이었다. 이삭의 경우, 그의 인생 소명은 아브라함과 그의 후손들에게 주신 하나님의 약속을 붙드는 것이었으므로, 그의 아내가 될 사람 역시 그 꿈을 자신의 꿈으로 받아들이고, 그 점을 증명하기 위해 기꺼이 고향을 떠날 수 있어야 했다. 종이 리브가의 성품을 시험했던 점도 눈여겨보라. 종의 낙타에게 물을 먹이는 일은 리브가에게 수고스러운 일임이 분명했을 것이다(낙타 한 마리는 보통 95ℓ의 물을 마신다).[2] 리브가가 자발적으로 낙타에게 물을 먹이는 모습은 그녀가 친절하고 관대한 심성의 소유자임을 보여준다. 이 이야기는 또한 개인의 선택과 가족의 개입을 구체적으로 보여준다. 배우자를 찾는 그리스도인은 이런 구애 원칙에서 몇 가지 지침을 확인할 수 있다.

이 장에서 우리는 배우자를 선택하거나 인생 동반자를 찾는 방법에 대한 심리적, 생물학적, 사회적 시각을 살펴봄으로써 결혼 관계가 어떻게 형성되는지 확인해볼 것이다. 그런 다음 사람들이 서로 만나는 과정과 구애 과정에서 의사소통이 갖는 핵심 역할을 살펴볼 것이다. 가정의 의사소통에 관한 이 책에서 구애를 다루는 이유는 결혼 생활과 가정생활이 진공 상태에서 이루어지는 것이 아니기 때문이다. 결혼은 각자의 가족 체계와 가정 경험이 하나로 융합되는 과정이다. 위탁 가정에서 자란 여성이 아이를 혼자 키우는 아버지의 가정에서 자란 남성을 만난다면, 이들의 어린 시절 경험은 두 사람이 동반자 관계를 이루려 할 때 서로에 대한 기대와 기질과 의사소통 기술에 영향을 미칠 것이다. 세대 간의 연속성을 인정하는 것도 중요하다. 많은 매력 및 대인 관계 소통 이론이 자율적이고 개인주의적인 틀에서 가정하는 경향이 있지만, 우리는 한 사람의 가정과 사회적 맥락이 구혼 경험에 깊은 영향을 미친다는 점을 강조하고자 한다. 마지막으로 결혼 대상을 결정할 때 성경에 기초한 조언을 제시하는 것으로 이 장을 마무리할 것이다.

인생의 동반자 찾기

구혼(courtship)은 학술적 문헌에서 종종 짝 선택(mate selection)이라고 불리지만, 단순히 짝을 찾는 것 이상이며, 성적인 생식을 넘어선 더 완전한 관계를 가리킨다. 그래서 우리는 각기 다른 용어를 사용하기로 했다. 먼저 우리는 사람들이 왜 결혼하는지, 또 어떻게 결혼에 이르게 되는지를 포괄적인 관점에서 살펴보고자 한다. 2장에서 말했듯이, 성경은 결혼이 하나님의 계획임을 보여준다. 아담과 하와는 최초의 부부였다. (하나님이 중매를 해주셨다니 참으로 멋진 경험이었을 것이다!) 그러나 그 이후로 구애 과정에 많은 요소가 개입되었다.[3] 구체적으로 우리는 심리적, 생물학적, 사회적 관점을 검토할 것이다. 이 모든 관점은 사람들이 어떻게 관계를 형성하게 되고, 결혼을 향해 나아가는지를 이해하는 데 도움이 될 것이다.

적용 활동 10.1

구혼의 여러 단계

결혼에 이르는 과정에서 사람들이 경험하는 관계의 단계를 정리해보라. 각 단계를 확인하고, 단계마다 사람들이 보이는 언어적, 비언어적 소통 행동을 설명해보라.

- 가령, 누군가에게 매력을 느낀다면, 어떻게 그의 관심을 끌 수 있을까?
- 그 사람에게 당신이 이성으로서 관심이 있다는 것을 어떻게 표현할 수 있을까? 언어적으로든, 비언어적으로든 어떤 메시지를 보낼 수 있을까?

심리적 요인

구혼에 관한 심리적 관점은 개인들이 파트너를 만나는 과정과 개인들 내면의 심리적 요인을 중시한다. 이와 관련된 이론이 여러 가지가 있지만, 특별히 욕구 이론과 애착 이론을 중점적으로 살펴볼 것이다.

욕구 이론: 욕구 이론(Needs Theory)은 사람들이 왜 그리고 어떻게 짝을 이루는지를 설명한다. 이 이론에 따르면, 우리는 사회적이고 심리적인 기본 욕구를 충족하기 위해 관계를 형성하려는 동기를 갖는다. 윌리엄 슈츠(William Schutz)는 행동을 이끄는 주요 세 가지 사회적 욕구가 있다고 주장했다. (1) 소속 욕구, 즉 소속감을 느끼고 인간적인 연결과 교제를 경험하려는 욕구, (2) 통제 욕구, 즉 다른 사람들과의 결과에 어느 정도 영향력을 행사하려는 욕구, (3) 애정 욕구, 즉 사랑과 지지를 주고받으려는 욕구다.[4] 가정은 많은 사람에게 이러한 욕구를 충족할 수 있는 장소지만, 자녀는 성장할수록 일차적으로 이성 관계에서 사회적 욕구를 충족하려고 한다. 하나님이 "사람이 혼

자 사는 것이 좋지 아니하니 내가 그를 위하여 돕는 배필을 지으리라"(창 2:18)고 말씀하신 이유를 이해하는 한 방법일 수 있다. 남자와 여자는 사회적 존재로서 하나님을 반영하며, 서로의 사회적 욕구를 충족하도록 만들어졌다.

일반적으로 욕구 이론은 우리가 자신의 욕구를 충족하기 위해 행동하게 된다고 가정한다. 그러나 이것은 이야기의 일부에 불과하다. 가족은 종종 서로를 위해 희생하며, 많은 부모가 자기 욕구보다 자녀의 욕구를 우선한다. 만약 우리가 주로 자기 욕구를 충족하려는 동기를 가졌다면, 어떻게 이런 일이 일어날 수 있을까? 성경적 인류학, 즉 인간에 대한 성경의 관점은 하나님이 인류에게 주신 가장 소중한 선물이 선택의 자유라고 말한다. 우리에게는 자기 욕구를 충족할지 아니면 더 중요한 대의를 위해 그것을 희생할지를 선택할 능력이 있다. 예수님은 제자들에게 이렇게 가르치셨다.

> 누구든지 나를 따라오려거든 자기를 부인하고 자기 십자가를 지고 나를 따를 것이니라 누구든지 제 목숨을 구원하고자 하면 잃을 것이요 누구든지 나를 위하여 제 목숨을 잃으면 찾으리라 사람이 만일 온 천하를 얻고도 제 목숨을 잃으면 무엇이 유익하리요 사람이 무엇을 주고 제 목숨과 바꾸겠느냐 인자가 아버지의 영광으로 그 천사들과 함께 오리니 그때에 각 사람이 행한 대로 갚으리라(마 16:24-27).

우리는 삶에 대해 책임지고 하나님께 이실직고해야 한다. 즉, 우리는 하나님의 뜻에 따라 자기 욕구를 억제하고 더 높은 목적을 추구하며, 이를 통해 우리 안에서 하나님의 생명을 찾아가야 한다.

애착 이론: 사람들이 관계를 맺는 이유를 설명하기 위한 또 다른 대중 심리학적 이론은 애착 이론(Attachment Theory)이다. 이 이론은 사람들이 관계를 맺는 세 가지 중요한 방식을 설명하며, 이는 안정형, 회피형, 양가형 애착으로 분류된다. 원래 아동 발달을 설명하기 위해 제시된 이론이지만, 이후 이 이론은 성인의 이성 관계를 설명하는 데까지 확장되었다. 13장에서 우리는 부모와 자녀의 애착 유형을 살펴보겠지만, 여기서는 이성 관계와 관련해 이 이론을 살펴보려고 한다.

생각해볼 점 10.2

하나님은 인간을 욕구의 위계를 지닌 존재로 창조하셨는가?

아마 가장 유명한 욕구 이론은 에이브러햄 매슬로(Abraham Maslow)의 '욕구의 위계' 이론일 것이다.[5] 매슬로의 이론을 요약하면, 인간은 생리적, 안전, 소속, 존중, 자아실현이라는 다섯 가지 기본 욕구를 충족하려는 동기로 행동하며, 먼저 하위 욕구(생리적 욕구, 안전의 욕구)가 충족되어야 사회적 욕구(대인 관계, 소속, 인정의 욕구)와 마지막으로 자아실현의 욕구를 충족하려고 노력하게 된다는 것이다. 짝을 찾는 일은 이런 욕구를 충족하기 위해서다.

그러나 잠깐! 매슬로가 성욕을 식욕과 등급의 기본적인 생리적 욕구로 정의했다는 사실을 아는가? 또한 성을 대인 관계의 사회적 욕구보다 우선시한 것을 알고 있는가? 전반적으로 이 이론은 우리가 자신의 욕구를 충족하기 위해 인생의 동반자를 찾으려 한다고 주장하는 것처럼 보인다. 그렇다면 이런 시각은 우리가 이기적인 이유로 관계를 추구한다고 보는 것이 아닌가? 이런 의문은 필연적으로 매슬로의 욕구 이론이 기독교적 관점과 얼마나 일치하는지에 대한 의문이 들게 한다.

우리가 자신의 욕구를 충족하고자 행동한다는 이론으로 모든 것을 설명할 수 있는가? 기독교적 관점에서 우리는 우리 자신의 욕구뿐 아니라 타인의 욕구도 돌보라는 명령을 받았다(빌 2:4). 이런 욕구들은 어떤 식으로 충족되는가? 매슬로는 우리의 욕구가 우리의 노력으로 충족될 수 있다고 주장한다.

그러나 성경은 오직 하나님만이 우리의 욕구를 진정으로 채워주실 수 있다고 가르친다. 왜냐하면 우리의 가장 근본적인 욕구는 자아실현이 아니라 죄에서 구원받는 것이기 때문이다.[6] 이런 가르침은 매슬로 이론에 대한 또 다른 우려와 연결된다. 즉, 매슬로 이론은 인간이 본래 선하다는 믿음에서 출발했다. 그는 이렇게 주장했다. "인간 내면의 본성은 우리가 아는 바로는, 본질적으로나 일차적으로, 혹은 필연적으로 **악하지 않은 것**으로 보인다(강조 추가)."[7] 이런 철학은 분명히 성경의 관점과 다르다. 성경은 인간이 하나님의 형상[이마고 데이(*imago Dei*), 창 1:26-28 참고]을 닮았으나 타락하여 죄로 얼룩졌다고 가르친다(성경의 큰 흐름에 관한 내용은 이 책의 4장 참고).

매슬로의 이론에 대한 세 번째 비판은 욕구의 순서다. 예를 들어, 매슬로는 성욕을 기본적인 욕구로, 즉 인간을 동물과 본질적으로 유사한 존재로 보았다. 이런 시각은 1960년대의 성 혁명과 궤를 같이하며, 자신의 성적 욕망을 채우기 위해 다른 사람을 착취하도록 오도할 위험이 있다. 그러나 이는 결혼 이외의 관계에서는 성을 허용하지 않는 성경의 관점과 뚜렷이 대조된다(가령, 레 18, 20장; 롬 1:18-32; 골 3:5). 이런 욕구의 순서는, 비록 그것이 단지 이해를 돕기 위한 방식일지라도, 우리가 배고플 때 동료애를 추구할 수 없으며, 다른 사람의 안전을 자기 안전보다 우선하는 방식으로 용감하게 행동할 수 없다는 것을 시사한다. 많은 사람이 이기적으로 행동하는 것은 사실이지만, 그것이 인간 존재의 유일한 방식은 아니다. 특히 가족 내에서 이타적인 행동과 관련한 수 세기의 인간 경험은 또 다른 이야기를 들려준다. 마지막으로, 자아실현이 정말 인간 경험의 정점에 해당하는가? 기독교적 관점에서는 다른 '욕구'를 본능적, 사회적 욕구 위에 두려고 선택한 사람들에게는 이 자아실현의 욕구가 위계의 가장 밑에 놓일 욕구가 될 것이다.[8] 우리 욕구나 그 범주와 관계 없이, 하나님은 우리에게 스스로 선택하고 결정할 수 있는 능력을 주셔서, 인격과 책임감을 통해 우리 삶의 목적을 찾고 이루어나갈 수 있게 하셨다.

결과적으로, 우리는 매슬로의 이론에서 무엇을 배울 수 있을까? 또 버려야 할 것은 무엇인가?

성인 애착에 대한 연구는 사람의 애착 유형이 사랑을 경험하는 방식에 영향을 미친다는 것을 보여준다. 예를 들어, 한 연구는 안전

애착을 가진 사람이 회피적이거나 양가적인 애착을 가진 사람보다 더 긍정적인 사랑의 경험을 한다고 밝혔다. 안전 애착을 가진 사람은 자신의 관계를 행복하고, 친근하며, 신뢰적이라고 묘사했다. 그러나 양가적인 애착을 가진 사람은 사랑을 집착, 감정의 기복 혹은 극단적인 성적 매력과 질투로 경험했다. 회피적 애착을 가진 사람은 사랑을 친밀감에 대한 두려움, 감정의 기복 그리고 질투로 묘사했다. 또한 양가적, 회피적인 애착을 가진 사람들은 안전 애착을 가진 사람보다 더 짧게 관계를 맺는 경향을 보였다.[9]

애착에 관한 연구는 사람들이 다른 사람들과의 관계에서 기대와 상호작용 방식을 발전시킨다고 제시하는데, 이는 어린 시절에 시작되어 성인 초기의 연애 관계로까지 이어진다. 그러나 생애 주기 관점에서 가르치는 것처럼, 어린 시절의 경험이 결정적인 것은 아니다. 실제로 베스 르 포이어(Beth Le Poire)와 동료들은 연인과의 애착 유형이 초기 부모 자녀 간 애착 유형보다 태도와 행동을 예측하기에 더 정확할 수 있음을 확인했다.[10] 즉, 애착 유형은 초기 이론들이 주장한 것만큼 오래 지속되지 않을 수 있다.

잠시 시간을 내어 어린 시절의 애착과 상호작용이 당신의 연애 관계에 대한 관점을 어떻게 형성했는지 돌아보라(가령, 친밀감에 대한 두려움, 질투의 강도, 감정적으로 개방적/폐쇄적, 원함/원하지 않음에 대한 느낌, 사랑받고/미움받고 있다는 느낌). 만약 어린 시절에 회피적 혹은 양가적인 애착을 경험했다면, 그것이 연애 관계에 어떤 영향을 미쳤을 것으로 생각하는가? 앞으로 어떻게 나아갈 수 있을까? 만약 회피적 혹은 양가적인 애착 유형의 사람과 사귀고 있다면, 그 사람에게 어떤 메시지를 전달하는 것이 중요할까?

분명히 애착에 대한 필요와 경험은 우리의 구혼 경험에 영향을 미친다. 하지만 우리는 심리적 요인에만 영향을 받지 않는다. 신체적, 사회적 요인도 이성에 대한 끌림에 영향을 미친다.

생물학적 요인

생물학적 관점에서 매력을 설명하는 여러 연구와 이론이 있다. 짝짓기는 결국 심리적이고 사회적인 측면만큼이나 생물학적 연결의 문제다. 그리고 생물학적으로 보면, 우리는 자신과 반대되는 대상에게 끌린다고 한다. 남성과 여성은 전형적으로 반대되는 존재로, 하나님이 결합하도록 계획하신 상호 보완적 생식 시스템을 가지고 있다.

매력을 연구하는 많은 이론가와 연구가는 생물학적 과정에 대한 설명에서 종종 진화론적 사고를 참고한다. 이 관점에서 종의 생존이 궁극적 목표임이 명확하게 드러난다. 예를 들어, 애정 교환 이론(Affection Exchange Theory)은 짝 선택을 생물학적 진화론의 관점에서 본 이론이다.[11] 이 이론은 인간을 자연 선택과 성적인 선택의 원리에 영향을 받는 존재라고 보는 일련의 신념에 바탕을 두고 있다. 우리는 의식적으로나 무의식적으로, 생식과 생존의 확률이 가장 높은 사람에게 끌린다. 호르몬과 같은 생리학적 요인이 이 과정에 영향을 미친다. 이 이론은 애정적인 의사소통, 즉 애정을 주고받는 것이 생식과 생존에 기여한다고 주장한다. 예를 들어, "사랑해"라고 말하고 포옹하는 것은 '당신은 꼭 필요한 파트너이고, 부모로서 잠재력이 있는 사람'이라는 신호를 보내는 것이다.[12]

비언어적 짝짓기는 인간 행동이 동물에 더 가깝다고 가정하는 또 다른 연구 분야다. 인류학자 데이비드 기븐스(David Givens)는 짝 선택에 사용되는 비언어적 행위를 다섯 단계 혹은 다섯 기능으로 분류한다. (1) 주의 끌기, (2) 상대방 인식하기, (3) 대화 나누기, (4) 접촉하기, (5) 사랑 나누기다. 특정 비언어적 전략은 남성과 여성에 따라 종종 다르지만, 이 다섯 기능 중 하나와 일치한다.[13] 헬렌 피셔(Helen Fisher)가 그녀의 책 『왜 사람은 바람을 피우고 싶어할까?』(*Anatomy of Love*, 21세기북스)에서 요약한 대로 "미소, 연속적인 유혹, 수줍은 시선, 머리 흔들기, 가슴 밀기, 눈 맞추기 등은 아마도 짝을 끌어들이기 위해 특정한 상황에서 사용되는 인간의 제스처 표준 레퍼토리의 일부로 진화했을 것이다."[14] 이런 행동들이 매력적이고 시선을 끄는 역할을 하지만, 생물학적 진화의 궁극적 목적이자 번식만이 이것이 존재하는 유일한 이유는 아니다. 관심, 소속감, 자아 존중감과 같은 심리적 욕구도 사람들이 유혹하는 이유를 설명할 수 있다. 또는 하나님이 유희적이고 즐거운 분이시라는 설명이 있을 수 있다. 많은 사람이 하나님을 '즐거운' 존재로 생각하지 않지만, 성령의 열매 중 하나에 희락이 있다(갈 5:22). 지구상의 특이하고 유쾌한 다양한 행동을 살펴보면, 이런 하나님의 속성을 확인할 수 있다. 그러므로 구애에 관한 사실을 다르게 설명하면 남자와 여자가 하나님의 본성을 반영하기 때문에 서로를 누리는 법을 찾아낸 것이라고 할 수도 있다.

남성과 여성 간의 매력을 조사했던 흥미로운 생물학적 실험은 향이 나는 티셔츠를 이용한 것이었다. 클라우스 웨데킨드(Claus Wedekind)가 계획한 이 실험에서, 깨끗한 티셔츠를 남성들이 입고 잠자리에 들게 했다.[15] 그들은 위생적이어야 하며, 냄새를 유발하는 제품(가령, 데오드란트, 향이 강한 음식)은 피하라는 지시를 받았다. 그런 다음 각 티셔츠가 누구의 것인지 모른 채 여성들이 티셔츠의 냄새를 맡고 매력도를 평가했다. 또한 남성과 여성의 면역 유전형질도 측정했다. 결과는? 여성들은 정반대의 면역 유전형질을 가진 남성에게 끌렸고, 자신과 비슷한 면역을 지닌 남성에게는 끌리지 않았다. 본질적으로, 이 실험은 여성들이 가장 매력적이라고 느낀 남성과의 자녀가 더 건강할 가능성이 크다는 것을 시사한다. 왜냐하면 자녀는 부모의 다양한 면역 유전형질에서 이점을 얻을 수 있기 때문이다. 이러한 발견은 다른 동물을 대상으로 한 연구 결과와도 일치하며, 다른 집단을 대상으로 실험했을 때도 비슷한 결과를 얻었다. 그러나 면역 유전형질에 따른 매력도의 차이는 분명히 존재하지만, 다른 요소들에 비해서는 상대적으로 영향을 조금만 미쳤다.[16]

생물학적으로 보면 반대가 끌린다고 할 수 있지만, 놀라운 반전을 보여주는 실험 결과도 있다. 경구피임약(알약)을 복용하는 여성들의 경우 이 결과가 완전히 뒤바뀌었는데, 그들은 면역 유전형질이 비슷한 남성에게 가장 끌렸다.[17] 이런 결과는 경구피임약을 복용하는 여성이 매력을 느끼는 남성과 결혼해 자녀를 낳으면, 그 자녀는 잠재적 질병에서 보호받기가 어려움을 시사한다[이에 관해서는 모툭(Motluk)의 『남자의 향기』(*Scent of a Man*)를 참고하라].[18] 심층 연구는 이러한 후속 효과를 확인했으며, 피임약을 복용할 때 만난 부부의 자녀가 더 자주 아프고, 피임약을 복용하지 않았을 때 만난 부부의 자녀보다 덜 건강하다는 결과가 도출되었다.[19] 물론 끌림은 단지 냄새로만 설명할 수 있는 것이 아니다. 생물학적 요인은 우리의 선택을 설명하는 한 부분에 불과하다.[20]

사회적 요인

사회학적이고 경제학적 측면에서 배우자 선택을 바라보는 이들도 있다. 종종 '결혼 시장'을 언급하며 연구자들은 누가 어떤 사람과 결혼할지 예측한다. 예를 들어, "같은 깃털을 가진 새들이 함께 모인다"라는 속담이나 "정반대가 끌린다"라는 말을 들어보았을 것이다. 이런 표현은 동질혼(문자적으로 '비슷한 사람과의 결혼')과 이질혼('다른 사람과의 결혼')을 설명한다. 생물학적으로는 정반대 사람에게 끌리지만, 사회학적으로 사람들은 자기 삶의 경험을 공유할 수 있는 사람에게 끌리는 경향이 있다. '진지한' 관계에서 약혼이나 결혼으로 발전한 커플에 관한 연구에서, 사회적 변수(가령, 사회경제적 지위, 종교적 소속, 인종, 교육 수준, 지리학적 위치)의 동질혼이 중요했으며, 특히 관계의 초기 단계에서 그랬다. 관계의 후반 단계에서는 가치관과 태도 호환성이 중요해졌다. 관계 후반에 이질혼이 나타날 가능성도 있지만, 전반적으로 짝을 찾는 데 가장 중요한 점은 동질혼이었다.[21]

결혼 시장을 바라보는 또 다른 방식은 시야를 넓혀서 만남이 가능한 사람은 누구인가를 고려하는 것이다. 누가 배우자로 적격인가? 실제로 "인구 구조는 결혼 가능한 배우자의 범위를 제한하기 때문에 배우자 선택에 영향을 미친다."[22] 미국의 현재 대학들을 생각해보라. 남성보다 여성이 더 많이 대학에 다니고, 커뮤니케이션이나 심리학과 같은 특정 분야에서는 여성 전공자가 남성 전공자보다 두 배 많기 때문에, 대학에서 결혼할 배우자를 찾을 확률은 이성애자 남성에게는 좋지만, 여성에게는 그다지 좋지 않다. 이러한 구조적 변수(인구 규모, 성 비율, 교육 수준)는 데이트 상대나 결혼 상대를 고르는 데 모두 영향을 미칠 수 있다.

경제학자들은 결혼을 공급, 수요, 경쟁과 같은 자유 시장의 힘으로 설명하는 데 도움을 준다. 구애 과정을 남성과 여성이 배우자를 쇼핑하는 거대한 열린 시장처럼 생각할 수 있다. 최고의 배우자를 만나기 위해 어느 정도의 가격을 내야 할까? 예를 들어, 여성이 압도적으로 많은 시장에서 남성은 시장의 우위성을 갖지만(여성이 많이 공급됨), 남성 파트너의 공급은 적고 여성들의 수요는 높다. 그러므로 여성이 남성을 위해 치러야 할 비용은 다른 시장에서보다 더 많을 수밖에 없다. 경제학자들은 사회과학 연구를 활용하여 자신의 모델에 대한 매개변수를 설정한다. 신체적 매력, 운동 능력, 사회적 지위, 경제적 번영 등과 같은 변수들은 그 상품이 가치가 있는지 아닌지를 결정하는 속성이 된다.

이런 경제적 교환의 은유는 사회적 교환 이론이라는 인간 행동

생각해볼 점 10.3

피임약의 실제 비용은?

대다수 여성(89%)은 인생의 어느 시점에 경구피임약('알약')을 사용한 경험이 있으며, 현재 사용하고 있는 여성은 30-35% 정도라고 보고된다.[23] 교회 내에서는 피임의 도덕성에 관한 논쟁이 존재한다(가령, 피임을 해도 되는가? 임신 중단을 할 수 있는 방법에는 무엇이 있는가?). 그러나 이런 논의는 이 책에서 다룰 부분이 아니다. 그 대신 우리는 피임약과 관련된 사회적 요인이 가정에 어떤 영향을 미치는지에 집중할 것이다. 이 주제에 대해 한 경제학자는 몇 가지 역설적인 요소를 소개했다.[24]

첫째, 피임약을 사용하는 여성은 피임약을 사용하지 않는 여성과 경쟁하게 된다. 결혼 시장이라는 요소의 관점에서 생각해보라. 피임약을 복용하는 여성과 그렇지 않은 여성이 있다. 피임약을 사용하지 않는 여성은 남성에게 "나와 교제하면 성관계를 하겠다. 하지만 성관계를 하다가 아이에게 생기면, 금전적으로나 관계적으로나 어떤 식으로든 책임을 져야 한다"라고 말하는 셈이다. 피임약을 사용하는 여성은 "나와 교제하면 성관계를 하겠다. 그리고 성관계를 해도 미래에 있을 일에 대해 어떤 의무도 요구하지 않을 것이다"라고 말하는 셈이다. 피임약을 이용하는 여성의 경우, 성관계하는 남성에게 요구되는 책임과 의무의 부담이 적다. 다시 말해, 남성들이 교제하는 데 치러야 할 잠재적 비용이 줄어든다. 이 말은 여성과 남성이 다양한 피임 방법을 사용할 때 비용 편익 계산에 변화가 생긴다는 뜻이다.

을 설명하는 이론의 광범위한 범주와 일치한다.[25] 이런 이론들은 사람들이 관계의 비용과 보상을 평가한다고 주장한다. 이 이론에 따르면, 사람들은 기본적으로 보상을 극대화하고 비용을 최소화하려 하지만, 그것이 공정하다고 느낄 때만 그렇게 한다. 만약 비용이 보상보다 일관되게 높다면, 사람들은 자신의 기여를 늘리거나 관계를 끝낼 것이다. 비용과 보상이 작용하는 또 다른 방식은, 그 비율을 관계에 대한 기대와 가능한 대안들과 비교하는 것이다. 예를 들어, 이성과의 데이트에서 오직 로맨틱한 관계만을 원하고 동반자나 친밀감이 필요 없다고 생각한다면, 그런 것은 다른 가까운 친구들에게서 채우려 할 수 있다. 그래서 대안이 많으면 이성과의 관계를 끝내는 것이 쉽다.

생각해볼 점 10.3 이어서...

또 다른 역설은 미국에서 경구피임약이 도입된 이후 전체 출산율이 급격히 감소했다는 것이다. 이런 현상은 피임약의 자연스럽고 긍정적인 효과로 보인다. 그러나 출산율의 감소는 기혼 여성에게 먼저 나타났고, 결혼하지 않은 여성의 출산율은 그 이후 큰 폭으로 증가했다(즉, 결혼하지 않은 여성이 이전보다 더 많은 아이를 낳고 있으며, 현재 40% 이상의 아기가 미혼 부모에게서 태어나고 있다).[26] 이와 관련하여, 교육과 재정적 자원이 잘 준비된 사람들(결혼한 부모)은 아이를 낳지 않게 되었고, 준비가 부족한 사람들(미혼 부모)은 아이를 낳고 있는 상황이 되었다. 더 넓게 보면, 이러한 변화는 피임과 같은 다양한 기술이 가정과 사회에 미치는 광범위한 영향을 보여준다.

이러한 역설을 고려했을 때, 피임약 사용의 장단점은 무엇이라고 생각하는가? 당신은 다른 피임 방법들을 어떻게 보는가? 피임약에 대해 친구에게 어떤 조언을 해줄 수 있을까? 이러한 역설이 파트너와의 가족계획에 관한 논의에 어떤 영향을 미치게 될까?

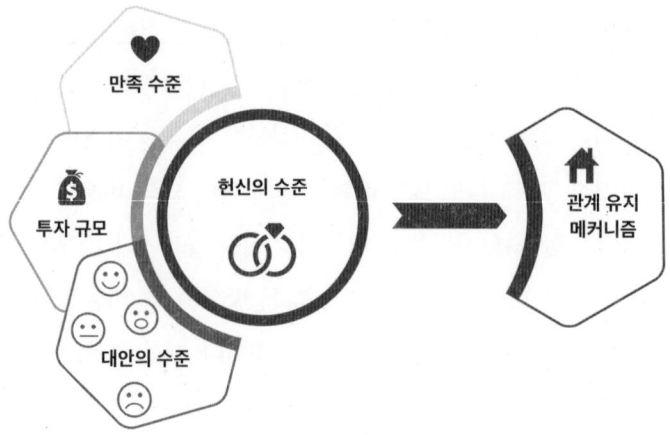

그림 10.1 헌신 모델 [Caryl E. Rusbult, Christopher R. Agnew, and Ximena B. Arriaga, "The Investment Model of Commitment Processes," in the *Handbook of Theories of Social Psychology*, eds. Paul A. M. Van Lange, Arie W. Kruglanski, and E. Tory Higgins (Thousand Oaks, CA: Sage, 2012), 218-231 에서 인용.]

대안이 없다면, 관계를 끝내는 것은 혼자가 될 가능성을 고려해 판단할 것이다.

이런 사고방식의 확장은 캐럴 러스벌트(Caryl Rusbult)의 헌신 모델(Commitment Model)에서 찾을 수 있다.[27] 이 모델은 그림 10.1에서 소개했고, 헌신을 예측하는 세 가지 요소를 포함하고 있다. 그 세 가지는 (1) 관계에 대한 만족도, (2) 지금까지 관계에 투자한 정도, (3) 사용 가능한 대안들의 수준이다. 헌신은 결국 그 사람이 관계를 유지하기 위해 얼마나 더 투자할지(가령, 용서, 희생할 의지)를 예측한다. 이 이론은 헌신을 전환점으로 만들어, 사람의 헌신이 관계에 대한 미래의 투자를 결정하는 중심적인 요소임을 보여준다.

기독교적 관점에서 헌신은 단순히 비용 편익 비율이나 공평함에 관한 것이 아니다. 기독교는 관계가 50 대 50이어야 한다고 가르치지 않는다. 오히려 결혼에 대한 헌신은 전면적이고 온전해야 하며,

양쪽 모두 100%의 투자가 필요하다고 가르친다. 구혼 기간에, 커플은 자신들이 기쁘게, 완전하게 한 사람에게 헌신할 수 있을지를 진지하게 판단할 책임이 있다.

  심리적, 생물학적, 사회적 요인이 인생의 동반자를 선택할 때 어떤 영향을 미치는지에 대한 배경을 바탕으로, 이제 사람들이 어떻게 만나는지와 구혼 과정에서 의사소통이 어떤 역할을 하는지 살펴보겠다.

결혼에 이르는 과정

한때 결혼에 이르는 과정은 초등학교에서 즐겨 부르던 노래 가사를 따랐다. "먼저 사랑을 하고 그다음에 결혼해요. 다음에는 유모차에 아기를 태워요." 새로운 관계는 사회적 시스템으로 보호받고 그 안에 안착했다. 부모들은 구혼자로 가능성이 있는 이들과 그들의 가족을 알았을 것이다. 관계가 진전되면 삼촌과 숙모들은 그 관계에 대해 의견과 평가를 공유할 수 있었을 것이고, 심지어 데이트에 관해 조언하거나 관계를 개선할 방법에 대해 조언해주었을 것이다. 사람들은 잠재적 구혼자들이 자기 부모와 형제들을 대하는 태도를 관찰함으로써 경험적인 정보를 얻었다. 구애는 약혼과 결혼으로 이어지고 다음 세대의 탄생으로 이어졌을 것이다. 강력한 공동체적 검증 시스템과 관계에 대한 지속적인 지원이 있었다.

  중매결혼을 생각해보라. 이것은 한때 정치적 동맹을 맺거나 가문 간의 땅과 자원을 모으기 위해 이루어졌다.[28] 현대의 중매결혼은 자원 증식의 목적과는 상관이 없어졌지만, 여전히 결혼에 사회적 지원과 강한 헌신이 필요하다는 점을 드러내며 이상적이고 낭만적인 사랑에 대한 관점을 보완한다. 중매결혼을 한 인도의 한 부부는 이렇게 말했다. "사실 사랑이 모든 것을 해결한다고 기대하지 말라고 말하고 싶어요. 결혼은 헌신과 결단에 관한 것입니다. '이것을 극복해야 하고, 이 결혼을 반드시 성공시켜야 한다'는 마음가짐이 중요합니다."[29] 그 밖에 중매결혼이라는 개념 자체가 부모의 개입을 전제로 한다. 그렇다고 중매결혼의 당사자들이 자신들의 혼인에 발언권이 없다고 말하는 것은 아니다. 실제로 현대의 중매결혼은 대부분 상호 동의와 양 당사자의 기대를 담아 진행된다. 이런 면에서 현대의 중매결혼은 과거의 정치적이고 재정적인 결합과는 다르다. 그 대신 개인뿐만 아니라 두 가문 간의 연결과 검증 과정을 지원한다.

이런 다소 향수 어린 역사적 경험은 더는 결혼과 가족 형성으로 가는 가장 공통된 길이 아니다.[30] 미국에서 사랑, 성, 결혼과 관련된 관습과 의식은 비교적 짧은 기간에 극적으로 변했다. 가족 사회학자인 브래드퍼드 윌콕스(Bradford Wilcox)와 제프리 듀(Jeffrey Dew)는 지난 반세기 동안 서구의 결혼에 지대한 영향을 미친 세 가지 사회적 혁명을 살펴보았다.[31] 첫째 심리적 혁명으로, 이는 표현적 개인주의의 확산으로 촉발되었으며, 결혼의 정서적 차원을 다른 두 가지 전통적인 결혼 특성보다 우선하게 되었다. 즉, 개인적인 성취를 평생의 헌신이라는 규범적인 구조보다 더 중시하게 되었고, 결혼을 자녀 출산을 위한 필수 조건으로 보는 관점이 낮아졌다. 둘째는 젠더 혁명으로, 이는 더 많은 여성이 노동하게 되면서 촉발되었으며, 남성이 가정을 유지하는 데 필요한 집안일을 더 많이 해야 하는 상황으로 이어졌다. 또한 아버지의 역할을 재정의하며, 특히 아버지가 자녀 양육에 더 정서적으로 개입하게 되었다.[32] 마지막으로, 전통적인 종교 관습에서 벗어나면서 발생한 세속적 혁명으로 결혼으로 삶의 정서적, 영적 측면을 충족하는 것이 더 중요해졌다. 예를 들어, 결혼 상대를 선택하는 데 가장 중요한 사회적 요인으로 '비슷한 수준의 교육을 받음'이 '같은 종교'을 대체하게 되었다.³³

이런 변화로 '소울메이트' 결혼 모델이 부상하게 되었으며, 이 모델은 결혼을 "인격적 성장, 정서적 친밀감, 개인적 성취를 얻기 위한 표현적인 '극강의 관계'로 여긴다."³⁴ 영혼의 동반자를 찾는 이 '소울메이트' 결혼 모델에서는 공동체적 지지가 필요하지 않으며, 공동체에서 인정받는 것이 필요하지 않으므로 과거보다 훨씬 더 개인주의적 성격이 강해졌다. 이 모델은 또한 결혼 관계에 국한되지 않는다. 실제로 아예 결혼하지 않기로 선택하는 개인도 많아졌다. 이성 교제를 할 때 이런 사회적 혁명이 모든 사람의 시각에 영향을 미쳤을 가능성을 인정하고, 개인의 결혼관을 살펴볼 필요가 있다.

연구는 서로 결혼관이 다른 부부를 비교하는 작업을 진행했다.³⁵ 기혼 남녀 1,414명을 대상으로 한 연구에서, 부부가 결혼에 대해 가진 여러 가지 신념을 조사하여, 결혼의 종류에 따라 이혼율과 결혼의 질이 어떻게 달라지는지를 분석했다. 이 연구에서 연구자들은 결혼의 네 가지 유형을 구분했다. 첫째, 전통적인 결혼관을 가진 사람들은 대체로 결혼이 영구적이고, 성에 따른 역할이 정해져 있으며, 사회적 관계망과 종교적 제도에 뿌리를 둔 것으로 보는 경향이 있었다[연구자들은 이를 '종교적 동반자 모델'(religious companionate model)로 명명했다]. 둘째, 결혼을 개인적 성취와 성장, 정서적 친밀감의 표현으로 보는 '소울메이트 모델'의 부부들이 있었다. 이 모델 유형인 부부들은 결혼을 영구적으로 보는 경우가 적었으며, 두 유형으로 나뉜다. 즉, 사회적 네트워크에서 결혼에 대한 지지를 받는 '지지받는 소울메이트'라는 두 번째 유형과, 그런 지지를 받지 않는 '지지받지 않는 소울메이트'라는 세 번째 유형이다. 네 번째 유형은 '세속적 제도 모델'(secular institutional model)로, 결혼을 영구적이고 성별에 따른 역할이 구분된 것으로 보지만, 종교적이지 않고 사회적 관계망의 지원도 받지 않는 유형이다. 조사 결과에 따르면, '종교적 동반자 모델'은 정서적으로 교감이 이루어지는 한, 결혼에 대한 만족도가 높았고 안정적이었다. '소울메이트 모델'에 해당하는 부부는 '종교적 동반자 모델' 부부와 마찬가지로 결혼에 대한 만족도가 높았지만, '종교적 동반자 모델'만큼 안정적인 결혼 관계를 유지하지는 못했다. '지지받는 소울메이트 모델'과 '지지받지 않는 소울메이트 모델' 모두 '종교적 동반자 모델'보다 부부 갈등이 심했고, 이혼율도 더 높았다. '세속적 제도 모델'은 결혼에 대한 만족도가 가장 낮았고, 부부 관계가 가장 안정적이지 않았다.

우리의 관점에서, 인생의 동반자를 구하는 사람은 다른 사람과의 진정한 우정과 깊은 유대 관계를 추구해야 하지만('소울메이트 모델'이 그렇듯이), 지지해주는 종교적이고 사회적인 공동체와 더불어 그리고 그 공동체 내부에서 그것을 추구해야 한다('종교적 동반자 모델'처럼). 성경은 "의논이 없으면 경영이 무너지고 지략이 많으면 경영이 성립하느니라"(잠 15:22)고 훈계하며 "지략이 많으면 평안을 누리느니라"(잠 11:14)고 충고한다. 부모, 멘토, 목사, 친구와 같은 사람들이 주는 조언을 겸손히 받는 것은 관계에서 발생할 수 있는 잠재적 어려움을 식별하고, 파트너와 잘 맞을 수 있을지 조언자들의 관점에 따라 관계에 대한 격려를 받거나 관계를 멈추라는 조언을 받을 수 있다. 이 책 2부에서 살펴보았듯이, 부부간 의사소통에는 친구처럼 깊은 유대감이 요구되지만, 또한 갈등을 잘 다루며 용서함으로 관계를 회복하고, 회복 탄력성을 높이며 '함께 삶을 살아가는' 일도 포함한다.

가족 의사소통에 대한 포괄적인 시각을 받아들이면, 특별히 사회적이고 종교적인 관계망으로 강화되고 지지받을 때 수십 년이 흘러도 보상받을 수 있는 유형의 결혼 생활을 구축할 수 있다. 신뢰할 수 있

적용 활동 10.4

온라인 데이트

그렇다면 오늘날 사람들은 어떻게 데이트 상대를 만나는가? 많은 사람이 인터넷에서 데이트 상대를 찾는다. 미혼 성인의 거의 절반이 데이트 앱이나 웹사이트 이용자다. 미디어 기술은 이제 연인들이 만나는 가장 일반적인 방법이 되었다.[36] 현재 기혼 부부의 약 39%가 온라인에서 만났다고 한다.[37] 그런데 놀랍게도 이유는 명확하지 않지만, 일부 기독교 단체는 온라인 데이트를 피하는 경향이 있다. 조지 바나의 조사에 따르면, 복음주의자 중 75%가 온라인으로 데이트 상대를 절대 만나지 않겠다고 답했으며, 온라인 데이트를 시도한 경험이 있는 사람은 겨우 10%에 불과했다.[38] 그러나 기술의 발달로 커플이 만나는 방식이 변화한 것은, 커플이 관계를 검증할 새로운 경로와 과정의 등장으로 이어졌고, 이 각각의 과정과 경로는 모두 장단점이 존재한다.[39]

온라인 데이트의 장단점을 생각해보라. 장점으로는, 전 세계적이고 제한 없는 결혼 시장을 상상할 수 있다. 인터넷을 통해 평생의 동반자를 찾을 수 있는 최고의 기회를 얻을 수 있기 때문이다. 이는 잠재적 파트너의 범주가 넓어지고, 지리적 위치와 국적 등의 제약이 사라지기에 가능하다. 하지만 단점으로는, 그 과정이 개인화되어 있기에 가족, 사회 그룹 등의 책임감 있는 관계망에서 단절될 수밖에 없다는 것이다.

아래 내용과 관련해 토론해보라.

- 온라인 데이트를 해본 경험이 있는가?
- 위에 언급한 내용 외에 추가적인 온라인 데이트의 장단점을 말해보라.
- 당신의 경험과 관찰에 비추어, 온라인 데이트에서 대면 데이트로 전환해야 할 적절한 시기는 언제라고 생각하는가?

는 조언자의 목소리가 함께하면, 만족스러운 동반자 관계로 나아갈 수 있다.

관계의 단계에 따라 이루어지는 의사소통

의사소통의 관점에서 보면, 관계의 단계에 따라 대화 주제가 달라지며 자기 노출의 정도도 달라진다. 어윈 올트먼(Irwin Altman)과 달무스 테일러(Dalmus Taylor)의 '고전적인 사회 침투 모델'(Social Penetration Model)은 양파의 층을 비유로 들었다.[40] 우리는 낯선 사람이나 지인들과는 종종 피상적인 수준의 정보를 공유한다. 자신을 소개하며 이름을 알려주고, 직업이나 전공, 특정 지역에서 생활한 기간, 출신 대학을 알려준다. 이런 기본적인 정보는 거의 누구나 공개적으로 알 수 있는 수준의 정보다. 하지만 우정이 깊어질수록 내면세계를 공유하는 정도가 깊어진다. 관계가 더욱 배타적으로 변하고 결혼할 사이가 되면, 관계의 성격이 연인 관계로 발전한다. 시간과 에너지와 같은 자원이 제한적이기 때문에, 서로 관계가 깊어짐에 따라 두 사람은 사회적 관계망에서 다소 물러날 수 있다. 물론 완전히 물러나게 된다거나 한 파트너가 지배적으로 통제하게 되는 것은 잠재적으로 학대의 신호가 될 수 있다(12장 참고). 하지만 연인과 함께하는 시간이 더 중요해지고, 의도적으로 둘만의 관계에 집중하며 서로 일체감을 더 강화하는 것은 당연한 일이다.[41] 의사소통의 측면에서, 연인은 자신에 관해 상대에게 더 많이 공유하게 되고, 다른 사람과 공유하는 것은 제한하게 된다. 아마도 교제하는 방법과 연인의 '상태'를 무엇으로 알 수 있는지는 저마다 경험과 생각이 다를 것이다.

커플 간의 의사소통에서 또 다른 측면은 허용되는 대화의 주제와 관련이 있다. 예를 들어, 플라토닉 관계를 지향한다면 자녀가 생겼을 때 어떤 변화가 생길지를 이야기하지 않으며, 데이트 중인 커플도 보통 그 주제로 대화하지는 않는다. 이런 주제로 대화하는 것은 아직 도달하지 않은 헌신의 수준을 전제로 한다. 편하게 만나는 관계에서 배타적인 연인 관계로 발전하면 대화의 주제도 새롭게 달라진다. 마찬가지로, 데이트 관계에서 약혼하게 되면, 이전에는 논의할 필요가 없었던 주제로 대화해야 한다. 이런 대화에 다음과 같은 질문을 던질 수 있다. 어디서 살 것인가? 집을 사는 게 중요할까? 아니면 아파트에서 살까? 소비보다 저축을 우선해야 할까? 교통수단은 어떻게 해결할 것인가? 혼전 상담에서는 커플이 그런 주제에 관해 대화할 수 있도록 의도적으로 유도하기도 한다. 이런 대화를 나누는 데 도움이 되는 훌륭한 자료가 많이 있다. 대표적으로 포커스 온 더 패밀리의 <결혼 예비 학교>("Ready to Wed" pre-marital counseling curriculum)가 있다.[42]

　데이트는 특히 기독교 사회에서 혼란스러운 메시지와 불확실성으로 가득 차 있을 수 있다. 일부 선의의 그리스도인은 아예 데이트하지 말라고 조언하기도 한다. 명백히 결혼을 전제로 한 관계에서만 데이트하라고 조언하는 사람도 있다. 또는 데이트는 결혼에 대한 압박감 없이 이성을 알아갈 수 있는 즐겁고 부담 없는 방식이라고 말하는 사람도 있다. 관점은 다르겠지만, 모두 이런 식의 말들을 한 번쯤은 들어봤을 것이다. 지금까지 언급했듯이, 관계는 발전해나가며, 우리는 그 단계에 따라 탐색해야 할 주제에 경계가 있다고 믿는다. 하지만 또 우리는 모든 연인이 여러 가지 대화 범주에 대해 정직하게 자기 성찰을 하고 열린 대화를 나누기를 권장한다. 이를 기억하는 데 도움이 되는 F로 시작하는 단어들이 있다.

- Faith(신앙)
- Family(가족)
- Feelings(감정)
- Finances(재정)
- Friends(친구)
- Fun(즐거움)
- Future(미래)

각 범주에 수많은 하위 주제가 포함될 수 있으며, 이런 여러 범주를 하나로 통합한 대화가 이루어질 수 있다. 예를 들어, 다음과 같은 내용으로 신앙에 관해 대화할 수 있다. "그동안 경험했던 영적인 체험 중에서 가장 중요하다고 생각하는 경험은 뭐야?" "예수님은 당신에게 어떤 분이야?" "당신 부모님이나 가족은 어떤 식의 신앙생활을 하셔?" "하루 일정이나 주간 일정을 짤 때 신앙적인 부분을 얼마나 우선시하고 있어?" "자녀를 낳고 키우는 일에 관해 결정할 때 신앙이 어떤 역할을 한다고 생각해?" 이런 대표적인 질문은 신앙에 관한 대화들에 가족의 배경에 관한 정보와 신앙이 미래의 가정생활에 영향을 미치는 정도에 대한 예상뿐 아니라 누군가의 개인적 간증도 포함될 수 있음을 보여준다.

관계의 단계에 맞게 경계를 정하는 접근 방식을 취하면, 경계 내에서 일정한 자유를 누릴 수 있다. 우리는 친구들, 데이트 중인 상대, 약혼한 연인과 심지어 결혼한 부부에 이르기까지 다양한 단계에 맞게 이런 대화의 주제를 결정할 수 있다고 믿는다. 각 대화 주제 내에서 연인과의 현재 관계에 맞는 질문을 할 수 있다. 예를 들어, 연애 중인 커플은 서로의 신앙 경험에 관해 질문할 수 있지만, 약혼한 사이에서는 신앙에 관해 더 개인적인 질문을 할 수 있다. "앞으로 우리는 어떤 식으로 우리 신앙을 드러낼 수 있을까?" "신앙적인 실천을 위해 우리는 하루를 어떻게 보낼 수 있을까?" "우리의 신앙 성장을 위해 어떤 영적 체험이 필요할까?" 자주 인용되는 성경 구절인 잠언 4장 23절은 "모든 지킬 만한 것 중에 더욱 네 마음을 지키라 생명의 근원이 이에서 남이니라"고 가르친다. 마음을 지키는 한 가지 방법은 의사소통의 경계를 설정하는 것이다. 이는 관계의 수준에 맞지 않는 주제나 질문을 피하는 것을 포함한다. 예를 들어, 헌신적인 관계가 아닌 일시적인 데이트 파트너는 상대의 미래나 인생에 대해 조언하는 역할을 해서는 안 된다. 마음을 지키라는 이 말씀의 교훈은 이어서 "구부러진 말을 네 입에서 버리며 비뚤어진 말을 네 입술에서 멀리하라"(잠 4:24)고 말한다. 실제적으로 비언어적(키스와 성적 접촉) 경계뿐 아니라 언어적 경계를 설정한다면, 마음과 입술을 지키는 데 도움이 될 것이다.

결혼식과 결혼 생활 계획하기

연인이 결혼을 결심하면 종종 약혼식과 결혼식을 올리게 된다. 이런 의사소통 의식은 문화적으로든 개인적으로든 수많은 의미가 있다. 대부분 약혼은 신뢰의 약속과 약혼의 상징으로 반지를 주고받는 것을 포함한다. 또한 관계에서 중요한 사건을 기념하는 의미를 담고 있을 수 있다(가령, 좋아하는 여행지, 첫 데이트 기념). 이런 상징들은 관계의 역사를 전달하고, 서로에 대한 헌신을 기억하는 데 도움이 된다. 적용 활동 10.5에서 연인들의 약혼에 관한 이야기를 들으면서, 그들이 관계 변화의 순간을 기념한 방식을 확인해보자.

적용 활동 10.5

약혼에 관한 이야기들

- 지난해에 약혼했거나 결혼한 커플과 인터뷰를 해보라.
- 약혼에 관한 이야기를 들려달라고 부탁해보라.
- 커플이 자신들의 연애 과정을 들려줄 때 그 상호작용의 유형에 집중해서 이야기를 들어보라(가령, 언어적 표현, 비언어적 의사소통, 선물 교환 등). 약혼과 관련된 이야기를 할 때 그들은 어떤 유형의 상징과 메시지를 사용했는가?

결혼식 역시 상징으로 가득한 행사다. 『결혼식의 상징과 의미』(Weddings as Text)에서 웬디 리즈 허위츠(Wendy Leeds-Hurwitz)는 미국에서 다수의 이질적인 '문화 간' 결혼식을 관찰하고, 그 안에 포함된 상징과 의식과 그 의미를 설명했다.[43] 예를 들어, 천막 아래서 결혼하는 것은 결혼식을 통해 새로운 가정을 형성하는 유대인 전통을 상징한다. 이런 비언어적 상징 외에도, 결혼식에서는 보통 증인들 앞에서 서약을 낭독하거나 주례자를 따라 서약을 선포하기도 한다. 이런 언어적 서약은 결혼 당사자인 두 사람이나 공동체에 중요한 의미가 있는 경우가 많다.

결론

리브가는 이삭과 결혼할지 말지를 선택할 수 있었다. 아마 중매결혼을 제외하면 우리는 대부분 결혼하고 싶은 상대를 스스로 선택할 수 있을 것이다. 그렇다면 우리는 어떻게 결혼 상대를 결정할까? 서로 잘 맞는 사람을 어떻게 만날 수 있을까? 우선, 서로 잘 맞는다는 것은 단지 두 사람이 하나님을 믿는 것만으로 이루어지는 것이 아님을 이해할 필요가 있다. 교단이나 교리, 신학, 심지어 정치적 입장이 일치하는 것만이 좋은 결혼을 위한 기반은 아니다. 사회적(가령, 함께 시간을 보내는 것을 좋아하는가? 함께 대화하는 것을 즐기는가? 서로 알아가려는 마음이 있는가?), 직업적(가령, 상대의 인생은 어느 방향을 향해 가고 있는가? 상대와 같은 곳을 향할 마음이 있는가?) 신체적(가령, 상대의 외모에 매력을 느끼는가?) 연결도 중요하다.[44]

게리 토마스는 『연애학교』(*The Sacred Search*, CUP)에서 결혼을 고려할 수 있는 배우자 후보를 고르기 위해 고민해야 할 성경에 기반한 네 가지 원칙을 소개한다.[45] 이런 선택은 신학적인 부분뿐 아니라 종합적인 기준을 바탕으로 내려야 한다. 첫 번째 필터는 예수 그리스도를 주님으로 고백하는지다. 이것은 절대 타협할 수 없는 성경의 명령이다(고후 6:14; 신 7:3-4; 암 3:3 참고). 배우자 후보가 하나님에 대해 가진 신앙은 문화적인가, 개인적인가? 그리고 그는 그리스도를 진정으로 추구하는 사람인가? 두 번째 필터는 지혜다. 재정에 관해 건전한 결정을 내리는가? 성실히 일하며 친절하고 온유한가? 당신과 다른 사람을 대할 때 하나님의 성령의 열매, 즉 사랑과 희락과 화평과 오래 참음과 자비와 양선과 충성과 온유와 절제(갈 5:22-23)가 드러나는가? 세 번째 필터는 신뢰할 수 있는 사람에게 조언을 구하는 것이다. 부모님이나 목사님 같은 제삼자가 보기에 당신의 파트너는 어떤 사람인가? 신뢰할 만한 사람들에게 '이 관계가 좋다고 생각하십니까?' '혹시 우려되는 부분은 없나요?'라고 물어보라. 마지막 필터는 기도다. 인생의 동반자를 선택하는 일에 현명한 결정을 내리게 도와달라고 하나님께 기도한 적이 있는가? 하나님의 음성에 귀 기울이며, 그분의 음성을 듣고 순종했는가? 이런 필터들은 인생의 동반자를 검증하는 데 도움이 될 것이다.

　마지막 조언으로, 연애는 하나의 과정이 되어야 한다는 점을 강조하고 싶다. 우리는 다음 두 장에서 결혼의 역동성을 살펴보겠지만, 두 가지를 구분하는 것이 중요하다. 연애는 결혼이 아니며, 절대 서두를 필요가 없다. 상대방에게 매력을 느껴 끌릴 때 흥미롭게도 뇌의 화학적 변화가 일어나 신중하고 이성적인 결정을 내리기가 어려워진다. 상대에게 매력을 느끼는 기간은 1년 이상 지속될 수 있다.[46] 그러므로 상대방과 1년 이상 연애하며 모든 계절을 겪어보고, 성품을 검증하여 현명한 결정을 내리기를 바란다. 언제나 예외는 있기에, 이것을 규칙처럼 엄격하게 지키라는 말은 아니다. 하지만 다음 장에서 더 상세히 논의할 테지만, 결혼은 언약이다. 서약할 필요가 없는 연애 단계, 심지어 약혼한 후라도 결혼한 관계와는 다르다. 벤 스튜어트(Ben Stuart)는 이렇게 지적한다. "결혼을 통해 두 사람은 하나가 된다. 극적인 재정렬이 일어난다. 그러나 서로 서약할 때까지 두 사람은 여전히 둘이다. 서로 별개다. 다시 말해, 결혼 전에 결정을 내릴 때는 서로 독립적인 존재임을 기억해야 한다는 뜻이다. 하나님 앞에서 두 사람은 각자 자기 인생에 대한 책임을 져야 한다."[47] 인생의 동반자를 선택하는 일은 한 사람이 내리는 가장 중요한 결정이다. 따라서 결혼 상대를 선택하는 데 있어, 충분한 시간과 과정을 두고, 그 과정에서 주변의 사랑과 지지를 받는 것은 궁극적으로 성공적인 결혼 생활로 이어질 것이다.

11장

언약과 성적 의사소통으로서의 결혼 생활

성경은 결혼을 성적 결합을 통해 시작되는 언약으로 소개한다. 이 장에서는 이 관점을 살펴보고, 이 관점에 따라 다른 관계들, 특히 동거에 대해 재정의한다. 또 성적 관계와 관계 내에서 문제가 되는 성적 의사소통의 병리에 관해 성경적 관점과 과학적 관점으로 살펴본다. 이어서 사랑에 대해 논의하고, 신적인 사랑이 부부간의 기독교적 사랑의 근거로 작용함을 주장할 것이다. 마지막으로, 결혼이 그리스도와 교회의 관계를 보여주는 그림이라는 개념을 살펴볼 것이다.

서론

성경적 관점에서 결혼은 언약이다. 따라서 언약을 이해하면 기독교적 관점에서 결혼을 이해하는 기초를 확인할 수 있다. 성경에서는 수많은 언약이 거론되었다. 자르는 행위를 통한 '언약 의식'은 고대의 관습으로, 약속을 전달하고 관계의 기초를 세우는 방법이었다. 언약 당사자들은 서로 약속을 하고, 피를 흘리는 의식을 치러 그 약속을 확정했다. 언약으로 동맹을 형성했다. 그것은 관계를 구축하고, 관련 당사자들의 권리와 책임을 정의했다.

하나님이 아브라함과 맺으신 언약을 생각해보라. 때로 '봉건 종속 언약'이라고 불리는 이 언약은 더 큰 당사자와 더 작은 당사자 간의 합의를 의미한다. 하나님은 아브라함에게 완전함을 요구하셨고 그 대가로 자손과 영원한 기업을 약속하셨다(창 15, 17장). 아브라함은 자기 인생이 100% 완전할 수 없고 자손을 낳을 힘이 없다는 사실을 알았지만, 하나님은 그에게 그런 조건을 요구하셨다. 문화적 관습에 따라, 아브라함은 짐승을 반으로 자르고 그 피가 땅에 흘러내리게 했다. 전통적 관습에 따라, 하나님과 아브라함은 각각 그 피 가운데를 통과해야 했으며, 이는 만약 언약을 지키지 않으면, 언약을 지키지 않은 계약 당사자를 상대편이 죽이고, 그의 피를 밟을 권리가 있음을 의미했다. 성경은 연기 나는 화로와 횃불이 다섯 희생 제물의 한가운데로, 흘러내린 피 가운데를 지났다는 극적이고 놀라운 반전의 장면을 기록한다(창 15:17-21). 상징적인 의미에서, 하나님은 아브라함이나 그의 후손이 언약을 지키지 않으면 자기 피를 흘려서라도 그 언약을 지킬 것이라고 약속하신 것이다.[1] 고대 부족 사람들의 상징적 언어를 통해, 인류를 위한 그리스도의 죽음은 언약으로 확정되었다.

성경적인 관점에서 결혼은 또한 남자와 여자 사이의 평생 언약이다. 결혼은 성혼과 함께 시작되어, 한쪽이나 두 사람 모두 죽을 때까지 지속되는 언약이다. 다른 언약들처럼 결혼도 피로 인증을 받는다. 결혼 언약은 첫 성관계를 통해 처녀의 처녀막(여성의 질을 부분적으로 덮고 있는 얇은 조직)이 찢어짐으로 인증을 받는다. 이 피는 사랑하는 연인 사이의 상호 헌신, 순결, 충실함의 상징이다.

오늘날 많은 커플이 결혼을 언약이라는 관점에서 바라보지 않는다. 그 대신 결혼을 계약이나 약속으로 보는 경우가 많다. 빌 스트롬(Bill Strom)은 결혼과 관련해 언약, 계약, 약속이라는 사고 유형에 따른 기본적인 세 가지 입장을 소개했다.[2] 계약주의(Contractualism)는 인간이 관련 당사자들에게 공평한 결과가 따르는 방향으로 생존과 개인적 행복과 같은 목표를 성취하고자 관계를 맺는다는 것을 전제로 한다고 그는 주장한다. 계약주의 결혼의 전형적인 예시는 혼전합의서(즉, 결혼이 실패할 경우 자산 배분을 명문화한 법적 문서)에서 확인할 수 있다. 배우자가 비용보다 보상을 더 많이 주는 한 그 관계는 유지된다. 그러나 약속주의(Committalism)는 지지와 애정을 표현하는 능숙한 의사소통을 통해 상호 만족을 끌어내고 유지하는 데 초점을 맞춘다. 만족스럽지 못한 관계는 의사소통 기술이 부족하기 때문이며, 상담과 교육을 통해 해결할 수 있다고 본다. 마지막으로, 언약주의(Covenantalism)는 관계를 하나님이 주도하시는 거룩한 신뢰의 관계로 보며, 도덕적 행위자(남편과 아내)는 "자신과 타인 그리고 하나님과 화평"을 누리도록 애쓴다.[3] 언약주의 관계는 풍성한 관계를 위해 책임지고 노력하며 고난 중에도 끝까지 견디도록 믿음의 공동체를 의지해야 함을 인정한다.[4] 요약하자면 상호 만족과 평등이 중요하지만, 성경은 결혼을 단순히 계약이나 약속의 관계가 아닌 언약을 맺은 관계로 본다. 우리는 결혼을 사랑에 기반한 온전한 관계로 보고 있으며, 그 목적은 가정 안팎의 모든 사람에게 하나님의 성품과 사랑을 나타내는 데 있다고 생각한다.

　　이 장에서 우리는 동거와 관련한 조사 결과를 살펴볼 것이다. 일부에서는 동거를 독신의 대안으로, 또 다른 사람들은 결혼의 대체나 예비 단계로 여긴다.[5] 그런 다음, 성경에 근거한 성적 경험과 관련된 논의를 전개한다. 결혼이 언약으로서의 성격을 지녔고, 이 언약이 시작되는 과정이 성관계임을 고려할 때, 성적 의사소통은 결혼과 본질적으로 연결되어 있으며, 개인적, 관계적, 사회적으로 중요한 현상으로 논의되어야 한다. 우리는 '영혼의 결합'이라는 개념을 소개한 뒤 관계에서의 성적 경험과 성적 의사소통의 문제점을 논의한다. 이어서 사랑이 무엇인지 그리고 신성한 사랑이 어떻게 그리스도인 부부의 사랑에 기초가 되는지 살펴볼 것이다. 마지막으로 결혼이 그리스도와 교회의 관계를 어떻게 반영하는지 성경의 사례를 소개할 것이다.

사회에서의 동거

결혼하지 않고 함께 사는 것을 동거라고 하며, 이는 이제 결혼으로 가는 가장 일반적인 경로가 되었다.[6] 1950년대에는 동거가 드물었지만, 수십 년에 걸쳐 그 빈도가 증가했다.[7] 동거에 관한 초기 연구에서 동거에 문제가 있음이 드러났다. 동거 중인 커플이 헤어지는 비율이 동거 경험이 없는 부부의 이혼율보다 높았고, 성적, 신체적 학대뿐 아니라 아동 학대도 더 높은 비율로 발생했다.[8] 동거하는 인구가 계

적용 활동 11.1

동거하는 이유

그룹으로 다음 질문에 대해 토론해보라.
- 동거하는 이유는 무엇인가? 성별에 따라 동거의 이유에 차이가 있다면, 어떤 점에서 그런가? 동거와 관련된 위험 요소와 장점은 무엇인가?
- 갓 성인이 된 청년들이 결혼보다 동거를 선호하는 이유는 무엇일까?
- 다음의 '동거의 이유' 부분을 읽으라. 그룹 토론에서 나온 답변과 이 연구 결과를 비교해보라. 예를 들어, 여성은 동거를 결혼으로 가는 단계로 보지만, 남성은 이를 '시범 운전'처럼 본다는 해석에 동의하는가, 아니면 동의하지 않는가? 그 이유는 무엇인가?

속 증가하면서 이런 위험은 많은 부분 희석되었다. 한때 결혼과 동거는 동일한 개념이었으나, 미국에서는 두 개념이 점점 더 분리되고 있으며, 동거가 결혼의 자리를 대신하여, 이제 첫 번째 결합 경험이 동거가 되었다. 현재 30대 중 약 75%가 결혼 전에 동거를 경험했다고 보고하고 있다.[9] 미국에서 결혼하는 나이대는 지속적으로 높아지고 있으나 동거를 시작하는 나이는 대략 22세로 비교적 일정하게 유지되고 있다.[10] 대부분의 동거 관계는 결혼으로 끝나지 않고, 평균 동거 기간은 약 2년이다.[11] 동거는 부모가 되거나 결혼하는 것보다 더 흔한 청년층의 가족 경험이므로,[12] 이에 대한 관심이 더 필요하다.[13]

동거의 이유

남성과 여성은 동거를 매우 다른 시각으로 바라본다. 동거가 서로 잘 맞는지 확인하고, 생활비를 분담하며, 더 많은 시간을 함께할 수 있는 실제적이고 바람직한 해결책이라는 데 남녀 모두 동의한다.[14] 그러나 남성은 여성보다 동거를 '관계를 시험해볼' 좋은 방안이라는 주장에 더 동의하는 편이다. 그런데 다른 연구 결과에 따르면, 시험해볼 목적으로 동거를 시작하는 이들이 높은 수준의 우울 증상, 애착 불안정, 부정적 의사소통 성향을 드러낸다고 한다.[15] 동거하기로 결심한 이유를 '사랑'이라고 답한 이들은 남성보다 여성이 3배 더 많았고, '성관계'라고 답한 이들은 여성보다 남성이 4배 더 많았다.[16] 퍼넬러피 황(Penelope Huang)과 동료들은 이 연구에 참여한 20대 여성의 말을 인용한다.

> 여성은 대부분 남성과 교감하기를 바라며, 그것을 관계라고 생각해요. 왜냐하면 여성의 인생에서 가장 중요한 일은 사람

들과 좋은 관계를 맺는 것이기 때문이에요. 그것이 그들이 삶에서 추구하는 가장 중요한 목표예요. 그러나 남성은 달라요. 남성은 성관계를 추구해요. 서로 욕구를 채울 수 있으니 동거를 하면 누이 좋고 매부 좋은 셈이 되는 거죠.[17]

동일한 연구에서 남성과 여성 모두 동거를 일시적인 것으로 보았다. 여성은 동거를 결혼으로 가는 과도기적 단계로 본 반면, 남성은 장기적인 관계가 될 가능성이 있는지 부담 없이 확인하는 관계의 '시운전' 정도로만 본다는 사실을 확인했다. 이런 동기의 차이는 헌신의 수준 역시 다를 수 있음을 암시한다.

떠밀려서인가, 결단해서인가

실제로, 헌신과 결단은 결혼으로 이어지는 동거와 그렇지 않은 동거를 가르는 중요한 요소다. 스콧 스탠리(Scott Stanley)와 동료들은 많은 커플이 결혼을 '결정'하기보다 '떠밀리듯' 결혼에 이른다고 주장한다.[18] 동거에 대한 연구를 바탕으로, 그들은 동거하는 커플이 관계의 관성에 빠져, 동거 관계에서 결국 결혼에 이르게 된다고 주장한다. 동거로 이어지는 과정은 종종 편리함과 실용성을 이유로 관계를 끝내기보다 지속하기가 더 쉽기 때문이다.[19] 커플이 어떻게 결혼으로 '미끄러지는지'를 설명하는 주된 주장은 다음과 같다.

1. 헌신에는 두 가지 유형이 있다.
    1) 진심 어린 헌신: 관계에서 의도적인 '우리'라는 감정을 가지고, 이를 통해 파트너를 위해 희생할 준비가 되어 있음을 보여주는 것이다. 이 헌신의 예로는 약혼 제안이 있을

수 있다. 청혼은 보통 약속(약혼반지)을 하고, 가족과 친구들에게 결혼할 것을 공개적으로 발표한다.

2) 제한적 헌신: 관계를 끝내는 비용을 증가시키는 요인에 기반한다. 즉, 관계를 떠나는 것이 관계를 유지하는 것보다 더 큰 노력과 조정이 필요하기에 헌신하게 된다는 것이다. 예를 들어, 새로 살 곳을 찾는 것은 동거 관계를 끝낼 때보다 더 많은 재정이 들기에, 커플은 관계를 정리하는 데 부담을 느낀다.

2. 동거는 모호한 상태의 관계다. 정의가 불분명하며, 커플마다 다르게 해석할 수 있다. 또한 동거하는 남녀가 종종 관계의 상태를 똑같이 인식하지 못할 때가 많다.

3. 동거 관계에서는 제약적 헌신을 할 가능성이 커진다(가령, 월세 공동 부담, 핸드폰 공동 사용 약정, 함께 키우는 애완동물). 태생적으로 헌신의 수준이 높아지기는 어렵다.

4. 관계가 타성에 젖으므로, 동거하지 않았으면 결혼하지 않았을 일부 커플은 동거로 인해 결국 결혼에 이르기도 한다. 주로 남성이 여기에 해당한다. 그들은 보통 "분명한 결단과 온전한 수준의 헌신으로 결혼에 이르는 대신 지속된 관성으로 결혼에 휩쓸려 들어가게 된다."[20]

제한적 헌신과 진심 어린 헌신에 대한 스탠리와 동료들의 주장은 일부 동거 커플이 더 많은 위기 징후를 보여주지만(가령, 학대, 폭력, 이후의 이혼), 동거 전에 약혼한 사람들은 이런 위기와 무관한 것처럼 보인다는 결과에 대해 설득력 있는 해석을 제시한다.[21]

동거 관계와 부부 관계는 보통 상호 합의한 성적 관계와 성적 배타성에 대한 거의 보편적인 기대를 포함한다.[22] 그렇다면 그 차이점은 무엇일까?

우리는 동거를 결혼과 관계적으로 유사하다고 보고 있으며, 결혼의 모든 권리와 책임도 포함하지만, 결혼처럼 언약으로서의 공식적인 승인과 헌신은 부족하다고 생각한다. 동거의 한 가지 정의는 "결혼과 유사한 수준의 성적 친밀감을 나누며 한 공간에 사는 관계"다.[23] 그러나 동거에는 결혼한 부부에게 제공되는 것과 같은 사회적 정당성과 공동체, 가정, 사회의 지원이 결여되어 있다. 다만 사회가 점점 동거를 하나의 가정 형태로 받아들이는 추세이기는 하다.[24] 결혼과 동거의 이런 차이는 동거인과 그의 파트너가 자신과 상대에게 가진 기대, 서로 요구하는 점 그리고 결합 초기 단계에서 형성되는 의사소통 방식에 드러날 수 있다. 당신은 이런 차이점을 어떻게 보고 있는가? 또 동거할지 말지에 대한 결정을 내릴 때 신앙이 어떤 영향을 미친다고 생각하는가?

성적 의사소통의 의미

성은 결혼 관계나 동거 관계에서 중요한 부분이므로, 우리는 성의 의미를 이해하기 위한 강력한 틀을 제공하는 것이 중요하다고 믿는다. 자연법 논증에 따라, 우리는 성과 성별 차이에 대한 우리의 관점을 풀어내어 결혼 관계와 관련한 언어적, 비언어적 메시지를 이해하는 데 도움이 되는 틀을 제시하려고 한다. 성경이 금하는 성에 관한 명령을 하나님이 디자인하신 성의 아름다움, 기쁨, 복합적인 상호관련성을 인지하지 못한 채 보게 될 가능성이 있다. 성은 하나님의 아이디어이므로, 성에 대한 몇 가지 근본적인 진리를 풀어보겠다.

우선, 하나님은 서로 정확하게 보완하도록 두 개의 성을 창조하셨다. 그분은 남자와 여자로 인간을 창조하셨다(창 1:27). 이는 남자와 여자 모두 하나님의 형상을 지닌 존재라는 뜻이다. 달리 말해서, 남자와 여자가 모두 있어야 하나님의 본성을 완전히 이해할 수 있다는 뜻이다. 하나님은 여성적이신 동시에 남성적이시다. 이 말은 두 성이 모두 동등하게 소중하며, 각기 상대방이 갖추지 못한 하나님의 어떤 측면을 특별히 드러낸다는 뜻이다. 『성의 의미』(On the Meaning of Sex)의 저자인 부지셰프스키(J. Budziszewski)는 성적인 차이와 관련해 네 가지 사실을 제시하여 우리의 이해를 돕는다.[25]

첫째, 부지셰프스키는 성에는 이중적 속성이 존재한다고 주장한다. "남성성과 여성성은 동일한 인간 본질을 반영하며 동일한 존엄성과 신뢰성을 지니지만, 또한 인간 본성의 다른 측면을 반영한다."[26] 사회는 역사적으로 이 이원성에 관련된 두 가지 오류에 빠졌다. 사람들은 때로 두 성별이 다르기 때문에 한 성별이 다른 성별보다 더 가치 있다고 믿거나, 두 성별이 동등한 가치를 지니기 때문에 두 성별이 정확히 같아야 한다고 생각했다. 그러나 남성과 여성의 본질적인 차이를 인정하는 자연의 이원성 자체는 이러한 오류를 정당화하지 않는다.

둘째, 성별의 이중성은 경로의 이원성이다. 부지셰프스키는 출발 지점과 마무리 지점에서 남자와 여자의 발달론적 궤적이 서로 다르다고 주장한다. 생리학적으로 이 점은 분명하다. 남성은 여성보다 사춘기가 늦게 시작된다. 신경학적 발달도 늦게 일어난다. 이러한 차이는 여성이 평균적으로 2년 정도 일찍 결혼하는 이유를 설명할 수 있을 것이다. 또 다른 차이는 남성이 여성보다 평균적으로 키가 크고 체력이 더 강하다는 것이다. 서로 골격과 근육량이 다르다. 물론, 그렇다고 특정 개인이 다른 특정 여성보다 항상 키가 크거나 강하다는 의미는 아니다. 하지만 성별에 따른 차이가 있음을 보여준다.

　　셋째, 이원성은 신체와 영혼의 연관성이다. 사람은 육체만 가진 게 아니라 영적인 존재이기도 하다. 우리는 몸과 영과 정신으로 되어 있다. 몸과 영혼은 우리가 누구인지를 정의하는 데 똑같이 중요하다. 몸에 일어나는 일이 영혼에 영향을 미치고, 그 반대도 마찬가지라는 사실을 인식하지 않으면, 단순히 육체적인 부분에만 집중하게 되는 오류를 범하게 된다. 만약 이런 연관성을 인정하지 않는다면, 성별 간 신체적 차이를 무시하게 되거나 그 차이를 지나치게 중시하게 될 수 있다. 두 사람이 상대에게 자신을 온전히 내준다는 것은 몸과 마음을 모두 준다는 의미다.

　　마지막으로, 부지셰프스키는 성별 차이가 극단적인 상호 보완성을 끌어낸다고 지적한다. 즉, 남성과 여성은 서로 보완하는 방식이 다르다는 것이다. "각 성은 다른 성별이 부족한 점을 보완하며, 서로 균형을 유지하는 데 도움을 준다."[27] 생식 과정에서 입증되듯이, 상호 보완적 차이의 결합이 있어야 한다. 그런 결합이나 연결 없이 출산은 이루어지지 않는다. 이것은 인체의 모든 다른 기관과 명확한 대비를 이룬다. 하나님의 설계에 따라, 생식기관만 유일하게 우리 인체에서 '절반'만 갖추고 있다. 다른 장기 중에는 신장처럼 2개가 있는 경우가 있다. 소화기관은 다른 추가적인 기관 없이 독자적으로 기능하며, 남성과 여성 모두 본질적으로 같은 방식으로 소화기관이 작동한다. 우리는 호흡 기능을 수행하기 위해 완전하고 온전한 호흡 시스템을 가지고 있다. 그러나 생식이라는 목적을 이루려면, 서로 다른 특성을 지닌 두 성별이 결합해야만 가능하다.

성의 디자인에 따른 목적

자연법의 관점은 기독교적 관점과 일치하며, 성의 디자인과 의미에 주의를 기울인다. 부지셰프스키에 따르면, 성의 목적은 두 가지로 하나는 출산(새 생명을 낳고 양육하는 것)이고, 다른 하나는 결합(두 개의 상반되고 보완적인 존재가 영혼, 몸 전체에서 서로 완전하게 내주고 받아들이는 것)이다.[28] 그래서 부지셰프스키는 이렇게 말했다. "생식의 가능성 때문에 성은 강력하고 독특한 형태의 인간적 사랑의 가능성을 내포하고 있다. 성의 결합은 인간 존재의 깊은 차원에서 중요한 변화를 일으키며, '이제 두 사람은 절대 예전으로 돌아갈 수 없다'고 말하는 이유도 여기에 있다."[29] 출산은 근본적으로 반대되는 성을 결합하며, 자녀를 양육하고 아이들이 잘 성장하도록 돕는 데 이런 반대되는 특성은 가정 내에서 계속 필요하다.

성으로 인한 육체적 결합의 목적은 분명하다. 온전한 두 인격이 결합하여 하나를 이루는 것이다. 이 과정은 심지어 생리적으로도 강화된다. 옥시토신이라는 호르몬이 분비되어 쾌감이 증대될 뿐만 아니라 연결감을 느끼게 해준다. 이 호르몬은 수유할 때도 분비되어, 젖을 먹이는 어머니는 아기와 더욱 강한 애착을 느끼게 된다. 성은 단순한 신체적 결합을 넘어서, 우리의 몸이 영혼과 함께 작용하여 정서적, 영적, 지적 차원의 연결까지 포함하는 결합을 이루어낸다.[30] 또 보완적이고 반대되는 것들의 결합은 시너지를 일으킨다. 실제로 남편과 아내는 가정을 이루며, 그 가정은 개인이라는 부분의 전체 합보다 더 크다.

요약하자면 "상호적이고 완전한 자기희생, 강한 애착 감정, 강렬한 쾌감, 새 생명의 출산은 인간 본성에 의해 하나의 복합적인 의미와 목적 속에서 연결된다."[31] 그러므로 성은 기계적이고 생물학적 단어로 축소되어서는 안 되고, 하나님이 표현하려고 디자인하신 결혼 관계의 맥락에서 분리되어서도 안 된다. 부지셰프스키는 우리가 성의 의미를 이해하려고 할 때, 그것이 원래 디자인된 목적에 근본적으로 연결된 전체적이고 포괄적인 관점을 채택하지 않고 그 요소들만 골라서 선택하려 할 때 문제가 발생한다고 지적한다. 예를 들어, 어떤 사람은 성의 목적이 쾌락이라고 주장하지만, 부지셰프스키는 이에 반박한다. 그는 성을 통해 쾌락을 경험할 수 있지만, 성의 목적이 쾌감 자체는 아니라고 주장한다. 그는 만약 우리가 쾌락을 목적으로만 성을 추구할 때 그것은 성의 목적을 왜곡하여 병리적인 결과를 초래하게 된다고 설명한다. 비유하자면, 먹는 일은 즐겁기도 하지만, 먹을 것과 그것을 소화하는 신체 시스템의 목적은 영양 섭취다. 쾌감은 그 목적의 자연스러운 부산물이다. 그런데 만약 우리가 오직 쾌감을 위해 아이스크림과 초콜릿만 먹는다면, 그것은 그 목적에 반하는 것이며, 그 결과 병에 걸리게 될 것이다. 마찬가지로, 성의 자연적인 목적은 출산과 결합이며, 만약 성을 오직 쾌락을 위해서만 추구한다면, 사회나 개인은 병리적인 결과를 맞이할 수 있다.

초월을 지향하는 성

마지막으로, 부지셰프스키는 가장 친밀한 인간관계의 행위인 성에도 본질적인 분리가 있다고 주장한다. 즉, 성관계를 통해 이루어지는 교감은 불완전하며, 이는 초월에 대한 필요를 나타낸다는 것이다. 기독교적 관점에서, 성이 결혼 관계 내에서 충족되고 즐거운 경험이 될 수 있고, 출산과 결합의 가능성으로 이 관계가 지지받더라도, 결국 우리는 더 크고, 더 깊은 연결에 대한 갈망을 느끼게 된다는 것이다. 그것은 바로 하나님과의 연결이다. 기독교로 회심하기 전에 성적 쾌락을 추구하며 방탕한 생활을 했던 아우구스티누스는 "오 주님, 우리를 당신을 향하도록 창조하셨기에, 우리의 마음은 주님 안에서 안식할 때까지 쉼을 누리지 못합니다"라는 통찰력 있는 고백을 했다.[32] 성은 상반되고 보완적인 개인을 결합시키지만, 하나님과 더 크고 완전한 결합이 있어야 완전한 성취에 이르게 된다.

관계 속의 성적 경험

성의 의미와 목적에 관한 확고한 철학적 이해를 바탕으로, 이제 관계에서의 성적 경험에 관한 몇 가지 증거를 살펴보겠다. 전 세계적으로 기혼 부부는 미혼 독신자보다 더 자주 성관계를 한다고 한다.[33] 미국 여성은 평균적으로 17세에 첫 경험을 하며, 54%가량이 18세 때까지 첫 경험을 해봤다고 답했다.[34] 또한 연구 결과에 따르면, 평균적인 개인의 성관계 빈도는 지난 25년 동안 감소했으며, 특히 기혼자와 동거 관계에 있는 사람들 사이에서 그 감소가 두드러졌다.[35] 이 변화는 초혼 연령이 높아졌다는 것으로 일부 설명된다. 결혼한 부부와 동거 중인 커플은 성적으로 배타적이라는 보편적인 기대에도, 동거하는 사람이 더 자주, 동시에 여러 명의 파트너와 성관계를 가진다는 증거가 있다.[36]

많은 연구에서 의사소통, 정서적 친밀감, 그 외 다른 관계 변수들을 고려해 성적인 만족도를 조사했다. 이런 조사 결과는 성적 경험이 긍정적일수록 의사소통도 원활하다는 주장을 지지한다.[37] 성적인 의사소통이 얼마나 잘 이루어지는지는 다음과 같은 질문으로 평가할 수 있다. "성관계 시 색다른 것을 시도하고 싶을 때 파트너에게 말이나 행동으로 드러낼 수 있다." "성적 욕구와 필요를 어렵지 않게 표현할 수 있다."[38] 독일의 한 연구는 관계 유형(기혼, 독신, 동거)과 상관없이 개인의 성적 의사소통의 수준이 높을수록 성적인 만족도도 더 높다는 사실을 발견했다.[39] 다른 연구들에 따르면, 의사소통은 관계 만족도와 성적 만족 모두에 영향을 미친다고 한다.[40] 성적 만족도로 커플의 더 큰 정서적 친밀감을 예측할 수 있으며,[41] 의사소통과 성적 만족도는 더 높은 결혼 만족도로 이어지는 독립적인 요소들이었다.[42] 더 나아가 "여성은 남편과 집안일을 분담할 때 성적으로 만족한다고 답할 확률이 높았다."[43] 이는 지속적인 관계 연결의 중요성을 나타낸다. "침실 밖에서 일어나는 일이 침실 안에서 일어나는 일에 대한 남편과 아내의 만족도를 예견하는 데 매우 중요한 것으로 보인다."[44] 일반적으로, 부부가 의사소통의 기술을 익혔을 때 그것은 그들 관계의 모든 측면에서 나타나며, 서로 성적으로 만족하는 정도도 마찬가지다.

어떤 연구는 심지어 종교성이 성적 만족에 긍정적으로 작용한다는 사실을 발견하기도 했다. 18개월간의 성적 빈도와 만족도를 조사한 한 연구에서, 부부가 성관계를 영적인 의미가 있는 것으로 볼 때 성에 영적 의미를 부여하지 않는 부부보다 성관계 빈도와 만족도가 유지된다는 것을 확인했다.[45] 한 사회학적 연구에 따르면, 종교와 영성은 연령과 성별을 통제한 후에도 더 높은 수준의 성적 만족도와 관련이 있는 것으로 나타났다. 사람들이 신앙에 더 적극적일 때 결혼생활의 성적 만족도 역시 높다는 것을 보여주었다.[46]

성의 병리적 측면

다시 말하자면, 성은 관계적인 경험이며, 완전한 자기 내어주기로서 출산과 결합을 위해 디자인되었다. 여러 면에서, 결혼 내 성은 에덴동산으로 돌아가며, 죄가 세상에 들어온 이후 아담과 하와가 덮었던 무화과 나뭇잎을 제거하는 것과 같다(창 3:7). 성은 타락한 인류를 구원하는 의미를 지니며, 부부가 다시는 벌거벗고 부끄러워하지 않게 한다(창 2:25). 또한 성은 인류를 지속할 수 있는 근원이다. 성이 없다면, 인류는 다음 세대로 자연스럽게 번식할 수 없을 것이다. 아마도 성이 모든 인간 경험에 보편적이기 때문에(모든 사람에게 해당하지는 않지만), 성은 상처, 고통, 왜곡이 일어나기 쉬운 부분이다. 그렇다면, 이러한 문제들에 대한 기독교적 관점은 무엇일까?

성경은 혼전 성관계나 배우자가 아닌 누군가와 성적 관계를 맺는 경우, 즉 음행(혼전 성관계), 간음(배우자 외의 대상과 성관계), 음욕(배우자 외에 대상과 성관계하고 싶은 욕망)처럼 모든 종류의 왜곡된 성적 관계는 결혼에 대한 하나님의 계획을 해치는 병리적 행동으로 해석할 수 있다고 가르친다. 이혼과 재혼, 잇따른 동거 혹은 여러 사람과의 성관계를 통해 언약을 어기는 것은 죄를 짓는 것이다. 성경은 "음행을 피하라 사람이 범하는 죄마다 몸 밖에 있거니와 음행하는 자는 자기 몸에 죄를 범하느니라"(고전 6:18)고 가르친다. 산상수훈에서 예수님은 이렇게 말씀하셨다.

> 또 간음하지 말라 하였다는 것을 너희가 들었으나 나는 너희에게 이르노니 음욕을 품고 여자를 보는 자마다 마음에 이미 간음하였느니라 만일 네 오른 눈이 너로 실족하게 하거든 빼어 내버리라 네 백체 중 하나가 없어지고 온몸이 지옥에 던져지지 않는 것이 유익하며(마 5:27-29).

예수님은 모세의 율법을 단순히 행위의 여부가 아니라 인지적인 요인과 동기 유발 요인에 비추어 해석하셨다. 이 경우, 예수님은 간음을 모든 종류의 왜곡된 욕망이나 욕정을 의미하는 것으로 재정의하고 계신다.

기독교계 일각에서는 창세기 2장 24절을 근거로 성관계가 '영혼의 결합'을 낳는다고 설명하며, 남자와 여자가 "이제 둘이 아니요 한 몸"이 되었다고 가르친다(마 19:6; 또한 막 10:8 참고). 영혼의 결합에 관한 한 예는 창세기에서 세겜이 디나와 잠자리한 사건에서 볼 수 있다. 성경은 세겜이 "그 소녀를 사랑하여 그의 마음을 말로 위로하고"라고 말한다. 킹 제임스 번역본에서는 이 절에 대해 그의 영혼이 디나에게 달라붙었다고 번역한다(창 34:3). 이 이야기는 이 관계가 불의하다는 이해(결혼 밖의 성관계)를 전제로 하며, 야곱의 아들들이 그 영혼의 결합을 어떻게 '잘라버렸는지' 극적으로 보여준다. 혼인 여부에 상관없이 많은 파트너와 관계하면, 많은 사람과의 애착이 생기고 대가를 치러야 하는 언약 관계에 들어가게 된다는 것이다. 그러므로 결혼 전이든 결혼한 상태든 혹은 이혼한 후든 성적인 범죄는 처리되어야 한다. 현대 결혼 관계가 직면한 두 가지 일반적인 문제를 살펴보자. 의무적으로 성관계하는 문제와 포르노를 탐닉하는 문제다.

의무적 성관계

"배어 결혼 프로젝트"(Bare Marriage Project)라는 2만 명 이상의 기혼 여성을 대상으로 한 심층 설문 조사에서, 실라 레이 그리고어(Sheila Wray Gregoire)와 동료들은 많은 여성이 성관계를 의무나 교환처럼 느낀다고 밝혔다.[47] 그러나 성관계를 결혼의 의무나 관계의 의무로 요구한다면 상호적인 자기 내어줌이라는 본질이 무색해진다. 이는 하나 됨이라는 성의 목적을 왜곡하는 것이다. 그런데도 이런 일은 실제로 발생하고 있다. 연구에서는 특히 기독교 공동체에서 성관계를 의무로 여기는 메시지를 많이 전한다고 밝혔다. 이 메시지는 여성들이 남편이 요구할 경우 조건 없이 성관계를 허용해야 하며, 그렇지 않으면 남편이 죄를 짓게 된다고 들었다는 것이다(가령, 음욕에 굴복하거나 음란물을 보거나 외도를 하게 만드는).[48] 이런 유형의 조작은 바울의 가르침을 잘못 적용한 것이다.

> 남편은 그 아내에 대한 의무를 다하고 아내도 그 남편에게 그렇게 할지라 아내는 자기 몸을 주장하지 못하고 오직 그 남편이 하며 남편도 그와 같이 자기 몸을 주장하지 못하고 오직 그 아내가 하나니 서로 분방하지 말라 다만 기도할 틈을 얻기 위하여 합의상 얼마 동안은 하되 다시 합하라(고전 7:3-5).

의무적 성관계는 강압적이고 통제적이며, 심지어 부부 강간으로 이어질 수 있다.

이 연구에 참여한 한 여성은 자신이 원하는 것을 얻기 위해 성을 이용한 적이 있다고 털어놓았다. 이런 유형의 관계는 "난 당신을 진심으로 원하지는 않아. 다만 당신이 내게 줄 수 있어서 당신의 요구에 응하는 거지"라고 말하는 셈이다. 목적을 이루는 수단으로 성을 사용한다. 즉, 배우자에게 자신을 주는 것이 아니라 그에게서 무엇인가를 얻어내는 수단으로 성을 쓰는 것이다. 이런 식의 조작은 "내가 원하는 대로 해주지 않으면 당신에게 아무것도 주지 않을 거야"라고 말하는 셈이다. 이런 태도는 성의 본질을 왜곡하고 부부의 내밀한 친밀함을 망친다.[49] "여자는 사랑을 원하여 성관계하고 남자는 성관계를 원해 사랑한다"라는 오래된 속담이 있다. 관계든 금전이든 대가를 받고 성을 팔면, 결국 남자와 여자 모두 타락하게 된다. 이 속담은 개인의 동기를 모욕하고 과도하게 획일적으로 남자를 묘사한다. 그러나 이 속담이 보여주듯이, 이런 식의 의사소통은 부부 관계에서도 일어날 수 있고 실제로 일어나고 있다.

의무적 성관계는 상대방을 조종하고 관계에서 권력을 악용하는 양 측면을 모두 함축하고 있다. 두 측면 모두 사랑을 표현하는 수단으로 성을 보지 않으며, 성적인 교감을 통해 드러내는 상호적 자기 내어줌과 친밀감을 방해한다.

포르노그래피

성이나 성적 소통과 관련된 또 다른 병리적 문제는 포르노그래피다. 이 단어는 문자 그대로 "창녀에 관한 글"을 의미하며 성행위에 대한 선정적 묘사에서 파생했을 가능성이 있다.[50] 현재 성적 쾌락을 자극하기 위한 목적의 인터넷 사이트, 영상, 영화의 전체 산업 규모[51]는 거의 20조에 이른다고 한다(메이저리그 축구, 야구, 농구에 쓰는 비용을 합친 것보다 음란물에 더 많은 돈을 쓰는 것이다!).[52] 포르노그래피는 포괄적인 정의일 수 있지만, 관계를 맺고 있는 개인과 커플은 무엇이 포르노에 해당하고 무엇이 그렇지 않은지에 대해 다양하게 이해한다.[53] 성경적 관점에서, 우리는 어떤 사람이 음란한 사고나 행동을 조장하려는 것이라면 무엇이든 포르노로 간주할 수 있다고 생각한다(마 5:27-29 참고).

음란물 사용은 지난 반세기 동안 계속 증가했으며, 일반적으로 사춘기에 시작된다.[54] 한 연구는 청소년의 거의 3분의 1(남자 93%, 여자 62%)이 18세 이전에 온라인으로 음란물을 보았다고 보고했다.[55]

기혼 부부와 동거 커플에 대한 연구(남성의 평균 연령 32세, 여성의 평균 연령 29세)에서 기술적 분석 결과, 남성이 여성보다 포르노를 훨씬 더 자주 본다고 보고했으며, 여성 중 2% 미만이 한 주에 한 번 이상 포르노를 보지만, 남성은 26%가 그렇다고 응답했다.[56] 비슷하게 음란물을 전혀 이용하지 않는 여성은 64%인데 비해 남성의 비율은 불과 27%에 지나지 않았다.[57] 음란물 소비 비율의 연령별 표본을 확대하기 위한 목적의 인터넷 기반 연구는 남성과 여성의 경우 모두 연령이 높을수록 음란물 소비가 감소하지만 남성은 여성보다 일주일에 평균적으로 2, 3배 이상 음란물을 더 소비한 것으로 나타났다.[58] 그리스도인의 경우, 종교에 대한 참여 정도에 따라 음란물 소비는 큰 차이를 보였다. 50세 이하의 남성은 일주일마다 예배에 참석하는 개신교도는 약 10%, 다른 종교인은 20%가 전년도에 R등급 영화를 본 데 비해, 일 년에 한 번 정도 종교 행사에 참여하는 사람은 이 비율이 각기 45%와 50%가 넘었다.[59]

오늘날 포르노는 용이한 접근성, 저렴한 가입 비용, 익명성을 특징으로 한다.[60] 인터넷에는 이용자의 방문을 유도하는 '무료' 포르노 사이트와 유튜브가 적지 않다. 이것은 종종 혼자만의 은밀한 공간에서 이루어지므로 익명성이 보장된다. 하루 24시간 일주일에 7일 동안 이용할 수 있다. 이런 특징은 음란물 사용을 점점 더 용인하는 태도와 더불어 지난 몇십 년간 음란물 사용이 증가한 이유로 꼽을 수 있다.[61]

포르노그래피의 영향

음란물은 사회와 관계, 여성, 남성에게 다양한 영향을 미친다. 여기에서 우리는 남성이 주 이용자이며, 여성은 주로 착취의 대상인 전형적인 음란물 이용 실태에 비추어, 포르노가 미치는 영향을 살펴볼 것이다. 여성의 포르노 사용 비율이 남성의 이용률에 비해 증가하기 때문에, 우리가 소개하는 남성에 대한 영향 또한 여성도 받을 수 있는 영향이고, 여성에게 미치는 영향은 남성의 경험과도 관련이 있을 수 있음을 언급해둔다. 그래도 일반적인 사례를 설명하고자 성별에 따른 경험을 구분하여 각각 살펴보겠다.

사회에 미치는 영향: 포르노가 생산되는 사회적 조건은 매우 우려스럽다. 여성에 대한 폭력을 걱정하는 사람이라면, 양심상 포르노를 소비하거나 지지할 수 없다. 왜냐하면 많은 포르노가 성매매 여성을 데리고 제작되기 때문이다. 이 여성들은 자의로 이 일을 선택한 것이 아니라 일종의 노예로 팔린 것이다. 그들은 다양한 성적 행위를 선보이도록 강제하는 포주들에 의해 체계적으로 착취당한다.[62] 복음을 현대 사춘기 청소년들의 삶과 문화에 적용하는 데 헌신한 사역 기관인 아식스(Axis)가 만든 음란물에 관한 대화 키트(교육 자료)에 따르면, 음란물을 이용하고 구매하면서 성 착취를 반대한다면, 특정 정치인을 반대하면서 그 정치인의 캠페인에 기부하는 셈이나 마찬가지라고 한다. 음란물은 인신매매와 밀접한 연관이 있으므로, 인신매매를 반대한다면 음란물 역시 반대해야 논리에 맞다.

음란물과 관련된 다른 사회적 문제와 결과는 섹스팅과 이른바 리벤지 포르노다. 섹스팅은 소셜 미디어나 문자 메시지 서비스로 성적으로 노골적인 영상이나 메시지를 보내는 것으로, 종종 데이트하는 커플 사이에서 이루어진다. 섹스팅을 하는 십대 남녀는 종종 자신을 매력적으로 보이려 하고, 성에 관심이 있음을 드러내려고 시도한다.[63] 그런데 커플이 서로 성적인 영상이나 이미지를 공유할 때, 이것은 협박이나 보복에 사용될 수 있다. 서로 사귀다가 헤어질 때 한쪽이 소셜 미디어를 통해 섹스팅 영상을 유포하거나, 전 연인에게 수치감을 주기 위해 친구들과 이 영상을 공유하는 것을 리벤지 포르노라고 한다. 이러한 관계적이고 사회적인 결과는 단순히 음란물을 사용하는 것뿐만 아니라, 젊은이들이 이러한 이미지와 영상을 제작하는 데 참여하고 있기 때문에 발생한다.

관계에 미치는 영향: 음란물 이용은 일관되게 헌신적 관계의 약화,[64] 이혼 가능성 증가,[65] 남성과 여성의 낮은 성적 만족도, 문제성 소통 방식과 연관되어 있다. 이 중 첫 두 영향을 설명하기 위해 한 연구는 "음란물을 아직 이용하지 않은 20대는 이혼 가능성이 약 6%지만, 음란물을 이용하는 사람은 이혼 가능성이 51%에 이른다"라는 것을 밝혔다.[66] 의사소통에 미치는 영향을 설명하기 위해, 미국에서 진행된 가장 큰 규모의 상세한 연구 중 하나에서는 1,755명의 이성애자 커플을 샘플로 포함하여, 포르노를 관계에서 사용하는 사람은 긍정적인 의사소통을 잘 못하며, 더 많은 관계적 공격성과 더 낮은 관계 만족도를 보인다고 밝혔다.[67] 전국적으로 실시된 30개의 대표적인 연구 결과를 요약하면, 성별에 상관없이 음란물 이용이 관계의 악화라는 결과와 연관이 있음을 압도적으로 보여준다.[68]

또 다른 관계상의 영향은 음란물이 전형적으로 이용되는 방식과 관련이 있다. 대부분 이용자는 혼자서 포르노를 보며, 소수는 당시의 성적 파트너와 함께 본다. 남성은 여성보다 혼자 포르노를 볼 확률이 매우 높고, 여성은 남성보다 성적 파트너와 함께 포르노를 볼 가능성이 크다.[69] 음란물을 이용하는 상황과 관련된 성적 자극은 전형적인 심리학적 조건에 비추어 살펴볼 수 있다. 어떤 행위가 강화되는 경우는 그 행위에 따르는 보상 때문이다. 혼자서 음란물을 보는 경우 성적 자극과 표현은 관계적인 경험이 아니라 개인적인 경험이 된다.

관계에 음란물이 미치는 이런 유해한 영향을 설명할 수 있는 한 가지는 포르노가 그 이용자에게 아무것도 요구하지 않는다는 사실에서 찾을 수 있다. 성적 자극이나 표현을 위한 포르노 사용은 서로 하나로 이어주는 성의 근본 목적에 어긋난다. 서로 경청하거나 배려할 필요도 없고, 공유하거나 서로 베풀고 반응하는 어떤 일도 할 필요가 없다. 그 대신 관계적 만족과 상관없는 즉각적인 성적 만족을 제공한다.

여성들에게 미치는 영향: 여성의 경우 직접적인 영향을 받는다. 연구는 파트너의 음란물 이용이 여성의 낮은 자존감과 연관이 있음을 일관되게 확인해준다.[70] 이런 결과는 여성이 포르노를 용인하든, 비판적인 태도를 가졌든지 상관없이 나타났다.[71] 심지어 이전 파트너의 포르노 사용도 여성에게 영향을 미칠 수 있다. 여자 대학생 171명을 대상으로 한 연구에서, 이전 파트너의 포르노 사용이 여성이 경험한 성적 대상화와 섭식 장애 증상과 직접적인 관련이 있다는 결과가 나왔다.[72] 전 파트너의 포르노 이용은 또한 여성들이 문화적 미의 기준을 내면화하는 정도에 영향을 주었고, 이를 통해 여성들이 자기 신체 감시와 비하를 하게 됐다고 추측할 수 있었다. 파트너가 음란물을 이용하기 시작하면 여성은 자기 매력에 의문을 품게 되었으며, 관계 불안과 우울감이 증가하는 개인적 결과를 초래했다.

남성들에게 미치는 영향: 마지막으로 음란물은 남성에게 유해한 영향을 미친다. 그 영향은 인식 변화와 중독으로 요약할 수 있다. 음란물 시청의 영향에 관한 연구의 메타 분석에 따르면, 포르노 이용이 여성에 대한 공격성, 폭력성 그리고 여성에 대한 대상화(여성을 육체적인 대상으로만 보는 것)와 도구화(여성을 자기 쾌락을 채우는 대상, 굴종적 존재로 보는 것)의 심화와 관련이 있음을 보여주었다.[73] 음란물 사용을 옹호하는 사람들조차도 인정한다. "인지적으로 포르노는 여성들이 남성의 요구를 항상 수용한다거나 여성이 남성을 속이거나 배신하는 존재라는 등의 범죄적 인식을 유발하고 유지하며 강화한다."[74] 이러한 인식이 반드시 포르노 때문에 생긴다고 말할 수는 없지만, 이러한 행동과 포르노가 서로 영향을 미치는 것은 분명한 사실이다. 더 많은 포르노 사용은 더 많은 성적, 관계적 실험으로 이어지며, 이는 또다시 더 많은 포르노 사용으로 이어진다.

남성들에게 미치는 또 다른 영향은 음란물로 인한 발기부전이다. 일부 연구는 남성의 음란물 이용과 발기부전에 대해 예측적이거나 인과적인 연관성이 없다고 밝혔지만, 이 두 변수 간의 동시적인 연관성은 있다고 보고했다.[75] 그러나 다른 연구에서 30세 이하 남성의 발기부전이 역사적으로 전례 없는 수준으로 증가했다고 보여주는 증거를 제시한다.[76] 이 급격한 증가(10여 년 만에 7%에서 30%로)가 반드시 음란물에 원인이 있음을 보여주지는 않지만, 남성이 여성과 있을 때만 발기부전이 발생하고, 포르노를 볼 때는 발생하지 않는다는 보고가 있다. 즉, 남성은 실제 여성보다 음란물에서 더 성적으로 자극받는다는 것이다.

아마 신념과 행동의 변화보다 훨씬 더 심각한 점은 음란물에 중독성이 있다는 것이다. 포르노는 뇌의 기본적인 연결 방식에 변화를 일으킬 수 있다. 신경 과학은 음란물에 대한 중독이 마약 중독, 도박이나 충동적 쇼핑 중독과 유사하다는 것을 보여준다.[77] 현재의 인터넷 음란물은 중독을 증가시키는 두 가지 특징인 극도의 새로움(supernovelty)과 초자극성(superstimuli)을 보여준다. 먼저, 극도의 새로움은 끝없이 영상이나 이미지를 볼 수 있다는 개념이다. 이는 소셜 미디어가 사용자들이 사이트를 계속해서 보게 하려고 사용하는 특징과 동일하다. 대부분 소셜 미디어에서는 '뉴스 피드'를 끝없이 스크롤 할 수 있으며, 끊임없이 새로운 사진, 영상, 게시물이 뜬다. 마찬가지로, 음란물을 보여주는 웹사이트나 모바일 앱도 중독을 유도하기 위해 극도의 새로움이라는 특징을 활용한다.

두 번째 특징은 초자극성이다. 여기에 초자극성을 정의하는 데 도움이 되는 요약이 있다.

> 노벨상 수상 과학자 니콜라스 틴버겐(Nikolaas Tinbergen)은 '초자극제'(supernormal stimuli)라는 개념을 제시했다. 이는 인위적인 자극이 진화적으로 발달한 유전적 반응을 압도할 수 있다는 현상이다. 이 현상을 설명하기 위해 틴버겐은 실제 새 알보다 훨씬 더 화려하고 큰 인공적인 새 알을 만들었다. 놀랍게도, 어미 새는 자신이 낳은 알을 포기하고 더 생생하고 화려한 인공 알을 품는 편을 선택했다. 마찬가지로 틴버겐은 크고 더 화려한 날개를 가진 인공 나비를 만들었고, 수나비는 실제 암나비 대신 이 인공 나비와 짝짓기를 반복해서 시도했다.[78]

컴퓨터 영상 조작 능력의 발달로 음란물의 많은 부분이 초자극의 수준으로 강화되었다. 음란물을 예술의 한 형태로 보는 사람들은 음란물 이용자들이 "음란물을 성과 성애의 과장된 허구적 묘사로" 이해한다고 가정한다.[79] 하지만 인간이 본래 극도의 새로움과 초자극성에 끌리는 성향을 가졌다는 점을 감안할 때, 음란물은 자연스러운 성적 끌림을 충분히 왜곡할 수 있다. 남성과 여성은 실제 관계보다 과장된 이미지를 좇으며, 가짜 나비에 끌리는 것처럼 비현실적인 대상에 매력을 느끼게 된다.

성경적 관점에서 포르노그래피 이해하기

이러한 결과는 사회, 관계, 여성과 남성에게 포르노가 하나님이 만드신 것에 대한 가짜라는 것을 보여준다. 관계에서 중요한 점은 하나님이 디자인하셨고, 그것을 좋게 보셨다는 것을 이해하는 것이다. 그러나 포르노는 하나님의 좋은 창조를 가짜로 바꾸었다. 로마서 1장 24-25절에서 바울은 성적 왜곡을 "하나님의 진리를 거짓 것으로 바꾸어[놓은 것]"이라고 설명한다. 정적인 이미지와 온라인 영상은 인간에 대한 천박하면서도 이차원적인 상징이다. 심지어 매춘, 일회성 만남, 친구 이상의 관계에서 온갖 성적 표현과 실험은 허용하면서, 연합과 출산의 가능성을 염두에 둔 전인적 관계는 피한다. 교황 요한 바오로 2세는 통찰력 있게 "포르노의 문제는 그것이 사람을 너무 많이 보여준다는 것이 아니라, 너무 적게 보여준다는 것이다"라고 지적했다.[80] 남성과 여성은 단지 신체 부위 이상의 존재이며, 사랑과 포괄적이고 헌신적인 결혼의 맥락에서 서로 성적으로 온전히 알도록 계획된 존재다.

사랑과의 관계는 무엇인가?

지금까지 우리는 사랑에 대한 주제는 다루지 않았다. 이상적이라면 성은 사랑의 표현이 되어야 마땅하지만, 사랑은 단순한 성을 말하지 않는다. 성경은 우리가 서로 어떻게 사랑해야 하는지 여러 곳에서 강조한다. 대표적으로 잠언 3장 3-4절이 있다. "인자와 진리가 네게서 떠나지 말게 하고 그것을 네 목에 매며 네 마음판에 새기라 그리하면 네가 하나님과 사람 앞에서 은총과 귀중히 여김을 받으리라." 남자나 여자 모두 사랑이 필요하며, 서로 사랑하라는 명령을 받았다. 바울은 "그리스도를 경외함으로 피차 복종하라"(엡 5:21)고 가르치며 "너희도 각각 자기의 아내 사랑하기를 자신같이 하고 아내도 자기 남편을 존경하라"(엡 5:33)고 가르친다. 예수님은 "내 계명은 곧 내가 너희를 사랑한 것같이 너희도 서로 사랑하라 하는 이것이니라 사람이 친구를 위하여 자기 목숨을 버리면 이보다 더 큰 사랑이 없나니"(요 15:12-13)라고 가르치셨다. 상호적이고 전적인 자기희생이 사랑의 특징이다.

적용 활동 11.2

시에서 보이는 사랑

사랑은 오랫동안 시의 주제였고, 소설의 단골 메뉴였으며, 인간과 하나님 간의 경험에서도 핵심을 차지하기도 했다. 셰익스피어의 사랑에 관한 "소네트 116"을 읽어보라. 이 시는 주후 1609년경에 처음 발표되었다. 이 시는 사랑의 어떤 측면을 강조하는가?

이제 주후 53년경 고린도인들에게 보낸 바울의 편지(고전 13:1-8)를 보라. 이 사랑에 관한 두 글은 어떤 부분에서 유사한가? 차이점은 무엇인가?

이 두 글을 볼 때 인간관계에서 사랑의 의미는 무엇인가? 소통에 있어서는? 이런 묘사가 단순히 연인이나 부부 관계뿐 아니라 전체 가족에게 어느 정도 적용될 수 있는가?

소네트 116

참된 마음의 결합에 방해물을 용납하지 않으리라.
사랑하는 이가 쇠락한다고 같이 쇠락하고
그의 마음이 요동친다고 마음이 변하는 사랑은 사랑이 아니리니.

아, 아니! 사랑은 영원히 고정된 별과 같아서
폭풍 속에서도 결코 흔들리는 법이 없도다.
사랑은 모든 방황하는 배의 북극성이니
그 고도는 측량할 수 있으되 그 가치는 헤아릴 수 없구나.
장밋빛 입술과 볼은 시간의 굽은 낫에 베여지더라도
사랑 자신은 시간의 노리개가 아니도다.
사랑은 시간이 흘러도 변하지 않고,
최후 심판의 날까지도 견디느니라.
만약 내가 틀렸고, 그것이 증명될 수 있다면,
나는 이 글을 쓴 적도 없고, 어떤 사람도 사랑한 적이 없는 것이다.[81]

고린도전서 13:1-8
내가 사람의 방언과 천사의 말을 할지라도 사랑이 없으면 소리 나는 구리와 울리는 꽹과리가 되고 내가 예언하는 능력이 있어 모든 비밀과 모든 지식을 알고 또 산을 옮길 만한 모든 믿음이 있을지라도 사랑이 없으면 내가 아무것도 아니요 내가 내게 있는 모든 것으로 구제하고 또 내 몸을 불사르게 내줄지라도 사랑이 없으면 내게 아무 유익이 없느니라 사랑은 오래 참고 사랑은 온유하며 시기하지 아니하며 사랑은 자랑하지 아니하며 교만하지 아니하며 무례히 행하지 아니하며 자기의 유익을 구하지 아니하며 성내지 아니하며 악한 것을 생각하지 아니하며 불의를 기뻐하지 아니하며 진리와 함께 기뻐하고 모든 것을 참으며 모든 것을 믿으며 모든 것을 바라며 모든 것을 견디느니라 사랑은 언제까지나 떨어지지 아니하되 예언도 폐하고 방언도 그치고 지식도 폐하리라.

성인의 낭만적 관계로 사랑을 이해하고자 하는 몇 가지 이론이 있다. 그중 하나가 스턴버그(Sternberg)의 삼각형 이론이다. 이 이론에서는 사랑을 세 가지 구성 요소라는 측면에서 접근한다. 그것은 열

정, 친밀감, 헌신이다.[82] 열정은 "낭만, 육체적 매력, 성적 몰입, 사랑의 관계에서 보이는 관련된 현상으로 이어지는 욕구를 가리킨다."[83] 여기에는 사랑에 빠졌다는 "감정"이나 배 속에 나비가 날아다니는 듯한 기분, 성적이고 신체적인 흥분 등을 포함하며, 이런 감정이 "사랑하는 관계에서의 열정 경험"으로 이어진다.[84] 친밀감은 관계에서 우정의 측면에 해당한다. 사람들이 경험하는 "친밀감, 서로 연결되어 있으며 하나로 결합해 있다는 느낌"을 말한다.[85] 스턴버그의 이론에서 친밀감은 성적인 의미가 아니라 감정적인 연결에 가깝다. 마지막으로 헌신은 누군가를 사랑하겠다는 개인의 적극적 결정이며, 장기적으로 사랑을 유지하는 요소다. 이는 의지적인 행동으로, 사랑을 선택하고 그 사랑을 지속하려는 결심을 의미한다.[86]

사랑은 보편적인 인간 현상(즉, 특정 국가나 민족 그룹에 국한되지 않음)이기 때문에 이 이론은 여러 나라의 사람들에게 적용될 수 있어야 한다. 최근의 연구는 이 이론을 검증했고, 사랑의 삼각형 이론의 문

	친밀감	열정	헌신
사랑이 아님			
좋아함	■		
도취성 사랑		■	
공허한 사랑			■
낭만적 사랑	■	■	
우애적 사랑	■		■
허구적 사랑		■	■
성숙한 사랑	■	■	■

□ 정도가 낮다　■ 정도가 높다

표 11.1 스턴버그의 사랑의 삼각형 이론 [Robert J. Sternberg, "A Triangular Theory of Love," Psychologi-cal Review 93, no. 2 (1986): 119-135에서 인용.]

화 간 적용 가능성의 근거를 확인했다.[87] 이 이론의 세 가지 핵심 요소는 독립적으로 작용할 수 있기에, 다양한 조합으로 여러 사랑의 유형을 만들 수 있다. 표 11.1은 열정, 친밀감, 헌신이 어떻게 결합하여 다양한 사람의 유형을 나타내는지를 보여준다. 열정과 헌신은 강한데 친밀감이 없으면 어떤 관계를 맺게 되는가? 스턴버그는 이것을 허구적 사랑(어리석은 사랑, 무의미한 사랑)이라고 부른다. 마치 인기 있는 가수나 스포츠 선수에게 열광하는 것과 같다. 팬은 애정을 쏟는 대상은 있지만(열정), 실제적 우정은 전혀 없다(친밀감). 하지만 비가 오든 해가 뜨든 콘서트나 경기장에 참석할 수는 있다(헌신).

장기적 관계를 생각해보라. 시간이 흐르면서 두 사람은 어떤 식으로 다양한 유형의 사랑을 경험하게 될까? 대부분 관계는 호감(높은 친밀감, 낮은 열정, 낮은 헌신)이나 짝사랑(높은 열정, 낮은 친밀감, 낮은 헌신)으로 시작된다. 관계가 진전되면 경험하는 사랑의 유형이 더 늘어난다. 예를 들어, 낭만적 사랑은 우정이 싹트고 사랑의 정서적 경험이 고조되며 성적으로 흥분 상태가 되어, 약혼으로 공식적 헌신 관계가 되고, 결혼으로 이어질 경우 가장 이상적인 구애 과정을 거쳤다고 볼 수 있다. 이상적인 결혼 관계라면 사랑의 세 요소가 모두 동시에 작동하며, 이것을 성숙한 사랑으로 부를 수 있다. 결혼한 부부는 독점적이고 만족스러운 성생활을 즐기며, 계속 발전하는 우정을 소중히 여기고, 서로 평생 충실할 것을 다짐한다. 그러나 사랑은 정적이지 않고 역동적이다. 좋은 결혼 생활은 항상 발전하고 있기 때문에 사랑도 시간이 지남에 따라 변한다.

결혼 생활을 하다 보면, '우애적 사랑'이 관계를 특징짓는 시기가 있을 수 있다. 예를 들어, 몸을 다치거나 수술을 하여 일시적으로 성관계를 할 수 없을 때가 있다. 또는 부부 관계가 중심이 되는 중년기에 들어서면서, 많은 부부가 그동안 자녀 양육에 집중하느라 우정 (친밀감)을 가꾸는 데 소홀히 했음을 깨닫는다.[88] 이런 부부는 성적인 관계를 유지하고 서로에 대한 헌신은 유지했지만, 우정은 소홀히 했을 가능성이 있다. 이런 요소들의 역동적인 특성은 일부 관계가 실패하거나 결혼이 이혼으로 끝날 수 있다는 것을 의미한다. 부부가 결혼 생활에 열정과 친밀감을 잃으면, 헌신도 약해질 수 있다. 게리 토마스가 『결혼, 영성에 눈뜨다』(Sacred Marriage, 좋은씨앗)에서 지적하듯이, "낭만적 사랑은 탄력성이 없다. 절대 유연함을 보이지 않는다. 그냥 부서질 뿐이다. 성숙한 사랑, 다시 말해, 성숙한 결혼 관계에서 요구되는 사랑은 유연해야 한다. 죄인 된 인간의 상태에서는 모두 상충하는 감정을 겪기 때문이다."[89] 이 삼각형 이론의 용어에 따라, 토마

적용 활동 11.3

사랑의 모델

스턴버그가 사랑의 세 가지 차원으로 열정, 친밀감, 헌신을 주장했지만, 다른 사랑의 이론들도 있다. 예를 들어, 토보어 오노지오피아 토보어(Tobore Onojighofia Tobore)는 매력, 교감, 신뢰, 존중을 포함하는 사랑의 4차원 이론을 제안했다.[90]
그룹을 나누어 사랑의 모델을 개발하고, 그 모델에 대해 발표할 준비를 하라. 모델을 개발하면서 다음과 같은 질문들을 고려할 수 있다.
- 당신이 만든 사랑의 모델을 구성하는 핵심적 요소는 무엇인가?
- 그 요소들은 독립적으로 작용하는가? 아니면 상호 의존적으로 작용하는가? 예를 들면, 토보어는 신뢰를 타협하면 관계가 약화되고, 존중하는 마음이 훼손될 수 있다고 주장한다.
- 당신의 모델을 어떻게 시각적으로 표현할 수 있을까?

스는 서로 열정과 친밀감이 약할 때 흔들림 없는 헌신이 있으면 사랑이 유지될 수 있다고 주장한다. 여기서 핵심은 결혼 관계에 변화가 생길 때 사랑이 어떻게 변하는지 생각해보라는 것이다.

스턴버그의 이론은 성인 관계에 초점을 맞추지만 사랑은 인간에게 기본적이다. 부모와 자녀의 관계, 우정, 심지어 원수를 대하는 태도를 설명할 때도 적용할 수 있다(마 5:43-44 참고). 사랑은 모든 관계의 특징이 되어야 한다. C. S. 루이스는『네 가지 사랑』(The Four Loves, 홍성사)에서 다소 다른 입장으로 접근한다.[91] 그는 사랑에 해당하는 네 가지 헬라어인 스토르게(storge), 필리아(philia), 에로스(eros), 아가페(agape)의 뜻을 설명한다. 스토르게는 애정이다. 루이스는 이런 유형의 사랑을 어머니가 아기를 보살피는 것에 비유한다. 필리아는 우정으로 "인생의 왕관"에 해당하는 사랑이다.[92] 이런 사랑은 두 사람이 공통된 무엇인가를 두고 동료애를 나눌 때 드러나는 사랑이다. 루이스에 따르면, 가장 많은 시간을 소요하며 가장 주목을 받지 못하는 형태의 사랑이다. 에로스는 낭만적이고 열정적이며 불꽃같은 사랑이다. 열정이 식으면 에로스도 사라진다. 아가페는 무조건적인 자비심이다. 루이스에 따르면, 인생의 궁극적 목표로서 모든 다른 형태의 사랑이 이를 위한 훈련의 장을 제공한다고 한다. 루이스는 예수 그리스도를 통해 우리에게 베풀어주신 하나님의 무조건적인 사랑을 아가페라고 설명하며, 기독교적인 관점에서 이에 접근한다.[93]

루이스는 사랑은 수직적 사랑(신적 사랑)과 수평적 사랑(인간의 사랑)의 상호작용을 요구한다고 말한다. 사도 요한은 하나님이 먼저 우리를 사랑하셨으므로 우리가 사랑할 수 있다고 주장한다(요일 4:19). "누구든지 하나님을 사랑하노라 하고 그 형제를 미워하면 이는 거짓말하는 자니 보는바 그 형제를 사랑하지 아니하는 자는 보지 못하는바 하나님을 사랑할 수 없느니라"(요일 4:20)고 강조한다. 게리 토마스는 이런 정서를 그대로 수용해 이렇게 말하고 있다. "일단 결혼 관계에 들어가면 배우자를 사랑하지 않고 하나님을 사랑한다고 할 수 없다."[94] 사랑은 부부 경험의 핵심이다. 종합하자면, 신적 사랑은 모든 관계의 기독교적 사랑의 근거가 된다.

결론

성경에서 결혼 생활에 관해 분명히 가르친 것 중 하나가 결혼은 하나의 그림이라는 것이다. 결혼 생활은 그리스도가 그분의 신부와 누리는 관계를 지상의 관계로 예시하는 것이다. 그러므로 "모든 사람은 결혼을 귀히 여기고 침소를 더럽히지 않게 [해야 한다]"(히 13:4). 또한 "남편들아 아내 사랑하기를 그리스도께서 교회를 사랑하시고 그 교회를 위하여 자신을 주심같이"(엡 5:25) 해야 한다. 이는 그리스도인의 결혼을 언약으로 봐야 하는 한 가지 이유다. 즉, 성경 전반에서 결혼과 성적 관계를 이해하는 데 문자적 해석과 비유적 해석을 모두 할 수 있다는 뜻이다. 예를 들어, 잠언 31장을 보라. 이 장은 부지런하고 유능한 한 여성을 묘사한다. 그녀는 공감하는 자세와 유능한 실력으로 관리와 행정 일에 관여한다. 하지만 또한 이 장을 그리스도의 신부를 묘사한 것으로 해석할 수도 있다. 허드슨 테일러(Hudson Taylor)와 다른 이들은 또 다른 구절인 아가서에 대한 비유적 해석에서 이 아가서가 그리스도와 교회 간의 친밀함을 묘사한 것이라고 해석한다.[95] 이 시가에서 솔로몬 왕은 그리스도를 대표하고, 술람미 여인은 그분의 신부인 교회를 나타낸다는 것이다.

결혼이 그리스도와 교회의 관계를 예시하기도 한다는 '심오한 비밀' 때문에(엡 5:32), 부부간의 성적이고 관계적이며 헌신적인 사랑의 모습에서 벗어나는 관계는 모두 우리를 향한 사랑을 증명하시려는 하나님의 방식에 어긋난다고 할 수 있다. 구약의 선지자들은 이스라엘이 우상숭배에 빠질 때 시종일관 음행과 간음의 죄를 지었다고 책망한다(삿 2:16-23 참고). 포르노를 성적인 친밀감과 대체할 때, 여러 파트너와 관계를 맺을 때, 안정적이고 지속적인 관계를 맺지 않고 여러 관계를 오가며 헌신 없이 살아갈 때, 결혼 대신 동거를 선택할 때 우리는 하나님의 사랑을 그분의 선한 계획과 다른 방식으로 나타내게 된다. 하나님은 우리에게 전적으로 신실하시며, 우리에게 그분에 대한 신실하고 독점적인 헌신을 원하신다(출 20:3; 신 6:4 참고). 이는 결혼이 보여야 하는 것처럼, 지속적이고 포괄적이며 평생에 걸친 사랑의 언약적 관계 속에서 이루어져야 한다.

12장

고전 중이거나 좌절했거나 성공적인 부부간 의사소통

12장은 부부간 의사소통 역학의 긍정적이고 부정적인 면을 모두 다룰 것이다. 관계적 혼란 이론(Relational Turbulence Theory)을 검토하며, 스트레스가 큰 전환기 동안 건강한 의사소통 방식이 결속력 있는 결혼 관계를 유지하는 데 특히 중요하다고 주장한다. 다음으로 힘들고 막힌 결혼 생활의 징후를 다루며, 여기에는 폭력과 이혼과 같은 주제도 포함된다. 이어서 행복하고 안정적인 결혼 생활을 유지하는 부부, 안정적이지만 불행한 결혼 생활을 하는 부부 그리고 결국 이혼하게 되는 부부를 설명하는 세 가지 모델을 소개할 것이다. 그것은 바로 환멸 모델, 스트레스 발현 모델, 역동 지속 모델이다. 마지막으로 건강한 관계의 특징을 설명하고, 스트레스와 불만이 있는 시기에도 성공적인 결혼 생활을 영위하게 해줄 실용적인 제안을 한다.

서론

아담과 하와 이후로 죄의 유산은 세대에 걸쳐 이어져 내려왔다. 죄가 가족 관계에 미친 영향은 창세기 4장에서 형 가인이 동생 아벨을 죽이는 사건에서 깊게 드러난다. 여섯 세대가 지나고 등장한 가인의 후손 라멕은 기록상 일부다처제를 시행한 최초의 사람이었다(창 4:19). 그의 아내 중 한 명의 이름이 히브리어로 '장식품'이라는 뜻의 '아다'

임을 볼 때 라멕은 그녀를 트로피 와이프[1]로 삼았을 가능성이 있다. 이 인물에 대해 현재 남은 기록은 매우 제한적이지만, 그는 "나의 상처로 말미암아 내가 사람을 죽였고 나의 상함으로 말미암아 소년을 죽였도다 가인을 위하여는 벌이 칠 배일진대 라멕을 위하여는 벌이 칠십칠 배이리로다"(창 4:23-24)라고 자랑하듯 말한다. 이처럼 라멕은 죄가 인간관계에 미치는 증폭된 영향을, 특히 가족 관계에 대한 영향을 잘 보여준다. 가인 이후 불과 몇 세대 후의 사람인 그는 아내 두 명을 두고, 그중 한 명을 물건처럼 취급한 것으로 보인다. 하나님은 살인이나 일부다처제를 절대 의도하신 적이 없다. 그러나 이러한 행위는 인간 역사의 초창기부터 이미 존재했다.

이 장에서는 결혼 관계에서 죄가 미치는 현실적인 영향을 살펴보고, 건강한 결혼 생활을 영위하기 위한 몇 가지 원리와 활동을 소개할 것이다. 먼저 관계적 혼란 이론을 소개하고, 스트레스가 심한 전환기에 건강한 의사소통이 부부간의 흔들림 없는 연합을 유지하는 데 특히 중요하다는 점을 강조할 것이다. 다음으로 고전하는 결혼 생활의 징후를 살펴보고, 파트너 폭력과 이혼을 포함한 주제를 다룰 것이다. 이어서 어떤 관계는 성장하고 어떤 관계는 고전하며 어떤 관계는 파국에 이르는지 설명하는 데 도움이 될 세 가지 결혼 모델을 살펴볼 것이다. 바로 환멸 모델, 스트레스 발현 모델, 역동 지속 모델이다. 마지막으로, 건강한 결혼 관계의 특징을 살펴보고, 스트레스와 불만족이 있는 시기에도 건강한 결혼 생활에 도움이 될 실제적인 제안을 살펴보는 것으로 이 장을 마무리할 것이다.

전환기의 관계

관계적 혼란 이론은 전환기에 부부가 어떻게 생각하고 느끼며 소통하는지를 설명하고, 건강한 의사소통 방식이 어떻게 이 시기를 성공적으로 헤쳐나가는 데 도움이 되는지를 확인해주는 이론이다.[2] 전환기는 그 성격에 따라 긍정적이거나 부정적일 수 있고, 중요도에 따라 큰 변화일 수도 있고 작은 변화일 수도 있으며, 급격한 변화이거나 점진적 변화일 수 있다. 부부가 겪는 전환기의 대표적 예로는 심각한 건강 문제, 사랑하는 이와의 사별, 자녀의 출산, 실직이 있다.[3] 배우자에 대한 기대의 불확실성이 증가하는 이 시기는 관계를 재정립할 기회가 되기도 한다. 이에 따라 변화에 적응하기 위한 새로운 상호작용 방식이 생기고, 개인의 목표와 활동에 대한 배우자의 간섭을 경험할 일이 늘어난다. 자기 자신, 배우자, 관계에 대한 이 모든 불확실성이 결합하여 관계적 혼란을 초래한다. "혼란스러운 감정과 관계 관련 정보에 대한 인지적, 정서적, 행동적 반응성이 증가하는 상태의 상황"[4]이 되는 것이다. 이런 전환기를 극복하기 위해 부부는 네 가지 형태의 전환적 의사소통을 하는 것이 도움이 될 수 있다. (1) 함께하는 시간을 더 많이 보내며 상호작용을 높인다 (2) 관계에 필요한 대화를 나눔으로써 연결감을 증진한다. (3) 인생의 변화를 긍정적인 시각으로 바라보며, 안정적으로 적응할 수 있다고 확신한다. (4) 언어적, 비언어적 행위로 관계에 대한 헌신을 표현하여, 동반자로서 확신을 강화한다.[5]

관계적 혼란 이론은 전환기에 부부간 의사소통의 중요성을 강조한다. 의사소통 연구자 켈리 브리시니(Kellie Brisini)와 동료들은 최소한 한 명 이상의 자녀를 둔 기혼 성인 311명을 대상으로 설문 조사를 실시했다.[6] 이들에게 자녀의 인생에 일어난 중요한 변화를 구체적으로 나누고, 그 변화에 대처하기 위해 사용한 소통 방식을 설명하라고 요청했다. 모든 응답을 종합한 결과, 자녀와 관련해 부부들이 겪었던 주요 세 가지 유형은 사춘기, 성인기로 전환, 자녀의 건강 위기가 있었다. 연구는 또한 변화의 시기에 배우자가 소통한 방식에 대한 개인의 인식이 결과에 영향을 미쳤음을 보여주었다. 구체적으로 관계 중심의 의사소통은 부정적으로는 배우자의 불확실성과 배우자의 간섭과 연관이 있었지만, 긍정적으로는 배우자와의 원활한 관계와 연관이 있었다.

　다시 말해서, 남편은 아내와 관계 중심의 메시지를 이런 식으로 나눌 수 있다. "오랫동안 이 일을 함께 견뎌왔잖아." "지금이 힘든 시기라는 걸 알아. 하지만 난 아무 데도 가지 않을 거야." 아내는 "정말 스트레스가 심해요. 하지만 우리 관계를 포기하는 일은 없을 거예요"라고 말할 수 있다. 이런 식의 메시지는 불확실성과 간섭의 수준은 낮고, 의견 조율의 수준은 높다. 이런 메시지를 통해 마음에 품고는 있지만, 상대방은 알 수 없는 내용을 언어로 표현할 수 있다(사람은 다른 사람의 머릿속 생각을 읽을 수 없다는 것을 기억하라!). 또한 연구에서 "결혼한 부부는 의사소통으로 변화에 대처하려고 노력할 뿐 아니라 배우자의 소통 시도를 인정해주려는 노력으로 도움을 받을 수 있다"라는 점을 확인할 수 있었다.[7] 부부가 관계를 발전시키는 메시지를 공유하고 서로의 노력을 인정하며 함께 관계의 전환을 이루어나갈 때, 그들이 겪는 혼란은 관계를 거부하거나 재정의하는 것이 아니라 더욱 공고히 하는 성장의 시간이 될 수 있다. 그러나 부부가 이러한 전환을 잘 헤쳐나가지 못하면 만족도가 낮아질 수 있다.

상호작용에 대한 경고신호

    부부 관계가 성장하기 위해서는 관계상의 어려움을 알리는 신호를 파악해야 한다. 어떤 징후를 주의 깊게 살펴봐야 하는지, 무엇을 해야 하고 하지 말아야 할지 그리고 관계가 전환기에 접어들었기에 갈등이 심화될 가능성이 커지는 시점을 어떻게 알아차릴 수 있는지가 중요하다. 마치 등대가 험난한 해안선이 가까워지고 있음을 알리는 것처럼, 의사소통 패턴을 인식하는 것은 부부가 위험한 관계의 흐름으로 향하고 있음을 경고하는 역할을 할 수 있다. 이 책 전반에 걸쳐 강조되는 핵심 주제는 의사소통이 관계의 성공 여부를 결정짓는 중요한 요소라는 점이다.

    시애틀의 한 아파트에 방마다 카메라를 설치하여, 연구실인 '러브 랩'이라는 실험 공간을 개발한 것으로 유명한 존 가트맨은 결혼과 부부 상호작용 분야에서 권위 있는 전문가 중 한 명이다. 그는 수백 개의 영상 속에서 커플들이 일상적인 상황(가령, 요리, TV 시청, 함께 식사, 잡지 읽기)에서 어떻게 상호 작용하는지를 분석했고, 그 결과 만족하는 커플과 그렇지 못한 커플을 구별할 수 있는 특정한 상호작용 패턴이 있음을 발견했다.[8] 만족하지 못한 부부들은 갈등이 생길 때 더 부정적이고 덜 긍정적으로 소통에 응했다. 또한 부정적 상호성의 비율도 더 높았다. '회복'을 위한 노력을 시도함으로써 공동의 노력으로 대화나 갈등에 임하기보다(7장에서 살펴본 대로) 귀로 듣는 부정적 내용에 민감하게 반응하고, 심지어 증폭시키기도 했다. 다음은 악순환으로 이어지기 쉬운 행동으로, 가트맨의 『이혼을 예측하는 행동』(*What Predicts Divorce?*)에서 발췌한 것이다.[9]

부정적 행동

- 동의보다 의견 충돌이 더 많음
- 유머, 웃음이 없고, 서로 주고받는 웃음도 거의 없음
- 찬성, 동의, 인정, 이행의 부족
- 의견 충돌, 비난, 깎아내리는 말(언어적 경멸)이 많음

부정적인 상호작용

- 감정을 표현할 때 잘 인정해주지 않음
- 맞불을 지르듯 서로 불평하기
- 서로 연쇄적 반응을 자제한다거나 타협하려는 노력 부족
- 소통 시 경청하지 않음
- 방어적인 태도(책임 회피, '하지만'으로 반박하기, 상대의 생각을 멋대로 재단하기)
- 상대가 불만을 토로하거나 지적할 때 그것을 인정하지 않고 변명만 함
- 갈등을 완화하려는 중립적인 발언 없이 부정적인 대화가 계속 이어짐
- 의사소통을 회복하려는 감정 탐색이나 메타 커뮤니케이션(대화에 대한 대화)의 부족
- 다양한 상호작용 상황에서의 갈등 발생

이런 신호의 존재 여부가 결혼 생활이 행복할지, 아니면 파국에 이를지를 자동으로 보여주지는 않는다. 그러나 이런 신호가 커플 사이에 갈등이 있음을 시사하는 증상임은 사실이다. 부부는 자신들의 관계와 소통 방식을 변화시킬 힘이 있다.

폭력

어떤 경우, 부정적인 의사소통 패턴이 심화하여 친밀한 관계에서의 폭력으로까지 이어지기도 한다. 대인 간 폭력은 다양한 커플 간 의사소통 행동을 포함하며, 여기에는 성폭행, 스토킹, 신체 폭력, 심리적 공격이 있다. 미국 질병통제예방센터는 2015년 자료를 기반으로 이러한 경험에 대한 추정치를 제공했다.[10] 보고에 따르면, 평생 여성의 18%가 성폭력을 경험했고, 10%는 스토킹을 당한 적이 있었다. 또 거의 3분의 1(31%)이 살면서 신체적 폭력을 당한 적이 있다고 답했다. 남성은 여성과 동일한 비율(31%)로 신체적 폭력 피해를 경험했으며, 성적 폭력(8%)과 스토킹(2%)의 비율은 여성보다 상당히 낮았다. 한편, 심리적 공격을 당한 비율은 남녀가 비슷한 수준(여성 36%, 남성 34%)이었다. 이 자료는 부부 관계에서 친밀한 파트너 폭력의 두 하위 유형을 확인한 이전의 조사 결과를 지지한다. 어떤 경우든 이런 폭력은 가족을 향한 하나님의 의도를 부정하는 행위다.

마이클 존슨(Michael Johnson)과 캐슬린 페라로(Kathleen Ferraro)는 여기서 우리가 확인하는 일반적인 커플 폭력과 강압적 통제 폭력을 구분한다.[11] 일반적인 커플 폭력은 남성과 여성이 모두 가해자로서 시간이 흐를수록 격화될 가능성은 약하며, 대부분 단일 사건으로 마무리된다. 여기에는 신체적 폭력뿐 아니라 언어 학대도 포함될 수 있지만, 심리적 혹은 정서적 학대와 관련된 경우는 거의 없다. 이른바 일반적 커플 폭력은 일반인에게서(즉, 비임상적이거나 비진료 중인 표본) 볼 수 있는 파트너 폭력의 유일한 유형이다. 전형적으로 일반적인 부부 폭력 사건은 부부가 언쟁 중에 이성을 잃고 신체적 폭력을 행사할 때 발생한다.

그러나 강압적 통제 폭력은 양상이 매우 다르다. 이는 통제 방식의 한 전략으로, 신체 폭력을 행사하는 남성이 거의 이 폭력의 절대적 가해자다. 이는 시간이 흐르면서 격화될 수 있고, 심리적 학대도 포함한다. 이 폭력의 가해자는 친구와 연락을 끊도록 요구하거나 집 밖으로 나가지 못하게 하거나 혼자서 차를 몰고 어디로도 가지 못하게 강요한다. 또 여자 친구나 약혼녀나 아내가 자기 통제에서 벗어날 수 없도록 지지해주는 관계나 사회적 소통을 모두 차단한다. 그리고 이 요구를 강화하기 위해 신체적 폭력을 행사한다. 이런 가해자는 일반적으로 정서나 심리에 문제가 있다고 진단받은 사람이 많다.

폭력을 특징짓는 의사소통 패턴, 특히 학대적인 관계에서 나타나는 폭력을 인식하는 것이 매우 중요하다.[12] 관계상의 학대는 보통 세 가지 주요 단계로 이루어진 순환적 과정을 따른다. (1) 폭력 사건 발생, (2) 화해 단계에서 사과하며 후회하는 모습을 보임, (3) 다시 긴장과 공격성이 고조되며 또 다른 폭력 사건이 터짐.[13] 자신이 학대의 악순환에 빠져 있는지를 깨닫기는 쉽지 않다. 학대 피해자는 종종 파트너가 가해자라는 사실을 부정하거나, 폭력 사건을 단 한 번의 실수로 치부하는 경향이 있다. 가정 폭력 피해자는 흔히 상대방의 좋은 면만 보려고 하며, 결국에는 그가 변할 것이라고 믿는다. 그러나 누군가의 개입이 없으면 이 악순환은 지속될 수 있으며, 심지어 시간이 흐를수록 더 악화될 수 있다.

이런 악순환에서 각 단계는 다른 의사소통 패턴으로 나타나며, 이는 학대적인 관계에 있다는 '경고신호'일 수 있다. 폭력 사건에는 다음과 같은 행위가 포함될 수 있다. 머리카락 잡아당기기, 뺨 때리기, 신체적 처벌 가하기, 이동 제한하기, 의도적으로 고통이나 불편함을 유발하기(가령, 옷이나 담요를 빼앗아 춥게 만들기). 신체적 학대 외에 정서적 혹은 언어적 학대의 신호도 보일 수 있다. 미국 가정 폭력 핫라인에서는 이러한 학대의 대표적인 예를 다음과 같이 제시하고 있다.

- 친구들이나 가족 등 다른 사람들과 시간을 보내지 못하도록 방해하거나 차단하는 행위
- 절대 번듯하게 살 수 없을 것이라고 악담하기
- 다른 사람들 앞에서 모욕하거나 위신을 깎아내리거나 수치스럽게 하는 행위
- 성관계를 강요하거나 원하지 않는 성적인 행위를 하도록 강요하기
- 일방적으로 가정 재정을 통제하기, 특히 돈을 빼앗거나 필요한 비용을 주지 않는 행위
- 소유물이나 집을 부수는 행위[14]

폭력 사건이 발생하고 나서는 사과와 화해 단계가 이어지며, 이 시기에 피해자는 폭력에서 잠시 벗어날 수 있다. 가해자는 진심 어린 사과를 하며 다시는 학대하지 않겠다고 약속한다. 이 단계에서는 피해자에게 다시 관심을 보이고, 다정하게 행동하며, 예의를 갖추고, 선물을 주는 등 애정을 과시하는 모습이 두드러진다. 그래서 학대 피해자는 법적 조치를 철회하거나, 관계에 다시 한번 기회를 주기로 동의할 수도 있다. 그러나 곧 다음 단계로 넘어가면서 가해자는 다시 이전의 패턴으로 돌아간다. 피해자의 행동에 제한을 두고, 관계에서 더 많은 통제권을 요구하며, 의견 충돌을 점점 더 참지 못하는 모습을 보인다. 이 과정에서 피해자는 가해자를 달래거나 회유하는 행동을 반복하게 되며, 결국 기존의 의사소통 패턴이 다시 나타나고, 새

로운 폭력 사건이 발생하면서 학대의 순환이 다시 시작된다.

언어적, 정서적, 심리적 학대 그리고 신체적 학대는 모두 심각한 피해를 초래하지만, 때때로 알아차리기 어려울 수도 있다. 만약 이런 신호들이 당신의 관계에서 나타나거나 주변 사람에게서 보인다면, 반드시 도움을 요청해야 한다! 가해자는 종종 온라인 활동을 감시하거나 휴대전화 사용 기록을 확인할 수 있다. 따라서 이런 경우에는 도서관이나 학교와 같은 공공장소의 컴퓨터를 사용하거나, 친구의 휴대전화를 빌려 도움을 요청하는 편이 좋다. 한국의 경우, 여성긴급전화는 국번 없이 1366, 다누리콜센터(이주 여성)는 1577-1366, 한국가정법률상담소는 1644-7077, 대한법률구조공단은 132번으로 연락하면 된다.

때로 외부의 도움이 있어야만 자신이 학대의 순환 속에 있다는 사실을 깨달을 수 있다. 만약 당신이 아는 사람이 연애 관계 때문에 친구들과 멀어졌거나, 예전보다 연락이 어려워졌거나, 신체적 학대의 흔적을 감추려는 모습을 보인다면, 비밀이 보장되는 솔직한 대화를 통해 당신의 걱정을 전하는 것이 중요하다. 폭력은 절대 하나님이 계획하신 가정의 모습이 아니지만, 가인이 동생을 죽인 후 인류의 역사 속에서 계속 존재했다. 특히 가정 내 폭력은 가장 안전해야 할 관계에서 학대가 일어난다는 점에서 더욱 큰 트라우마를 남길 수 있다. 그러나 도움을 받을 수 있는 길은 존재하며, 용기를 내어 도움을 요청하는 것이 무엇보다 중요하다.

이혼

초혼의 약 절반이 이혼으로 마무리되며, 재혼이나 삼혼일 때는 그 비율이 훨씬 더 증가한다는 통계를 들어보았을 것이다. 이혼율이 안정적이며 점점 감소하는 추세라는 말도 들어보았을 것이다. 이혼 실태를 전반적으로 살펴보면, 1900년대에는 실제로 이혼율이 증가했고, 1980년대에 최고조에 이르렀다가 2000년대부터 안정화된 후 점차 감소하는 추세를 보인다.[15] 이혼율은 노년층보다 청년층이 상당히 높으며, 대학 졸업자보다 저학력자가 높다.[16] 결혼 생활과 이혼율에 대한 최근 분석에 따르면(해당 인구 1,000명당 새로 보고된 이혼 사례 수 기준), 1960년대에는 이혼율이 9.6%였고, 1970년대에는 약 15%까지 증가했으며, 1980년대에는 22%로 정점을 찍었다.[17] 그러나 1980년대 이후로 이혼율은 꾸준히 감소하여 여성 1,000명당 약 15명으로 1970년대 이후로 최저치를 보였다.[18] 한편, 같은 기간에 결혼율은 지속적으로 감소했는데, 1980년대 1,000명당 68.8건에서 2010년에는 35건, 2019년에는 33.2건으로 감소했다.[19] 즉, 이혼율은 1980년대 이후로 약 35% 감소했지만, 결혼율은 지난 40년 동안 거의 50% 감소한 셈이다.

게다가 안정적인 결혼 생활을 하는 이들과 이혼하는 이들 간에 차이가 심화되었다.[20] 절반 이상의 이혼이 결혼 후 첫 7년 안에 이루어지지만, 중년은 결혼 생활의 두 번째 위기가 닥치는 시점으로 결혼의 만족도가 종종 가장 최저점에 이르는 시기다.[21]

생각해볼 점 12.1

무책 이혼

배우자가 이혼하기 위한 법적인 근거를 제시해야 하는 것은 현재 일부 종교 공동체나 국가에서 시행되고 있으며, 한때 미국에서도 그런 적이 있었다. 많은 사람이 이런 법을 미국의 건국 윤리 이념인 유대 기독교적 윤리 전통에서 비롯된 구속적인 유산으로 여겼다. 사실, 모든 의사소통이 상호 의존적이라는 점(즉, 소통이 타인과의 소통에 의해 유발되거나 이에 대한 반응으로 이루어진다는 점)을 고려할 때, 한쪽에만 책임이 있고 다른 한쪽에는 전혀 잘못이 없다고 단정 짓기는 어려운 일이다. 미국에서 1970년대 이후로 46개 주에서 그리고 1985년 이후로는 모든 주에서 '무과실' 이혼법이 시행되었다.[22] 이 법이 도입되면서, 간음, 학대, 유기 등과 같은 구체적인 이혼 사유를 증명해야 하는 부담이 사라졌고, 그 대신 '관계 파탄'과 같은 더 모호한 이유로도 이혼을 신청할 수 있게 되었다.[23] 이 법이 전국적으로 제정되던 시기에 이혼율은 급격히 증가했다. 이로 인해 일부 연구자는 "무과실 이혼법이 도입되면서 이혼율이 증가했다"라는 주장을 펼쳤으며,[24] 또 다른 연구자들은 '이혼 혁명'이라 불리는 사회적 움직임이 이미 있었고,[25] 법 개정은 단지 이런 사회적 흐름을 반영한 것에 불과하다고 주장했다.[26] 두 주장 모두 어느 정도 신빙성이 있지만, 이러한 추세는 정책을 사회적 관행의 맥락에서 고려하는 것이 중요하며, 동시에 사회적 관행도 정책의 관점에서 바라볼 필요가 있음을 시사한다.

또한 50세 이상의 성인들 사이에서도 이혼율이 증가하고 있으며, 이는 '황혼 이혼'으로 알려진 현상이다.[27] 이혼이 일반적이기 때문에 이혼을 직접 경험한 사람을 꽤 많이 알고 있을 수 있다. 연구는 이혼의 원인과 결과를 조사해왔다. 우리는 이를 차례대로 살펴보겠지만, 중요한 점은 관계에 위험 요소가 있다고 해서 필연적으로 이혼하게 되지는 않는다는 것이다. 부부가 선택할 수 있는 여러 가지 요소가 있으며, 그들이 서로 어떻게 소통하고 반응하는지가 결혼의 향방에 영향을 미칠 수 있다.

이혼의 예측

수십 년에 걸쳐 진행된 연구에서 이혼을 예측할 수 있는 사회학적이고 인구통계학적인 요인을 발견했다.[28] 고등학교를 중퇴했거나 졸업한 경우, 십대에 결혼한 경우, 혼전에 임신한 경우, 빈곤이나 실직이 이런 요인의 일부에 해당한다.[29] 부모가 이혼했거나 본인이 이혼 경험이 있는 경우, 다른 인종과 결혼했거나 혼전에 동거한 경우도 이혼과 관련된 위험 요인으로 알려져 있다.[30]

외도 역시 이혼을 예측할 수 있는 한 요인이다. 결혼한 부부의 20%에서 40%가 배우자의 외도로 이혼하게 된다고 한다.[31] 셸비 스콧(Shelby Scott)과 동료들은 이혼한 사람 53명과 인터뷰한 결과, 이혼의 가장 흔한 이유로 헌신 부족, 불륜, 갈등과 논쟁이 있었으며, '결정적 이유'로는 불륜, 가정 폭력, 약물 남용이 있다고 밝혔다.[32] 그런데 이런 이유에도, 특히 배우자의 외도에도 결혼 생활을 유지하는 부부는 시간이 흐르면서 결혼 만족도가 증가함을 보여주었으며, 결혼 안전성이나 만족도 면에서 부정을 저지르지 않는 부부와 크게 차이가 없는 것으로 드러났다.[33]

물론 이혼으로 이어지는 상호작용 패턴이 존재한다. 6장에서 소개한 관계 갈등과 관련된 몇 가지 패턴, 즉 비난, 방어, 경멸, 담쌓기라는 가트맨의 네 기수와 같은 것이 부부가 이혼에 이르는 원인으로 작용할 수 있다. 연구자들이 확인한 다른 패턴은 헌신에 대한 태도가 포함된다. 초혼과 재혼을 비교한 한 연구에서, 이혼을 부정적으로 보는 이들(가령, 이혼을 도덕적으로 잘못된 것이라고 보며 부부간 문제는 해결될 수 있고, 해결해야 한다고 믿는 이들)은 결혼 생활을 끝내기 위한 단계를 밟을 가능성이 상대적으로 약하며, 부부 관계 개선에 대해 더 낙관적으로 바라본다는 것을 확인했다.[34] 이 연구는 이 부부들이 결혼 생활을 낙관적으로 보는 이유가 있었고 "힘든 시기를 겪으면서도 결혼 생활을 유지하기로 결단한 이유는 시간이 흐르면서 관계의 질이 전반적으로 개선되었기 때문임"을 확인했다.[35]

이혼을 예측하는 또 다른 의사소통 유형은 요구-회피 반응이다. 예상할 수 있듯이, 이 유형은 한쪽 배우자가 반응을 강하게 요구하지만, 상대방이 이를 외면할 때 발생한다. 이 유형은 전형적으로 아내가 시비를 걸고 무언가를 요구할 때 남편이 감정적으로나 신체적으로 응답하지 않거나 회피하는 형태로 나타난다.[36] 존 가트맨과 낸 실버는 특별히 "거칠고 상처를 주는 말"로 갈등에 대한 대화를 시작하지 않도록 주의해야 하며, 남편은 아내의 영향력에 열린 태도를 유지해야 한다고 제안한다.[37] 더 일반적으로 보면, 요구-회피 패턴이 나타난다는 것은 부부가 무엇을 말하는지뿐만 아니라 어떻게 말하는지도 주의 깊게 살펴야 한다는 신호다. 부정적인 감정이 지나치게 많아지는 것은 결혼 생활에 위기를 알리는 신호가 될 수 있다.

휴스턴(Houston)과 동료들은 이혼뿐 아니라 행복한 결혼 생활로 이어지는 요인을 예측하는 세 가지 설명 모델을 검증했다.[38] 환멸 모델은 부부가 배우자와의 결혼을 비현실적으로 이상화하기 때문에 연애 기간에 갈등을 피하게 된다고 주장한다. 하지만 결혼(혹은 동거) 후에는 부부가 더 오랜 시간 함께 지내면서 이러한 환상이 유지되기가 어려워지고, 결국 갈등이 증가하여 '그 후로 영원히 행복하게 살았다'는 동화 같은 기대에서 벗어나게 된다. 사랑의 감소는 부정적인 감정을 초래하고, 이는 결국 스트레스와 이혼으로 이어질 수 있다. 스트레스 발현 모델은 신혼 시절에는 부부가 서로 강한 애정을 느끼기에 부정적인 감정을 거의 드러내지 않는다고 한다. 그러다 결혼 초기의 연애 감정이 식으면서(결혼은 감정만 교류하는 관계가 아닌 함께 삶을 살아가는 더욱 포괄적인 과정이기 때문이다.), 관계 초반에 부정적인 감정이 증가하고, 이는 스트레스 수준과 이혼을 예측하는 요인이 된다. 마지막으로, 역동 지속 모델은 연애 기간에 형성된 대인 간 의사소통 패턴이 결혼 생활 내내 지속되는 것을 말한다. 만약 건강한 의사소통 방식이 자리 잡았다면 그것이 유지되지만, 부정적인 방식이 주를 이루었다면 결혼 생활에서도 부정적인 상호작용을 하게 되어 결국 이혼하게 될 가능성이 크다.

휴스턴과 동료들은 부부 156쌍을 대상으로 네 개의 다른 시점에서 연구를 진행했다.[39] 첫 번째부터 세 번째 시점은 결혼 후 첫 3년 동안이었으며, 네 번째 시점은 13년 후에 이루어졌다. 이런 종단적 연구 자료를 통해 초기 결혼 생활의 역학 관계가 10년 이상이 지난 후의 결혼 결과를 어떻게 예측하는지 면밀히 조사할 수 있었다. 연구에서는 행복하게 결혼을 유지한 그룹(68쌍)과 불행하게 결혼을 유지한 그룹(32쌍) 그리고 이혼한 그룹을 세부적으로 구분했다. 이혼한 그룹은 결혼 2년 차 전후 또는 그 이전에 이혼한 '조기 이혼 그룹'(10쌍), 결혼 2-7년 사이에 이혼한 '초기 이혼 그룹'(21쌍), 결혼 7년 이후에 이혼한 '후기 이혼 그룹'(25쌍)으로 분류되었다.

이 연구는 "환멸 모델로 이혼한 부부와 결혼을 유지한 부부를 구별할 수 있겠지만",[40] "이혼 시기는 신혼 초기에 배우자에 대해 어떻게 느끼고, 서로 얼마나 잘 지냈느냐에 따라 달라졌다."[41] 행복한 결혼을 유지하는 부부는 신혼 초기에 더 강한 낭만적인 유대감을 보였으며(즉, 더 깊이 사랑하고, 상대에게 더 반응하려고 하며, 모호하게 굴지 않고, 부정적인 표현을 덜 사용함), 이런 특징은 불행한 결혼 생활을 유지하거나 일찍 이혼한 부부보다 뚜렷했다. 그러나 행복한 결혼을 유지한 부부와 늦게 이혼한 부부는 서로 비슷한 특징을 보였다. 이런 연구 결과는 결혼 후 첫 2-3년이 향후 13년간의 이혼 여부와 결혼 만족도를 예측하는 데 매우 중요한 시기임을 보여준다. 다시 말해, 환멸과 이혼을 방지하기 위해 결혼에 대해 현실적인 기대를 품는 것이 필요하며, 지속적인 관계와 행복을 위해 긍정적인 의사소통 습관을 형성하는 것도 중요하다는 의미다.

이혼의 원인에 대한 또 다른 연구는 부부들이 이혼하는 한 가지 압도적인 이유가 서로 소원해지기 때문임을 발견했다.[42] 서로 친밀감이 줄어들고, 배우자에게서 인정받지 못한다고 느끼거나 사랑받지 못한다고 느낀다. 이런 발견은 이혼이 주로 발생하는 두 가지 주요 시기가 있다는 점을 뒷받침한다.[43] 첫 번째 이혼 시기는 결혼하고 약 7년이 되었을 때(초기 이혼)이며, 두 번째 시기는 부부의 첫아이가 14세가 되었을 무렵(후기 이혼)이다. 부부가 그들의 갈등이나 문제에 대해 대화하는 상황을 녹화한 비디오 기록물을 분석한 결과, 부정적 정서(가령, 원망, 비난)가 오가는 부부는 이른 이혼을 하는 편이었고, 긍정적 정서(가령, 인정, 유머, 웃음)가 부족한 부부는 늦은 이혼을 하는 경향을 보였다. 격렬한 다툼은 결혼 생활이 신속히 끝나는 원인이 되었지만, 지루하고 서로 관심이 없는 관계는 열정이 없고 소원한 결혼 생활과 늦은 이혼으로 이어졌다.

이혼의 영향

연구는 이혼이 성인과 자녀에게 미치는 여러 가지 영향을 소개한다. 성인의 경우, 이혼은 장단기적으로 경제적 안정성이 감소하는 것과 관련이 있었다(남성보다 여성에게 더 큰 영향을 미쳤다). 또한 신체 건강과 전반적인 삶의 만족도가 감소하고, 정신 건강 수준이 낮아지며, 이혼 후 사망률이 증가하는 경향을 보였다.[44] 결혼 생활을 유지하는 부부보다 이혼한 성인은 자아 개념이 약화되고, 사회적 고립이 심해지며, 성생활의 만족도가 낮아지고, 더 많은 스트레스를 유발하는 삶의 사건을 경험한다.[45] 이혼 전 결혼 생활이 극심할 정도로 고통스럽지 않았다면, 남자와 여자 모두 이혼 후의 전반적인 삶의 만족도가 상당히 감소하지만, 해소된 결혼이 극도로 불행한 관계였던 경우에는 그 영향이 덜했다.[46] 최근의 한 연구 요약에 따르면, "이혼이 성인의 정신 건강에 부정적인 영향을 미친다는 강력한 증거가 있지만, 이러한 영향은 일시적이다"라고 인정했다.[47] 일부 성인의 경우, 이혼의 영향은 새로운 결혼 관계가 이전 관계를 대체할 때까지 지속되었지만, 다른 경우에는 이혼의 영향이 대체로 2-3년 후에 사라졌다.[48] 물론, 성인이 이혼에 적응하는 데는 여러 요인이 작용하며, 그중에서도 영성(즉, 이혼을 영적인 실패나 상실로 인식하는 정도)이 중요한 역할을 했다.[49]

아이들에게 이혼이 초래하는 가장 해로운 결과는 가정의 불안정성이다. 아이들은 삶에서 어느 정도의 질서, 안정된 일상, 안정감이 유지될 때 가장 좋은 상태를 보인다. 2020년 한 연구에서는 "자녀가 가족 구조의 변화를 경험하는 경우가 빈번할수록 평균적으로 삶의 만족도가 낮아졌다"라고 결론지었다.[50] 이런 양상은 문제 행동, 정서적 건강, 사회경제적 성취, 성인이 된 후의 관계 안정성 등 여러 영역에 나타난다.[51] 결혼 생활을 유지하는 부모는 자녀에게 더 지원하고 자녀와 상호작용을 하려고 하지만, 이혼한 부모는 그렇게 하지 못하며, 자녀를 방치하거나 더 심한 훈육을 하는 것으로 드러났다.[52] 또한 이혼 후 새 지역으로 이사하는 경우가 많은데, 이는 자녀가 친구들과의 관계를 유지하는 데 어려움을 겪게 만들며, 또래의 사회적 지지가 가장 중요한 시기에 방해를 받을 수 있다. 장기적으로 볼 때, 이혼 가정의 아이들은 교육 수준과 경제적 성공 면에서 더 낮은 성취를 보였다.[53]

이혼한 부모를 둔 대학생이 겪는 특정 스트레스를 이해하기 위해 믹 커닝햄(Mick Cunningham)과 제인리 월독(JaneLee Waldock)은 대학생 20명을 인터뷰했다.54 인터뷰에서 공통으로 나타난 점은, 학생들이 어머니와 아버지 사이에서 일정 조율이 어렵고, 자기 삶을 부모와 조화롭게 통합하는 데 어려움을 겪는다는 것이었다. 반복적으로 언급된 주요 스트레스 요인 중 하나는 일정 조정이었다.

학생들은 부모 양쪽과 동등한 시간을 보내려고 하거나, 휴일을 어떻게 보낼지 조율하는 과정에서 갇힌 듯한 느낌을 받았다. 막 성인이 된 청년은 어머니나 아버지 중 한 사람과 더 많은 시간을 보낼 때 죄책감을 느낀다고 보고했는데, 이는 부모가 자녀와 함께 보내는 시간을 사랑의 척도로 여긴다는 사실을 알고 있기 때문이다. "저는 늘 사람들을 기쁘게 해주려고 애쓰는 것 같아요"라는 표현이 '시간 사용에 대한 의무와 권력관계'에서 느끼는 좌절감을 특징적으로 보여준다.55 시간을 어떻게 보낼지 결정하는 데는 노력이 필요했으며, 대학생들은 그것을 잘 알고 있었다. 또 다른 스트레스 요인은 이혼으로 가정에 생긴 변화에 대한 상실감과 슬픔과 관련이 있었다. 이 상실감은 "이상적인 내 집은 더는 없다"라는 말에서 특징적으로 드러난다.56 많은 사람에게 '쉴 수 있는 집'은 아득히 먼 남의 이야기다.

이혼으로 아이들이 상처받는 이유는 무엇인가? 크리스 세그린(Chris Segrin)과 진 플로라(Jeanne Flora)는 가능한 세 가지 설명을 제시한다.57 첫 번째는 부모의 부재라는 관점이다. 여기서 논점은 자녀 양육은 고된 일이기에 부모 한 명이 돌보는 것보다 두 명이 돌볼 때 자녀가 더 잘 자란다는 것이다. 우리는 이 주장에서 더 나아가, 이혼 가정의 아이들이 겪는 문제는 단지 양육해줄 손길이 하나 줄어드는 차원이 아니라, 아버지나 어머니 중 한 명의 부재로 인해 특정한 영향을 받게 되는 것임을 강조하고 싶다. 두 번째 설명은 경제적으로 불리하다는 관점이다. 이혼은 종종 자녀와 부모의 사회경제적 지위를 낮추며, 이러한 낮은 지위는 더 낮은 복지 수준과 관련 있다. 이 점은 특히 이혼 후 여성에게 두드러진다.[58] 세 번째 관점은 가족 갈등 관점이다. 부부간 갈등이 증가하고 불화가 있을 때 자녀가 고통을 겪는 이유를 설명할 수 있다. 이 세 가지 설명은 문서상에서 구별될 수 있지만, 실제 생활에서는 동시에 발생하며 이혼 가정의 자녀의 경험에 함께 영향을 미친다고 볼 수 있다.

적용 활동 12.2

바람직한 이혼

다음 질문에 대해 배우자와 함께 논의해보라.

- '바람직한 이혼'이라는 것이 존재하는가? 그 이유는 무엇인가?
- 어떻게 하면 '바람직한 이혼'을 할 수 있을까?
- 아래 발췌한 내용을 읽어보라. 의사소통이 '바람직한 이혼'의 핵심 열쇠라는 말을 인정하는가? 고려해야 할 다른 요인에는 무엇이 있는가?

> 일부 사회학자, 가정 치료사, 법체계는 '바람직한 이혼'이라는 개념을 지지한다. 이 주장의 핵심은 이혼 후 부모가 서로 협조적인 공동 자녀 양육을 실천한다면, 부모와 자녀 모두 정서적, 신체적, 경제적으로 고통을 최소화할 수 있다는 것이다. 최선의 결과는 부모 두 사람이 자녀와 대화하고 정서적 지원을 제공하며, 숙제 돕기나 자녀의 태도와 행동을 지켜보는 등 일상적인 활동을 도울 때 있을 수 있다. 이혼 가정의 자녀는 부모가 정기적으로 소통하며, 집안의 규율을 일관성 있게 지키고, 자녀 양육 결정과 역할에서 서로 지지할 때 안정적으로 생활할 수 있다.
>
> '바람직한' 이혼과 '부정적' 이혼을 구분하는 주요한 요인은 부모들이 이혼 후 서로 소통하는 방식이다. 콘스턴스 아론스(Constance Ahrons)는 이혼 후 부모의 양육 스타일을 다섯 가지 그룹으로 구분했

다.[59] 이 중 두 그룹은 '바람직한 이혼'과 관련이 있었다. 한 그룹은 협조적인 동료(적절한 상호작용과 높은 수준의 의사소통이 특징)이며, 또 다른 한 그룹은 완벽한 친구(높은 수준의 상호작용과 높은 수준의 의사소통이 특징)다. 나머지 세 그룹은 '부정적 이혼'과 관련 있다. 분노의 동료(드문 상호작용과 중간 수준의 의사소통이 특징), 격분한 원수(상호작용이 적고 의사소통의 수준이 낮은 것이 특징), 해체된 두 사람(의사소통이 거의 없거나 아예 없는 것이 특징)이 여기에 해당한다. '바람직한 이혼'을 경험한 자녀와 어떤 유익도 경험하지 못한 자녀를 대상으로 실시한 연구들도 있다.[60] 부모에게서 '바람직한 이혼'의 과정을 계속 지켜보았던 청소년은 다른 형태의 부모 이혼을 경험한 청소년보다 문제 행동을 상대적으로 적게 했고, 부모의 관계를 더욱 긍정적으로 평가했다. 그러나 이 자녀들은 자존감, 성적, 약물 남용, 삶의 만족도와 같은 다른 지표에서는 그다지 차이를 보이지 않았다. 그러므로 "바람직한 이혼이 자녀의 안녕을 향상하는 만병통치약이라고 할 수는 없다."[61] 즉, 바람직한 이혼 후 공동 양육 관계가 있는 것이 없는 것보다 자녀에게 더 좋긴 하지만, 모든 면에서 그렇다고는 말할 수 없다.

다시 다음 질문에 대해 배우자와 대화하라.
- 당신이 잘 아는 이혼한 부부에 관해 생각해보라. 협조적인 동료, 완벽한 친구, 분노의 동료, 격분한 원수, 해체된 두 사람 중에서 의사소통 방식에 따라 그들은 어떤 범주에 해당하는가?
- 그들의 의사소통 방식이 자녀에게 어떤 영향을 미쳤는가? 영향을 미쳤다면, 그 영향은 어땠는가?
- 그리스도인은 '바람직한 이혼'이라는 개념을 받아들여야 할까? 왜 그렇다고 생각하는가? 혹은 왜 그렇지 않다고 생각하는가?

이혼과 재혼에 대한 기독교적 시각

이혼이 만연한 현실을 생각하면, 당신은 반드시 어떤 방식으로든 이혼을 접해봤을 것이며, 아마도 이혼과 결혼에 대한 자기 의견을 형성했을 것이다. 부모님의 이혼을 목격했거나 이혼한 가까운 친구를 알 수도 있다. 우리 역시 그렇다. 어떤 이혼은 갈등으로 점철되어 고통을 초래하지만, 어떤 이혼은 상호 양보의 과정을 거쳐 성공적인 재혼으로 이어진다. 그렇다면 이혼을 이해하기 위한 기독교적 혹은 성경적 접근 방식은 무엇인가?

『이혼과 재혼에 관한 네 가지 기독교적 시각』(*Divorce and Remarriage: Four Christian Views*)이라는 책은 이혼이나 재혼과 관련해 용인에서 금지에 이르는 시각을 제시하며, 각 시각에 대한 성경적 증거를 제시한다.[62] 실제로, 기독교 내부에서도 이 문제에 관해서는 아주 다양한 시각이 존재한다. 이런 논의가 새삼스럽지도 않다. 영국 국교회는 이혼과 재혼에 대한 가톨릭의 금지령에 반발해 태동했다. 심지어 영국 국교회가 결성되기 수백 년 전에 이미 사람들은 이혼에 대해 상반된 시각을 보여주었다.

복음서의 한 구절에 종교 학자들이 예수님께 "사람이 어떤 이유가 있으면 그 아내를 버리는 것이 옳으니이까"(마 19:3)라고 질문한 내용이 나온다. 예수님은 이에 대해 명확한 입장을 보이신다. 하나님은 한 남자와 한 여자가 결혼하도록 제정하셨고, 성적 결합을 통해 하나가 되면 두 사람을 절대 나눌 수 없다는 것이다. 전통적인 결혼식은 종종 이 인용구로 마무리된다. "그러므로 하나님이 짝지어 주신 것을 사람이 나누지 못할지니라"(마 10:9). 그러나 종교 학자들은 고대의 종교적으로 인정된 관습은 이런 입장과는 배치되었다고 지적한다. "여짜오되 그러면 어찌하여 모세는 이혼 증서를 주어서 버리라 명하였나이까"(마 19:7). 예수님은 이런 관행의 현실을 부인하지 않으셨고, 그분의 입장을 타협하지도 않으셨다. 그분은 이렇게 말씀하셨다. "모세가 너희 마음의 완악함 때문에 아내 버림을 허락하였거니와 본래는 그렇지 아니하니라 내가 너희에게 말하노니 누구든지 음행한 이유 외에 아내를 버리고 다른 데 장가드는 자는 간음함이니라"(마 19:8-9)고 말씀하셨다. 이 대답은 예수님의 제자들에게는 극단적으로 들렸을 것이다. 마태는 제자들이 "만일 사람이 아내에게 이같이 할진대 장가들지 않는 것이 좋겠나이다"라고 말했다고 기록한다. 하지만 고자에 대한 반응을 보면, 예수님이 이 문제와 관련해 전혀 타협할 생각이 없으셨음을 알 수 있다(마 19:10-12 참고).

아마 제자들처럼 오늘날 많은 사람이 결혼에서 벗어날 길이 없다면, 즉 이혼이 선택이 아니라면 차라리 결혼하지 않는 편이 낫다고 생각할 것이다. 실제로, 이것이 동거가 급격히 증가한 한 가지 이유일 수 있다. 그러나 예수님의 말씀을 해석하는 한 가지 방법은, 그분이 성적 배타성과 충실함의 실천과 본질적으로 연결된 이상을 제시하시고 있다는 것이다. 그분은 "둘이 한 몸을 이루며", 재혼은 간음(성적 부정)이나 마찬가지라고 가르치셨다. 바울은 이 가르침을 그대로 수용해 고린도의 새 신자들에게 이렇게 가르쳤다. "여자는 남편에게서 갈라서지 말고 (만일 갈라섰으면 그대로 지내든지 다시 그 남편과 화합하든지 하라) 남편도 아내를 버리지 말라"(고전 7:10-11). 히브리서 저자도 결혼과 순결 사이의 명확한 연결을 강조한다. "모든 사람은 결혼을 귀히 여기고 침소를 더럽히지 않게 하라 음행하는 자들과 간음하는 자들을 하나님이 심판하시리라"(히 13:4). 이 시각에서 보면, 연이은 동거는 이혼과 재혼에 못지않게 문제가 있다. 이 구절들은 결혼에 대한 헌신이 평생 유지되어야 한다고 가르치는 것으로 보인다. 더 나아가 결혼이라는 환경 밖에서는 절대적으로 성적 금욕을 견지해야 한다.

예수님이 이혼을 하나님의 계획에서 벗어난 타협이라고 주장하신 이유 중 하나는 성경이 결혼 관계를 그리스도와 그분의 신부가 관계를 맺는 방식의 그림으로 보여주기 때문이다. 우리는 11장에서 이를 다루었다. 호세아를 생각해보라. 그는 창녀를 사랑하고 그녀와 결혼하라는 하나님의 명령을 받았다(호 1:2). 그러다가 그녀가 부정을 저지르고 다시 포주에게 팔려 갔을 때 그는 그녀를 다시 사 오라는 명령을 받았다(호 3:1-3). 우리는 호세아의 이야기를 너무 쉽게 허구나 비유로 치부할 수 있지만, 그렇게 해서는 이 이야기를 충분히 이해할 수 없다. 모든 결혼은 그리스도와 그분의 신부 관계를 상징한다(엡 5:32). 그리고 그리스도의 사랑은 우리가 그분께 충실하지 않을 때도 끊임없이 지속된다. 그분은 흔들림 없이 헌신하시며, 십자가의 죽음을 통해 그 사랑을 증명하셨다. 결혼 역시 죽음에 이르기까지의 완전한 헌신이다.

이런 관점에서 보면, 어떤 경우에도 이혼은 정당화할 수 없다는 입장을 취하고 싶어질 수도 있다. 그러나 신학자들은 일반적으로 성경에 근거한 최소 두 가지 이혼 사유가 있다고 주장한다. 간음과 유기다(마 19장; 고전 7:10-16 참고). 추가로, 일부 신학자는 간음이나 유기처럼 결혼을 심각하게 파괴하는 모든 행위를 성경적 이혼 사유에 포함해야 한다고 본다.[63] 실제로, 학대나 즉각적인 신체적 위험의 위협이 있다면, 즉시 떠나 안전을 확보하는 것이 필요하다. 또한 부부나 가족이 별거해야 할 수도 있다. 개신교 목사 1,000명을 대상으로 한 조사에 따르면, 55%는 가정 폭력에 대한 최선의 대응이 이혼일 수도 있다고 믿었으며, 5% 미만만이 이러한 경우에 이혼이 절대 선택지가 될 수 없다고 생각했다.[64] 우리 목표는 이혼에 대한 '허용할 수 있는' 이유를 토론하는 것이 아니다. 그 대신 예수님의 가르침이 사회적 관행으로서 이혼의 현실은 인정하면서도, 이혼이 하나님의 원래 계획이 아니었음을 동시에 강조하고 있음을 지적하려는 것이다.

결론적으로, 이혼이 만연하다는 것은 사회적인 관행이 하나님의 계획에서 어긋난 지 오래라는 명확한 증거라는 것이다. 이 차이는 하나님이 의도하신 것이 아니며, 인간관계를 복잡하게 만들지만, 그분의 은혜로 해결할 수 없는 것도 아니다. 성경은 이렇게 가르친다. "죄가 더한 곳에 은혜가 더욱 넘쳤나니"(롬 5:20). 기독교는 이혼한 사람들, 성적으로 방종한 사람들, 동성애 행위를 한 사람들, 또는 여러 명의 파트너와 관계했던 사람들을 정죄하지 않는다. 모든 죄에는 그에 따른 결과가 있지만(롬 6:23 참고), 하나님의 은혜는 더욱 넘친다! 예수님의 시대에 종교 지도자들은 간음 현장에서 붙잡힌 여인을 예수님께 데려왔고, 예수님은 그녀를 고발하던 사람들을 떠나게 하신 뒤 물으셨다. "너를 정죄한 자가 없느냐?" 여인이 대답했다. "주여, 없나이다." 그러자 예수님이 위로하며 말씀하셨다. "나도 너를 정죄하지 아니하노니 가서 다시는 죄를 범하지 말라"(요 8:9-11). 예수님이 하신 말씀을 두 부분으로 나누어 생각할 필요가 있다. 먼저 '다시는 죄를 짓지 않겠다는' 의도적인 결정을 해야 한다(요 8:11). 그러나 예수님 말씀의 전반부에 담긴 진리는 신약 성경 전체에서 반복된다. "이제 그리스도 예수 안에 있는 자에게는 결코 정죄함이 없나니 이는 그리스도 예수 안에 있는 생명의 성령의 법이 죄와 사망의 법에서 너를 해방하였음이라"(롬 8:1-2). 성적인 죄를 짓는 생활에서 벗어나려면 영적 속박을 깨뜨려야 한다. 그래야 완전한 영적 자유를 누리며 살 수 있다. 성경은 그리스도가 우리를 위해 죄가 되심으로써 우리가 그분 안에서 하나님의 의가 될 수 있게 하셨다고 가르친다(고후 5:21). 즉, 그리스도는 깨진 언약의 형벌을 대신 받으셨으며, 우리는 그분의 용서를 받아들여야 한다. 그러므로 개인적으로 혹은 사회적으로 어떤 경험을 했든, 예수님을 닮고자 노력하며 하나님의 선한 계획의 기준을 지키되, 동시에 사랑과 은혜, 인내, 용서, 겸손을 실천하기를 권면한다.

건강한 부부 관계 구축

학대와 위기에 처한 결혼 생활의 징후를 인식하고 이혼을 고민하는 것은 중요하고 때로 필수적이다. 그러나 이 책에서 우리가 시종일관 목표한 한 가지는 긍정적이고 지속적인 관계를 장려하고자 의사소통의 실제와 원리를 가르치는 것이었다. 스트레스가 많은 시기나 관계에 문제가 있는 신호가 나타날 때도 부부간 대화를 개선함으로써 긍정적인 방향으로 나아갈 방법이 있다. 물론 항상 가능한 것은 아니지만, 별거 후 상담과 진정한 변화가 이루어질 경우, 가족이 다시 화합하고 재결합하기도 한다. 결혼은 대체로 부부에게 유익하다는 사실이 드러났지만,[65] 불행한 결혼에서는 이러한 혜택을 누리지 못한다.[66] 이 장의 마지막 부분에서는 이혼 가능성을 낮추고 건강한 결혼 생활을 구축하는 데 도움이 되는 실천 방법을 살펴보겠다.

결혼을 언약으로 보는 관점에서는 우리의 의사소통도 이 관점을 반영해야 한다. 빌 스트롬과 디바인 애고조(Divine Agodzo)는 여섯 가지 언약적 원칙을 제시했다.[67] 결혼과 관련해 이 여섯 가지 원칙을 반영하는 표현과 태도는 다음과 같다.

- 우리는 공동체의 일원이며, 관계의 번영은 공동체 없이는 가능하지 않다.
- 사랑이 있어야 서로에게 최선이 되는 일을 하고 싶은 동기가 생긴다.

- 우리는 말과 행동이 우리 관계를 살릴 수도 있고 죽일 수도 있음을 알고, 우리 말과 행동에 책임을 져야 한다.
- 서로 서약하며, 그 약속을 지키며 살아가기로 동의한다.
- 공통의 비전을 향해 함께 변화하며, 서로 그 비전에 충실하도록 책임을 다한다.
- 죽음이 우리를 갈라놓을 때까지 이 관계에 헌신한다.

언약적 관계를 맺은 부부는 여섯 원칙을 모두 준수하며, 이를 통해 결혼 생활이 번영한다. 특히 이런 관계는 의심과 불확실성을 제거한다. 헌신적이고 변함없는 약속은 관계의 안정성을 제공하며, 이를 통해 부부는 서로 불완전함을 받아들이고, 실수를 고백하며, 용서와 치유, 성장을 경험한다. 성경도 천명하듯이 "사랑은 허다한 죄를 덮[는다]"(벧전 4:8). 언약적 의사소통을 통해 부부는 종종 다른 유형의 관계에서는 가려지거나 소외되는 관계의 가능성과 취약성을 드러낼 수 있게 된다. 심리학자 그레그 스몰리(Greg Smalley)는 진지한 관계와 언약적 관계의 차이를 인식할 때 다음과 같은 질문에 명확히 대답할 수 있다고 주장한다. "진지한 관계를 유지하며 동거하는 것이 결혼에 못지않게 좋은 것은 아닌가?" 스몰리는 이 질문에 "아니다"라고 답했다. 결혼 서약은 "일정한 수준의 안정감"을 부여하며, 부부가 "다른 어떤 관계에서도 경험할 수 없는 깊은 취약성과 개방성을 경험할 수 있도록 해준다"라고 설명한다.[68]

수천 쌍의 부부를 연구하며, 관계의 '성공 사례'와 '실패 사례'에서 배운 존 가트맨과 낸 실버는 『행복한 결혼을 위한 7원칙』(Seven Principles for Making Marriage Work, 문학사상사)을 썼다.[69] 이 원칙에는 배우자를 알고 존중하는 것, 배우자에게 주의를 기울이고 적극적으로 교류하는 것, 배우자의 영향을 받아들이는 것, 갈등을 적절하게 해결하는 것, 의견 차이를 극복하기 위해 헌신하는 것 그리고 공유할 수 있는 인생의 의미를 발견하라는 내용이 포함되었다. 이 책은 모든 결혼 생활에 유익한 자료로 추천할 만하지만, 여기서는 특별히 이 일곱 가지 원칙을 자세히 살펴볼 것이다.

첫 번째 원칙은 부부가 '애정의 지도'를 상세하게 그리고 보완해야 한다는 것이다. 애정의 지도는 서로의 세계에 대한 세세한 정보를 포함한다. 좋아하는 색깔이나 음식뿐만 아니라, 상대의 목표나 두려워하는 것이나 희망을 알고 있는가? 가트맨과 실버는 이 책에서 애정의 지도를 상세히 그리기 위한 여러 가지 경청과 학습 활동을 제시한다.

두 번째 원칙은 상대방을 배려하고 존중하는 마음을 기르는 것이다. 처음에 사랑에 빠졌던 이유를 떠올리는 것은 배우자에 대한 애정을 북돋우기에 좋은 연습이다. 행복하고 즐거웠던 과거의 일을 되새길 때 애정은 더 깊어진다. 또 배우자의 장점을 알아주고 칭찬해 주는 것 역시 애정을 가꾸는 좋은 습관이다. 가트맨과 실버는 이것이 관계의 불꽃을 더욱 활활 타오르게 하며, 애정과 존경심이 경멸의 해독제가 된다고 주장한다.

세 번째 원칙은 서로에게서 달아나는 대신 서로를 향해 나아가라는 것이다. 가트맨과 그의 연구팀은 수백 개의 부부 상호작용 영상을 분석하며, 부부가 일상적인 활동(가령, 요리, 텔레비전 시청, 식사, 잡지 읽기) 중에 상대방의 관심, 애정, 유머, 지지 요청에 어떻게 반응하는지를 관찰했다. 일반적으로 불행한 부부는 상대의 요청을 무시하거나 피하는 경향이 있었고(등을 돌림), 더 건강하지 못한 관계에서는 이러한 요청이 논쟁이나 비난으로 이어지기도 했다(대립). 그러나 행복하고 건강한 관계를 유지하는 부부들은 감정적으로 서로 응답하며, 상대를 향하고 관계를 원하는 상대의 요청에 기꺼이 반응했다.

행복한 부부 생활을 위한 네 번째 원칙은 서로 주고받는 영향을 받아들이며 상대가 자신을 변화시키는 것을 두려워하지 말라는 것이다. 이것은 단순히 논쟁에서 양보하거나 상대의 의견을 존중하는 것을 넘어, 서로 생각과 감정을 고려하고 의사 결정 과정에 함께 참여하는 것을 의미한다. 사랑의 여러 본질 중 하나는 자기 뜻만을 고집하지 않는 것이다(고전 13장). 모든 결정을 한 사람만 독단적으로 내리고 있지는 않은가? 영향을 받아들인다는 것은 배우자를 이해하고 존중하기 위해 자신의 권리를 기꺼이 양보할 수 있는 자세를 의미한다.

가트맨과 실버는 남편과 아내 모두 서로의 영향을 받아들여야 한다고 말한다. 그러나 수천 쌍의 부부를 연구한 결과, 상대의 영향을 받아들이는 것을 가장 거세게 반발하는 사람은 보통 남편이었다. 기독교 교회에서는 가장의 권위나 남성과 여성의 역할을 강조하는 가르침을 많이 볼 수 있다. 어떤 사람은 아내가 남편의 권위에 순종해야 한다는 말씀을 근거로, 이것이 남편이 아내의 영향을 받아들여야 한다는 가트맨의 원칙과 모순된다고 생각할 수 있다. 우리는 이 문제에 관해 다양한 관점이 있음을 인정하지만, 가트맨이 말하는 '영향을 받아들이는 것'이 가정 내 하나님이 주신 권위 구조를 무너뜨리는 것은 아니라고 본다. 오히려 이 가르침은 바울이 에베소서에서 말한 내용과 일치한다. 바울은 아내와 남편에게 구체적으로 권면하기 전에 먼저 "그리스도를 경외함으로 피차 복종하라"(엡 5:21)고 말했다. 배우자의 영향을 받아들이는 것은 관계를 더욱 건강하게 만드는 네 번째 핵심 원칙이다.

행복한 결혼 생활을 위한 다섯 번째와 여섯 번째 원칙은 결혼 관계에서 부딪힐 불가피한 갈등과 관련이 있다. 6장과 7장에서 우리는 갈등을 유발하는 요인과 이를 은혜와 용서로 다루는 방법을 이야기했다. 성경에서도 "피차 사랑의 빚 외에는 아무에게든지 아무 빚도 지지 말라"(롬 13:8)고 말씀하고 있다.

간략히 정리하면, 가트맨과 실버는 해결할 수 있는 문제와 해결할 수 없는 문제라는 두 가지 유형의 갈등이 있다고 말한다. 다섯 번째 원칙은 해결할 수 있는 갈등이라면 두 사람이 해결해야 한다는 것이다. 가트맨과 실버는 부부가 갈등을 제기하는 방식을 부드럽게 하고, '수정 시도'를 배우고 받아들이라고 권장한다. 수정 시도란 대화가 긍정적인 방향으로 계속 이어지도록 돕는 모든 소통 방식을 의미한다. 또한 갈등을 논의하는 동안 감정을 차분하게 유지하는 것도 중요하다. 궁극적으로, 우리는 모두 실수도 하고 결점도 있는 사람이라는 사실을 염두에 두는 것이 중요하다. 이러한 태도는 상대방에게 은혜로운 마음을 가지게 하며, 해결 가능한 문제에 대한 긍정적인 해결책을 찾는 데 도움이 된다.

여섯 번째 원칙은 교착 상태를 함께 극복하는 것이다. 해결할 수 없는 문제의 경우, 그 문제를 두고 포기하지 않고 대화하는 것이 중요하다. 가트맨과 실버는 부부가 "환상의 탐정"이 되어 문제의 원인을 이해하려고 노력해야 한다고 주장한다.[70] 부부는 드러나지 않은(혹은 말하지 못하는) 꿈을 찾아내어 단순히 표면에 드러난 문제가 아니라 그 이면에 있는 갈등의 원인을 이해하려고 노력해야 한다. 이런 작업을 하기 위해서는 ACE 경청자가 되어 상대방의 마음속 깊은 생각을 끌어내야 한다(5장 참고).

행복한 결혼 생활을 위해 가트맨과 실버가 제시한 마지막 원칙은 공유할 수 있는 인생의 의미를 발견하라는 것이다. 관계 그리고 가족 전반은 함께 내면의 생활을 만들어줄 수 있다. "상징과 의식이 풍부한 문화"를 형성하는 것이다.[71] 가족만의 유머 코드나 농담을 개발해 자주 말하는 것도 이러한 문화를 형성하는 한 가지 방법이다. 더 나아가, 결혼과 가정을 위해 공유된 비전이나 사명을 갖는 것도 깊은 의미를 발견할 수 있다. 약혼 이야기, 감미로운 결혼식의 추억, 중요한 신앙 경험, 기도에 응답받았던 일, 자녀와 관련된 재미있는 일화 등을 함께 회상하는 것은 가족의 가치를 정립하고 공유된 의미를 발전시키는 데 도움이 된다.

건강한 결혼을 위한 또 다른 방법은 서로 교감을 나누는 의식을 새롭게 정하거나 다시 강조하는 것이다(5장 참고). 가족의 다섯 가지 사랑의 언어를 점검해보는 것도 좋다. 선물, 함께하는 시간, 격려의 말, 섬김의 행동, 스킨십으로 사랑을 전하려고 꾸준히 노력하는가? 모든 방식으로 사랑을 표현하다 보면, 배우자의 주된 사랑의 언어를 자연스럽게 알고 말하게 될 것이며, 그러면 배우자의 사랑 탱크를 가득 채우게 될 것이다. 당신의 관계에서 열정, 친밀감, 헌신을 구체적으로 보여주는 의식에는 무엇이 있는가?

적용 활동 12.3

친밀감 형성

더글러스 켈리는 '개인적 관계의 친밀감'이라는 연구에서 친밀감을 형성하는 여섯 가지 맥락을 밝혀냈다.[72] 그는 사람들에게 친밀감이나 사랑을 경험한 순간을 나누어보라고 요청했다. 조사 결과에 따르면, 대화, 놀이, 성, 슬픔, 갈등, 용서가 부부가 더욱 가까워지는 계기가 되었다고 한다. 참가자들은 이런 다양한 맥락에서 친밀감이 형성된 순간을 설명했다. 소모임으로 모여 이에 관한 대화를 나누어보라. 구체적으로 다음과 같이 하면 된다.

- 대화, 놀이, 성, 슬픔, 갈등, 용서 중 어떤 맥락에서 관계 속 친밀감을 표현하거나 느끼게 되었는지를 나누어보라.
- 이 중 어떤 맥락이 가장 깊은 친밀감을 느끼게 했는가? 그 이유는 무엇인가?
- 공유된 이야기 속에서 발견한 친밀감의 공통된 주제는 무엇인가?

켈리는 자신의 연구 결과를 '친밀한 관계 형성 모델: 발견과 연결의 과정'이라는 개념으로 정리한다. 이 모델의 제목에서 알 수 있듯이, 켈리는 친밀감이 형성되려면 발견과 연결이 필요하다고 주장한다. 여기서 발견이란 서로에 대한 정보적, 사회적, 신체적, 심리적 혹은 정서적 접근을 의미하며, 연결은 상대방과 가깝다고 느끼고, 이해하고 받아들여진다고 느끼는 것을 뜻한다.

- 다시 한번 대화, 놀이, 성, 슬픔, 갈등, 용서 중 하나의 맥락에서 관계의 친밀감을 형성했거나 느끼게 된 순간을 떠올려보라. 그런 다음, 이 경험을 켈리의 '친밀한 관계 형성 모델'이라는 관점에서 정리해보라. 이러한 경험은 발견과 연결을 통해 어떻게 친밀감을 형성했는가? 혹은 친밀감을 형성하는 데 실패했다면 그 이유는 무엇이라고 생각하는가?

    견고한 결혼 생활이 되도록 도울 또 다른 실제적인 방법은 40일간의 묵상집인 『사랑의 도전』(The Love Dare, 살림)을 이용해 배우자에게 사랑을 표현하는 매일의 과제를 실천하는 것이다.[73] 이 뉴욕타임스 베스트셀러는 2009년에 개봉된 기독교 영화 <파이어프루프>(Fireproof)를 기반으로 한다. 이 영화는 위기에 처한 한 부부가 결혼에 대한 새로운 헌신과 변함없는 사랑을 통해 관계를 회복하는 과정을 그리고 있다.[74]

    이런 활동의 핵심은 상대와의 온전한 연결을 추구하는 것이다. 바쁜 일상을 지내다 보면 서로 정서적으로 연결되지 못하고, 서로의 내면을 깊이 들여다보는 대신 자기중심적인 태도를 취하기가 쉽다. 그러나 적극적인 경청과 지지적인 소통을 통해 의식적으로 서로의 내면에 다가가려는 노력이 필요하다. 매일 단 10분이라도 질적인 대화를 나누는 것이 좋은 관계에서 위대한 관계로 발전할 수 있는 좋은 방법이다. 예를 들어, 아이들, 일정, 가계 예산과 같은 실용적인 주제는 배제하고, 서로의 감정과 생각을 나누는 시간을 보내는 것이 중요하다.[75] 결혼 생활을 개선하는 방법에 대한 수많은 자료와 조언이 있지만, 결국 핵심은 결혼 생활에 투자하기로 결심하는 것뿐만 아니라, 이를 실제로 소통을 통해 실천하는 것이다.

결론

이 장은 결혼 생활로 죄가 유전되는 한 가지 사례인 라멕의 이야기를 살펴보는 것으로 시작했다. 또 폭력과 이혼을 비롯한 문제성 의사소통 패턴을 살펴본 뒤, 안정적이고 행복한 결혼 생활을 구축하는 지속 가능한 관계의 역학을 개발하는 방법에 대해서도 논의했다. 마지막으로, 건강한 결혼 생활을 선보인 신약의 한 부부를 살펴보는 것으로 마무리하고자 한다.

바울은 2차 선교 여행 때 고린도에서 아굴라와 브리스길라라는 한 유대인 부부를 만났다. 장막 만드는 일을 업으로 삼은 이 부부는 바울에게 함께 동역하며 생활하자고 제안했다. "생업이 같으므로 함께 살며 일을 하니 그 생업은 천막을 만드는 것이더라"(행 18:3). 성경에는 훌륭한 부부의 모범적 사례가 적지 않지만, 아굴라와 브리스길라는 단연 독보적이다. 성경에 얼마 언급되지 않은 그들의 이야기에서 그리스도인의 결혼 생활에 대한 몇 가지 교훈을 얻을 수 있다.

첫째, 이 부부는 함께 일했다. 아굴라와 브리스길라는 신약에 총 일곱 번 등장하지만, 항상 함께 언급되며 단독으로 등장한 적이 없다. 또한 '브리스길라와 아굴라'나 '아굴라와 브리스길라'로 번갈아 가며 언급되는데, 이는 부부가 삶과 사역에서 동등한 관계였음을 암시하는 것으로 보인다. 그들은 어려움을 함께 극복했고(행 18:2), 선교사로서 함께 섬겼으며(행 18:18), 복음을 위해 목숨을 걸었다(롬 16:3-4). 성경의 기록을 참고할 때 그들은 또한 늘 남들을 도우려고 노력했던 것으로 보인다. 아볼로라는 젊고 똑똑한 제자가 예수님에 대한 도를 유대인들에게 공개적으로 전하기 시작하자 "브리스길라와 아굴라가 듣고 데려다가 하나님의 도를 더 정확하게 풀어 이르더라"(행 18:26). 그들은 또한 집을 개방하여 지역 신도들이 모임을 열게 해주었다. 이것은 "그 집에 있는 교회"(고전 16:19)라는 바울이 교인들에게 보낸 안부 인사에서 확인할 수 있다. 이렇게 성숙한 부부 관계에 이르기까지 브리스길라와 아굴라는 서로 극진히 아끼며 친밀감을 확인하고 폭력을 피하며 관계가 위험하다는 위험 신호가 보일 때마다 주의하며 대처했을 것이다. 모든 관계는 때로 흔들릴 수 있다. 좌절에 이르는 관계와 성공하는 관계를 구분하는 기준은 배려하는 의사소통과 함께 서로에 대한 흔들림 없는 헌신에 있다.

13장
다양한 가정환경 속의 자녀들

가정에 자녀가 생기면 깊은 영향을 미치는 삶의 스트레스 요인이 되기도 하지만, 동시에 이는 가정이 겪는 일반적인 과정이기도 하다. 집안에 아기 울음소리와 옹알이가 울려 퍼지고, 집안일의 분담 방식이 변하며, 누가 무슨 일을 할 것인지에 대한 논쟁도 생겨난다. 또한 자녀가 성장하는 환경은 가정마다 다양하게 나타난다. 13장에서는 자녀의 생활 환경에 대한 인구학적 관점을 제시하며, 애착 이론, 가족 의사소통 유형, 부모 유형 등 부모와 자녀의 관계와 가족 관계를 설명하는 다양한 이론을 다룬다. 그리고 언어 발달, 형제자매 간 소통과 경쟁, 출생 순서에 따른 특성과 같은 주제도 소개한다. 마지막으로, 성경적 관점에서 부모 역할을 조명하며, 하나님을 반영하고 존중하는 방식으로 자녀를 양육하는 것에 대한 근거를 제시할 것이다.

서론

예수님은 이 땅의 가정에서 태어나셨다. 여러모로 그분은 평범한 소년이었다. 우리는 그분이 "강보에 싸여 구유에 뉘어 있는"(눅 2:12) 아기에서 부모가 지켜보는 가운데 아장거리며 숨바꼭질하는 어린이로 성장하시는 모습을 상상할 수 있다. 예수님의 부모가 성전에서 그분을 하나님께 바칠 때 함께 기뻐할 수 있으며(눅 2:21-40), 예수님이 열두 살쯤 되었을 때 부모와 함께 예루살렘으로 가서서 유월절을 지키는 모습을 떠올릴 수도 있다(눅 2:41). 여행하는 도중에 예수님의 아버지와 삼촌들이 유월절의 의미와 성전의 중요성을 비롯한 유대인의 율법과 전통을 가르치는 모습도 그려볼 수 있다(출 12:24-28; 신 6장 참고). 또한 절기를 마치고 집으로 돌아오는 도중에 함께 이동하는 친지들 속에 예수님의 모습이 보이지 않음을 깨닫고 부모가 불안을 느꼈으리라 상상할 수 있고(눅 2:43-44), 사흘을 찾으러 다닌 끝에 성전 뜰에서 그분을 발견했을 때 느꼈을 안도감도 이해할 수 있다(눅 2:46). 예수님이 어머니의 말씀을 듣고, 아버지의 일을 배우며, 형제들과 놀고, 가족과 함께 회당에 가시는 모습도 쉽게 떠올릴 수 있다. "예수는 지혜와 키가 자라가며 하나님과 사람에게 더욱 사랑스러워 가시더라"(눅 2:52)[1]는 말씀처럼 예수님은 이 땅의 가정 안에서 보호받고 양육을 받으며 성장하셨으며, 그 과정에서 공생애를 준비하셨다.

이 장에서는 하나님의 계획을 반영하고 존중하는 방식으로 자녀를 양육한 성경적 사례를 살펴볼 것이다. 성경은 기본적으로 자녀를 하나님의 선물로 바라본다. 시편 127편 3-5절은 "자식들은 여호와의 기업이요 태의 열매는 그의 상급이로다 젊은 자의 자식은 장사의 수중의 화살 같으니 이것이 그의 화살통에 가득한 자는 복되도다"라고 말한다. 이 장에서는 아동 발달의 여러 측면을 개괄하며, 가정의 인구학적 환경, 형제자매 관계, 언어 습득 등을 다룬다. 이어서 부모와 자녀 관계와 가족 관계를 설명하는 다양한 이론을 살펴볼 것이다. 애착 이론, 가족 의사소통 유형, 부모 유형이 그것이다. 마지막으로, 연구와 성경적 원리에 근거한 효과적인 양육의 특성과 실천 방법을 제시하며, 부모와 자녀가 성이나 약물 사용과 같은 금기시되는 주제에 관해서 어떻게 대화할 수 있는지도 다룬다.

자녀의 성장 환경

자녀가 성장하는 환경은 다양하다. 가정마다 유전적인 측면뿐 아니라 환경 요인이 다르며, 가족 구성, 주거 형태, 이웃, 문화적·사회적 배경, 심지어 역사적 시기까지도 시작점과 발전 과정이 다르게 나타난다. 이런 발달 과정을 설명하는 모델 중 하나가 생태학적 모델(Bioecological Model)이다.[2] 이 모델은 상호 중첩되고 상호 의존적인 역동적 체계를 제시한다. 여기에는 생물학적 미시 체계(가령, 가정, 학교, 교회), 중간 체계(가령, 교회와 학교의 상호 영향, 가정과 교회의 상호작용), 외 체계(가령, 정부 조직, 확대 가족 체계)가 포함된다. 이렇게 상호 연관된 체계들이 거시 체계(가령, 문화, 이데올로기의 영향)와 시간 체계(가령, 역사적 상황) 내에 포함되어 있다. 이 체계들은 어떤 것도 정적이지 않다. 다

생각해볼 점 13.1

세계 각국의 아기들

여러 국가의 신생아의 모습을 흥미진진하게 영상으로 담아낸 다큐멘터리 감독 토마스 발메스는(Thomas Balmès) 문화적 배경이 서로 다른 네 곳의 신생아 4명의 첫 1년을 추적했다.[3] 출산 전 의식, 수유, 청결 관리, 기어다니기, 첫 걸음마 등 아기의 성장 과정이 각 나라에서 어떻게 이루어지는지가 담겼으며, 이 모든 과정은 나라마다 상당히 다르게 나타났다. 이용할 수 있는 자원, 언어, 문화적 관습, 부모의 역할과 기대, 생활 방식이 각 환경에서 크게 차이를 보였다. 이 다큐멘터리는 아이를 둘러싼 거시 체계와 미시 체계가 아이의 발달에 어떤 영향을 미치는지를 보여준다. 또한 신생아를 바라보는 시각을 확장하여, 유아기를 문화적, 경제적, 민족적 관점에서 다양하게 이해할 수 있도록 돕는다. 영화를 감상하며 무엇을 배울 수 있는지 직접 확인해보라!

시 말해, 모든 체계가 동시에 발달하는 가운데, 상호작용을 통해 개인과 가정이 성장하는 데 영향을 미친다.

미국에서 자녀의 거주 형태는 매우 다양하고 역동적이다. 비율로 살펴보면, 자녀의 약 60%가 결혼한 친부모와 함께 살고, 3%는 동거 중인 친부모와 함께 산다. 24%는 한부모 가정에서 자라는데(이들 중 97%는 어머니와 살고 3%는 아버지와 산다), 9%는 재혼 가정에서 살며, 나머지 4%는 다른 주거 환경에서 산다(가령, 조부모와 살거나 위탁 가정에서 산다).[4] 가족 유형에 대한 이런 횡단적 자료는 가족 구조에 관한 개략적인 이해를 제공하지만, 가족과 가정환경이 지속적으로 변하는 역동적인 특성까지는 완전히 반영하지 못한다.

인구학자들은 종단 연구를 통해 가정의 안정성과 불안정성을 분석했다. 전반적인 연구에 따르면, 자녀는 출생해서 성인이 되기까지 평균 3.4번의 거주지 이동(이사)을 경험하며, 4.8번의 가족 구성원 변화를 겪는다고 한다.[5] 이런 가정의 변화에는 새로운 형제자매의 출생, 가족 구성원의 이탈, 부모의 이혼 또는 재혼, 의붓형제의 합류, 새로운 동거인의 등장, 삼촌이나 이모가 함께 거주하는 경우 등이 포함된다.[6] 자녀가 경험하는 변화는 누구나 예상할 수 있는 변화가 대부분이지만(가령, 형제의 출생), 일부는 그렇지 않다. 더 나아가 교육 수준과 민족성의 차이도 있다. 대졸 부모의 자녀와 아시아계 미국인 가정의 자녀는 전반적으로 적은 변화를 경험하는 경향이 있다.[7] 한 연구에 따르면, 자녀의 거의 절반(45%)이 "방을 나누어 쓰는" 경험을 하는데, 이는 "핵가족이 조부모나 다른 친척, 친구 등과 함께 거주하는 경우를 의미한다."[8] 또한 싱글 맘 가정에서 태어난 자녀의 3분의 1 이상이 성인이 되기 전에 재혼 가정에서 생활하는 경험을 하게 된다.[9]

모든 사람은 어느 정도 가족과 가정의 변화를 경험한다. 예를 들어, 예수님은 육신의 아버지인 요셉의 죽음을 어린 시절에 경험하셨을 가능성이 있다. 예수님이 12세가 지난 후로 성경에서 요셉이 언급되지 않은 이유가 이 때문이며, 장남으로서 예수님이 마리아를 돌볼 책임을 맡았고, 그래서 십자가에 달리신 순간에 그 책임을 제자 요한에게 넘기셨을 것이다(요 19:26-27). 인생에서 변화는 당연하다. 하지만 그 변화는 자녀에게 다양하고 복잡한 영향을 미칠 수 있다. 예를 들어, 어머니와만 살다가 어머니가 재혼하게 되면, 일반적으로 전에 비해 자원이 풍부해지고 경제적인 넉넉함을 경험할 수 있다. 또한 지지해주는 관계가 더 늘어날 수도 있다. 그러나 자녀가 다양하고, 달라진 가정의 규칙과 관계에 적응해야 하기에 대인 관계의 역학이 종종 더 복잡해질 수 있다.[10]

부모가 있는 아이들

부모의 시각에서 가정이 어떻게 다른지 살펴본 윌리엄 브래드퍼드 윌콕스와 엘리자베스 마쿼트(Elizabeth Marquardt)는 자녀가 있는 성인과 자녀가 없는 성인을 비교하여 "부모 역할이 그들의 정서적 행복과 어떤 관련이 있는지를" 연구했다.[11] 그들은 부모가 행복하고 안정적일 때 자녀도 제대로 성장한다고 보고, 어린 시절의 인구학적 조건뿐 아니라 아이들이 살아가는 가족 내 사회·문화적 역학도 살펴볼 필요가 있다고 주장한다. 연구 결과에 따르면, 결혼한 상태에서의 양육은 결혼 밖에서의 양육과 다르다. 예를 들어, 결혼한 아버지와 어머니는 자녀가 없는 결혼한 부부보다 '자신의 삶에 중요한 목적이 있다'고 더 많이 느낀다고 한다. 또한 결혼한 부모는 결혼하지 않은 부모보다 우울할 가능성이 작고, 행복할 가능성이 더 큰 것으로 나타났다. 그러나 적어도 자녀가 태어나고 첫 몇 년간은 자녀 양육으로 자녀가 없는 부부보다 결혼 만족도가 다소 낮은 경향을 보인다. 이는 삶의 의미와 결혼 만족도는 반비례 관계에 있어서 자녀가 없는 부부의 경우 자녀가 있는 부부보다 삶의 의미는 다소 떨어질 수 있으나 결혼 만족도는 높을 수 있음을 의미한다. 연구자들은 결혼한 부모를 중심으로 결혼 만족도와 이혼 가능성에 영향을 미치는 사회적, 문화적, 관계적 요인을 분석했다. 결혼한 부모(그리고 그 연장선에서 자녀)에게 가장 긍정적인 결과가 나타나는 경우는 부부가 교육 수준이 높고, 충분한 사회적 지원을 받고 있으며, 경제적 부담이 적고, 가사 노동을 공평하게 분담하며, 신앙을 공유하고 결혼 생활에서 '하나님이 중심이 되신다'[12]고 믿을 때다. 또한 부부 관계에서 즐거운 성생활과 평균 이상의 일상적인 관대함(배우자에게 좋은 것을 자유롭고 풍성하게 베푸는 미덕)이 높은 만족도로 이어졌다.[13] 이런 조사 결과는 『삶의 의미를 부여하는 부모 역할, 결혼이 부모 됨을 견디게 해주는 방법』(*How Parenthood Makes Life Meaningful and How Marriage Makes Parenthood Bearable*)이라는 소제목의 보고서에 깔끔하게 요약되어 있다.[14] 이제 가정환경에서 또 다른 중요한 요소인 형제자매 관계를 살펴보자.

형제가 있는 아이들

교황 요한 바오로 2세는 "자녀에게 줄 수 있는 최고의 선물은 형제자매다"라고 말했다.[15] 형제자매 관계는 보편적이며, 약 82%의 아이들이 형제자매와 함께 생활한다.[16] 이런 관계는 아마도 사람이 경험하는 가장 중요하고 오래 지속되는 관계일 것이다. 일반적으로 한 사람이 평생 맺는 관계 중 형제자매 관계는 가장 긴 관계로, 어떤 연구에서는 우리가 인생의 약 3분의 1을 형제자매와 함께한다고 추정하기도 했다.[17] 아동기 중반에 접어들면, 형제자매와 보내는 시간이 부모와 보내는 시간을 초과하는 경우가 많으며,[18] 일반적인 11세 아동은 방과 후 시간의 약 33%를 형제자매와 함께 보낸다.[19] 형제자매 관계는 최소한 성인기에 접어들 때까지는 대부분 자발적으로 선택할 수 있는 부분이 아니다. 이런 관계는 형성기의 경험과 부모를 공유하므로 다른 우정 관계와는 확실히 다르다.[20] 또한 형제자매 관계는 잠재적인 자원, 지원, 보호를 제공할 수 있다.[21] 독특한 특징 중 하나는 형제자매 관계가 권력과 친밀감의 측면에서 또래 관계와 유사한 모습을 보이면서도, 다소 역설적으로 높은 수준의 갈등과 높은 수준의 친밀감을 동시에 경험한다는 것이다.[22]

물론 모든 형제 관계가 다 유사하지는 않다. 한 연구에서는 형제자매 관계를 다섯 가지 유형으로 분류했다.[23] (1) 친밀한 형제자매 관계는 높은 수준의 친밀함과 정서적 상호 의존성이 특징이며, 긍정적인 경험을 공유하고, 서로 친구로 여긴다. (2) 우호적인 형제자매 관계는 감정적으로 연결되어 있으며, 요청이 있을 때 지원을 제공한다. 서로 '좋은' 친구로 여기지만, 친밀한 형제자매보다 의견 충돌과 논쟁이 더 자주 발생할 수 있다. (3) 충성스러운 형제자매 관계는 형제자매 간 유대의 중요성을 강하게 인식하며, 지원해야 할 의무감을 느낀다. (4) 무관심한 형제자매 관계는 서로 무관심하며, 도구로 대하거나 정서적인 지원을 제공하려는 노력을 거의 하지 않는다. 서로 접촉도 최소화한다. (5) 마지막으로, 적대적인 형제자매 관계는 서로 도움 요청을 명확하게 거부하고 접촉을 피하는 것이 특징이다. 이런 관계는 높은 수준의 질투, 원망, 공격성을 경험한다. 예상할 수 있듯이, 친밀하거나 우호적인 형제자매는 전반적으로 가장 긍정적인 답변을 했다. 이들은 헌신과 신뢰, 원활한 의사소통과 관계 만족도, 서로에 대한 호감과 사랑을 보였다. 또한 이들은 나머지 세 형제자매 관계로

분류된 사람들보다 관계 유지 행동을 더 자주 한다고 보고된다.[24]

부모 자녀 관계 역시 특성상 형제자매의 유대감 강도에 영향을 미칠 수 있다. 부모의 지지가 부족한 상황에서는 자원 부족을 보완하는 방식으로 형제자매 간에 강한 유대가 형성될 수 있다.[25] 형제자매는 서로에게 실질적, 정서적 지원을 제공할 수 있으며, 문제 해결, 협상, 나눔, 협력, 공감과 같은 기술을 서로 배우도록 도울 수도 있다.[26] 그러나 형제자매는 서로 부정적인 행동을 가르칠 수도 있다. 연구에 따르면, 긍정적인 형제자매 관계는 친사회적 행동과 연결되지만, 부정적인 형제자매 관계는 행동 문제와 연관성이 있는 것으로 나타났다.[27] 또한 일반적으로 형제자매 관계에서 나이가 많은 형제가 더 큰 영향력을 행사하는 경향이 있기 때문에,[28] 연구자들은 부모가 특히 형이나 누나의 행동에 주의를 기울여야 한다고 제안한다. 이는 그들의 행동이 "동생들의 행동과 형제자매 간 상호작용의 질에 연쇄적 영향을 미칠 가능성이 크기 때문이다."[29]

형제자매 관계는 정적이지 않으며, 삶의 과정에서 종종 변화한다. 보통 동생이 나이가 더 많은 형제자매보다 더 부정적인 반사회적인 상호작용을 한다.[30] 어린 형제자매는 부모로부터 시간, 관심, 돈과 같은 자원을 두고 경쟁할 수 있으며, 이런 경쟁은 형제자매 간 경쟁심을 유발할 수 있다. 형제자매 경쟁에 대한 연구에서 성별 차이를 살펴보았으나, 결과는 일관되지 않았다. 예를 들어, 한 연구에서는 남자 형제들 사이에서 자매나 남녀 혼성 형제보다 경쟁심이 더 크다고 보고했지만,[31] 또 다른 연구에서는 남자 형제보다 여자 형제들 간의 경쟁과 갈등이 더 심하다고 보고했다.[32] 어떤 연구는 형제자매 간 경쟁이 성인기 후반까지 지속될 수 있다고 했지만,[33] 전반적으로 형제자매 경쟁은 청소년기에 정점을 찍고 이후 점차 감소하는 경향이 있다.³⁴ 형제자매가 성인기에 접어들면, 이들의 상호작용은 점차 친구와의 관계와 비슷해지며, 심지어 서로 비밀을 공유하는 사이가 되기도 한다.³⁵ 자녀의 관계가 성인이 되면서 더욱 돈독해지는 모습을 보는 것은 하나님이 부모에게 주신 큰 축복 중 하나다(시 133:1).

적용 활동 13.2

형제 관계

형제가 한 명인가? 그 이상인가? 형제가 한 명 이상이라면 형제자매와의 관계를 생각해보고 아래 질문에 대답해보라. 외동이라면 잘 아는 누군가의 형제자매 관계를 생각하면서 아래 질문에 대답해보라.

1. 형제자매 간 의사소통의 특성을 설명해보라. 친밀한 관계, 우호적인 관계, 충성스러운 관계, 무관심한 관계, 적대적 관계 중 자신의 형제자매 관계는 어디에 해당하는가?³⁶ 형제자매 관계를 인생의 단계에 따라 다르게 분류할 수 있겠는가? 설명해보라.
2. 이런 유형론이 발달한 이유는 성인의 형제자매 관계를 구분하기 위해서였다. 이런 구분이 어린 동생들을 이해하는 데 도움이 된다고 생각하는가? 이유는 무엇인가?
3. 어머니와 자녀 혹은 아버지와 자녀의 관계가 형제자매들이 서로 소통하는 방식에 어떤 영향을 미친다고 생각하는가?

형제나 자매가 태어나면 출생 순서가 중요해진다. 출생 순위를 탐구한 심리학 연구는 무려 2,000건 이상에 달하는 것으로 추정된다!³⁷ 이런 연구의 증가에 힘입어 이 주제에 대한 여러 출판물과 인기 있는 책들이 등장했다. 예를 들어, 케빈 리먼(Kevin Leman)은 『나는 왜 나인가?』(*The Birth Order Book*, 좋은책만들기)라는 책에서 "현재 당

신이 이런 모습인 까닭"이 당신의 출생 순서 때문이라고 주장한다.38 형제 중에 맏이인가? 아니면 세 명 중 둘째이거나 막내인가? 아니면 외동인가? 리먼은 개인의 출생 순서가 개인의 성격에 극적인 영향을 미친다고 주장한다. 프랭크 설로웨이(Frank Sulloway)는 『타고난 반항아』(Born to Rebel, 사이언스북스)에서 첫째와 나중에 태어난 아이들의 성격의 다섯 가지 주요 차원, 즉 성실성, 친화성, 경험에 대한 개방성, 외향성, 신경성을 비교했다.39 이 책에 따르면, 맏이는 책임감이 강하고, 근면하며, 자기 절제가 뛰어나고, 조직적인 성향을 지닌다. 다시 말해, 나중에 태어난 아이보다 맏이가 더 성실하다는 것이다. 그러나 맏이 역시 불안정하기 쉽고 우울과 취약한 감정, 신경증과 관련된 특성을 보일 수 있다. 반대로 나중에 태어난 아이들은 친화적이고(순종적이고 느긋하며 온화함), 경험에 개방적이며(호기심이 많고 내면의 감정에 민감하며 새로운 것에 잘 끌림) 외향적일 수 있다(다정다감하고 흥미와 재미를 추구함).

출생 순서와 성격적 특성에 어느 정도 관련성이 있다고 생각하는가? 다음은 『나는 왜 나인가?』에 나오는 목록이다.

- **맏이의 특성:** 완벽주의자, 신뢰할 수 있음, 성실함, 정리를 잘하고 조직적임, 추진력이 강함, 타고난 리더, 비판적임, 진지함, 학구적인, 논리적임, 예상치 못한 상황을 싫어함, 컴퓨터에 능숙한 편이다.
- **둘째(중간 아이)의 특성:** 중재자, 타협적, 외교적, 갈등을 피함, 독립적, 또래에게 충성하고 친구가 많지만 독불장군 같은 면이 있음, 비밀이 많음, 버릇없이 자라지 않았다.
- **막내의 특성:** 남을 조종하려는 성향, 매력적임, 남 탓을 잘

함, 관심을 끌고 싶어 함, 집요함, 사람들과 잘 어울림, 타고난 세일즈맨, 조숙함, 적극적임, 애정이 많음, 어떤 일에 깜짝 놀라는 것을 좋아한다.

- **외동의 특성:** 일곱 살 무렵에 이미 애어른처럼 굴기, 매우 철저함, 신중함, 성취 욕구가 강함, 자기 동기 부여가 강함, 겁이 많음, 조심성이 많음, 책을 탐독함, 흑백논리로 사고하는 편, '매우, 극히, 정확히'와 같은 말을 자주 사용함, 실패를 견디지 못함, 자신에 대한 기대치가 매우 높음, 또래보다 나이가 많거나 어린 사람들과 있을 때 더 편안해한다.[40]

당신의 출생 순위에 맞는 특성이 실제로 당신에게 잘 맞는다고 느껴지는가? 이런 특성들이 당신 자신의 경험이나 다른 사람들의 경험과도 일치하는가?

출생 순서에 따른 특성을 읽고서, 이런 지속적인 성격 차이를 설명할 수 있는 가족 내 역학 관계는 무엇이라고 생각하는가? 우리는 출생 순서의 영향이 대체로 가정 내 환경과 의사소통의 차이에서 비롯한다고 생각한다. 예를 들어, 맏이는 나중에 태어난 동생들을 돌보는 데 더 많은 책임을 질 가능성이 크다. 이런 점이 맏이가 거들먹거리거나 명령하려 든다고 동생들이 느끼는 이유일 수 있다. 또한 이런 책임감이 맏이들이 더 조직적이고 타고난 리더라고 여겨지는 근거가 되기도 한다. 맏이는 종종 또래가 집에 없기 때문에 혼자서 노는 법을 배워야 하지만, 나중에 태어난 아이들은 함께 놀 친구가 있는 환경에서 자라게 된다. 발달 초기 단계에서 맏이는 부모의 온전한 관심을 받지만, 다른 자녀가 태어나면 부모의 관심이 분산된다. 부모가 맏이와 상호작용을 하는 방식은 나중에 태어난 자녀들과의 상호작용과도 상당히 다를 수 있다. 막내가 형이나 누나가 하지 못했던 일들을 용서받거나 그냥 넘어가는 모습을 익숙하게 봐왔을 것이다. 이것이 막내가 남을 조종하고, 관심을 끌며, 매력적이라고 여겨지는 이유를 설명하는 데 도움이 될까? 한편, 부모는 첫째 아이를 키울 때는 경험이 없었지만, 자녀가 늘어날수록 육아 경험을 쌓게 된다. 부모는 아이를 키우는 법을 배우는 중이기에, 자연스럽게 축적된 경험에 따라 나중에 태어난 자녀들을 다르게 대할 수 있다. 또한 성별에 대해 부모의 기대도 영향을 줄 수 있다. 예를 들어, 첫째 딸은 첫째 아들보다 동생을 돌보는 데 더 많은 책임을 지는 경우가 많다. 문화에 따라 출생 순위에 따른 자녀에 대한 기대 역시 다르다.[41]

출생 순서 이론이 대중적으로는 인기가 있지만, "출생 순서와 성격 간의 실증적 연구 결과는 일관된 연관성보다는 간헐적인 연결만을 보여준다"라는 것이 꾸준히 밝혀졌다.[42] 정리하자면, 출생 순서가 개인의 성격과 행동에 영향을 줄 수 있고, "왜 그런 사람인지"를 설명하는 데 어느 정도 역할을 할 수 있지만, 가족 역학, 성 역할에 대한 기대, 문화와 같은 다른 요인들 역시 형제자매 간의 차이를 설명하는 데 큰 영향을 미친다.[43]

의사소통 발달 과정

아이들이 태어나고 자라는 환경은 매우 다양하지만, 모든 상황에 공통으로 나타나는 한 가지가 있다. 바로 아이들이 의사소통을 배우게 된다는 점이다. 수정란이 가장 초기에 하는 행동의 하나가 소통이라는 사실은 매우 인상적이다. 난자와 정자가 만나면 어머니의 몸에 신호를 보내어 수정란이 착상하도록 자궁을 준비시킨다. 인간의 의사소통은 보편적이고 기본적이라고 해도 무방하다. 이렇게 인간 의사소통과 언어 습득이 문화를 초월한 보편적 현상이라는 사실은 두 가지 이론적 입장을 낳았다.⁴⁴ 촘스키(Chomsky) 진영은 언어 능력이 타고나는 것이며, 생물학적으로 결정된 능력이라고 주장한다. 스키너(Skinner) 진영은 언어가 문화적으로 주입된 학습된 행위라고 주장한다. 이런 선천 대 후천 논쟁을 통해 양 진영은 모두 상당한 증거를 축적해왔다. 당신은 이 중에 어느 쪽에 더 적절하다고 생각하는가?

언어 발달 과정이 어떤지 상관없이, 아이들이 일반적으로 거치는 발달 이정표가 존재한다. 신생아의 의사소통 능력은 18개월 된 아이와도, 3세 된 아이와도 매우 다르다. 캐럴 밀러(Carol Miller)와 로

그림 13.1 영아와 아동의 언어 발달 과정 [Carol A. Miller, Laura S. DeThorne, "Communication Development, Distributed across People, Resources, and Time," *The Handbook of Lifespan Communication*, ed. Jon F. Nussbaum (New York: Peter Lang, 2014); Thomas J. Socha, Julie Yingling, *Families Communicating with Children* (Malden, MA: Polity Press, 2010)에서 인용.]

라 디손(Laura DeThorne)은 말과 언어, 비언어적 행동, 사회·정서적 표현이 어떻게 발달하는지를 보여주는 매우 유용한 다기능적 발달 타임라인을 제시한다.[45] 토마스 소차(Thomas Socha)와 줄리 잉글링(Julie Yingling) 역시 영아와 아동이 관계적 맥락에서 언어를 어떻게 습득하고 사용하는지에 대한 발달적 타임라인을 제시한다.[46] 이 책에서는 이런 발달 이정표 중 일부를 단순화하여 그림 13.1에 제시했다.

언어 발달과 관련해서 성경 이야기 중 가장 흥미로운 이야기는 단연 바벨탑 사건이다. 성경 내러티브에서 이 바벨탑 사건은 인간의 언어에 영구적 영향을 미친 중요한 역사적 사건이다. 이 이야기는 "온 땅의 언어가 하나요 말이 하나였더라"(창 11:1)는 내용으로 시작한다. 사람들은 탑을 만들고 자신들을 위해 이름을 내기로 했다.

> 여호와께서 사람들이 건설하는 그 성읍과 탑을 보려고 내려오셨더라 여호와께서 이르시되 이 무리가 한 족속이요 언어도 하나이므로 이같이 시작하였으니 이후로는 그 하고자 하는 일을 막을 수 없으리로다 자, 우리가 내려가서 거기서 그들의 언어를 혼잡하게 하여 그들이 서로 알아듣지 못하게 하자 하시고(창 11:5-7).

하나님이 언어를 혼란하게 하신 이유가 무엇인지는 수많은 시각이 존재하며, 이는 흥미로운 토론의 주제가 될 수 있다. 당신은 바벨탑 사건이 언어 습득에 어떤 영향을 끼쳤다고 생각하는가?

언어나 비언어적 행동을 넘어서, 가정은 아이들을 의사소통하는 사람으로 사회화하는 역할을 한다. 소차와 잉글링은 자녀와의 긍정적인 의사소통을 이끌기 위한 지침을 제시한다.[47] 그들이 제시한

지침은 여섯 가지다.

1. 가정은 자녀에게 유익한 의사소통 경험을 '발판' 삼아 긍정적인 의사소통을 가르쳐야 한다.[48] 부모는 일상적인 활동과 상호작용 속에서 가르칠 수 있는 순간을 최대한 활용해야 한다.

2. 가정은 자녀와 의사소통할 때 단순히 양육하는 것을 넘어서 양육의 본보기를 보여주고 있음을 기억해야 한다. 소차와 잉글링은 "앞으로 저 말을 다시 들었을 때 내 자녀 양육 방식에 자부심을 느낄 수 있을까?"라고 묻는다.[49]

3. 가족의 의사소통은 자녀의 잠재력이 위축되지 않고 실현되도록 유도하며, 지속적인 성장과 발전을 추구하는 방향으로 나아가야 한다. 자녀에게 가능성과 상상력의 기회를 열어준다는 것은 때로 그들의 생각과 제안이 실현 가능성이 없어 보여도 창의성을 마음껏 발휘하도록 격려하는 것을 의미한다. 아이의 엉뚱한 생각에 함께 호응하고 맞장구쳐 주는 것도 잠재력을 키우는 데 도움이 될 수 있다. 창의력을 북돋는 양육 방식에 대한 재미있으면서도 날카로운 풍자는 앤서니 에솔렌(Anthony Esolen)의 『우리 아이의 상상력 죽이기』(*Ten Ways to Destroy the Imagination of Your Child*, 학지사)에서 확인할 수 있다.[50]

4. 가정은 학습의 가능성을 최대화하고, 잘못을 너그러이 받아들이는 분위기를 조성하기 위해 서로 긍정적인 상호작용을 하도록 노력해야 한다. 실수는 불가피하다. 부모와 자녀는 방어적인 분위기보다 서로 지지하는 분위기가 마련되도

록 애써야 한다.

5. 가정 내 긍정적인 의사소통이 자녀에게 최선의 결과로 이어지게 해야 한다. 가족은 아이들이 인생을 잘 준비해나가도록 필요한 지식, 기술, 경험을 제공하는 데 투자해야 한다. 이것은 문제를 줄이고 회복 탄력성을 키우는 장기적인 투자 전략이다.

6. "가정은 자녀와의 긍정적인 의사소통을 통해 행복을 증진해야 한다."[51] 소차와 잉글링은 이 목표를 실현하도록 다음과 같은 세 가지를 제안한다. (1) 일상에서 긍정적인 의사소통 분위기를 조성하고, (2) 자녀가 훌륭한 인격을 갖추도록 격려하며, (3) 자녀가 삶의 어려움을 마주할 때 조력자가 돼 주는 것이다. 가정은 아이들이 다양한 생각을 탐색하고, 조언을 구하며, 사랑과 지지를 받을 수 있는 안전한 공간이어야 한다.

이런 지침들은 자녀와의 긍정적인 의사소통을 강화하기 위한 몇 가지 실질적인 가이드라인을 제시한다. 이런 권고의 이론적 토대는 부모와 자녀의 상호작용에 관한 여러 개념에서 비롯된다. 가정은 영아, 유아, 아동, 심지어 청소년에 이르기까지 자녀를 양육하고 훈련하는 중심 장소이므로, 가정에서 일어나는 일은 자녀가 독립한 뒤에도 오랫동안 영향을 미친다.[52] 이런 부모, 자녀의 상호작용 이론들은 가족 내 의사소통이 왜 중요한지를 다양한 측면에서 강조한다. 우리는 여기서 애착 이론, 가족 의사소통 유형, 양육 방식에 따른 부모 유형을 살펴보려고 한다.

애착 이론

존 볼비(John Bowlby)는 안정적인 부모 자녀 간 애착이 건강한 정서 발달에 필수라고 주장했다. 1960년대 심리학자로서 볼비는 프로이트의 정신분석 이론과 행동주의 패러다임에 깊은 영향을 받았다. 여러 측면에서 볼비는 "프로이트가 주목했던 현상을 포괄할 수 있도록" 애착 이론을 설계했다.[53] 그의 이론은 엄마와 아기의 상호작용을 관찰하고, 이런 행동과 경험이 자신과 타인에 대한 정신적 표상으로 어떻게 전이되는지를 이론화하는 데 기반을 두었다. 이후 학자들은 애착을 시간이 지나면서 습관화되는 상호작용적 반응으로 요약하기도 했다.[54] 의사소통의 관점에서 애착 유형은 "사람들이 자신과 타인에 대해 일반적으로 가진 신념을 반영하는 만성적인 대인 관계 스타일로 정의한다. 즉, 자신이 돌봄과 애정을 받을 가치가 있는 존재인지에 대한 믿음 그리고 타인이 일반적으로 신뢰할 수 있고 반응적인 존재인지에 대한 믿음이 그 핵심이다."[55] 이런 믿음은 다음과 같은 네 가지 애착 유형으로 나타난다. 안정형 애착, 회피형 애착, 양가적 불안 애착, 혼란형 애착이다.

볼비는 안정형 애착이 아이에게 자신과 사회에 대한 건강한 정신적 모델을 형성하는 데 필요한 편안함과 안전감을 제공한다고 보았다. 영아기에 돌봄 제공자가 항상 곁에 있고, 반응이 빠르며, 애정 어린 방식으로 다가오면, 아이는 필요할 때 누군가가 도와주리라는 확신을 품고 주변 세계를 탐색할 수 있는 안전함을 느낀다. 회피형 애착은 영아가 비정상적으로 독립적이고 자율적인 행동을 보일 때 나타나는 유형으로, 이는 부모나 양육자가 무관심하거나 차갑거나 반응하지 않을 때 발달한다. 세 번째 유형인 불안형 애착은 초기 양육자와의 상호작용이 일관되지 않거나, 양육자가 예측할 수 없게 반응할 때 생긴다. 여기에 더해, "양육자에게 보이는 영아의 모순적이고 혼란스럽거나 두려운 행동을 설명하기 위해 제안된" 추가적인 애착 유형이 있으며, 이를 혼란형 애착이라고 부른다.[56] 볼비는 일단 어떤 애착 유형이 고착되면(보통 한두 살), 그 유형이 비교적 평생 유지된다고 믿었다.

일반 인구(즉, 심리 상담을 받지 않거나 정서적으로 고통받고 있지 않은 사람들)를 기준으로 보면, 대부분 아이는 어머니, 아버지와 안정된 애착을 맺고 있는 것으로 나타났다. 특정 주제(가령, 애착)에 대해 수십 혹은 수백 개 연구가 존재할 경우, 메타 분석을 통해 많은 연구 결과를 종합해 변수나 개념들이 일반적으로 어떻게 작동하는지를 추정한다. 이 방법을 사용한 한 연구에서 일반 인구 내 애착 유형의 비율을 추정했는데, 2세 미만 유아의 62%가 안정 애착형이었고, 15%가 회피형, 9%가 불안형, 15%가 혼란형으로 분류되었다.[57] 그러나 임상 집단 또는 정서적으로 고통받는 집단의 유아는 이 비율이 거의 반대로 나타났다. 학대 경험이 있는 아이의 경우 단 9%만이 안정형, 28%가 회피형, 15%가 불안형 그리고 무려 48%가 혼란형 애착을 보였다.[58]

자녀와 부모 간 의사소통의 이런 차이점을 감안할 때 안정형 애착이 수많은 긍정적 성과와 연관돼 있다는 것이 놀랍지 않다. 애착과 정서 조절에 대한 메타 분석에서, 안정적으로 애착이 형성된 아이들이 더 행복하고 덜 슬프며, 감정을 조절하거나 제어하는 능력이 더 뛰어나다는 것을 확인했다. 안정적인 아이들은 또한 사회적 지지를 구하는 시도를 비롯해 더 긍정적인 대처 전략을 사용했다.[59] 다른 메타 분석 연구들에서, 불안정하게 애착이 형성된 청소년이 더 높은 수준의 우울감[60] 식이 장애[61]를 경험함을 보여주었다. 이런 연구 결과들은 아동과 청소년의 안정형 애착으로 인한 긍정적 혜택을 상술한 수많은 다른 연구 결과와 동일하다.

    애착은 부모가 자녀에게 제공하는 관계적 토대라고 볼 수 있다. 영아의 상호작용은 주로 가정에서 이루어지기 때문에 부모와 자녀의 상호작용은 아이가 향후 의사소통을 어떻게 할 것인가에 대한 틀 혹은 기대치의 역할을 한다. 아기와의 관계에서는 애착이 마치 일방적인 과정처럼 보이기 쉽다. 즉, 부모가 무대를 세우고 자녀는 그 위에 처음 등장하는 것처럼 보일 수 있다. 그러나 아이들도 적극적인 의사소통의 주체이며, 애착 유형이 어떠하든지 상호작용에 영향을 미친다. 흔히 일어나는 상호작용의 예로는, 부모가 아이에게 지시를 내리고 아이가 이를 무시하거나 따르지 않으면, 부모는 소리를 지르며 반응하고 아이는 여전히 반응하지 않거나 무시한다. 이에 따라 부모는 목소리의 톤을 높여 더 크게 소리치고, 그제야 아이가 반응하는 식으로 흘러간다.[62] 이런 식의 갈등 고조는 부모와 자녀 모두의 의사소통 선택에 따라 발생하는 상호작용의 결과다.

적용 활동 13.3

애착과 하나님

심리학자들은 하나님에 대한 개인의 믿음이 크게 두 가지 범주로 나뉜다고 보았다.[63] (1) 인자하고 사랑이 많으신 하나님(가령, 용서하는, 사랑하는, 자비로운)과 (2) 진노하며 권위적이신 하나님(가령, 비판적인, 심판하는, 엄한)이다.[64]

- 당신은 이 두 관점 중 어떤 하나님에 대한 이미지를 더 많이 가지고 있는가?

- 당신의 어린 시절 애착 경험이 이런 관점 형성에 어떤 영향을 주었다고 생각하는가?

성경의 놀라운 가르침 중 하나는 사랑과 공의를 동시에 지닌 하나님의 역설적인 성품이다. 하나님에 대한 두 시각은 어떤 의미에서는 모두 맞는다고 볼 수 있다. 세상의 많은 종교, 심지어 일부 기독교의 가르침조차 하나님의 진노와 권위적인 면에 초점을 맞춘다. 그러나 성경은 그리스도가 인간을 대신해 하나님의 진노를 감당하셨다고 분명히 가르친다(사 53:4-6; 요 3:36; 고후 5:21 참고). 예수님의 죽으심과 장사, 부활의 이야기는 하나님이 직접 죄를 해결하시고 그분과 소통하는 길에 걸림돌이 되는 모든 장애물을 해결하셨다는 이야기다. 하나님은 사랑이시다(요일 4:16). 우리가 실수하고 죄를 저질렀을 때조차 하나님은 우리를 사랑하신다. 에베소서 2장 4-5절은 분명히 이렇게 가르친다. "긍휼이 풍성하신 하나님이 우리를 사랑하신 그 큰 사랑을 인하여 허물로 죽은 우리를 그리스도와 함께 살리셨고 (너희는 은혜로 구원을 받은 것이라)." 성경은 하나님의 진노를 대충 얼버무리고 넘어가지 않는다. 자비로 그리스도가 그 진노를 어떻게 대신 감당하셨는지를 보여준다.

많은 사람이 부모와의 개인적인 경험을 토대로 하나님을 이해하는 경향이 있다. 우리는 하나님을 인간처럼 생각하고 형상화한다. 어머니와 아버지와 안정적인 애착 관계를 형성하지 못한 사람(자녀의 약 38%)이나 아버지나 가족 없이 자란 사람에게는 이것이 하나님을 온전히 알고 사랑하는 데 걸림돌이 될 수 있다. 그러나 하나님은 우리가 하나님을 온전히 알고 사랑하도록 그 장벽을 제거하신 분이다. 골로새서 2장 8-15절에서 바울은 이 세상의 철학이나 지배적 신념에 포로가 되지 말라고 경고한다. 하나님은 그리스도와 함께 우리를 살리셨고, 우리의 모든 죄를 용서하셨으며, 우리 채무를 탕감하시고 그것을 십자가에 못 박으시며, 우리를 정죄하는 마귀의 무장을 해제하셨다. 그리스도를 통해 온전히 드러난 하나님의 은혜 덕분에 우리는 하나님과 안정적이고 확실하며 직접적인 애착 관계를 형성할 수 있다.

- 위의 내용을 곰곰이 생각해보며, 하나님과의 '안정적인 애착'이 당신의 감정이나 행동에 어떤 변화를 줄 수 있을지를 생각해보라. 또 우리 행동은 어떻게 변화될까?

가족 의사소통 유형

가족 의사소통 유형 이론(FCP, Family Communication Patterns Theory)은 두 별개의 이론이 융합되면서 발전한 것이다. 한 가지 이론적 흐름은 다양한 결혼 유형을 분류하는 데 목적이 있었다. 이 연구는 부부의 이념과 상호 의존성 수준에 따라 부부 관계를 전통형, 독립형, 분리형으로 구분했다.[65] 이 이론으로부터 가족 의사소통 유형은 다양한 가족 유형에 초점을 맞추게 되었다. 또 다른 연구 영역은 가족이 텔레비전을 통해 접하는 일방적인 대중 매체의 메시지를 어떻게 처리하는지를 이해하는 데 목적이 있었다.[66] 이 이론은 새로운 미디어 메시지를 해석할 때 자신이 본 메시지의 고유한 특성에 집중하거나 혹은 그 메시지에 대한 자신의 사회적 관계망(가족)이 어떻게 반응하는지를 참고한다고 주장했다. 이 이론으로부터 가족 의사소통 유형은 가족 상호작용에 대한 두 가지 차원, 즉 두 가지 지향점을 제시하게 되었다.

이러한 연구 흐름을 통합하여, 가족 의사소통 유형 이론(FCP)은 두 가지 서로 다른 가족 의사소통 지향점을 설명하며, 이를 바탕으로 네 가지 가족 유형을 도출한다. 첫째, 대화 지향성은 "가족 구성원 모두가 다양한 주제에 대해 자유롭게 서로 작용하도록 격려하는 의사소통 환경을 가족이 얼마나 조성하는지를 나타내며", 아이디어를 개방적으로 공유하고, 걱정을 표현하며, 의사 결정에 참여하는 것의 중요성을 강조한다.[67] 이는 가족 내에서 실제로 얼마나 많은 대화가 이루어지는지를 설명하는 것이 아니라, 가족이 표현성과 소통에 대해 어떤 전반적인 성향을 보이는지를 나타낸다. 둘째, 일치 지향성은 "가족 의사소통이 태도, 가치관, 신념의 동질성을 얼마나 중시하는지를 나타내며", 부모에게 순종하는 것을 강조하고, 부모가 자녀와 상의하지 않고 결정을 내리는 경향을 의미한다.[68] 이 두 가지 지향점은 서로 독립적으로 작용한다고 간주된다.

이 두 지향성을 그래프의 x축과 y축처럼 교차시키면 네 개의 가족 유형을 나타내는 네 개의 사분면이 만들어진다. 이 네 가지 가족 유형은 (1) 보호형 가족(높은 일치 지향성, 낮은 대화 지향성), (2) 다원형 가족(낮은 일치 지향성, 높은 대화 지향성), (3) 합의형 가족(높은 일치 지향성, 높은 대화 지향성), (4) 자유방임형 가족(낮은 일치 지향성, 낮은 대화 지향성)이다. 애착 유형과는 달리, 가족 의사소통 유형 이론(FCP)은 특정한 가족 유형이 다른 유형보다 더 낫다고 이론화하지 않는다.[69] 예를 들어, 일치 지향성이 사랑을 바탕으로 한 것이라면 가족에게 긍정적인 전반적 지향이 될 수 있다. 그러나 관계적 따뜻함 없이 순응만을 요구할 경우, 이는 부정적인 경험으로 이어질 수 있다.[70] 마찬가지로, 높은 대화 지향성이 낮은 대화 지향성보다 반드시 더 낫다고 보지도 않는다.

그러나 가족 의사소통 유형 이론(FCP)에 대한 실증 연구는, 일치 지향성과 관계없이 대화 지향성이 높은 가족일수록 자녀와 청소년에게 더 나은 심리적, 사회적, 행동적 결과를 낳는다는 것을 보여준다. 한 관찰 연구에서는 부모 자녀 간 의사소통, 경청, 따뜻함을 코딩하여 대화 지향성을 측정했으며, 대화 지향성이 청소년의 문제 행동과 반비례 관계에 있음을 발견했다. 즉, 따뜻함의 수준이 높을수록 청소년의 문제 행동은 적었다.[71] 또 다른 비교문화 연구에서는 미국, 중국, 사우디아라비아를 대상으로 대화 지향성이 협력 및 타협의 갈등 해결 방식과 긍정적인 상관관계가 있지만, 일치 지향성은 양보와 회피의 갈등 해결 방식을 예측한다고 보고했다.[72] 마찬가지로 연구에서는 대화 지향성이 청년들의 공동 양육 의사소통의 질에 대한 긍정적인 인식과 관련이 있었고, 일치 지향성은 부정적인 연관성을 보였다.[73] 정신 건강, 낮은 스트레스 수준, 뛰어난 의사소통 능력 등도 모두 높은 대화 지향성과 관련이 있었다.[74] 가족 의사소통 유형 이론(FCP)에 대한 메타 분석에 따르면, 대화 지향성은 청소년과 청년 모두에게 일관되게 긍정적인 영향을 주었지만, 일치 지향성과의 연관성은 혼재돼 있었다.[75] 따라서 이론적으로는 모든 가족 유형이 동등하다고 보지만, 실증적 연구 결과에 따르면 합의형과 다원형 가족이 자녀에게 가장 긍정적인 영향을 미친다고 할 수 있다.

양육 방식에 따른 부모 유형

가족 상호작용에 대한 마지막 주요 이론은 양육에 대한 질적 관찰에서 비롯되었다. 다이앤 봄라인드(Diane Baumrind)는 세 가지 양육 유형을 소개했는데, 그것은 권위 있는 양육(Authoritative), 권위주의적 양육(Authoritarian), 그리고 허용적 양육(Permissive)이다.[76] 권위 있는 부모는 "따뜻하고 단호하며, 자녀의 심리적 자율성에 대한 필요를 수용"하는 태도를 가진다.[77] 이는 안정적인 애착처럼, 권위 있는 부모는 권위와 연결, 구조와 관계를 균형 있게 조화시킨다. 권위 있는 부모는 "자녀의 독립성과 자율적 자기표현을 격려하기 위한 따뜻함과 참여의 정서적 분위기"를 제공한다.[78] 또한 이 유형의 부모는 강압적인 통제(가령, 간섭적, 조작적, 처벌적, 제한적)보다는 대면적 통제(가령, 요구하는, 단호한, 가르치는 방식)를 사용하는 경향이 있다.[79] 연구는 일관되게 권위 있는 부모가 자녀와 청소년이 잘 성장할 가장 좋은 기회를 제공한다고 보여준다. 2,000년경, 당시 청소년 학회 회장이었던 로런스 스타인버그(Laurence Steinberg)는 이렇게 발표했다. "어떤 유형의 양육이 청소년 발달에 가장 긍정적인 영향을 미치는지는 더는 질문할 필요가 없다. 우리는 이미 그 질문에 대한 답을 알고 있다."[80]

다른 두 가지 양육 유형인 권위주의적 양육과 허용적 양육은 권위 있는 양육의 균형에서 한쪽으로 치우친다. 한편으로, 권위주의적 부모는 단호하긴 하지만 연결감과 따뜻함이 부족하다. 이들은 관계보다 구조를, 연결보다는 권위를 더 중요하게 여긴다. 그러나 허용적 부모는 단호함보다는 따뜻함을 중시한다. 이들은 구조와 권위가 부족하다. 스타인버그는 "앞으로의 과제는 어른들에게 어떻게 권위 있는 부모가 되는지를 교육하고, 이들을 권위를 갖춘 부모로 변화하도록 돕는 데 있다"라고 결론지었다.[81]

건강한 가족의 형성

적절한 자율성을 부여하는 권위 있는 양육이 아이들에게 가장 좋다는 사실이 명확한 증거로 입증된 것처럼, 안정적인 애착과 높은 대화 지향성(즉, 합의형과 다원형 가정) 역시 아동과 청소년에게 더 나은 결과를 가져온다는 점이 여러 연구에서 밝혀졌다. 성경에서 "너희는 권위 있는 부모가 될지니라"고 명시적으로 명령하지는 않지만, 자녀가 잘 성장하기를 하나님이 원하신다는 것은 분명하다. 따라서 자녀가 안정적으로 애착을 형성하도록 돕고, 그들과 활발히 의사소통하며, 권위 있는 양육을 실천하는 부모의 특징은 하나님을 기쁘시게 해드린다는 것이다. 예를 들어, 신명기 6장 7절의 쉐마 말씀에서는 부모가 자녀의 질문에 대답하고 "집에 앉았을 때에든지 길을 갈 때에든지 누워 있을 때에든지 일어날 때에든지" 지속적인 관계를 유지하라고 명령한다. 이 가르침은 부모가 자녀에 대한 권위를 가지되, 동시에 자녀와 열린 관계를 유지해야 함을 시사한다.

가족과 가족 간 상호작용에 관한 연구들은 일관되게 부모의 긍정적인 공통 특성을 강조한다. 예를 들어, 닉 스틴넷(Nick Stinnett)과 존 드프레인(John DeFrain)은 건강한 가족의 여섯 가지 특징으로 서로에 대한 헌신, 상호 존중, 열린 의사소통, 함께 보내는 시간, 영적 관심 그리고 적응력을 제시했다.[82] 이와 유사하게, 기독교 가족 단체인 포커스 온 더 패밀리(Focus on the Family)는 효과적인 양육의 일곱 가지 특성을 설명한다. 이 특성들은 "성경의 기반 위에, 가족 상담 현장에서의 오랜 실천과 권위 있는 양육 방식에 대한 풍부한 연구를 바탕으로 한 것"이다.[83] 그 모델은 적응력, 존중, 의도성, 사랑, 경계 설정, 은혜와 용서, 감사로 구성된다. 이러한 분류는 서로 겹치며, 다음과 같이 요약할 수 있다. 건강한 가족은 질 높은 의사소통을 통해 상호 존중에 기반한 긍정적인 관계를 우선한다.

중요한 부모와 자녀 간 대화

건강한 가족은 시간이 흘러도 꾸준히 성장한다. 물론 특정 시기에 필요한 자질이 사라지거나 약화할 수 있겠지만, 일반적으로 가족들은 건강한 가족의 특징을 지속적으로 드러내고 추구해야 한다. 그러므로 모든 주제, 심지어 금기시되는 주제들에 대해서도 개방적이고 정직하며 직접적인 대화를 장려할 필요가 있다.

집중적 관심을 받아온 두 가지 구체적인 주제를 꼽는다면 성과 마약에 관한 부모와 자녀의 대화다. 이런 주제는 사춘기 청소년이나 청년이 부모와 대화하기를 가장 꺼리는 내용이며, 특히 아버지와 재혼 부모는 더욱 나누기 어렵다고 느낀다.[84] 그러나 부모는 이러한 금기 주제에 대해서도 반드시 이야기해야 한다. 약물에 대한 대화를 다룬 한 연구에서 요약된 바와 같이, "청소년은 미디어, 또래, 예방 프로그램 등을 통해 약물에 대한 직접적인 메시지를 듣게 된다. 따라서 부모 역시 약물 사용에 관해 자녀들과 대화를 나누어야 한다."[85] 성에 관해서도 마찬가지다. 텔레비전과 영화, 또래, 교사, 학교 수업, 여러 토론에서 청소년들의 관심을 두고 경쟁을 벌이며 성에 대한 자신의 시각을 수용하도록 손짓한다(때로 강요한다). 부모들은 이런 문제를 다루어야 한다. 증거는 부모들이 아동기와 초기 사춘기에 큰 영향을 미친다는 사실을 보여준다. 또래의 영향이 중요해지는 사춘기 시기에도 부모의 영향은 여전히 강력하다.[86]

앞서 살펴본 다양한 양육 이론의 검토에서 예상할 수 있듯이, 약물과 같은 주제에 대해 부모와 자녀가 표현적이고 따뜻한 관계 속에서 대화할 때 자녀에게 가장 긍정적인 결과가 나타났다. 예를 들어, 가정환경이 높은 대화 지향성을 보이고 부모가 약물 사용에 대해 직접적으로 대화할 때 자녀는 가장 낮은 수준으로 약물을 사용한다고 보고되었으며, 이는 표현성이 낮고 부모가 약물이나 약물 사용에 대해 직접적으로 다루지 않는 가정과는 뚜렷한 대조를 보인다.[87] 이와 유사하게, 여러 유럽 국가에서 자료를 수집한 한 연구에서도 따뜻한 관계를 맺는 가족(즉, 권위 있는 양육 방식이나 허용적인 양육 방식)은 따뜻함이 부족한 가족(즉, 방임적이거나 권위주의적인 부모)보다 자녀의 약물 사용률이 현저히 낮은 것으로 나타났다.[88]

다른 의사소통 연구에서는 대화하는 것이 아예 대화하지 않는 것보다 낫고, 약물 사용과 기대에 대해 단순히 암시하기보다는 직접적인 대화를 나누는 것이 조기 약물 사용 예방에 효과적임을 밝혀냈다.⁸⁹ 일반적으로 연구 결과는, 자녀가 약물 사용에 관한 결정을 잘 내리도록 도울 사람이 부모라는 주장을 지지한다.

그렇다면 '약물 사용에 관한 대화'는 어떤 식으로 이루어지며, 언제 하게 될까? 가족 커뮤니케이션 학자인 미셸 밀러 데이(Michelle Miller-Day)는 이러한 질문에 답하기 위해 연구를 진행했다.⁹⁰ 그녀는 대학에 입학한 신입생을 대상으로, 그들이 청소년 시절에 경험한 약물 대화에 관해 이야기하도록 요청했다. 이 자료를 바탕으로 그녀는 부모가 자녀와 나눈 '약물 대화'의 유형을 분류했다. 이는 부모가 자녀와 주기적으로 대화를 나누는 경우부터 한 번의 훈계로 끝나는 경우까지 다양했으며, 어떤 부모는 이 주제에 대해 직접적으로 이야기하기보다는 암시적으로 입장을 전달하기도 했다. 그러나 어떤 부모는 매우 명확하게 입장을 표현했다. 이에 따라 대화 유형은 네 가지로 나뉘었다. 직접적이고 지속적인 대화, 직접적이고 상황적인 대화, 간접적이고 지속적인 대화, 간접적이고 상황적인 대화. 마지막으로, 부모와 전혀 '약물 대화'를 나눈 적이 없는 청소년도 하나의 범주로 분류되었다.

2,000명 이상의 초기 청소년을 대상으로 한 연구에 따르면, 대부분 7학년에서 9학년 학생들(중학생)은 직접적이고 상황적인 대화(32%)와 직접적이고 지속적인 대화(25%)를 경험했다고 보고했다. 약 31%는 간접적인 방식의 대화를 나누었고, 약물과 관련해 한 번도 대화한 적이 없다는 학생은 8% 정도였다.⁹¹ 이 연구는 또한 청소년들이 부모에게서 들은 내용을 복기한 내용도 포함되었다. 다음은 각 대화 유형별로 나타난 메시지의 세 가지 주요 경향을 요약한 것이다.

첫째, 간접적인 방식은 더 다양한 메시지를 전달했다. 직접적인 방식은 거의 예외 없이 '약물을 하지 마라'는 메시지를 전달했지만, 간접적인 방식에서는 '그건 너의 선택이야.' '우리(부모)는 네가 안 할 걸 안다'와 같은 다양한 메시지로 전달되었다. 둘째, 지속적이고 직접적인 대화 방식으로 분류된 반응은 지속적인 메시지의 추동 원인이 학교 교육 프로그램, 마약 관련 프로그램, 부모의 직업과 같은 생활 환경에 있음을 보여주었다. 마지막으로, '전혀 대화를 나누지 않았다'로 분류된 유형에서 전달된 주요 메시지 역시 '우리는 네가 안 할 걸 안다'로 분류되었다. 즉, 청소년들은 부모와 약물에 관한 대화를 나눈 적이 없다고 보고했지만, 왜 그런 대화를 하지 않았는지에 대한 이유도 밝힌 셈이다. 이러한 응답 대부분은 청소년들이 올바른 결정을 내릴 수 있을 거라는 신뢰를 받고 있었음이 드러났다.[92]

아이러니하게도, 이 연구에서는 "전혀 대화를 나누지 않았다"라고 응답한 청소년들이 부모에게서 자신이 약물을 사용하지 않으리라고 믿는다는 신뢰를 받았다고 보고했다. 그러나 이 그룹이 가장 높은 약물 사용률을 보였다. 청소년들이 들은 메시지에서 나타난 이런 경향은 가족과 사회의 다른 영역 간의 상호작용을 보여준다.

성에 관한 대화와 관련해, 청소년과 청년이 가족 구성원에게서 듣는 '기억에 남는 메시지'에 대해 조사한 연구가 있다.[93] 이러한 메시지를 질적으로 분석한 결과, 이 메시지들은 상당한 영향을 끼치며,[94] 가족 간의 상호작용 속에서 흡수되기도 하고, 아버지, 어머니, 형제자매, 사회로부터 구체적으로 전달되기도 한다.[95] 또한 이 메시지들은 종종 아들과 딸에게 서로 다른 지침과 기대를 전달하는 것으로 나타났다.[96] 예를 들어, 여성은 성관계의 부정적인 결과(임신이나 성병 등)에 관한 메시지를 더 많이 받지만, 남성은 성적인 쾌락에 대한 메시지를 더 많이 듣는다.[97] 또한 어머니가 전하는 메시지에는 남성이 성관계를 주도한다는 전제를 바탕으로 여성이 성적인 문지기 역할을 해야 한다는 기대가 담겨 있었다.[98] 일관된 연구 결과 중 하나는 대부분의 메시지가 부정적인 틀로 구성된다는 것이다. 즉, 경고를 포함하거나 성과 생식 건강과 관련된 해롭거나 상처가 되는 경험을 표현하거나, 성은 결혼이나 사랑과 헌신이 있는 관계 안에서만 이루어져야 한다는 내용을 담고 있다.[99] 한편, 일부 연구에서는 '투명하고 지지적인 대화'를 통해 여성들이 자신의 몸과 기능, 성에 대해 더 깊은 이해와 수용으로 나아간다고 보고한다.[100] 이러한 연구들은 특히 여성의 성적 주체성과 성적 자기 결정권을 강조하는 경향이 있다. 우리는 부모가 따뜻하고 지지적인 관계 속에서 자녀에게 직접적이고 명확한 메시지를 전달해야 한다고 생각한다. 더 나아가 경고나 금지 사항을 전달하기에 전에, 성을 하나님이 디자인하신 긍정적인 것으로 소개하는 것(11장 참고)이 청소년과 청년이 자기 몸과 성에 대해 온전하고 성숙한 시각을 가질 수 있도록 돕는 것으로 생각한다.

연구 조사는 부모들이 열린 마음으로 대화를 이어가며 마약과 성과 데이트와 종교와 중대한 인생의 결정과 같은 다양한 주제에 대해 직접적인 사회화 메시지를 공유해야 하다는 근거를 제시한다. 그러나 부모의 관점을 전달하는 것 못지않게 중요한 것은 자녀의 말을 경청하고, 그들이 자유롭게 질문하고 탐색하며 자기 의견과 경험을 제시하고 토론할 수 있게 해주는 것이다. 솔직하고 열린 대화로 부모와 자녀가 소통하면 서로 풍성한 관계를 맺을 여건이 조성된다.

결론

각 자녀는 단 한 가정만 경험하지만, 아이들 전체로 보면 그 경험은 매우 다양하다. 우리가 어렸을 때 겪은 일이 좋든 나쁘든, 그것을 '정상'이라고 생각하기가 쉽지만, 실제로는 아이들이 마주하는 가정환경과 의사소통 상황은 매우 다양하다. 이 장에서 우리는 이런 상황들을 간략히 살펴보았고, 부모가 자녀와 겪는 경험, 형제자매 관계, 언어 발달, 부모 자녀 간 의사소통 이론에 관해 살펴보았다. 또한 약물, 성 그리고 기타 중요한 금기 주제에 대해 자녀와 나누는 대화를 위한 최선의 양육 실천 방법도 소개했다. 가정은 자녀에게 가장 중요한 환경이다. 성경이 기록하듯이, 예수님도 가정이라는 맥락 속에서 "자라며 강하여지고 지혜가 충만하며 하나님의 은혜가 그의 위에"(눅 2:40) 계셨다.

14장

영적이고 실제적인 영역을 아우르는 양육 모델

하나님을 가정생활의 중심으로 삼는 가정 모델은 유대교의 중심 기도문인 쉐마에서 확인할 수 있다. "오늘 내가 네게 명하는 이 말씀을 너는 마음에 새기고 네 자녀에게 부지런히 가르치며"(신 6:4-9). 생육하고 번성하라는 아담에게 주신 하나님의 명령과 제자들에게 가서 제자 삼으라는 예수님의 명령은 유사한 점이 있다. 이 유사성은 가정만큼 제자화할 더 적합한 환경이나 기회가 없음을 암시한다. 14장에서는 행동 수정(강화), 사회 학습, 심리적 통제 기법과 같은 자녀 훈육 모델과 그 결과에 대해 다룰 것이다. 또한 자녀와 부모 모두 더 잘 적응하게 하는 데 지속적으로 효과적인 기본적인 양육 기술을 설명한다. 그리고 히브리서의 훈육에 관한 구절로 이 장을 마무리하려고 한다.

서론

이 장은 부모와 자녀 간의 소통, 특히 부모가 자녀를 훈육하는 방식에 관한 내용을 다룬다. 잠시 시간을 내어 '훈육'이라는 단어를 들었을 때 가장 먼저 떠오르는 단어를 3개에서 5개 정도 적어보라. '외출 금지, 체벌, 타임아웃(생각 의자), 전자 기기(핸드폰) 사용 금지'와 같은 단어를 쓰지 않았는가? 이제 올림픽에 출전한 육상 선수를 생각해보라. 엘리트 운동선수를 말할 때 '훈육'이라는 단어가 사용되면 어떤 이미지가 떠오르는가? 떠오르는 단어를 3-5개 적어보라. '집중 훈련, 엄격한, 루틴, 코칭, 건강한 식단'과 같은 단어가 떠오르지 않는가? '훈육'(discipline)의 어원은 사실 '제자'(disciple)다.1 이 단어는 처벌이나 행동 통제보다는 배움과 분별력과 더 관련이 깊다. 훈육은 곧 훈련(training)과 동의어다. 가족 의사소통의 맥락에서 부모는 단순히 자녀를 '징계'하는 것이 아니라 자녀를 '제자 삼는' 것이다. 이제 제자 훈련(discipleship)에 관해 좀 더 자세히 살펴보자.

예수님은 "가장 중요한 계명이 무엇입니까?"라는 질문에 쉐마를 인용하시며 이렇게 대답하셨다. "네 마음을 다하고 목숨을 다하고 뜻을 다하여 주 너의 하나님을 사랑하라"(마 22:36-40). 이 말씀은 신명기를 인용하신 것으로 그 문맥은 아래와 같다.

> 이스라엘아 들으라 우리 하나님 여호와는 오직 유일한 여호와이시니 너는 마음을 다하고 뜻을 다하고 힘을 다하여 네 하나님 여호와를 사랑하라 오늘 내가 네게 명하는 이 말씀을 너는 마음에 새기고 네 자녀에게 부지런히 가르치며 집에 앉았을 때에든지 길을 갈 때에든지 누워 있을 때에든지 일어날 때에든지 이 말씀을 강론할 것이며 너는 또 그것을 네 손목에 매어 기호를 삼으며 네 미간에 붙여 표로 삼고 또 네 집 문설주와 바깥문에 기록할지니라(신 6:4-9).

이스라엘 백성은 가정에서 가장 큰 이 계명을 가르치고 모범으로 보여주어야 했다. 이 말씀은 신명기 6장 20-25절에서 다시 한번 그 맥락을 강조한다. 하나님은 부모들에게 신실하고 온전한 하나님의 사랑으로 자녀를 제자 삼으라고 명하신 것이다.

제자 훈련이라는 주제는 하나님의 첫 계명과 지상에서 예수님의 마지막 명령 사이의 유사성에서도 드러난다. 예수님은 죽으시고 부활하신 후 "가서 모든 민족을 제자로 삼[으라]"(마 28:19-20)고 명령하셨다. 그분은 제자들에게 온 세계의 모든 나라에서 그들과 같은 제자를 세우라는 책임을 맡기셨다. 이 '대위임 명령'은 하나님이 아담과 하와에게 주신 첫 명령과 평행을 이룬다. 태초에 하나님은 인류를 축복하시며 "생육하고 번성하여 땅에 충만하라, 땅을 정복하라"(창 1:28)고 지시하셨다. 자신을 복제할 뿐 아니라 모든 피조물이 하나님의 통치를 받게 할 의무와 권한이 인간에게 있었다. 이런 유사성은 매우 놀랍고 인상적이다. 대부분 사람은 자기 가정에서 '가서 제자로 삼을' 가장 확실한 기회를 가질 것이다.

이 장에서 우리는 성경적 분석과 더불어 부모 역할에 관한 연구 결과를 살펴볼 것이다. 먼저 '어머니 역할'과 '아버지 역할'을 구분하여 살펴보고, 이후 가정 내에서의 훈육을 다룰 것이다. 고전적 양육 모델과 현대적 양육 모델을 모두 포함하는데, 여기에는 행동 수정, 사회 학습, 심리적 통제 기법, 감정 코칭 등이 있다. 또한 자녀와 성인 모두에게 긍정적인 결과를 낳는 양육 실천법을 실제로 적용할 수 있는 팁도 제시한다. 마지막으로 히브리서 말씀을 통해 훈육과 제자 훈련의 관점을 고찰한다.

부모 역할 대 어머니, 아버지 역할

어머니 역할과 아버지 역할을 우선 살펴보자. 구약 성경의 히브리어 사전에는 부모(parent)라는 단어 자체가 존재하지 않는다. 양육이라는 위치와 활동은 '아버지'와 '어머니'의 역할을 통해 설명된다. 이것이 부모 혹은 양육이라는 개념이 무의미하다는 뜻은 아니지만, 흥미로운 질문이 떠오른다. 부모 역할을 어머니 역할(mothering)과 아버지 역할(fathering)로 이해하는 것이 과연 적절한가?

신약에는 헬라어로 '부모'라는 단어가 존재하지만, 어머니와 아버지가 서로 다른 방식으로 자녀를 양육할 수 있음을 보여주는 구절이 있다. 2장에서 설명한 것처럼, 그리스도의 몸 된 공동체가 하나님의 가족이라는 개념과 일치하게, 바울은 데살로니가 교회를 '형제자매'라고 부르며(살전 2:1), 가족 비유를 이어나간다. 그는 어머니(유모)처럼 "자기 자녀를 기름과 같이…목숨까지도 너희[동역자들]에게 주기를 기뻐[했다]"(살전 2:7-8)고 말한다. 또한 "아버지가 자기 자녀에게 하듯 권면하고 위로하고 경계[했다]"(살전 2:11)고 고백하며, 하나님의 가족으로서 그 이름에 합당하게 살라고 회중에게 권면한다(살전 2:11-12). 여기서 어머니와 아버지는 모두 자녀를 사랑하는 존재로 묘사되지만, 그 소통 방식은 서로 다른 것으로 나타난다. 어머니는 '돌보고 나누는' 모습으로, 아버지는 '격려하고 권면하는' 모습으로 표현된다.

비록 어머니와 아버지의 역할에는 많은 공통점과 유사성이 있지만, 사회과학적 연구는 부모 역할 수행에 있어 어머니와 아버지가 서로 구별된 역할을 한다는 주장을 뒷받침한다. 이것은 남자와 여자가 다르며 상호 보완적 존재라는 증거의 논리적 연장이다(11장 참고). 예를 들어, 남아와 여아가 태어났을 때 그들을 관찰해서 얻은 증거(그래서 사회화를 통해 특정 행동 패턴을 학습하기 전에)는 행동 성향의 남녀 간 차이가 생득적임을 보여준다. 출생 후 여아는 남아보다 깨어 있는 시간이 더 많고 주변을 더 자주 둘러보는 편이며, 눈 맞춤을 더 자주 한다.[2] 마이클 램(Michael Lamb)과 동료들은 이런 조사 결과를 성인기로 확장해 아버지 역할의 생물사회적 이론을 통해 아버지와 어머니가 자녀와 상호작용을 하는 방식이 다르다는 실증적 증거를 제시한다.[3] 전반적으로 어머니와 아버지는 자녀와 언어로 상호작용을 하는 방식이 다르다. 어머니는 아기에게 더 부드럽고 리듬감 있는 목소리로 반응하는 경향이 있지만, 아버지는 더 격렬하고 예측 불가능한 방식으로 신체적, 언어적 상호작용을 한다. 또한 아버지는 어머니보다 놀이 중심의 상호작용을 더 많이 하는 것으로 나타났다. 사회적 인식에 대한 다른 연구에서, 자녀를 목욕시키고 무릎에 앉히며 뽀뽀하는 일은 아버지보다는 어머니에게 사회적으로 더 적절하다고 여겨진다는 사실도 드러났다.[4] 자녀에 대한 아버지의 투자 행동을 예측하는 이론들은, 아버지의 역할에 대한 믿음과 사회 인구학적 요인이 그 관여 정도에 영향을 준다고 본다.[5] 예를 들어, '친자 확신'은 아버지가 자녀에게 투자할지를 예측하는 인지적 요인 중 하나다. 이 개념이 아버지에게만 적용되는 이유는 모성은 임신과 출산 경험을 통해 친자임이 이미 증명되었기 때문이다. 실제로 지난 몇 년간의 조사와 이론은 부성이 모성과 구분되는 별개의 역할이자 활동이라는 더 일반적인 이해를 뒷받침해주었다.[6]

남성과 여성 그리고 아버지와 어머니의 차이를 구분하는 일은 성별의 고유한 기여를 밝히고, 상호 보완적 영향의 중요성을 밝히는 데 도움이 된다. 그러나 사회과학 분야에서는 성별(gender)을 중요한 개념으로 간주하지 않거나, 창조주의 설계를 반영하는 것이라기보다는 개인차로 치부하는 경향이 있었다. 불행히도 '양육자'의 영향이나 '부모'의 영향만을 분석하는 방식은, 사랑으로 결합된 반대되지만 보완하는 관계(즉, 성경적 결혼 언약) 속에서 남성과 여성이 각자의 독특한 방식으로 역할을 수행하며 자녀에게 유익을 주는 방식을 흐리게 만들 수 있다.

가족 의사소통과 어린 시절의 결과가 서로 영향을 받는 한 가지 중요한 경우는 아버지가 부재했을 때다. 아버지가 부재한 경우는 아동기, 사춘기와 청년기의 부정적 결과와 관련이 깊을 뿐만 아니라 실제로 이런 부정적인 문제들의 원인이 되기도 한다.[7] NFI(National Fatherhood Initiative)는 태어난 아이 4명 중 한 명이 아버지가 없다(즉, 함께 사는 아버지, 계부, 양아버지의 부재)는 미국 인구 조사국의 자료를 보고한다. 이 보고에 따르면, 아버지 없이 사는 아이들은 다음과 같이 될 가능성이 크다.

- 빈곤에 처할 위험이 4배 더 크다.
- 십대 임신을 경험할 가능성이 7배 더 크다.
- 행동 문제를 겪을 가능성이 크다.
- 아동 학대나 방임의 피해자가 될 가능성이 크다.
- 영아 사망률이 2배 더 크다.
- 약물과 알코올 남용 가능성이 더 크다.
- 범죄를 저지르거나 수감될 가능성이 더 크다.
- 고등학교 중퇴 확률이 2배 더 크다.
- 비만일 가능성이 2배 더 크다.[8]

연구는 아버지의 부재가 남아와 여아 모두에게 미치는 영향을 분명하게 보여준다. 아이들은 자신의 생물학적 부모가 혼인한 상태의 가정에서 사랑받으며 안정적으로 양육을 받을 때 가장 좋은 결과를 보였다.[9]

당연히 이 같은 결과는 한부모 가정의 부모나 조부모, 또는 양육의 공백을 메우는 다른 보호자에 대한 비판이나 비난은 아니다.

또한 이러한 일반적인 통계를 아버지 없이 자란 개별 아이들의 미래에 대한 판결이나 예언이라고 할 수도 없다. 부모 유형에 따른 결과의 차이는 청소년들이 "생물학적 두 부모 가정의 아이들보다 더 문제를 많이 일으키거나 심리적으로 더 불안정하기 때문"이 아니라 "재혼 가정이나 비전형적 가족 구조 속에서의 관계적 모호함, 일관성의 부족 그리고 복잡한 상황 자체가 아이들의 삶을 더 어렵게 만들기 때문이다. 이로 인해 관계 형성이 더 힘들고, 덜 안정적이 되는 것이다."[10] 물론, 사람들은 어려운 상황 속에서도 놀라운 방식으로 잘 적응해나간다. 일반적으로 한 명 이상의 질 높은 지지적 부모가 있다면 부정적인 환경이나 경험이나 사건도 충분히 극복할 수 있다는 연구 결과가 있다.[11]

가족 내 소통과 가족 형태 사이의 상호 연관성은 아직 더 설명이 필요하다. 다양한 가족 형태, 특히 아버지와 어머니의 소통 방식에 대한 집중적인 연구는, 아버지와 어머니가 자녀와 청소년에게 기여하는 고유한 역할을 더 잘 이해하게 해주고, 가족 형태가 부모의 소통 능력에 어떤 영향을 미치는지에 대한 통찰도 높여줄 것이다.[12] 사회에 대한 정직한 탐구가 계속됨에 따라, 우리는 자녀가 평생 경험할 수 있는 다양한 가족 형태 속에서도 회복 탄력성을 보일 것이라고 가정한다. 동시에, 하나님이 설계하신 결혼한 부모에 의한 양육 방식이야말로 사회가 이룰 수 있는 가장 유익한 가족 형태로 드러나리라고 믿는다.

훈육

어머니와 아버지가 자녀에게 영향을 미치는 한 가지 특별한 방법은 훈육이다. 앞서 설명했듯, 훈육은 훈련을 의미하며, 이는 부모가 자녀를 제자로 삼는 과정을 말한다.

가정은 하나님이 창조하신 권위 체계로서, 자녀는 하나님의 계획상 부모의 권위 아래에 있어야 한다.[13] 이 구조 안에는 아버지, 어머니, 자녀라는 세 가지 고유한 역할이 존재하며, 이는 삼위일체 하나님을 반영하는 질서이기도 하다.[14] 각 가족 구성원은 모두 똑같이 소중하지만, 서로 다른 책임을 지닌다. 자녀는 부모에게 순종해야 한다. "네 부모를 공경하라 그리하면 네 하나님 여호와가 네게 준 땅에서 네 생명이 길리라"(출 20:12). "자녀들아 주 안에서 너희 부모에게 순종하라 이것이 옳으니라"(엡 6:1; 골 3:20 참고). 에베소서와 골로새서에서 사용된 '순종하다'(*hupakouo*, 휘파쿠오)는 '아래'(*hupo*)와 '듣다'(*akouo*)의 합성어로,[15] 권위 아래에서 듣고 주의를 기울이며 따르는 자세를 의미한다. 이 단어는 부모의 말에 주의하며 복종하고자 듣는다는 의미가 있다. 자녀는 부모에게 순종함으로써 권위에 복종하는 법을 처음으로 배운다. 부모 역시 가르치고(신 4:10), 훈련하며(엡 6:4), 훈육하고(잠 13:24), 사랑하며(딛 2:4), 경건의 본을 보여주어야 할(신 4:9) 책임이 있다. 이렇게 결국 가족 구조는 권위와 복종의 질서 속에서 작동하는 권력 체계를 형성하게 된다.

아이가 태어났을 때를 상상해보라. 무력한 신생아는 혼자서 움직일 수도 없고, 먹을 수도 없으므로 부모는 자녀를 보호하고 양육할 절대적 권한을 가질 수 있다. 부모와 자녀 간 상호작용은 여전히 이루어지며, 아기는 여전히 가정 역학에 깊은 영향을 미친다. 하지만 아기는 순종하려는 경향이 거의 없고, 순종 여부를 선택할 능력조차 거의 없다. 자녀가 어릴 때는 이와 같은 권위 구조가 꼭 필요하다. 이 구조는 자녀의 안전과 학습을 보장하는 데 중요한 역할을 한다. 그러나 자녀가 청소년기를 거쳐 성인으로 성장하면서 자율성을 추구하게 된다. 이 발달 과정에서 부모 자녀 간의 권력 구조를 재조정하는 과정이 필요하다.[16] 이러한 재조정이 건강한 방향인지 그렇지 않은지를 구분하는 데 도움이 되는 것이 바로 '자아 분화'라는 개념이다.[17]

가정 치료사 머리 보엔(Murray Bowen)은 자녀가 건강하게 성장하기 위해서는 부모로부터 자아를 분화하는 법을 배워야 한다고 주장한다.[18] 모든 사람은 고유한 존재이며, 많은 공통점을 공유하는 가족이라도 자녀는 자율성과 고유한 정체성 속에서 성장해야 한다. 이 자아 분화 과정은 심리적이면서도 대인 관계적인 과정이다.[19] 심리적으로, 자녀는 다른 사람의 감정에 의존해 자신의 감정을 결정하려는 경향을 줄이고, 명확한 자아감과 개인적 신념을 유지할 수 있어야 한다. 대인 관계적으로는, 자아가 분화되고 있는 자녀가 관계 안에서 친밀감을 유지할 수 있는 여지를 남겨야 한다. 다른 사람들과 완전히 단절되지 않으면서도, 타인의 태도, 믿음, 행동에 완전히 융합되지 않는 방식으로 말이다.

연구에 따르면, 부모로부터의 자아 분화는 인종을 초월하여[20] 그리고 성별을 불문하고 모두에게 유익하다[21]고 밝혀졌다. 여러 연구를 종합한 결과에 따르면, 낮은 수준의 분화는 만성 불안, 결혼 만족도 저하, 심리적 스트레스와 관련이 있음을 확인했다.[22] 반대로, 자아 분화가 잘 이루어진 청년은 그렇지 않은 사람보다 통제하려는 성향이 적고, 신경증적 특성이 낮으며, 관계를 멀리하거나 사회적으로 위축되는 경향이 덜하고, 자기표현력이 높으며, 과도하게 맞추려 하거나 자신을 희생하거나 타인의 인정을 요구하는 경향이 적었다.[23] 요약하자면 "자아 분화는 건강한 성인 발달에 핵심적 역할을 한다."[24] 즉, 어린 시절의 기본적인 권위 구조는 자녀가 성장함에 따라 성숙하고 기여할 수 있는 가족 구성원으로 발달하기 위해 재조정되고 재구성되어야 한다.

통제와 영향력

자녀 양육의 관점에서 자아 분화 과정을 이해하는 데 도움이 되는 하나의 틀은 훈육의 두 가지 독립적인 차원인 '통제'와 '영향력'을 상상해보는 것이다. 아기가 태어나면 부모는 의사 결정과 같은 인지적 과정에는 거의 영향을 미칠 수 없지만, 목욕이나 식사 같은 신체적 과정에는 완전한 통제력을 갖고 있다. 아이들이 자라며 스스로 돌보거나 사고할 능력이 생기면, 부모의 통제력은 점차 줄어들고 영향력은 커진다. 예를 들어, 두 살 된 자녀가 아이스크림을 먹고 싶다고 떼를 쓸 수는 있지만, 스스로 아이스크림을 살 수 있는 능력은 없다. 부모는 경제적인 통제력(지갑을 쥐고 있는 힘)뿐만 아니라 신체적으로 더 크고 강하다는 점에서 강제력도 갖고 있다.[25] 또한 부모는 일정 수준의 영향력도 갖고 있다. 이 장 뒤에서 소개할 몇 가지 훈육 기법을 통해 부모는 가르치거나, 조언해주거나, 보상과 처벌 체재를 개발하는 식으로 자녀에게 영향을 끼칠 수 있다.

이런 영향력의 행사 과정은 자녀가 청소년, 성인으로 성장함에 따라 계속 발달할 수 있다. 삶의 새로운 사건들(가령, 첫 차 구매, 주택 담보 대출 신청, 자녀 출산 등)이 생겼을 때, 많은 성인이 부모에게 조언을 구하거나 부모가 어떤 경험을 했는지를 듣고 싶어 한다. 자녀가 자랄수록 통제 수준 역시 감소하고, 그러는 것이 당연하다. 앞 장에서 살펴보았듯이, 자율성 부여는 중요한 양육 기능 중 하나다. 어떤 부모는 자녀에 대한 통제를 내려놓는 것이 어려울 수 있다. 왜냐하면 이런 통제의 포기가 실패와 고통스러운 경험을 수반할 때가 많기 때문이다. 그러나 자율성을 경험할 기회가 없다면, 아이들은 절대 성숙해질 수도 없고, 부모로부터 효과적으로 자아 분화를 하지 못할 수 있다. 유명한 『사랑과 원칙이 있는 자녀 교육』(*Parenting with Love and Logic*, 생명의말씀사)이라는 자녀 양육서는 이 전제를 기반으로 한다. 즉, 우리는 적절한 경계를 설정할 정도로(통제) 자녀를 깊이 사랑하지만, 또 자녀 스스로 결정을 내리게 함으로써(영향력), 자녀가 내린 결정의 자연스럽고 논리적인 결과를 경험하게 할 수 있다.[26]

표 14.1을 살펴보라. 세로축은 통제와 영향력의 차원을 백분율로 표시했고, 하단의 가로축은 자녀의 연령대를 표시했다. 처음 태어나면 통제는 거의 100%이고 영향력은 거의 0%이다. 나이가 들수록 이 자녀 양육의 두 차원에 변동이 생기지만 그래프는 미완성 상태다. 통제와 영향력의 두 선이 서로 교차해야 하는 지점은 어디라고 생각

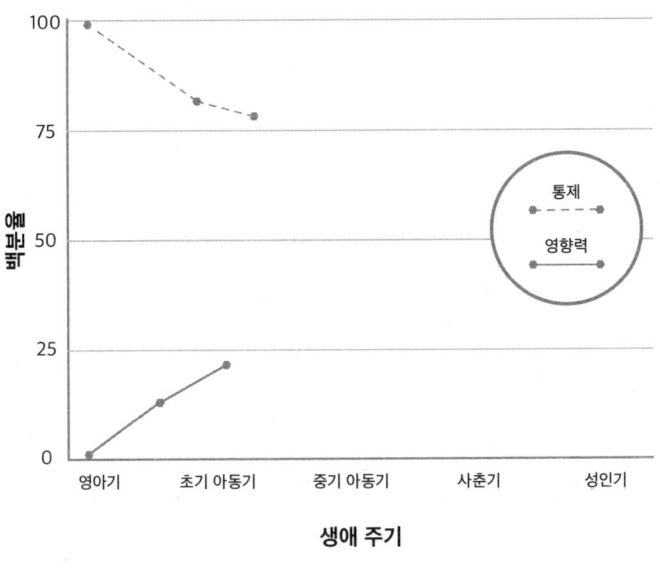

표 14.1 통제와 영향력

하는가? 즉, 부모가 자녀를 통제하는 대신 영향력을 미치는 데 집중해야 할 시기는 언제인가?

부모가 영향력과 통제를 지혜롭게 행사하려면, 전략이나 양육 실천 방법을 활용할 필요가 있다. 양육 실천을 측정하는 기준에는 다양한 구체적 전술이 포함된다. 예를 들어, 머리 스트라우스(Murray Straus)와 엔젤 포셰(Angèle Fauchier)는 훈육 기법의 개요를 소개하며 다음과 같은 기법들을 나열한다. 체벌(가령, 엉덩이 때리기), 권리 박탈(장난감 주지 않기), 주의 전환(특정 행동을 다른 과제나 장난감으로 전환하기), 설명이나 가르침(훈계하거나 규칙 상기시키기), 잘못된 행동 무시하기(다른 방으로 가버리기), 벌칙성 과업 부여(추가 집안일 맡기기), 심리적 공격(소리치거나 아이를 부끄럽게 하기), 보상(잘한 행동에 대해 칭찬하거나 용돈 주기), 모니터링(행동 완료 여부를 확인하거나 "지켜보고 있다"라고 말하기).[27] 이런 구체적인 양육 실천법은 아이를 훈련하는 데 유용하다. 대부분은 사람이 어떻게 배우는지 그리고 부모가 어떻게 자녀를 훈련하는지에 대한 몇 가지 기본 이론에서 파생된다. 이제 이처럼 다양한 양육 실천의 기반이 되는 이론들을 살펴보자.

고전적·조작적 조건형성

'파블로프의 개'나 '스키너의 상자'에 관해 들어본 적이 있는가? 심리학자들은 사람들이 어떻게 특정 방식으로 행동을 배우는지를 오랫동안 연구해왔다. 그 결과 나타난 개념이 고전적 조건형성 혹은 행동 수정이다. 조건형성의 기본 전제는 사람들이 보상을 받는 행동은 반복하고, 그렇지 않은 행동은 피하려 한다는 점이다. 예를 들어, 좋아하는 음식은 쉽게 먹지만, 싫어하는 음식은 피하게 된다. 심지어 그것이 자신의 목표에 맞지 않더라도 즐거운 일은 습관이 되기 쉽다. 조건형성은 특정 행동과 직접적인 관련이 없는 보상을 연결하여 바람직한 행동을 강화하려는 접근이다. 예를 들어, 힘든 운동을 마친 뒤 단백질이 풍부한 아이스크림 밀크셰이크로 스스로 보상한다면, 운동 자체는 즐겁지 않더라도 맛있는 보상이 해당 행동을 지속하게 만든다. 부모가 자녀를 양육하는 과정에서도 이러한 조건형성의 방식은 흔히 사용된다.

이 이론을 가장 잘 설명하기 위해 먼저 몇 가지 용어를 명확히 해야 한다. 이 이론에서 강화는 어떤 행동을 강화하거나 장려하는 것을 의미하고, 처벌은 행동을 약화하는 것을 목표로 삼는다.[28] 강화와 처벌은 모두 정적 방식(positive)과 부적 방식(negative)으로 작용할 수 있다. 여기서 정적이라는 말은 더하기 기호처럼 '무언가를 추가'한다는 뜻으로, 보상이나 처벌의 형태로 새로운 자극을 주는 것이다. 그러나 부적이라는 말은 빼기 기호처럼 '무언가를 제거'한다는 뜻으로, 강화나 처벌을 위해 어떤 자극을 없애는 것이다. 따라서 행동 수정 기법은 보상 자극을 추가해 바람직한 행동을 강화하는 '정적 강화', 불쾌한 자극을 제거해 행동을 강화하는 '부적 강화', 불쾌한 자극을 더해 바람직하지 않은 행동을 약화하는 '정적 처벌', 보상을 제거해 행동을 약화하는 '부적 처벌' 방식으로 이루어진다.

그렇다면 부모가 십대 자녀에게 "통금 시간을 어기면 차 키를 압수할 거야"라고 말할 때, 이것은 어떤 행동 수정 기법일까? 먼저 자문해야 할 것은 '이 행동의 목적이 어떤 행동을 강화하는가, 혹은 약화하는가?'이다. 이 경우 목표는 통금 시간을 어기는 행동을 약화하려는 것이다. 그다음 '무언가가 추가되고 있는가, 제거되고 있는가?'를 따져야 한다. 여기서는 차 키(운전 권한)를 빼앗는 것이므로, 무

적용 활동 14.1

부부간 행동 수정

행동 수정 기법은 단지 부모 자녀 관계에만 효과가 있는 것이 아니다. 부부 관계에 이 기법을 적용할 수 있는 방법과 관련해 에이미 서덜랜드(Amy Sutherland)가 쓴 "샤뮤가 내게 가르쳐준 행복한 결혼 생활"이라는 기사를 살펴보라.[29]

- 당신은 형제자매, 룸메이트, 혹은 데이트 상대와의 관계에서 행동 수정 기법을 어떤 식으로 사용해보았는가?
- 관계에서 행동 수정 기법을 사용할 때의 장단점은 무엇이라고 생각하는가?

언가를 제거하는 것이다. 따라서 어떤 행동을 약화하기 위해 무언가를 제거하는 방식이므로, 이는 '부적 처벌'이다. 만약 목표를 '통금 시간을 잘 지키게 하는 것'으로 다시 설정한다면, 키를 빼앗는 방식은 '통금 시간 준수'라는 행동을 강화하기 위한 '부적 강화'로 볼 수도 있다. 이처럼 부적 처벌과 부적 강화는 그 조건 자체는 같더라도, 목표가 어떻게 설정되었느냐에 따라 구분이 어렵다. 또 다른 예로, 부모가 아이에게 "이번 학기에 성적이 좋으면 성적이 A인 과목마다 5만 원을 주고, 성적이 B면 만 원을 줄게"라고 말한다고 해보자. 이 경우 목표는 좋은 성적을 내도록 장려하는 것이고, 무언가(돈)를 추가하고 있으므로 이는 '정적 강화'에 해당한다.

조작적 조건형성에 대한 연구는 매우 방대하며, 일반적으로 강화가 처벌보다 더 지속 가능하며 장기적인 훈련 기법임을 보여준다. 강화는 외적 동기에서 내적 동기로 행동을 전이하는 데 도움을 준다. 심리학자들은 처벌 사용에 따른 여러 잠재적 문제를 지적해왔다.[30]

예를 들어, 처벌은 종종 빠른 해결책에 불과하며, 행동을 완전히 억제하기보다는 일시적으로 억누르는 경향이 있다. 다시 말해, 처벌의 위협이 사라지면 해당 행동이 다시 나타날 수 있다. 또한 처벌은 불쾌한 경험이기 때문에 공격성을 증가시킬 가능성이 있다. 더불어 처벌은 의도치 않게 원하지 않는 행동을 오히려 본보기로 삼게 만들 수도 있다. 강화는 부모가 자녀에게서 보고 싶어 하는 바람직한 행동을 강화하는 데 초점을 두지만, 처벌은 원하지 않는 행동을 없애는 데 집중하고 자녀에게 무엇을 기대하는지 명확하게 알려주지 못한다. 결국 아이들은 하지 말아야 할 행동은 알지만, 무엇을 해야 할지는 추측해야 한다. 이러한 이유로 많은 심리학자는 처벌에 대해 경고하고, 긍정적 강화만을 사용할 것을 권장한다. 물론 즉각적인 순종이 필요한 경우(가령, 즉각적인 위험이 닥쳤을 때)에는 처벌이 필요한 상황도 있을 수 있지만, 강화와 다른 전략들보다 처벌을 반복적으로 사용하는 양육 방식은 문제가 될 수 있다.

생각해볼 점 14.2

체벌은 필요한가?

체벌은 신체적(몸과 관련된) 처벌의 한 형태로, 바람직하지 않은 자극을 가함으로써(즉, 정적 처벌) 특정 행동을 약화하는 것이다. 많은 사람이 체벌에 대해 찬반을 분명히 하거나 법적으로 금지하거나 허용하지만, 그에 대해 충분히 연구하지 않은 경우가 많다. 연구 결과는 분분하다. 일부 연구는 체벌이 아동에게 해롭다고 보고하고, 다른 일부는 체벌이 장기적으로 긍정적인 효과를 낳는다고 주장한다. 우리의 관점에서는, 부모가 자녀의 연령대에 맞고, 아이의 개별 특성을 고려하여, 부모 자녀 관계에 기반한 방식으로 체벌 또는 다른 권위 기반의 정적 처벌을 사용한다면, 해를 끼치지 않으면서도 그 효과를 강화할 수 있다. 그러나 이러한 기준을 벗어나 사용될 경우, 체벌은 분명히 아이에게 해를 끼칠 수 있다. 소리 지르기나 다른 형태의 처벌과 마찬가지로, 체벌은 신속한 순종을 끌어낼 수 있으며, 이는 어린 자녀의 건강이나 안전을 지키기 위해 때때로 필요할 때가 있다(가령, 아이가 전기 콘센트에 펜을 꽂으려 할 때 즉각 멈추게 하는 경우). 그러나 체벌은 반드시 적절한 기준과 상황 속에서 사용되어야 하며, 우리가 제시하는 기준은 언제, 어떻게 체벌이 적절할 수 있는지를 설명하기 위한 것이다.

1. 신체적 학대와 심각한 체벌(가령, 때리기, 밀치기, 잡아당기기, 밀쳐 넘어뜨리기, 얼굴 때리기, 귀싸대기 때리기, 흔들기, 막대기로 때리기, 물건 던지기)은 자녀에게 큰 상처를 남기므로 결코 적절한 훈육 방식이 아니다.
2. 체벌은 학대가 아니며, 다음과 같은 기준에 따른 것이어야 한다.
   1) "체벌은 신체적으로 해를 끼치지 말아야 한다."
   2) "행동을 수정하려는 목적이 있어야 한다."
   3) "손바닥을 이용해 팔다리 또는 엉덩이를 때리는 방식이어야 한다."[31]
   4) "통증이 있더라도 경미하고 일시적인 수준이어야 한다."[32]
3. 체벌은 2세에서 6세 사이의 아동에게 가장 효과적이며, 18개월 미만의 유아나 사춘기 이후의 청소년에게 사용할 경우 해로울 수 있다.[33]
4. 자녀가 순응하게 만드는 데 체벌은 유익하며(가령, 타임아웃처럼 다른 훈육 방법을 강화하는 데 도움이 될 수 있다), 아이가 반항하며 지시를 따르지 않을 때 이를 통제하는 데 유용할 수 있다.[34]
5. 부모는 체벌할 때 반드시 감정을 통제하고 차분한 상태여야 하며, 분노 상태에서는 절대 체벌을 시행해서는 안 된다.
6. 체벌은 가능한 한 전반적으로 긍정적이고 사랑이 넘치는 관계 안에서 절제해서 사용해야 하며, 부모의 다양한 훈육 방식 중 하나로 생각해야 한다.[35] 어머니의 유아 훈육 방식에 대한 연구는 이런 결론을 내렸다. "어머니가 불순종의 유형에 맞게 훈육 전략을 능숙하게 조절할 때 아이의 행동이 개선된다."[36] 자녀를 훈련할 방법은 다양하며, 체벌은 그중 하나일 뿐이다. 다양한 훈육 방법을 숙지하면, 상황에 맞게 적절한 수단을 동원할 수 있을 것이다.

사회 학습(인지) 이론

조작적 조건형성에서 비롯된 행동 수정 기법은 부모가 자녀를 훈육(제자 삼기)하는 방식의 일부일 뿐이다. 앨버트 반두라(Albert Bandura)가 제안한 사회 학습 이론(후에 사회 인지 이론으로 불림)은 행동주의 이론을 확장하여 사람들이 관찰을 통해서도 학습하며, 자신이 목격한 결과를 평가해 의사 결정을 내린다고 보았다. 반두라는 "행동이 보상과 처벌의 결과를 통해 새로운 양식으로 형성될 수는 있지만, 학습이 오직 그런 방식으로만 이루어진다면 지나치게 수고스럽고 위험할 것"이라고 주장했다.[37] 가족이라는 맥락 속에서, 자녀는 형제자매, 부모, 이모와 고모, 삼촌 등 주변 사람들을 관찰한다. 그리고 보상이 따른다고 보이는 행동을 모방하고, 처벌이나 원치 않는 결과로 이어지는 행동 패턴은 피한다. "어떤 것은 가르치는 것이 아니라 따라 배우는 것이다"나 "사과는 나무에서 멀리 떨어지지 않는다"라는 속담은 아이들이 종종 가족 구성원을 모방한다는 사실을 반영한다.

이 이론의 기본 개념은 이해하기 쉽다. 부모는 온갖 행동에 대한 모델이 되며, 그렇게 함으로써 자녀가 사회나 미래의 인간관계에 품게 될 기대치를 설정한다. 부모가 갈등을 해결하는 대화를 어떻게 하는지(가령, 침착하게 논쟁하기, 고함치기, 요구를 회피하는 패턴 등)는 아이들이 그런 대화를 어떻게 하게 될지를 보여주는 모델이 된다. 일상적으로 자녀는 형제자매와 다툴 때 부모의 이런 행동을 그대로 따라 할 것이다. 그리고 이런 행동은 이후 연인 관계에서도 다시 나타날 것이다. 가족은 신체적 애정을 어떻게 표현할지(혹은 하지 않을지), 다른 사람에 대해 뒷말을 할지(혹은 하지 않을지), 건강한 음식을 어떻게 먹을지 어떤 수면 패턴이 좋을지 등 다양한 영역에서 기대치를 반영한 일상적인 루틴을 형성해간다. 가족은 특히 어린 시절에 자녀에게 무엇이 '정상'인지를 정의해준다. 사회 학습 이론은 이런 과정에 대한 통찰을 제공하며, 아이들이 자신이 관찰하는 것을 어떻게 평가할 수 있는지를 설명하는 데 도움이 되는 개념을 소개한다.[38]

심리적 통제 기법

행동적 통제에서 한 걸음 더 나아가 일부 부모는 자녀를 사회화하기 위해 심리적인 기법을 사용하기도 한다. 예를 들어, 자녀를 속여 어떤 행동을 하게 만드는 '청개구리 심리'를 사용하는 부모에 대해 들어보았을 것이다. 또는 아이의 '죄책감을 유발하는 데' 능숙한 부모를 알지도 모르겠다. 이는 모두 심리적 통제의 한 형태로, 부모가 자녀의 행동뿐만 아니라 생각과 감정을 통제함으로써 지배력을 행사하는 과정을 의미한다.[39] 심리적 통제는 "부모가 자녀에게 허용하는 감정적 자율성의 상대적인 정도"를 포함한다.[40] 감정을 깎아내리거나 무시하고, 언어적, 감정적 표현을 제한하거나 사랑과 인정을 철회하고, 죄책감을 유도하거나 불안을 심어주며, 말로 자녀를 공격하는 식으로 부모에게 의존하게 만든다.[41] 심리적 조작은 신체적 통제보다 복종을 유도하는 데 더 효율적일 수 있으나, 그만큼 더 교묘하고 해로운 방식이기도 하다.[42]

의사소통 학자들은 심리적 통제의 대인 권력의 역학을 탐구하며 '통제를 위한 일관되지 않은 양육 행동'과 '필수적인 수렴적 의사소통'을 이론화하는 작업을 했다.[43] '통제를 위한 일관되지 않은 양육 행동'은 오락가락하는 보상(일관되지 않은 양육 행동)이 바람직하지 않은 행동을 강화한다고 주장한다.[44] 이 이론을 훈육에 적용하면, 일치되지 않은 양육 행동을 사용하는 부모는 궁극적으로 자녀의 바람직하지 않은 행동을 강화하는 보상과 처벌을 사용하고 있는 셈이다. 예를 들어, 부모가 자녀를 훈육할 때만 양육하거나 달래거나 진정시키거나 관심을 보인다면, 아이는 이러한 따뜻한 행동을 처벌과 함께 있어도 보상으로 인식하게 되고, 그 결과 바람직하지 않은 행동을 억제하기보다는 오히려 장려받는다고 느낄 수 있다. 실제로 부모의 관심 자체가 아동이나 청소년의 바람직하지 않은 행동을 지속시키는 요인이 될 수 있는데, 아이로서는 무시당하는 것보다는 어떤 방식으로든 부모의 관심을 받는 것이 더 낫다고 느낄 수 있기 때문이다.

심리적 통제의 또 다른 적용 예는 '필수적인 수렴적 의사소통'이다.[45] 미셸 밀러 데이는 '필수적인 수렴적 의사소통' 이론이 "여섯 가정, 3세대 여성(할머니, 어머니, 성인 딸들)을 대상으로 한 광범위한 민족지학적 연구에서 비롯했다고 설명했다. 연구 대상 중 세 가정의 순응적인 딸들은 자기에게 행동 문제(가령, 섭식 장애, 약물 남용, 자살 충동)가 있음을 스스로 보고했다."[46] 밀러 데이는 순응적인 파트너가 지배적인 파트너의 사회적 의미를 비판 없이 수용하거나 그에 '수렴'하는 특정한 상호작용 대본의 존재를 확인했다. 예를 들어, 어떤 성인 여성이 자신의 새 머리 스타일을 정말 마음에 들어 했지만, 어머니가 이를 못마땅해하자 자신의 머리 모양에서 마음에 들지 않는 부분을 찾아내어 결국 어머니의 생각에 자기 생각을 맞추는 경우를 보았다.[47] 이런 여성은 독립하여 자녀를 키우더라도 어머니와 완전히 분화하지 못한 상태라 할 수 있다. 수렴적 의사소통 패턴은 여성의 자해 행동 가능성을 예측하는 데 유용했다.

이 두 가지 가족 의사소통 이론은 모두 문제가 있는 양육 방식에 주목한다. 다른 훈육 방식과 마찬가지로, 적절한 사용을 위해서는 절제와 지혜가 필요하다. 조작을 통한 절대적인 순응은 해로울 수 있지만, 영향력을 점진적으로 높이는 것은 유익할 수 있다. 이제 코칭 모델을 활용하는 또 하나의 양육 이론을 살펴보자.

감정 코칭

존 가트맨은 결혼뿐만 아니라 양육에 대해서도 연구하고 글을 썼다.[48] 그의 연구는 아동이 성장하면서 개발하게 되는 다섯 가지 기본 기술을 설명하는 대중적 시각인 사회 정서 학습 이론(SEL, Socio-Emotional Learning Theory)과 유사한 면이 있다.[49] 비영리 민간단체로 학업, 사회적 정서 학습을 위한 협력체인 CASEL(Collaborative for Academic, Social, and Emotional Learning)에 따르면,

> SEL(사회 정서 학습)은 모든 아동과 성인이 건강한 자아 정체성을 형성하고, 감정을 조절하며, 개인과 공동의 목표를 달성하고, 타인에 대해 공감하고 표현하며, 지지적인 관계를 형성하고 유지하고, 책임감 있고 배려 깊은 결정을 내리는 데 필요한 지식, 기술, 태도를 습득하고 적용해나가는 과정이다.[50]

사람들은 자신과 타인의 감정적 경험을 인식하고, 공감한 후 적절히 행동하며, 건강한 결정을 내릴 수 있어야 한다. SEL 개념을 실제로 적용하는 데는 노력이 필요할 수 있다.

가정에서 가트맨은 자녀를 훈육(지도)하기 위한 다섯 단계를 제안하며, 이를 '감정 코칭'이라고 부른다.[51] 감정 코칭은 아동이나 청소년 모두에게 할 수 있지만, 나이에 따라 접근 방식을 다소 달리해야

할 수 있다. 감정 코칭이 때와 장소에 따라 항상 적절하지 않을 수도 있다. 하지만 이 모델을 양육에 통합하면 행동 통제, 모델링, 심리 통제가 적절한 균형을 이루도록 역동적 방법을 구사할 수 있다.

1단계는 낮은 강도의 감정을 인지하는 것부터 시작된다. 타인의 감정에 조율하려면, 부모 자신이 먼저 사회적 인식을 갖춘 사람이 되어야 한다. 이는 또한 아이의 비언어적 신호를 잘 관찰하고 해석하는 '학생'이 되는 것을 의미한다. 감정은 특히 유아나 어린 아동의 경우, 비언어적으로 표현되는 경우가 많기 때문이다. 낮은 강도의 감정을 인식하는 것은 그것이 높은 강도의 폭발로 이어지는 것을 예방할 수 있다. 더 일반적으로 말하면, 이는 부모가 자녀의 삶에 적극적으로 관여해야 함을 시사한다. 어머니와 아버지 사이, 부모와 각 자녀 간 그리고 가족 전체가 서로 연결되는 의식이나 루틴이 마련되어야 한다. 때때로 '모니터링'이라고 불리는 이 과정은, 부모가 자녀의 취향, 일상, 친구 등을 잘 알고 있을 때 자녀가 더 긍정적인 방향으로 성장한다는 점을 보여준다.

2단계에서 감정 코치(부모)는 이러한 낮은 강도의 감정을 자녀와 연결되고 훈육할 기회로 본다. 자녀의 감정을 인식한다는 것은 그의 모든 행동을 감시한다는 의미가 아니라, 부모와 자녀 사이에 연결점을 만드는 데 목적이 있다. 감정을 무시하거나 묵살하는 대신, 부모는 그 순간을 활용해 자녀가 자신의 감정을 이해하고 다룰 수 있도록 지도할 수 있다.

3단계에서는 자녀의 감정을 인정하고 공감을 표현한다. 이는 달래주기, 포옹 혹은 말로 감정을 인정해주는 방식일 수 있다. 예를 들어, "소외감을 느끼는 건 정말 힘든 일이야"라고 말하는 것은 부모와 자녀 사이에 공감의 다리를 놓는 역할을 한다. 만약 자녀가 가족 규칙을 집행한 부모에게 화가 난 상황이라면, 그 감정에 공감하는 방식으로 기다리거나 잠시 떨어져 있는 것이 더 적절할 수 있다.

4단계에서는 자녀가 자신의 감정을 말로 표현하거나 명확하게 이름 붙일 수 있도록 부모가 도와준다. "화났어?"와 같은 일반적인 질문보다는 "답답했어?" "짜증 났어?"처럼 더 구체적인 감정을 묻는 말이 자녀가 더 풍부한 감정 어휘와 감정 인식 능력을 갖추는 데 도움이 된다.[52] 감정에 이름을 붙이는 것은 자녀가 자신이 어떤 감정을 느끼고 있는지, 왜 그런지 명확히 이해하는 데 도움을 주며, 감정을 불러온 경험을 자녀 스스로 이야기하게 함으로써 부모와의 연결감을 높일 수 있다.

마지막으로 5단계는 자녀가 문제를 해결할 수 있도록 돕는 것이다. 이 단계는 감정을 인정해주는 것과는 구별된다. 부모는 자녀가 적절한 행동을 배울 수 있도록 사회화 과정을 돕고, 필요한 한계를 설정해준다(가령, "화날 수는 있지만, 형을 밀어서는 안 돼." "나누어주려는 너의 마음은 예쁘지만, 강아지는 아이스크림이 필요 없어."). 감정에서 비롯된 행동을 함께 고민하고, 그 행동이 어떤 결과를 초래할 수 있는지 생각해보게 하는 것은 자녀가 미래에 갈등을 해결할 때 바람직한 방법을 스스로 모델링할 수 있도록 도와준다.

감정 코칭의 이 다섯 단계는 결국 주의 깊게 관찰하고, 연결과 코칭의 기회를 포착하며, 감정을 명확히 이름 붙이고, 적절한 반응을 함께 고민하는 것으로 요약된다. 더 일반적으로, 부모가 '코치'의 역할을 수용하는 것은 평생 지속될 수 있는 영향력을 키우는 데 도움이 된다. 이는 부모가 자녀와 감정적으로 연결되고, 이야기나 비슷한 경험을 나누며, 조언을 제공하고, 관계적 친밀감을 더욱 깊어지게 할 기회가 된다.

적용 활동 14.3

자녀 양육 방식의 분류

이제 훈육에 대한 여러 '무대 뒤' 이론을 살펴보았으니, 다양한 양육 방식을 분류해보자.

- 먼저 일반적인 양육 방식 몇 가지를 떠올려보자. 예를 들어, 타임아웃, 외출 금지, 체벌(매질) 등이 있을 수 있다. 그 밖에 자신의 방식을 적어보라.
- 이제 이런 각각의 방식이 어떤 이론에 기반하고 있는지 분류해보자. 예를 들어, 체벌은 '정적 처벌'이라는 조작적 조건형성 이론에 기반한 것이다.
- 복음서에 묘사된 예수님과 제자들의 관계에 대해 생각해보라. 예수님이 사용하신 것으로 보이는 제자 삼기 기법은 무엇인가? 예수님이 그분을 따르는 이들을 훈련하려고 사용하신 다른 유형의 기법이 있다면 적어보라. 어떻게 하면 이런 기법들을 자녀 양육에 활용할 수 있을까?

제자 삼는 훈육

가정 내 개입은 어떤 양육 방식이 자녀 양육에 중요한지를 파악하는 한 가지 방법이다.[53] 과학적으로 검증되고, 아동과 청소년의 발달에 긍정적인 영향을 미치는 거의 모든 효과적인 양육 개입 프로그램은 몇 가지 기본적인 양육 기술을 가르친다. 그 내용은 다음과 같다.

1. 강압적인 상호작용 줄이기(가령, 심리적 통제 최소화, 가혹한 처벌 중단)
2. 친사회적 행동 강화하기(바람직한 행동과 특성에 보상하기)
3. 자녀의 말을 듣고 반응하며, 의사소통 개선하기(감정 코칭 사용, 관계적 따뜻함 증진)

4. 자녀의 행동을 모니터링하고 적절한 한계를 설정하기(적절한 통제와 영향력 행사하기)[54]

이러한 기본적인 기술들은 기본적으로 의사소통을 중심으로 이루어진다. 온전한 제자 훈련은 조건부나 조작적인 사랑이 아닌 무조건적인 사랑을 전달하는 것, 성공을 칭찬하고 올바른 인격에 보상하는 것, 부모와 자녀 간의 독특한 관계를 지속적으로 발전시키는 것 그리고 부모의 권위를 사용해 명확한 기대치와 적절한 경계를 설정하는 것을 포함한다.

실질적으로 훈육은 끊임없이 진화하며 관계에 맞게 맞춤화되는 요소다. 매 순간 새로운 상황이 등장할 수 있고, 그에 따라 새로운 훈육 접근이 필요할 수도 있다. 따라서 부모가 사용할 수 있는 양육 방식의 자원이 많을수록, 부모는 더 훌륭한 '훈련자'가 될 수 있다. 우리는 다양한 문헌과 성경적 모델에 근거하여, 모든 훈육은 연령대에 적절하고, 자녀에게 맞춤화되며, 관계를 기반으로 해야 한다고 믿는다. 이제 이것들을 하나씩 자세히 살펴보자.

연령 맞춤형

당연히 십대 청소년은 두 살배기 유아와는 다르다. 두 경우 모두 사랑과 훈육이 필요하지만, 그 접근 방식과 기술은 다르다. 유아에게 효과적인 훈육 방식은 아기에게는 적절하지 않고, 청소년에게는 또 다른 방식이 필요하다. 예를 들어, 6개월 아기에게 훈계하는 것은 적절하지 않으며, 마찬가지로 16세 청소년에게 체벌하는 것도 효과적이지 않다. 발달 단계에 맞는 방식으로 훈육하는 법을 아는 것이 효과적인 훈육의 핵심이다.

적용 활동 14.4

언제 성인이 되는가?

문화마다 성인이 되는 시점을 기념하는 통과의례가 다르게 존재한다. 킨세아녜라(라틴계 성인식), 바르 미츠바(유대식 성인식), 스위트 식스틴(미국식 성인식) 등은 모두 성인기 진입을 기념하는 의식이다. 크리스 브루노(Chris Bruno)는 그의 저서에서 "소년은 태어나고, 남자는 만들어진다"라고 주장하며,[55] 소년이 남성으로 성장하는 과정을 위한 통과의례를 만들어갈 계획을 제시한다. 소그룹에서 다음 질문에 대해 토론해보라.

- 오늘날 성인이 되었음을 알리는 의식이나 의례에는 무엇이 있는가?
  만약 '어덜팅'(adulting)이 동사라면, 그것은 어떤 행동들을 포함하는가?
- 성인이 된다는 것은 왜 중요한가? 또는 왜 중요하지 않은가?

새 천년이 시작될 즈음 인구 통계학자들과 심리학자들은 새로운 인생 단계를 '성인 이행기'(emerging adulthood)라는 용어를 사용해 설명했다. 이 용어는 고등학교를 졸업하고 사회에서 전통적인 가족 관계를 시작하기까지(가령, 결혼) 약 10년간의 기간을 이르는 말이다.[56] 아래는 이 시기를 규정하는 특징의 일부를 소개한 것이다.[57]

- 자아 정체성을 탐색하는 시기로, 특히 사랑과 직업에 있어서 다양한 가능성을 시도해보는 시기다.
- 불안정한 시기다.
- 인생에서 가장 자기중심적인 시기다.
- 청소년도, 완전한 성인도 아닌 중간 상태에 있는 과도기적인 시기다.
- 희망이 넘치고 삶을 변화시킬 기회가 풍부한 가능성의 시기다.

이런 성인 이행기의 특성을 바탕으로, 연령대에 맞는 적절한 방식으로 자녀를 양육하는 것에 대해 논의해보자. 부모는 성인이 돼가는 자녀와 어떻게 관계를 맺어야 할까? 대학생 자녀를 둔 부모는 어느 수준까지 자율성을 허용하고 통제와 영향력을 발휘할 수 있는가? 청년 성인들은 자율성을 키우고, 직업을 탐색하며, 독립을 추구하는 과정에서 어떻게 부모를 존중해야 하는가?

자녀 맞춤형

모든 아이는 다르다. 어떤 아이는 스스로 동기 부여를 받지만, 어떤 아이는 외적인 동기가 필요하다. 어떤 아이는 자율성이 주어질 때 더 잘 성장하지만, 어떤 아이는 자율성 속에서 위축되기도 한다. 어떤 아이는 설명 영상을 한 번 보는 것만으로도 쉽게 따라 할 수 있지만, 어떤 아이는 그림이 포함된 자세한 단계별 글 설명을 선호한다. 이처럼 모든 아이는 다르기 때문에, 모든 아이에게 동일한 방식으로 적용하는 양육법은 효과적이지 않다. 물론 많은 아이에게 잘 작동하는 보편적인 양육 방식이 있기는 하나, 각 아이의 개별성을 인식하고 존중하는 것이야말로 관계 형성과 올바른 훈육의 토대가 되며, 이는 곧 성숙으로 이어진다.

관계 중심적

궁극적으로 모든 훈육은 관계에 기반해야 한다. 체벌에 대한 메타 분석에 따르면, 신체적 처벌의 부정적인 영향은 부모와 자녀 간의 긍정적이고 따뜻한 관계로 완화된다. 마찬가지로, 테스토스테론 수치가 높은 남학생들이 학업과 리더십에서 뛰어난 성과를 보인 경우도 있었고, 반대로 학교에서 잦은 문제 행동을 보인 경우도 있었다.[58] 차이는 무엇인가? 부모와의 관계가 좋은 아이들은 긍정적인 특성을 보였고, 관계가 나쁜 아이들은 문제 행동을 보였다. 처벌과 강화, 모범 행동의 제시, 감정 코칭 등 모든 양육적 개입은 관계를 전제로 한다. 실제로 '어머니'와 '아버지'라는 말 자체가 관계적 용어이며, 아이 없이는 존재할 수 없는 개념이다. 그러므로 모든 훈육은 관계에 뿌리를 두어야 한다.

생각해볼 점 14.5

자녀 훈육을 위한 팁

- **처벌해야 할 일만 처벌하라.** 아이가 아이답게 행동하는 것을 처벌해서는 안 된다. 아기들은 울 수 있다. 유아들은 어떤 규칙을 처음 들었을 때 바로 이해하지 못할 수 있다. 이는 지극히 정상적인 일이다. 어질러놓거나 집안일을 완벽하게 수행하지 못하는 것도 학습 과정의 일부다. 청소년들은 수학 시험에서 어려움을 겪거나 낙제할 수도 있다. 반복적인 개선은 성장의 정상적인 일부며, 실수는 설령 실망스러울 수는 있어도 항상 처벌의 대상이 되는 것은 아니다. 무엇이 처벌해야 할 일인지, 무엇이 아닌지를 구분하는 것이 중요하다.

- **기대치를 설정하고 명확하게 전달하라.** "아무것도 목표하지 않으면, 그 목표는 매번 이룰 수 있다"라는 오래된 속담은 행동 훈련에 그대로 적용된다. 우리(조너선) 아이들이 유아였을 때, 새로운 장소에 갈 때마다 간단한 기대치를 설정하는 루틴을 반복했다. 예를 들어, 식당 앞에 주차한 뒤(3세의 기억은 오래가지 않기에) 1분 정도 시간을 내어 분명한 기대를 알려주었다. 우리는 아이들에게 "안으로 뛰어갈 거야?"라고 묻고, 아이들은 "아니요!"라고 대답했다. "식탁 위에 올라가서 앉을 거야?" "아니요!" "포크로 먹을 거야?" "아니, 아, 네!" 마지막에는 분위기를 부드럽게 만들기 위해 "우리 재밌게 놀 거지?"라고 물었고, 아이들이 "네!"라고 외치면 차에서 내렸다. 이처럼 기대가 분명히 설정되어 있으면, 아이들에게 그 기대에 따라 책임을 묻는 일이 훨씬 쉬워진다.

- **행동에 따른 자연적인 결과를 통해 배우도록 하라.** 『사랑과 원칙이 있는 자녀 교육』이라는 책은 자연스러운 결과를 교육의 수단으로 활용하는 여러 방식을 잘 설명하고 있다.[59] 예를 들어, 다양한 면에서 안전망 없이 넘어지는 것과 같은 자연스러운 경험은 자동으로 나이에 적합한 교훈을 제공한다. 물론 이것이 절대적인 것은 아니다. 고전적인 '시각 절벽' 실험에 따르면, 아기는 깊이 지각이 제한적이고 추락의 인과 관계에 대한 이해가 없어서 아무 돌봄이 없을 때 계단에서 떨어질 수 있다. 그러나 어릴 때 실패를 직접 경험하게 하는 것은, 대부분의 아이에게 훗날 인생에서의 더 심각한 결과를 피하는 데 도움이 된다.

- **행동에는 대가가 따른다는 원칙을 고수하라.** 행동에 책임이 따른다는 원칙

을 세우는 것은 실제로 그 원칙을 지키는 것보다는 더 쉽다. 귀가 시간을 제대로 지키지 않으면 이틀 동안 외출 금지를 당할 수 있음을 십대 자녀가 알고 있다면, 그 원칙을 고수하라. 다음 날 오랫동안 고대하던 학교 댄스파티가 있더라도 원칙을 타협해서는 안 된다. 위험성이 낮고 감정적으로 안정적일 때 원칙을 세우고 위기와 감정이 고조되어 있을 때 그 원칙을 엄수하라. 일관성은 필요한 안정성과 예측 가능성을 보장하며, 궁극적으로는 부모의 사랑을 보여주는 방식이다.

- **훌륭한 행동은 반드시 인정하라.** 5장에서 다루었듯이, 사람들을 격려할 방법은 많다. 예를 들어, 부모들은 CPA 기준을 이용해 자녀들을 격려해야 한다. 성과(Performance)나 외양(Appearance)보다는 성품(Character)을 중심으로 격려해야 한다. 또한 자녀의 '사랑의 언어'를 배우고 그 언어로 표현하는 것도 부모와 자녀 사이의 연결을 강화하는 효과적인 방법이다. 무엇보다도 '잘하고 있는 순간을 포착하라'는 접근은, 아이가 단지 교정의 대상이 아니라 소중히 여겨지고 사랑받는 존재임을 느끼게 해준다.

- **자녀의 잘못을 교정할 때 긍정적인 문장을 사용하라.** 어린 자녀를 훈련하기 위한 한 가지 방법은 긍정적인 방식으로 소통하는 것이다. 이는 단순히 격려만 하라는 뜻이 아니라, 아이를 교정하는 상황에서도 전달 방법을 의식해야 한다는 의미이다. 사람은 마지막에 들은 말을 기억하는 경향이 있다는 '최신 효과'라는 말을 들어보았을 것이다. 특히 1-3세 유아에게는 이 효과가 훨씬 강하게 작용한다. 예를 들어, "제발 얌전히 굴어. 장난감을 던져서는 안 돼"라고 말했다면 아이는 전체 문장을 다 기억하지 못하고, '장난감 던지기' 같은 몇 단어만 기억할 수 있다. 아이는 부모가 자신처럼 장난감 던지기를 즐긴다고 오해하며, 기쁘게 그 행동을 반복할 수 있다. 그런 행동을 고의적인 반항이라 생각하고 아이에게 벌을 준다면, 아이는 혼란에 빠지고 상처를 받을 수 있다. 이럴 때는 부정어를 사용하지 않고 긍정형으로 훈육하는 것이 훨씬 더 명확하고 효과적이다. 예를 들어, "장난감을 계속 손에 쥐고 있자"라거나 "장난감 트럭을 굴려서 아빠에게 보내줄래?"라고 말할 수 있다. 부모가 바라는 바람직한 행동을 구체적이고 긍정적인 방식으로 표현하면, 부모와 자녀 간 소통이 훨씬 명료해진다.

- **메시지 이면에 담긴 의미를 명확히 하라.** 아이는 자라면서, 부모에게서 받는 훈육의 숨은 의미를 해석하기 시작한다. 예를 들어, 어떤 가족이 흰색 거실 가구를 소중히 여긴다고 하자. 그들은 그 가구를 사기 위해 돈을 모았

고, 거실은 오직 손님을 위한 공간으로만 사용된다. 이런 상황에서 부모가 반복적으로 "소파에서 내려와." "그거 만지지 마." "네 방에 가서 놀아줄래?" "TV는 네 방에서 봐"라고 말한다면, 아이는 결국 그 메시지의 '관계적 의미'를 느끼거나 해석하게 될 것이다.[60] 아이는 부모의 말을 '가구가 너보다 더 중요해', '너를 별로 원하지 않아', '너와 함께 시간을 보내고 싶지 않아'라는 의미로 받아들일 것이다. 부모의 의도가 단순히 소파를 보호하거나 책임감과 관리 개념을 가르치기 위한 것이더라도, 말은 관계를 정의하고 그 안에는 숨겨진 메시지가 있다는 점을 인식해야 한다. 그러므로 부모는 자녀가 메시지를 어떻게 해석해야 할지 명확히 설명해야 하며, 이는 종종 메타 커뮤니케이션(소통에 대한 소통)을 통해 이루어진다.[61] 반복적으로 특정 메시지를 전달할 때 그 메시지의 원래 의미를 함께 설명해주는 것이 도움이 된다.

결론

이 장을 마무리하면서 다시 성경 말씀을 살펴보고자 한다. 훈육은 훈련받는 사람의 최선을 바라는 마음이 매우 중요하다. (잠언 3장 11-12절을 인용해) 히브리서 12장 5-6절은 이렇게 지적한다. "내 아들아 주의 징계하심(discipline)을 경히 여기지 말며 그에게 꾸지람(rebuke)을 받을 때에 낙심하지 말라 주께서 그 사랑하시는 자를 징계하시고(discipline) 그가 받아들이시는 아들마다 채찍질하심이라(chasten) 하였으니."

이 구절에 훈련을 의미하는 단어 세 개가 나온다. 징계, 꾸지람, 채찍질. 스트롱[62] 헬라어 사전은 이 단어들을 이렇게 정의한다.[63]

- **징계:** 여기서 징계(discipline)는 '교습, 교육, 훈련'이라는 의미이며, 이는 '훈련자 또는 교육하는 사람, 교육시키다'라는 뜻을 담고 있다. 즉, 징계는 명확히 가르침과 동의어다.

- **꾸짖다:** 꾸지람(rebuke)은 '반박하다, 훈계하다: 잘못을 밝히다, 확신을 주다, 잘못을 지적하다'라는 의미가 있다. 꾸짖는다는 것은 누군가 혹은 어떤 생각이 명백히 잘못되었음을 드러내는 과정으로, 이에 대한 반박은 불가능하며, 기존의 의견을 고수할 수 없게 만든다. 결과적으로, 고백(문자적으로 '동일한 말을 하다'라는 의미의)을 끌어낸다.

- **채찍질하다:** 채찍질(chasten)은 문자 그대로나 비유적으로 '매질하다'라는 뜻이다. 이 개념은 잠언 23장 13-14절의 의미를 가리킨다. "아이를 훈계하지 아니하려고 하지 말라 채찍으로 그를 때릴지라도 그가 죽지 아니하리라 네가 그를 채찍으로 때리면 그의 영혼을 스올에서 구원하리라." 신약 아람어를 번역한 TPT성경은 '채찍질하다'라는 단어에 다음과 같은 각주를 달아놓았다. "'너희를 그에게로 이끌다', 에 해당하는 아람어는 나가드(nagad)로 '매질하다(심하게 벌주다), 유인하다, 이끌다, 마음을 끌어당기다'라는 의미가 있다. 헬라어로는 '여호와가 받아들이시는 모든 아들을 매질하신다'로 번역된다."⁶⁴ 이렇게 해석할 경우 채찍질로 자녀가 아버지에게 가까이 다가오게 한다는 의미다.

이 세 단어는 아버지와 아들의 관계라는 문맥에서 함께 사용되어 특별히 사랑하고 격려하는 관계를 가리킬 수 있다. 훈육을 설명하는 데 특정 단어의 사용 못지않게 문맥 역시 중요함을 유념해야 한다. 자녀 양육 훈련에 대해 지금까지 다룬 전반적인 내용을 살펴보면서 히브리서 12장 5-11절을 묵상해보라(TPT성경).

여러분, 하나님이 자녀에게 주신 격려의 말씀을 잊으셨습니까? 주님은 이렇게 말씀하셨습니다. "내 아이야, 주 하나님의 훈계와 훈련을 가볍게 여기지 말아라. 그분이 너를 바로잡으실 때 낙심하지 말아라. 주님의 훈련은 그분의 신실한 사랑의 증거이며, 그분이 너를 가까이 이끄실 때, 너는 그분께 기쁨이 되는 자녀임이 증명되는 것이다."

그러므로 우리는 하나님의 책망을 훈련의 일부로 온전히 받아들여야 합니다. 왜냐하면 하나님은 사랑하는 자녀에게 아버지가 하는 것처럼 우리에게 행하시는 분이기 때문입니다. 훈계를 받아보지 않은 자녀가 어디에 있겠습니까? 우리는 하나님의 징계를 참된 자녀 됨의 확증으로 환영해야 합니다. 만일 우리가 한 번도 그분의 교정을 견뎌본 적이 없다면, 그것은 우리가 하나님의 자녀가 아니라 낯선 존재임을 의미할 뿐입니다. 여러분, 이 땅의 아버지들도 자녀를 훈계하고 교정할 때 존경을 받지 않습니까? 그렇다면 우리는 우리의 영적인 아버지이신 하나님께 훨씬 더 큰 존경심을 품고, 그분의 생명을 주는 훈계에 겸손히 순종해야 할 것입니다. 우리의 육신의 부모는 잠시 그들의 판단에 따라 우리를 훈계하지만, 하나님은 우리의 유익을 위해 그리고 우리가 그분의 거룩함에 동참하도록 삶의 전반에 걸쳐 우리를 교정하십니다. 물론, 모든 훈계는 그 순간에는 고통스럽게 느껴집니다. 그러나 여러분, 나중에는 그것을 받아들이고 순종한 이들에게 성품의 변화가 일어나며, 의와 평화의 열매가 맺히게 될 것입니다.

사랑의 훈육을 모두 경험하므로 의와 평강을 누리게 되기를!

15장

물질적, 영적, 관계적 유산

15장은 유산에 대해 다룬다. 가족 관계는 직계든 확대가족이든 보통 죽을 때까지 지속되며, 때로는 죽음을 넘어서까지 흔적을 남긴다. 이 장에서는 재정적 유산, 삶의 마지막을 준비하는 대화에 대한 지침, 직계와 대가족이 문화적 유산에 이바지하는 방식 등을 다룬다. 이어서 영적 유산이 세대 간에 어떻게 전해지는지를 정의하고 그 예를 설명한다. 마지막으로, 자녀가 부모에게서 어떤 소통의 유산을 물려받을 것인지 그리고 자녀 자신은 무엇을 남기게 될지를 살펴보라는 권면으로 이 장을 마무리할 것이다.

서론

가정은 본질적으로 자생적이고 다세대가 공존하는 기관이다. 실제로 인간의 가정은 아담과 하와부터 시작되어 오늘날까지 존속한다. 유전 정보 외에도 부모는 영적 축복과 저주는 물론이고 자원과 가치와 기술을 후대로 계승한다. 성경의 족보는 이런 세대 간 계승을 배울 수 있는 흥미로운 자료다. 노아의 이야기를 예로 들어보자. 창세기 9장에는 대홍수 사건 이후 셈과 야벳이 아버지를 존중하고 배려했지만, 함은 아버지에 대한 예의를 갖추지 않았던 이야기가 나온다. 이 일로 노아는 함의 자손을 저주하고, 셈과 야벳은 축복했다. 역사를 통해 유추해보면 함의 후손은 가나안 족속이 되었고, 셈의 족보에서 난 사람들은 이스라엘 민족이 되었다. 긴 세월이 흘러 이스라엘 민족이 가나안의 족속을 정복하고, 노아가 수백 년 전에 세 아들에게 한 말이 성취되었다. 이것을 역사적인 우연의 일치로 보고 무시하는 사람들도 있겠지만, 성경은 축복과 저주가 가계를 통해 흘러가는 몇 가지 예를 소개한다.

이번 장에서 우리는 가정이 다음 세대에 어떻게 유전 정보를 공유하는지뿐만 아니라, 어떻게 다른 방법으로도 유산을 남기는지를 살펴볼 것이다. 가정의 유산은 "한 가정을 통해 세대에서 다른 세대로 전달되는 공유된 관습, 신념, 기타 심리적 요소들로서, 가족 구성원 사이의 의사소통과 상호작용으로 발달하는 것"이라고 정의할 수 있다.[1] 가족 유산은 개인의 정체성 형성에 기여하고, 신세대와 구세대를 연결하며, 세대를 아우르는 가족 안의 가치(한 가정에 의미 있고 중요한 것들)를 이어가는 역할을 한다.[2] 유명한 발달 이론가인 에릭 에릭슨(Erik Erikson)은 개인이 마주하는 마지막 두 인생의 단계가 생산성 대 침체 그리고 통합성 대 절망 사이의 긴장이라는 이론을 제시했다.[3] 이 마지막 두 단계는 전형적으로 중기 성인기부터 후기 성인기(40-65세 이상)에 시작되어 인생이 끝날 때까지 지속된다. 두 단계 모두 외부 지향적이고, 사람들은 다음과 같은 질문을 던지게 된다. '내 인생의 의미는 무엇인가?' '나는 어떤 식으로 다음 세대를 위해 헌신하고 있는가?' '나는 무엇을 남기고 갈 것인가?' 죽음(단순히 추상적인 의미의 죽음이 아니라, 개인적 유한성이라는 실재)을 받아들이고 '신변을 정리하는 일'은 가족적 차원의 일이다. 가정들은 가시적인 자원과 문화적 신념과 실제나 영적 유산을 다음 세대로 계승한다. 또한 부모는 자녀에게 관계와 의사소통이라는 유산을 남길 수 있다. 이제 각각 하나씩 살펴보도록 하자.

재산 상속

먼저 재산을 상속하는 문제부터 살펴보자. 상속과 가장 자주 연관되는 개념이 바로 재산 상속이다. 집, 자동차, 사업체, 저축, 은퇴 자금과 같은 자산이 한 세대에서 다음 세대로 상속된다. 잠언 19장 14절은 "집과 재물은 조상에게서 상속하거니와"라고 말한다. 재산을 남기는 것은 "사회적이고 문화적인 배경과 자산의 경제적 가치와 상관없이 모든 가정이 경험하는 일반적인 일"이다.[4] 많은 노년층은 수입의 평균 10%를 성인 자녀들에게 남긴다고 보고한다.[5] 자녀들에게 유산을 남기는 것은 액수에 상관없이 많은 노인에게 의미 있는 일이다. 연구에 따르면, 노년층이 모든 생물학적 후손에게 균등하게 유산을 남기는 성향을 보인다고 한다.[6] 유산의 측면에서 보면, 혈연관계(생물학적 자녀)가 재혼 자녀 같은 다른 가족 관계보다 더 많은 액수를 받고 우선권을 갖는다.[7] 그러나 대부분의 노인에게 공정함이란, 특정 자산의 가치와 특정한 자녀들의 필요와 자녀들이 노년에 그들을 돌봤던 방식을 고려하여 형평성 있게(반드시 균등한 것이 아니라) 분배하는 것을 의미하기도 한다.[8]

대부분 부모가 자녀에게 유산을 남기지만, 대부분 자녀는 부모의 의도를 잘 모르며 유산을 받는 과정이나 액수에 대한 현실적인 기대를 품고 있지도 않다.[9] 어떤 가족은 부모의 죽음을 인정하는 것 같아서 유산에 관한 대화를 꺼린다. 이런 대화를 꺼리는 또 다른 이유는 부모의 돈에만 관심이 있는 것으로 보이고, 부모의 마음을 헤아리지 못하는 것처럼 보이기 때문이다. 그러나 유산에 대한 대화는 가족 간의 갈등을 예방할 수 있다. 이를 통해 "하나의 사회적 기관으로서 가족의 존재 의미를 지키고 사회적 자본을 구축하는 데 기여할 수 있다."[10] 노년층과 나눈 인터뷰는 유산에 대한 대화가 갈등을 피하고 생물학적 혈연관계를 지키는 데 도움이 될 수 있음을 보여준다. 또한 그들과의 인터뷰는 자녀들이 이런 대화를 한사코 꺼리지만, 노년층은 자녀들이 자신의 유언을 그대로 지켜주었으면 하는 간절한 바람이 있음을 보여준다.[11]

찰스 콜리어(Charles Collier)는 부모와 유산에 대해 대화하면 서로 연대감을 느끼고, 배우며, 서로에 대해 열린 마음으로 다가갈 기회가 생기고, 유산 문제는 법적이고 가족적인 문제이므로 구체적인 실행 계획까지 논의하게 될 수 있다고 조언한다.[12] 예를 들어, 수혜자에게 기금을 이전하기 위해서는 법적 사망 진단서가 필요하며, 자산을 이동하기까지 상당 기간 계좌를 동결하는 은행도 있을 것이다. 어떤 경우에는 주 법에 따라 유언과 유언장의 합법성을 판별하기 위해 상속 법원이 판결을 내리거나, 고인을 대신해 집행을 수행할 권한이 있는 법적 집행 대리인을 지정할 수 있다. 사망하기 전에 재산 상속에 관한 대화를 나누면 분배 문제를 명확히 정리하고, 필요한 절차를 미리 마련하며, 노령의 부모와 성인 자녀들이 솔직한 대화를 나눌 여건이 갖추어진다.

인생에서 불변하는 한 가지 사실은 이 세상의 삶이 언젠가는 끝난다는 것이다. 성경이 가르치듯이 "한 번 죽는 것은 사람에게 정해진 것이요 그 후에는 심판이 있[다]"(히 9:27). 살아 있을 때만 영적이고 실제적으로 죽음을 준비할 수 있다. 대화의 주제로 삼거나 다룰 세세한 일에 대한 몇 가지 조언을 소개한다.

- 유언과 유언장과 마지막으로 바라는 내용에 대해 사랑하는 이들과 대화해보라.
- 부모가 운신이 힘들어질 경우 위임장을 받아 부모를 대리할 사람을 정해두어야 한다. 그 책임을 맡은 사람은 부모가 원하는 것을 잘 파악해두고, 부모가 내렸을 방식대로 결정할 수 있어야 한다.
- 부모와 장례식 계획을 세우라(화장할지, 재나 유골을 뿌릴지, 묻을지, 듣고 싶은 특별한 노래나 낭독할 시가 있는지, 묘지에서 장례식 예배를 원하는지, 추도식을 할지, 집도해주기를 바라는 사람이 있는지와 같은 구체적인 문제가 포함된다).
- 은행에 수혜자와 저축 계좌를 배정해두거나(퇴직 연금, 개인 은퇴 연금, 뮤추얼 펀드를 포함해) 생존자 취득권을 가진 여러 명의 이름으로 계좌를 만들어두라.
- 생존자 취득권을 가진 여러 사람의 이름으로 확보한 모든 자산(가령, 자동차, 부동산)에 대해 소유권과 소유권 이전 문서를 준비해두라. 혹은 모든 자산에 대해 법적인 효력을 가진 유언장에 상속인을 지정해두라.

가족 간 의사소통에 '함께 삶을 살아가는 것'이 포함되듯이, 죽음의 문지방을 함께 밟는 것도 포함된다.

죽음에 대해 소통하기

인생의 마지막에 대한 대화를 나눌 때 실질적인 문제 외에 영적이고 정서적인 대화도 나누어야 함을 유념하라. 인생에는 돈보다 더 중요한 것이 분명히 존재한다. 아름다웠던 시절을 회상하거나, 인생에 큰 영향을 미친 사람들에게 감사를 표현하는 것이 좋다. 이런 일들은 누군가가 세상을 떠난 후 소중하고 중요한 추억으로 남을 수 있다. 사람들은 임종이 가까워지면 마지막으로 털어놓지 못했던 비밀을 고백하고 싶어 한다. 목사나 신부에게 이 고백할 수는 있지만, 때로 가족과도 이 일을 할 수 있다. 비밀을 고백한 사람은 하나님이 그리스도를 통해 용서를 베풀어주셨음을 확인하고 속박에서 벗어나 자유를 느낄 수 있다. 죄를 고백하도록 돕는 사람은 요한일서 1장 9절 말씀으로 독려할 수 있다. "만일 우리가 우리 죄를 자백하면 그는 미쁘시고 의로우사 우리 죄를 사하시며 우리를 모든 불의에서 깨끗하게 하실 것이요." 인생을 마무리할 때 죽음이 임박했음을 알리는 것이 마땅하고 유익하다. 이때는 사랑의 말을 전하고, 비관적인 분위기를 피하며, 개인의 정체성을 확인해주고(가령, "넌 내 아들이고 앞으로도 그 사실은 변치 않아."), 영적 신앙을 표현하며, 일상적인 이야기를 나누어야 한다.[13] 사랑을 표현하고 작별 인사를 하는 것 역시 남은 가족이나 임종을 앞둔 사람에게 중요한 메시지가 될 수 있다.

우리는 대부분 가족 중 누군가가 임종이 가까워질 때 조부모나 부모 혹은 다른 가까운 친척들처럼 소수의 가족과 시간을 보낸다. 호스피스 시설의 간호사와 의사 같은 일부 의료 인력은 임종을 앞둔 사람들과 함께 보낸 경험이 더 많다. 글렌 홀스트(Glen Horst)는 '가상' 호스피스 기관에 관해 쓰면서 임종을 앞둔 사람들과 대화하는 법에 대해 몇 가지를 조언한다.[14] 그는 용서하는 것 못지않게 용서를 구하는 일 역시 중요하다고 덧붙인다. 응어리진 감정을 해결하지 않으면 많은 사람에게 회한을 남길 수 있다. 그는 또한 간병하는 사람들이 "거리낌 없이 자주 사랑한다"는 말을 해주어야 한다고 주장한다. 마지막으로, "손길로도 말한다"는 점을 언급하면서 더는 말로 소통하기가 불가능할 때라도 손을 잡아주거나 팔을 만지면서 곁에 함께 있으며 사랑한다는 사실을 전해주라고 권한다.[15] 내(다이앤) 시아버지가 임종을 앞두고 계셨을 때, 남편이 시아버지의 손을 잡고 있는 모습을 누군가가 사진으로 찍은 것을 보았다. 손길의 선물이 얼마나 소중한지 알려주는 뭉클하면서도 강렬한 장면이었다.

적용 활동 15.1

만찬을 들며 죽음에 대해 이야기하기

웹사이트 "죽음에 대해 나누는 만찬"(Death over Dinner)[16]과 『사랑하는 사람과 저녁 식탁에서 죽음을 이야기합시다』[Let's Talk about Death (over Dinner), 을유문화사][17]라는 책은 사람들과 만찬을 나누며 인생의 마지막에 대해 이야기해보라고 권한다.

- 만약 당신이 이런 저녁 식사 모임에 초대된다면, 참석하겠는가? 그 이유는 무엇인가? 참여하고 싶지 않다면 그 이유는 무엇인가?
- 만약 당신이 이런 모임을 주최하게 된다면, 어떤 주제를 다루고 싶은가?
- 가족과 삶의 마무리에 관한 대화를 나눠본 적이 있는가? 만약 있다면, 그 경험을 공유하고, 이런 대화가 지니는 가치에 대해 되돌아보라.

문화적 유산

가정의 유산과 관련해 생각해볼 또 다른 방법은 가족들이 자신들의 가치뿐만 아니라 민족적, 국가적, 문화적 관습을 어떻게 전승하는지를 고려하는 것이다. 5장에서 살펴보았듯이, 이런 가치와 관습은 특정한 의식을 통해 전달된다. 의식에 의미를 부여하는 방식은 모든 가족이 직면하는 과제이며, 이는 주로 그 의식을 어떻게 구성하고 실천하느냐에 달려 있다. 가정은 더 넓은 문화적 유산에서 비롯된 전통(가령, 유대교 축제인 하누카 기념하기, 중국의 붉은 결혼 예복 입기, 크리스마스에 선물 주고받기)을 지킬 수도 있고, 가족 고유의 의식을 만들 수도 있다(가령, 추수감사절에 칠리크랩 먹기). 문화적 유산의 전수는 단순히 일상적인 의식으로도 가능하지만, 의식의 '이유'를 명확히 전달할 때 가장 강력하다.

친족 관계망과 유산

문화적 유산을 남기는 일은 개인의 직계가족만의 몫은 아니다. 더 큰 범위의 친족 관계망 역시 다음 세대의 삶을 형성하는 데 중요한 역할을 한다. 예를 들어, 조부모와 손주 간의 상호작용은 가장 흔한 세대 간 관계의 형태이며, 조부모는 손주에게 깊은 영향을 미칠 수 있다.[18] 손주가 조부모와 맺는 상호작용은 사회에서 노인을 어떻게 이해하고 대해야 하는지에 대한 인식의 기초가 되며, 그들과의 상호작용 방식에 대한 하나의 틀이 되기도 한다.[19] 물론 조부모와 손주 간 관계의 질을 결정짓는 요인으로는 지리적 거리, 나이, 조부모의 건강 상태, 기능을 수행하는 능력 등이 있다.[20] 조부모와 손주의 성별, 조부모가 외가 쪽인지 친가 쪽인지 그리고 부모가 각자의 부모와 맺고 있는 관계 또한 이 관계에 영향을 미친다.[21] 일반적으로 건강한 상태의 외할머니가 60대 중반일 경우 손주와 가장 가까운 관계를 유지하며, 접촉 빈도도 가장 높은 것으로 나타났다.[22]

조부모가 손주의 신앙에 끼치는 영향을 알아보기 위해 특별히 설계된 한 연구에 따르면, 손주들은 기도나 성경 읽기와 같은 영적

적용 활동 15.2

가족적 가치

당신의 가족을 설명할 때 당신이 어떤 가치를 물려받았는지 확인해보라. 여기에는 정치에 대한 관심이나 등산과 사냥에 대한 취미, 운동의 중요성, 건강에 대한 집중적 관심, 교육에 대한 강조가 포함될 수 있다. 가족의 가치는 또한 문화적이거나 국가적인 유산의 중요성도 포함할 수 있다.

- 가족이 계승해준 최소한 세 가지 가치를 이야기해보라.
- 이런 가치들을 어떤 식으로 처음 접했는가?
- 가정에서 이런 가치들을 어떤 방법으로 강화하거나 강조했는가?
- 이런 가치에 대한 이해를 도와준 이는 가족 중에 누구인가?

훈련(종교적 실천)보다는 가치관이나 동기와 같은 종교의 인지적 측면에 더 영향을 받기 쉬운 것으로 나타났다.[23] 이 연구는 그 결과를 다음과 같은 조부모에 대한 권고로 요약했다. "손주의 신앙 형성에 가장 효과적으로 영향을 미치고자 한다면, 자신의 신앙을 열정적으로, 지속적으로 그리고 공개적으로 실천하라. 그래야 그들이 그리스도가 당신을 어떻게 변화시키셨는지를 직접 볼 수 있다."[24] 이러한 방식으로 조부모는 손주의 영적 성장에 있어 부모의 영향력을 지지하거나 혹은 완전히 반대하지는 않더라도 다른 방향을 제시하거나 그 영향력을 약화하는 역할을 하게 될 수 있다.[25] 조부모는 긍정적인 상호작용을 통해 그리고 수동적이거나 능동적인 다양한 방식을 통해 영적, 문화적, 가족적 가치를 전승할 수 있다.

다른 친족 관계들 또한 중요하다. '이모 역할'과 '삼촌 역할'은 종종 간과되지만, 아이들의 삶에 영향을 미치는 중요한 요소다. 이모와 삼촌이 친족으로서 어떤 역할을 수행해야 하는지에 대한 기대는 다양하게 나타나지만, 이들에 대한 의사소통 연구에 따르면, 이모와 삼촌은 부모의 역할을 일부 맡기도 하고, 확대가족의 의례나 모임에서 주도자 혹은 조직자의 역할을 하며, 지원과 조언의 원천이 되기도 한다.[26] 참여하는 경우와 그렇지 않은 경우는 비슷한 비율로 나타나며, 이모는 삼촌과는 다른 방식으로 다음 세대와 관계를 맺는 경향이 있다.[27] 때때로 이모와 삼촌은 물질적 자원뿐만 아니라 관계적 자원도 제공한다. 이러한 세대 간 상호작용의 모든 방식은 다음 세대가 받아들이게 되는 문화와 가치관을 형성하는 데 영향을 미친다.

시애틀의 한 목회자는 자신이 기독교로 개종하게 된 이야기를 들려주었는데, 그 시작은 놀랍게도 무신론자였던 그의 삼촌이 제공한 전액 지원 해외여행에서 비롯되었다. 자녀가 없던 이 삼촌은 조카가 대학에서 자신의 재능과 잠재력을 낭비하고 있다고 느꼈다. 학자이자 편집자, 교사로서 성공한 삼촌은 다양한 문화를 직접 경험하는 것이 조카의 시야를 넓혀주리라고 기대했다. 그는 이 여행으로 조카가 빈곤한 사람들의 삶에 더 공감할 수 있게 되고, 문화적 표현의 다양성 속 아름다움과 궁극적으로는 교육의 중요성을 깨닫게 될 것으로 믿었다. 그는 몇 가지 규칙만을 정해 조카에게 전 세계 여행을 후원했다. 여행, 숙박, 식사는 대부분 배낭여행자처럼 하되(가령, 저렴한 호스텔에 머물고, 대중교통을 이용하며, 길거리 음식을 먹는 등), 박물관 관람이나 연극, 발레, 오페라, 교향악 공연 같은 문화 체험에는 아낌없이 투자하라는 조건이었다. 또한 여행 중 경험한 내용을 꾸준히 기록하라는 과제도 주었다. 그 조카는 1년 동안 수십 개국을 여행했다.

익숙한 모든 것에서 단절되고, 집과의 소통도 극히 제한적이었던 시기(휴대전화가 보편화되기 전)였기에, 조카는 새로운 경험에 눈떴지만 동시에 극심한 외로움을 느꼈다. 어느 날 선박에서 하선하던 중, 영어를 구사하는 한 낯선 사람이 그에게 말을 걸어왔다. 그 낯선 이는 예수님에 대해 열정적으로 이야기했고, 조카의 외로움을 단번에 알아차리는 듯했으며, 조카의 삶과 상황에 대해 놀라울 정도로 정확하고 설명할 수 없는 통찰력을 보이며 하나님을 찾으라고 권유했다. 대화는 그 낯선 사람이 조카에게 성경을 건네는 것으로 끝났고, 두 사람은 다시 만나지 못했지만, 그 만남은 조카에게 깊은 영향을 남겼다. 이후 여행의 전반적인 흐름이 극적으로 바뀌었다. 조카는 하나님의 말씀을 갈망하듯 읽고, 기도를 통해 하나님과의 인격적인 관계를 키워가기 시작했다. 동시에 그가 진행하던 문화 탐방도 새로운 영적 차원을 띠게 되었으며, 하나님이 모든 사람을 창조하셨다는 진리를 받아들임으로써 만나는 사람들을 진심으로 사랑하게 되었다. 비록 조카의 기독교 개종은 삼촌의 의도는 아니었지만, 삼촌의 아낌없는 후원이 조카의 인생을 바꾸어놓았다. 이 이야기는 확대가족 관계망이 다음 세대의 삶의 경험을 어떻게 형성할 수 있는지를 극적으로 보여준다.

종교적 문화유산

이 책의 초점이 기독교 신앙과 가족 간 의사소통에 있기 때문에, 우리는 특히 종교적, 영적 실천이 세대 간에 어떻게 전승되는지에 주목하고자 한다. 많은 자녀가 청소년기로 접어들면서, 종교는 점차 영적 실체를 잃고 단지 사회적 모임에 불과한 것으로 여겨지게 된다. 추정치는 다양하지만, 교회들은 고등학교 졸업 이후 약 40-70%의 청소년이 예배와 프로그램 참석을 중단한다고 보고하고 있다.[28] 신학 연구를 목회 자원으로 전환하는 풀러 청소년 연구소(Fuller Youth

Institute)는 많은 청소년이 종교를 마치 상황에 따라 입고 벗는 재킷처럼 여긴다고 설명한다.²⁹

미국의 청년은 대부분 미국에서 사실상의 종교라고 불리는 '도덕적 치료주의적 유신론'(moral therapeutic Deism)을 받아들인 것으로 보인다.³⁰ 이 관점은 하나님을 멀리 있고 개입하지 않는 존재로 묘사하며, 사람들은 서로에게 착하게 대해야 하고, 삶의 궁극적인 목적은 행복해지는 것이라고 본다. 이러한 하나님과 종교에 대한 관점은 예수 그리스도, 아버지 하나님, 성령님과의 활기찬 관계와는 대조적이며, 고전적·현대적 기독교 교리와도 다르다. 그러나 2021년까지도 50세 미만의 미국 성인의 약 40%가 이러한 도덕적 치료주의적 유신론을 믿는 것으로 나타났다.³¹

가정이 영적이고 종교적인 참여 문화를 다음 세대에 전수하려면, 청년들이 진정으로 영적이며 진심 어린 관계가 중심이 된 신앙 공동체의 일부가 되어야 한다. 풀러 청소년 연구소는 부모가 청소년의 영적 성장에 가장 큰 영향을 미치는 인물이라는 점에는 이견이 없지만, 부모만으로는 충분하지 않다고 주장한다. 청소년이 자신의 신앙을 '붙잡고 살아가는 믿음'으로 삼으려면, 최소한 그들을 알고 그들의 영적 성장을 지지해주는 어른 다섯 명이 있는 공동체에 속해야 한다고 말한다.³² 이는 교회 예배에 참석하거나 기독교 서적을 읽는 등의 종교 활동만으로는 다음 세대가 스스로 신앙을 소유하게 되지 않는다는 사실을 시사한다. 물론 이러한 종교적 실천은 사람들이 하나님을 경험할 수 있는 자리에 있게 해주는 가치 있는 일이다. 하지만 예수님이 당시의 종교 지도자들을 향해 탄식하신 것처럼 신앙을 갖는 데는 충분하지 않다. "너희가 성경에서 영생을 얻는 줄 생각하고 성경을 연구하거니와 이 성경이 곧 내게 대하여 증언하는 것이니라 그러나 너희는 영생을 얻기 위하여 내게 오기를 원하지 아니하는도다"(요 5:39-40). 신앙의 다른 측면들과 마찬가지로, 우리의 동기와 행동이 하나님과의 더 깊은 관계로 이끌 수 있도록 일치되어야 하며, 이렇게 가정과 공동체 안에서 진정성 있는 신앙이 자리 잡을 때, 그것이 다음 세대에게도 이어진다.

부모가 자녀에게 진정한 신앙을 심어주기 위한 몇 가지 실질적인 방법은 무엇일까? 예를 들어, 가족이 함께 신앙에 기반한 사명 선언문을 작성하거나, 함께 선교 여행을 떠나거나, 가족 휴가의 주요 활동으로 영적 집회에 참석하는 방법이 있을 수 있다. 부모가 낯선 사람이나 직장 동료와 자신의 신앙에 관해 대화하는 모습을 보여주는 것도 부모와 자녀 모두에게 눈을 뜨게 하는 경험이 될 수 있다. 전도 실천은 자신의 신앙을 다듬고 강화하는 훌륭한 방법으로, 다원적 이념 환경 속에서 자신이 믿는 바를 이해하는 데 도움이 된다. 또한 이는 모든 사람에 대한 사랑을 증진할 수도 있다. 만약 하나님과의 관계가 가족의 중요한 부분이라면, 가족의 시간과 우선순위는 그 현실을 반영할 것이다. 가족이 함께 기도하거나 같은 성경 구절을 암송하고 묵상하는 시간도 가질 수 있다. 이러한 경험들로 가족은 함께 하나님을 경험하고 그들의 신앙을 다음 세대에 전달하는 방향으로 나아갈 수 있다.

영성 훈련

공동체 내에서 진정한 신앙을 전달하는 또 다른 전략은 영적 훈련을 실천하는 것이다. 이러한 오랜 시간 동안 검증된 훈련은 가족과 공동체가 하나님을 경험할 수 있는 자리를 마련해준다. 리처드 포스터(Richard Foster)는 수 세기 동안 지속된 여러 가지 영적 훈련을 설명한다. 그는 저서 『리처드 포스터 영적훈련과 성장』(*Celebration of Discipline*, 생명의말씀사)33에서, 각 훈련에 대한 신학적 근거와 성경적 사례를 제시한다. 또한 각 훈련을 실제로 어떻게 수행할 수 있는지에 대한 조언도 제공한다. 예를 들어, 포스터는 금식에 대해 명확한 성경적 근거를 제시할 뿐만 아니라, 금식을 준비하는 방법, 여러 날에 걸친 금식이 신체적, 정신적으로 어떤 경험인지를 설명하며, 금식을 마친 뒤에 몸의 부담을 덜어주는 방법도 제시한다. 그가 제시하는 훈련은 고대 기독교 공동체에 그랬듯이, 오늘날에도 여전히 중요한 의미를 지닌다.

포스터의 책은 개인이나 가정과 회중이 하나님께 더욱 가까이 나아가도록 훈련 방식을 크게 세 범주로 나누고 있다. 내적인 훈련에는 묵상, 기도, 금식, 공부가 있고, 외적인 훈련에는 단순한 삶, 홀로 있기, 순종, 봉사가 있다. 마지막으로, 공동체 훈련에는 고백, 예배, 영성 지도, 찬양이 있다. 영적 훈련은 종교적으로 실천할 수 있지만 실제로 영적 결과를 얻지 못할 수 있기에, 그것으로 신앙이 한 세대에서 다음 세대로 전달된다고 보장할 수는 없다. 그러나 영적 훈련을 기념하고 이러한 훈련에 참여하는 것은 가정 내의 자녀, 청소년, 부모가 하나님을 진정으로 경험할 기회를 제공하며, 그들에게 공동의 영적 경험을 선물한다. 이러한 진정한 경험이 축적될수록, 가족 내의 청소년들이 하나님을 소통하는 존재로 경험하고, 그 급진적인 현실 속에서 아버지, 아들, 성령님과의 개인적인 관계를 더 깊게 맺어나갈 가능성이 커진다.34

책에서 영적 훈련에 관해 도전하고 격려하는 부분은 달라스 윌라드의 『영성훈련』(*The Spirit of the Disciplines*, 은성)에서 찾을 수 있다.35 윌라드는 남부 캘리포니아대학의 철학 교수였으며, 리처드 포스터의 멘토이기도 했다. 영적 훈련에 대한 다소 어려운 논의 속에서, 윌라드는 실제적이고 일상적이며 경험적인 영적 훈련이 무엇인지를 보여준다. 그는 사도 바울이 훈련된 삶을 살 수 있었던 데는 현실적인 심리적 통찰이 작용했다고 본다. 윌라드는 바울이 "만약 한 신자가 자신의 습관을 그대로 유지한다면, 그들은 그리스도의 삶에서 거의 아무것도 경험하지 못할 것"이라고 이해했다고 설명한다.[36] 그는 변화의 세 단계를 설명한다. 첫째, 우리는 그리스도 안에서 세례를 받는다. 둘째, 우리는 "의도적이고 의식적으로 자신을 '죄에 대해 죽고 하나님과 예수 그리스도 안에서 살아 있는 자로 여겨야 한다'(롬 6:11)."[37] 셋째, 우리의 육신과 습관을 훈련하여 자동으로 의의 열매를 맺게 해야 한다. 피아니스트나 테니스 선수가 몸으로 기억하는 훈련을 하듯이, 우리는 내주하시는 그리스도의 생명으로 우리 삶이 기쁨으로 한결같이 반응하도록 훈련해야 한다.

영적 훈련은 절대 쉬운 일이 아니다. 그것은 "몸의 행실을 죽이[는]"(롬 8:13) 훈련 과정으로 설계된 것이다. 이 일은 우리 영 안에서 역사하시는 하나님의 영의 능력으로 이루어지는 것이지만, 우리의 참여 없이 일어나지는 않으며, 바로 그 지점에서 영적 훈련의 역할이 드러난다. 영적 훈련의 목적은 훈련 자체가 아니라, 그것을 넘어서는 데 있다. 윌라드가 지적하듯이, 피아노를 연습하는 목적은 연습을 잘하게 되는 게 아니라 피아노 연주를 훌륭히 해내는 데 있는 것처럼, 영적 훈련의 목표도 훈련된 삶을 사는 것이 아니라 하나님의 성령의 능력으로 매일 삶을 살아가는 데 있는 것이다.

가정은 함께 영적 훈련을 본보기로 보여주고, 격려하며, 훈련하고, 참여할 수 있는 공동체다. 고백, 예배, 인도하심 그리고 기쁨의 축제를 가족의 일상 속에 통합하는 것은 하나님을 깊이 경험할 강력한 기회를 만들어준다. 금식 역시 개인뿐 아니라 가족 단위로도 실천할 수 있다. 우리 가정(조너선)에서 아이들이 모두 여섯 살 아래였을 때, 어느 해 성금요일을 맞아 가족 전체가 온종일 검은콩만 먹는 금식을 실천한 적이 있다. 이는 십자가에서 그리스도가 치르신 값비싼 희생을 기억하기 위한 것이었다. 음식이 담백하되 아이들이 온종일 원하는 만큼 먹을 수 있도록 검은콩을 선택했다. 그러나 어떤 면에서 이 금식은 역효과를 낳았다. 두 아이가 검은콩을 너무 맛있게 먹는 바람에 다음 날도 또 먹고 싶다고 졸랐기 때문이다! 이 아이들에게 검은콩은 엄숙한 기억이라기보다는 오히려 특별한 간식처럼 느껴졌던 것이다.

부모는 또한 개인적인 말씀 묵상과 기도의 훈련을 위한 일상을 본보기로 보여주거나, 이 실천을 가족의 시간에 자연스럽게 녹여낼 수도 있다. 가족이 함께 영적 훈련을 실천할 방법은 얼마든지 찾을 수 있다. 성령의 능력 안에서, 말과 행동 모든 면에서 하나님 아버지와 연결되고 그리스도를 닮아가는 것을 목표로 삼는 한, 잘못된 방식은 없다.

영적 유산

종교적 실천과 같은 일상적인 습관을 넘어서, 부모가 자녀와 자손 그리고 다가올 세대에 영적 유산을 남긴다는 점을 분명히 인식하는 것이 중요하다. 축복과 저주는 세대를 초월한다. 예를 들어, 최초의 인간 부모가 지은 죄는 아담과 하와의 혈통을 따라 태어난 모든 사람에게 전해졌다. 마찬가지로, 그리스도의 의로움은 거듭난 모든 사람에게 전해진다(요 3장 참고). 로마서 5장 18-19절은 다음과 같이 말한다.

그런즉 한 범죄로 많은 사람이 정죄에 이른 것같이 한 의로운 행위로 말미암아 많은 사람이 의롭다 하심을 받아 생명에 이르렀느니라 한 사람이 순종하지 아니함으로 많은 사람이 죄인 된 것같이 한 사람이 순종하심으로 많은 사람이 의인이 되리라.

다음 세대로 영적인 유산을 남기는 일은 가정으로서 존재 목적의 일부를 차지한다.

이러한 세대 간 유산의 한 예는 1900년에 출간된 한 간행물에서 소개된 두 미국 가문의 비교를 통해 나타난다. 목회자이자 교육자인 윈십(A. Winship)은 맥스 주크스(Max Jukes, 가명)와 조나단 에드워즈(Jonathan Edwards)의 가계도를 비교한 보고서를 발표했다.[38] 에드워즈와 주크스는 모두 1700년대 뉴잉글랜드 지역에 살았던 인물이다. 에드워즈는 미국의 저명한 기독교 성직자이자 신학자, 저자, 대학 총장이며, 제1차 대각성 운동의 지도자였다. 그러나 주크스는 뉴욕의 숲속에 정착한 인물로, "쾌활하고 좋은 사람이었고 사람들에게 인기가 있었다. 재미있는 이야기로 모두를 웃게 하는 사람"이었다.[39] 그러나 그는 "학교에 가는 것을 싫어해 다니지 않았고, 저녁 시간에 집에 있는 것도 싫어했으며…일하는 것도 싫어해 일하지 않으려고 했다."[40] 그런데 두 사람의 가계도는 극명한 대조를 이룬다.

물론 윈십의 분석 중 일부는 한계가 있으며, 오늘날까지 온전히 전해지는 않았지만, 그의 저서 『주크스와 에드워즈 가문의 비교』(*Jukes-Edwards: A Study in Education and Heredity*)에 그 결과의 많은 부분이 문서화되어 있다.[41] 그의 연구는 다음과 같이 요약할 수 있다.

조나단 에드워즈의 유산은 다음과 같다. 미국 부통령 1명, 로스쿨 학장 1명, 의과대학 학장 1명, 미국 상원 의원 3명, 주지사 3명, 시장 3명, 대학 총장 13명, 판사 30명, 의사 60명, 교수 65명, 장교 75명, 공직자 80명, 변호사 100명, 성직자 100명, 대학 졸업생 285명. 주크스의 후손은 다음과 같다. 살인자 7명, 도둑 60명, 창녀 190명, 그 외 유죄 판결자 150명, 극빈층 310명, 알콜 중독으로 몸이 망가진 이들이 440명이었다. 조사 대상인 1,200명의 후손 중 300명이 수명대로 살지 못하고 사망했다.[42]

윈십은 이러한 차이를 설명할 수 있는 몇 가지 요인을 제시한다. 그는 사라 에드워즈 여사가 가정과 자녀에게 직접적이고 중대한 영향을 미쳤다는 점을 지적한다. 또한 에드워즈 가문에서는 교육이 꾸준히 중시되었지만, 주크스 가문에서는 교육이 부재했다는 사실이 두 가문의 차이를 설명할 수 있다고 본다. 두 가문 모두 비슷한 사회적, 경제적 자본을 지닌 배우자와 결혼함으로써 각자의 사회경제적 위치를 유지한 점도 언급된다. 이 차이를 낳은 사회적 역학이 무엇이든 우리는 영적 영향력 역시 작동했다고 믿는다. 하나님을 사랑하고 순종하는 삶에는 축복이 따르며, 그 축복은 세대를 넘어 지속될 수 있다.

하나님이 아브라함에게 주신 약속을 생각해보라. 창세기는 아브라함이 아내 사라와의 사이에서 태어날 자손을 통해 가나안 땅을 유업으로 받을 것이라고 기록하고 있다. 이 약속은 여러 세대가 지난 후, 아브라함의 손자 야곱의 열두 지파가 400년의 종살이를 마치고 나오면서 성취된다. 그리고 한참 뒤의 후손이자 메시아이신 예수 그리스도가 아브라함에게 주신 약속 중 하나를 완전히 성취하신다. 갈라디아서 3장 16절은 "이 약속들은 아브라함과 그 자손에게 말씀하신 것인데 여럿을 가리켜 그 자손들이라 하지 아니하시고 오직 한 사람을 가리켜 네 자손이라 하셨으니 곧 그리스도라"고 가르친다. 한 아버지에게 주어진 약속이 그 후손을 통해 성취된 것이다.

저자이자 목회자인 더치 시츠(Dutch Sheets)는 세대 간의 영적 연결을 "시대를 아우르는 시너지"라고 부른다.[43] 그는 자녀가 부모와 조부모에게 주어진 약속이 이루어지도록 하나님께 기도해야 한다고 가르친다. "하나님의 계획은 언제나 현재 세대가 이전 세대의 강점을 기반으로 세우는 데 있다. 이것이 바로 '시대를 아우르는 시너지'이며, 세대 간의 일치와 존중을 통해 능력이 배가되는 것이다."[44] 이러한 관점에서 보면, 오늘 우리가 드리는 기도가 자녀나 손주의 삶에서 이루어질 수도 있다. 실제로 "우리의 영적 여정에는 이 땅에서의 삶의 시간적 경계를 넘어서는 측면이 존재한다."[45] 가정은 조상들로부터 영적 유산을 받고, 다음 세대에게 또 하나의 유산을 남기는 것이다.

생각해볼 점 15.3

세대를 이어가는 저주

세대 간 축복이 계속된다면, 저주 역시 세대를 따라 흐를 수 있지 않을까? 이 장의 서두에서 다룬 노아와 그의 아들들의 사례는 그 가능성을 시사한다. 신명기 5장 8-10절과 같은 성경 구절도 저주가 세대를 따라 전해질 수 있음을 보여준다.

너는 자기를 위하여 새긴 우상을 만들지 말고 위로 하늘에 있는 것이나 아래로 땅에 있는 것이나 땅 밑 물속에 있는 것의 어떤 형상도 만들지 말며 그것들에게 절하지 말며 그것들을 섬기지 말라 **나 네 하나님 여호와는 질투하는 하나님인즉 나를 미워하는 자의 죄를 갚되 아버지로부터 아들에게로 삼사 대까지 이르게 하거니와 나를 사랑하고 내 계명을 지키는 자에게는 천 대까지 은혜를 베푸느니라**(강조 추가).

이 구절은 가정이 하나님보다 더 중요하게 여기는 모든 것이 우상이며, 우상숭배는 세대로 이어지는 저주를 받는다는 점을 강조한다.

세대로 이어지는 저주는 사교 추종, 맹세, 서약을 할 때(프리메이슨에서 사용하는 것과 같은)뿐 아니라 다양한 신에게 의도적으로 봉양할 때 시작될 수 있다(아시아 여러 지역에서 아이가 태어날 때 흔히 행하는 관습). 그러나 예수 그리스도의 죽으심과 부활로 인해 아담과 하와의 원죄를 포함한 모든 세대적 저주의 권세는 끊어졌으며, 이 승리는 모든 그리스도인의 삶에 적용될 수 있다. 바울이 기록했듯이, "사망의 쏘는 것은 죄요 죄의 권능은 율법이라 우리 주 예수 그리스도로 말미암아 우리에게 승리를 주시는 하나님께 감사하노니"(고전 15:56-57). "그리스도께서 우리를 위하여 저주를 받은 바 되사 율법의 저주에서 우리를 속량하셨으니 기록된바 나무에 달린 자마다 저주 아래 있는 자라 하였음이라"(갈 3:13). 어떤 배경을 가진 사람이든 상관없이, 그리스도 안에서 새로운 삶이 시작되며, 각 사람은 영적 저주로부터 자유를 누릴 수 있다.

세대 간 저주를 끊을 방법은 간단하다. 회개하고 벗어나며 대체하는 것이다. 저주를 초래한 우상숭배를 회개하고(행 3:19), 우리 삶에 영향을 미친 저주의 권세를 거부하며(딛 2:12; 딤후 2:19), 성령님을 새롭게 초청하여 저주를 축복으로 대체한다(마 12:43-45). 이런 주제를 더 깊이 다루고, 세대 간 저주의 권세를 끊기 위한 실제적인 단계를 제시하는 가르침은 닐 앤더슨의 『이제 자유입니다』와 『내가 누구인지 이제 알았습니다』,[46] 프랜시스 맥너트(Francis MacNutt)의 『악한 영으로부터의 자유』(*Deliverance from Evil Spirits*, 은혜출판사)[47] 그리고 로버트 헨더슨(Robert Henderson)의 『하늘 법정으로 가는 기도』(*Operating in the Courts of Heaven*, 더패션)[48]에 포함되어 있다.

축복 전달하기

영적 유산을 전수할 한 가지 열쇠는 때로 간과되는 방법으로, 축복을 전하는 것이다. 창세기 49장은 야곱이 자기 아들들에게 베푼 축복을 기록하고 있다. 한 가정의 족장으로서 아들들을 축복하는 것은 야곱의 책임이자 특권이었다. 그는 아버지 이삭의 본을 따랐다. 이삭은 다음과 같은 말로 야곱을 축복해주었다.

> 하나님은 하늘의 이슬과 땅의 기름짐이며 풍성한 곡식과 포도주를 네게 주시기를 원하노라 만민이 너를 섬기고 열국이 네게 굴복하리니 네가 형제들의 주가 되고 네 어머니의 아들들이 네게 굴복하며 너를 저주하는 자는 저주를 받고 너를 축복하는 자는 복을 받기를 원하노라(창 27:28-29).

이삭이 기원한 이 축복은 하나님이 "너를 축복하는 자에게는 내가 복을 내리고 너를 저주하는 자에게는 내가 저주하리니 땅의 모든 족속이 너로 말미암아 복을 얻을 것이라"(창 12:3)고 하셨던 아브라함으로부터 계승된 축복이 분명했다. 하나님으로부터 아브라함을 거쳐 이삭과 야곱과 이스라엘 열두 지파에게로 이어진 영적 유산은 세대를 넘어 축복을 전하는 중요성을 예시해준다.

어떤 이들에게는 축복을 말로 전하는 일이 신비롭거나 부담스럽게 느껴질 수 있다. 성경에서 축복은 주로 아버지에서 아들로 전해진다. 그렇다면 딸들은 어떻게 되는가? 어머니들은 어떠한가? 족장들의 축복은 단지 문화적 산물에 불과한가? 어머니와 아버지 모두가 아들과 딸에게 전할 수 있는 축복이 있다고 확신한다. 영적 축복에 대해 더 깊이 설명하는 다양한 자료가 있으며, 그중 추천할 만한 책으로는 실비아 귄터(Sylvia Gunter)와 아서 버크(Arthur A. Burk)가 함께 쓴 『하나님의 이름으로, 아버지의 축복으로 당신의 영을 축복하기』(Blessing Your Spirit)가 있다.[49] 이 책에는 개인이나 가족을 위해 낭송할 수 있는 성경 묵상 구절과 축복이 수록되어 있다. 어머니와 아버지가 자녀에게 낭독해줄 수 있는 성경의 몇 가지 축복 기도를 아래에 소개한다. 가족에게 낭송해주기 쉽도록 일부 내용은 편집했다.

민수기 6:24-26

여호와는 네게 복을 주시고 너를 지키시기를 원하며 여호와는 그의 얼굴을 네게 비추사 은혜 베푸시기를 원하며 여호와는 그 얼굴을 네게로 향하여 드사 평강 주시기를 원하노라.

신명기 28:6-9

네가 들어와도 복을 받고 나가도 복을 받을 것이니라 여호와께서 너를 대적하기 위해 일어난 적군들을 네 앞에서 패하게 하시리라 그들이 한 길로 너를 치러 들어왔으나 네 앞에서 일곱 길로 도망하리라 여호와께서 명령하사 네 창고와 네 손으로 하는 모든 일에 복을 내리시고 네 하나님 여호와께서 네게 주시는 땅에서 네게 복을 주실 것이며 여호와께서 네게 맹세하신 대로 너를 세워 자기의 성민이 되게 하시리니 이는 네가 네 하나님 여호와의 명령을 지켜 그 길로 행할 것임이니라.

고린도후서 9:8-10

하나님이 능히 모든 은혜를 너희에게 넘치게 하시나니 이는 너희로 모든 일에 항상 모든 것이 넉넉하여 모든 착한 일을 넘치게 하게 하려 하심이라…심는 자에게 씨와 먹을 양식을 주시는 이가 너희 심을 것을 주사 풍성하게 하시고 너희 의의 열매를 더하게 하시리니.

에베소서 1:17-19
우리 주 예수 그리스도의 하나님, 영광의 아버지께서 지혜와 계시의 영을 너희에게 주사 하나님을 알게 하시고 너희 마음의 눈을 밝히사 그의 부르심의 소망이 무엇이며 성도 안에서 그 기업의 영광의 풍성함이 무엇이며 그의 힘의 위력으로 역사하심을 따라 믿는 우리에게 베푸신 능력의 지극히 크심이 어떠한 것을 너희로 알게 하시기를 구하노라.

베드로후서 1:2-3
하나님과 우리 주 예수를 앎으로 은혜와 평강이 너희에게 더욱 많을지어다 그의 신기한 능력으로 생명과 경건에 속한 모든 것을 우리에게 주셨으니.

소통의 유산

마지막으로, 우리는 가정이 소통의 유산을 남긴다고 믿는다. 한 세대가 실제로 다음 세대의 세계 형성에 기여할 수 있다는 증거는 적지 않다. 이 일은 직접적이고 간접적으로 이루어진다. 부모는 직접적인 상호작용을 통해 자녀를 훈련하고, 조카들에게 영향을 미치며, 손주들의 삶에 영향을 끼친다. 동시에 다음 세대에 구체적이고 문화적이며 영적인 유산을 간접적으로 남기게 된다. 관계적인 측면에서도 우리는 유산을 남긴다. 만약 한 아이가 당당하면서도 사랑으로 대하는 법을 배우고, 그러한 관계에서 오는 축복을 경험한다면, 그 아이는 자기 자녀에게도 같은 방식으로 관계 맺는 법을 가르칠 가능성이 크다. 이처럼 부모는 자녀의 양육 방식을 통해 손주와 그 이후의 세대에 간접적인 영향을 미치게 된다. 부모가 배우자, 친구, 지인, 낯선 사람들과 나누는 관계 속에서 보여주는 관계적 강점은 다음 세대가 타인과 관계 맺는 방식을 결정짓는 출발점이 될 수 있다. 이러한 소통의 유산은 개인의 성격이나 기타 환경적 영향에 따라 달라질 수 있지만, 우리는 당신이 가족에게서 어떤 소통의 유산을 물려받았는지를 성찰하고, 어떤 소통의 유산을 다음 세대에 남기고 싶은지 의도적으로 생각해보기를 권면한다. 손주들에게서 당신이 최고의 경청자였다는 말을 듣고 싶은가? 언제나 격려해주는 분이었다는 말을 듣고 싶은가? 공감해주는 분이며 진심으로 원수를 사랑하는 분이었다는 말을 듣고 싶은가? 낯선 사람을 만날 때 누구든 가리지 않고 그리스도의 사랑을 베풀었다는 말을 듣고 싶은가? 오늘 당신이 다음 세대에게 기억되고 싶은 모습으로 소통하는 훈련을 시작해보라.

결론

연구는 유산의 중요성을 확인해준다. 한 연구는 "남은 자녀가 소중히 여기고 바라는 유산의 유형"을 밝히고자 했다.[50] 이 연구는 어린 나이에 부모를 잃은 성인들을 대상으로, 부모에 대한 기억과 추억 그리고 그 기억이 어떻게 유지됐는지를 물었다. 참여자들은 물건, 사진, 영상, 글로 남긴 메시지 등이 부모를 기억하게 해주었고, 부모의 사랑을 느끼게 해주었으며, 부모가 자신을 자랑스러워했음을 상기시킬 수 있었다고 응답했다. 그러나 이런 흔적이 없었을 때 상실감이나 후회를 경험하기도 했다. "먼저 돌아가신 아빠가 '사랑한다'거나 '자랑스럽다'거나 '넌 분명히 훌륭한 일을 하게 될 거야' 같은 말을 해주신 기억이 없어요…(아빠가 그런 말을 남겼다면) 엄마가 그걸 나중에라도 저에게 들려주셨을 텐데…. 그랬다면 큰 도움이 됐을 거예요. 왜냐하면 전 아빠의 그런 말을 계속 떠올릴 수 있었을 테니까요."[51] 인터뷰 대상자들은 또한 남은 가족이 돌아가신 부모님에 대해 계속 이야기해야 한다고도 언급했다. 한 참가자는 이렇게 말했다. "할머니한테 부탁하면 언제 들어도 질리지 않는 즐거운 이야기를 들려주세요. 아니면 이모가 엄마와 아빠가 처음 만났을 때 이야기를 해주시기도 하고요. 또 아빠가 뭔가 불쑥 얘기하실 때도 있어요. 가끔 그게 힘들기도 해요. 하지만 저는 그런 이야기를 듣는 걸 매우 좋아해요. 그 이야기를 들으면 엄마가 어떤 사람이었는지 더 잘 이해할 수 있으니까요."[52] 상실을 경험한 사람들에게 마음을 더욱 간절하게 만드는 것은 단순한 부재 그 자체가 아니라, 그 부재 속에서 오히려 기억을 살리고, 죽음이 남긴 공백을 채워주는 '소통'이다. 소통은 가족의 유산을 만들어가는 힘이 된다.

    어떤 유산을 남기고 싶은지에 대해 깊이 생각해본 적이 없을 수도 있다. 그러나 지금 시작해도 절대 늦지 않았다. 당신의 형제자매, 친구, 가족과의 관계는 깊은 연결을 이루는 놀라운 의식들로 기억될 것인가? 당신의 결혼 생활은 삶 속에서 불가피하게 찾아오는 갈등, 다툼, 오해를 치유할 수 있도록 용서가 자연스럽게 흐르는 관계가 될 것인가? 당신의 가정은 얼마나 회복력이 있는 공동체가 될 것인가? 당신이 삶의 수많은 요구를 조율해나가는 방식을 보면서, 사람들은 오직 하나님이 주실 수 있는 은혜와 평화를 느끼게 될 것인가? 누군가가 말하길, 모든 이의 묘비에는 출생일과 사망일이 기록되지만, 중요한 것은 그 사이에 살았던 삶이다. 우리는 당신이 이 책을 통해 배운 내용과, 당신이 물질적, 영적, 관계적으로 물려받은 좋고 나쁜 모든 것을 바탕으로, 다음 세대에게 더 나은 것을 전해주는 삶을 살아가기를 바란다.

주

추천의 글

1. Perry L. Glanzer, "Marriage as a Required Liberal Arts," Christian Scholar's Review, 2022년 5월 27일, https://christianscholars.com/marriage-as-a-required-liberal-art/.
2. John Wesley, *A Plain Account of Christian Perfection* (London: Epworth Press, 1952), 87. 『그리스도인의 완전에 관한 거짓 없는 석명』(도서출판 복음)
3. Deborah Tannen, *The Argument Culture: Moving from Debate to Dialogue* (New York: Random House, 1998).

서문

1. C. S. Lewis, *Mere Christianity* (New York: Collins, 2012). 『순전한 기독교』(홍성사)
2. Dennis Bratcher, "Christian Creeds, Confessions, and Catechisms," The Voice, 2018, http://www.crivoice.org/creeds.html.
3. J. Warner Wallace, *Cold-Case Christianity: A Homicide Detective Investigates the Claims of the Gospel* (Colorado Springs, CO: David C. Cook, 2013). 『베테랑 형사 복음서 난제를 수사하다』(새물결) Lee Strobel, *The Case for Christ* (Grand Rapids, MI: Zondervan, 1998). 『예수는 역사다』(두란노)
4. Howard G. Hendricks and William D. Hendricks, *Living by the Book: The Art and Science of Reading the Bible* (Chicago: Moody Publishers, 2007). 『삶을 변화시키는 성경연구』(디모데) Kay Arthur, David Arthur and Paul De Lacy, *How to Study Your Bible: Discover the Life-Changing Approach to God's Word* (Eugene, OR: Harvest House). 『귀납적 성경 연구 방법』(프리셉트)
5. dc Talk and the Voice of the Martyrs, *Jesus Freaks: Stories of Those Who Stood for Jesus: The Ultimate Jesus Freaks* (Tulsa, OK: Albury Publishing, 1999). 『Jesus Freaks』(좋은씨앗)
6. Marvin R. Wilson, *Our Father Abraham: Jewish Roots of the Christian Faith* (Grand Rapids, MI: Wm. B. Eerdmans, 1998). 『기독교와 히브리 유산』(컨콜디아사)
7. Jonathan Pettigrew, *Stepfather-Stepson Communication: Social Support in Stepfamily Worlds* (New York: Peter Lang, 2014).
8. Jonathan Pettigrew and Robert H. Woods Jr., *Professing Christ: Christian Tradition and Faith*

Learning Integration in Public Universities (Pasco, WA: Integratio Press, 2022).
9. Mary Anne Fitzpatrick and Diane M. Badzinski, "All in the Family: Interpersonal Communication in Kin Relationships," in *The Handbook of Interpersonal Communication*, Mark L. Knapp and Gerald R. Miller 편집(Beverly Hills, CA: Sage, 1985), 687-736.
10. Quentin J. Schultze and Diane M. Badzinski, *An Essential Guide to Interpersonal Communication: Building Great Relationships in the Age of Social Media with Faith, Skill, and Virtue* (Grand Rapids, MI: Baker Academics, 2015).

2장 가족 이해하기

1. United Nations, "Universal Declaration of Human Rights," 1948, http://www.un.org/en/universal-declaration-human-rights.
2. Chris Segrin and Jeanne Flora, *Family Communication*, 3rd ed. (New York: Routledge, 2019).
3. Frederick S. Wambodt and David Reiss, "Defining a Family Heritage and a New Relationship Identity: Two Central Tasks in the Making of a Marriage," *Family Process* 28, no. 3 (1989년 9월): 315-355.
4. Douglas Kelley, *Marital Communication* (Cambridge: Polity Press, 2012), 3-9.
5. Lynn H. Turner and Richard West, *Perspectives on Family Communication*, 3rd ed. (New York: McGraw Hill, 2013), 9.
6. Jacob E. Cheadle, Paul R. Amato and Valerie King, "Patterns of Nonresident Father Contact," *Demography* 47 (2010): 205-225.
7. Adam Reed and Jonathan Pettigrew, "Standing Tall, Bending Low" (미출간 원고, 2019년 1월 31일). 타이핑 원고.
8. Jack O. Balswick and Judith K. Balswick, *The Family: A Christian Perspective on the Contemporary Home*, 3rd ed. (Grand Rapids, MI: Baker Academic, 2007), 361. 『크리스천 가정』(두란노).
9. Francis Chan, *Letters to the Church* (Colorado Springs, CO: David C. Cook, 2018), 69-72. 『교회의 부르심』(토기장이).
10. United Nations, "Universal Declaration of Human Rights."
11. Robert P. George, *In Defense of Natural Law* (New York: Oxford University Press, 2001).
12. Allan Carlson and Paul Mero, *The Natural Family: A Manifesto* (Dallas, TX: Spence Publishing, 2004), https://www.worldcongress.pl/docs/en/pdf/the_natural_family.pdf.
13. 위와 동일, 1.

3장 가족, 신앙, 사회

1. United Nations, "Universal Declaration of Human Rights," 1948, http://www.un.org/en/universal-declaration-human-rights.
2. "The Truth Project," directed by Del Tackett (Focus on the Family, 2011).
3. Tim Hansel, *You Gotta Keep Dancin': In the Midst of Life's Hurts, You Can Choose Joy!* (Elgin, IL: David C. Cook, 1985), 41.
4. Michael Rutter, Celia Beckett, Jenny Castle, Emma Colvert, Jana Kreppner, Mitul Mehta, Suzanne Stevens and Edmund Sonuga-Barke, "Effects of Profound Early Institutional Deprivation: An Overview of Findings from a UK Longitudinal Study of Romanian Adoptees," *European Journal of Developmental Psychology* 4, no. 3 (2007): 332-350. 또한 Kirsten Weir, "The Lasting Impact of Neglect," *Monitor on Psychology* 45, no. 6 (2014년 6월), http://www.apa.org/monitor/2014/06/neglect를 참고하라.
5. Melissa Fay Green, "30 Years Ago, Romania Deprived Thousands of Babies of Human Contact: Here's What's Become of Them," *The Atlantic*, 2020년 7, 8월호, https://www.theatlantic.com/magazine/archive/2020/07/can-an-unloved-child-learn-to-love/612253/.
6. Neel Burton, "When Homosexuality Stopped Being a Mental Disorder," *Psychology Today*, 2015년 9월 18일, https://www.psychologytoday.com/us/blog/hide-and-seek/201509/when-homosexuality-stopped-being-mental-disorder.
7. Pew Research Center, "Same-sex Marriage around the World," 2019년 10월 28일, https://www.pewforum.org/fact-sheet/gay-marriage-around-the-world/.
8. CNN Fact Sheet, "Same Sex Marriage Fast Facts," 2020년 8월 11일, https://www.cnn.com/2013/05/28/us/same-sex-marriage-fast-facts/index.html.
9. John G. Roberts, Chief Justice, "Dissenting, Obergefell v Hodges Supreme Court of the United States," 576 U.S., 4, https://www.bshrlaw.com/sites/481/uploaded/files/Roberts_CJ_dissenting_OBERGEFELL__v_HODGES_Slip_Copy2.pdf.
10. Robert P. George and Jean Bethke Elshtain 편집, *The Meaning of Marriage: Family, State, Market, and Morals* (Strongsville, OH: Scepter Publishers, 2006).
11. Allan Carlson and Paul Mero, *The Natural Family: A Manifesto* (Dallas, TX: Spence Publishing, 2004), https://www.worldcongress.pl/docs/en/pdf/the_natural_family.pdf.
12. David Blankenhorn, *The Future of Marriage* (New York: Encounter Books, 2009).
13. Anthony Esolen, *Defending Marriage: Twelve Arguments for Sanity* (Charlotte, NC: Saint Benedict Press, 2014).
14. Blankenhorn, *The Future of Marriage*.
15. Stephanie Coontz, "The World Historical Transformation of Marriage," *Journal of Marriage and Family* 66, no. 4 (2004): 974-979.
16. Stephanie Coontz, *Marriage, A History: How Love Conquered Marriage* (New York: Penguin

Books, 2004), 5. 『진화하는 결혼』(작가정신)
17. 위와 동일.
18. 위와 동일, 4.
19. Coontz, "The World Historical Transformation of Marriage."
20. Pamela J. Smock and Christine R. Schwartz, "The Demography of Families: A Review of Patterns and Change," *Journal of Marriage and Family* 82, no. 1 (2020): 9-24.
21. 위와 동일.
22. 위와 동일.
23. Pew Research Center, "Marriage and Cohabitation in the U.S.," 2019년 11월 6일. https://www.pewresearch.org/social-trends/2019/11/06/marriage-and-cohabitation-in-the-u-s/.
24. Lydia R. Anderson, "High Schools Seniors' Expectations to Marry," *Family Profiles, FP-16-14* (Bowling Green, OH: National Center for Family & Marriage Research, 2016), https://www.bgsu.edu/content/dam/BGSU/college-of-arts-and-sciences/NCFMR/documents/FP/anderson-hs-seniors-expectations-marry-fp-16-14.pdf.
25. Valerie Schweizer, "The Retreat from Remarriage, 1950-2017," *Family Profiles, FP-19-17* (Bowling Green, OH: National Center for Family & Marriage Research, 2019), https://www.bgsu.edu/ncfmr/resources/data/family-profiles/schweizer-retreat-remarriage-fp-19-17.html.
26. Smock and Schwartz, "The Demography of Families."
27. 위와 동일.
28. 위와 동일.
29. W. Bradford Wilcox and Elizabeth Marquardt 편집, *State of Our Unions 2010: When Marriage Disappears: The Middle America* (Charlottesville, VA: The National Marriage Project, 2010), http://stateofourunions.org/2010/SOOU2010.pdf.
30. Smock and Schwartz, "The Demography of Families."
31. Pew Research Center, "Marriage and Cohabitation in the U.S."
32. 위와 동일.
33. Smock and Schwartz, "The Demography of Families."
34. "'Demographic Winter' Leading to Decline in Fertility Worldwide," *Rhode Island Catholic*, 2018년 11월 29일, https://thericatholic.com/stories/demographic-winter-leading-to-decline-in-fertility-worldwide,10328.
35. Emily Schodelmeyer, "Fewer Married Households and More Living Alone," United States Census Bureau, 2017년 8월 9일, https://www.census.gov/library/stories/2017/08/more-adults-living-without-children.html.
36. Smock and Schwartz, "The Demography of Families."
37. Dennis Thompson, "U.S. Grandparents Are Raising Millions of Kids, and It's Tough," *U.S. News and World Report*, 2020년 8월 4일, https://www.usnews.com/news/health-news/

articles/2020-08-04/us-grandparents-are-raising-millions-of-kids-and-its-tough.
38. Pew Research Center, "U.S. Has World's Highest Rate of Children Living in Single-Parent Households," 2019년 12월 12일, https://www.pewresearch.org/fact-tank/2019/12/12/u-s-children-more-likely-than-children-in-other-countries-to-live-with-just-one-parent/.
39. Andrew J. Cherlin, *The Marriage-Go-Round: The State of Marriage and the Family in America Today* (New York: Random House, 2009).
40. 위와 동일, 19.
41. Dennis Hiebert, *Sweet Surrender: How Cultural Mandates Shape Christian Marriage* (Eugene, OR: Cascade Books, 2013).
42. Ray S. Anderson, Dennis B. Guernsey, *On Being Family: A Social Theology of the Family* (Grand Rapids, MI: William B. Eerdmans Publishing, 1985), 11.

4장 이론과 신학

1. James Pedlar, "Christ as the Good Samaritan," James Pedlar: Theologian and Pastor, 2010년 7월 3일, https://jamespedlar.ca/2010/07/03/christ-as-the-good-samaritan/.
2. Em Griffin and Andrew Ledbetter, Glenn Sparks, *A First Look at Communication Theory*, 9th ed. (New York: McGraw Hill, 2014), 5.
3. M. James Jordan, *The Ancient Road Rediscovered: What the Early Church Knew* (Taupo, New Zealand: Fatherheart Media, 2014).
4. Joshua J. Knabb and Matthew Y. Emerson, "'I Will Be Your God and You Will Be My People': Attachment Theory and the Grand Narrative of Scripture," *Pastoral Psychology* 62 (2013), 830.
5. Quentin J. Schultze, *Communication for Life: Christian Stewardship in Community and Media* (Grand Rapids, MI: Baker Academic, 2000).
6. Emmanuel S. A. Ayee, "Human Communication Revisited—A Biblical Perspective," *Bulletin for Christian Scholarship* 78, no. 1 (2013): 8.
7. James Sire, *The Universe Next Door: A Basic Worldview Catalog*, 6th ed. (Downers Grove, IL: InterVarsity Press, 2020). 『기독교 세계관과 현대사상』(IVP)
8. Bill Strom and Divine Agodzo, *More Than Talk: A Covenantal Approach to Everyday Communication*, 5th ed. (Dubuque, IA: Kendall Hunt, 2018).
9. 위와 동일, 318.
10. Dawn O. Braithwaite, Paul Schrodt and Kristen Carr, "Introduction: MetaTheory and Theory in Interpersonal Communication," in *Engaging Theories in Interpersonal Communication: Multiple Perspectives*, 2nd ed., Dawn O. Braithwaite and Paul Schrodt 편집 (Los Angeles, CA: Sage, 2015), 11.

11. Ryan S. Bisel, "Reconciliation and Critique: Option Three at Areopagus," in *Professing Christ: Christian Tradition and Faith-Learning Integration in Public Universities*, Jonathan Pettigrew and Robert H. Woods Jr. 편집(Pasco, WA: Integratio Press, 2022), 22.
12. Griffin 외, *A First Look at Communication Theory*, 5.
13. Chris Segrin and Jeanne Flora, *Family Communication*, 3rd ed. (New York: Routledge, 2019), 26.
14. Marianne Dainton and Elaine D. Zelley, *Applying Communication Theory for Professional Life: A Practical Introduction*, 3rd ed. (Thousand Oaks, CA: Sage, 2015), 3.
15. Dawn O. Braithwaite, Elizabeth A. Suter and Kory Floyd, *Engaging Theories in Family Communication: Multiple Perspectives*, 2nd ed. (New York: Routledge, 2018).
16. Sandra Metts and Bryan Asbury, "Theoretical Approaches to Family Communication," in *The SAGE Handbook of Family Communication*, Lynn H. Turner and Richard West 편집(Los Angeles, CA: Sage, 2015), 43.
17. Christina G. Yoshimura and Kathleen M. Galvin, "General Systems Theory: A Compelling View of Family Life," in *Engaging Theories in Family Communication: Multiple Perspectives*, 2nd ed., Dawn O. Braithwaite, Elizabeth A. Suter and Kory Floyd 편집(New York: Routledge, 2018), 164-174.
18. Ludwig von Bertalanffy, *General System Theory: Foundations, Development, and Applications* (New York: George Braziller, Inc., 1968).
19. Dennis Bratcher, "Christian Creeds, Confessions, and Catechisms," The Voice, 2018, http://www.crivoice.org/creeds.html.
20. Michelle Goh, "The Care of Ageing Persons: A Trinitarian Perspective," *The Australasian Catholic Record* 94, no. 3 (2017): 262.
21. 위와 동일.
22. Walter R. Fisher, *Human Communication as Narration: Toward a Philosophy of Reason, Value, and Action* (Columbia, SC: University of Southern Carolina Press, 1987).
23. William G. Kirkwood, "Narrative and the Rhetoric of Possibilities," *Communication Monographs* 59, no. 1 (1992): 30-47.
24. Robin P. Clair, Stephanie Carlo, Chervin Lam, John Nussman, Canek Phillips, Virginia Sanchez, Elaine Schnabel and Liliya Yakova, "Narrative Theory and Criticism: An Overview toward Clusters and Empathy," *The Review of Communication* 14, no. 1 (2014): 1-18.
25. Jody Koenig Kellas and Haley Kranstruber Horstman, "Communicated Narrative Sense-Making: Understanding Family Narratives, Storytelling, and the Construction of Meaning through a Communicative Lens," in *The SAGE Handbook of Family Communication*, Lynn H. Turner and Richard West 편집(Los Angeles, CA: Sage, 2015), 76-90.
26. Jody Koenig Kellas, "Narrating Family: Introduction to the Special Issue on Narrative and Storytelling in the Family," *Journal of Family Communication* 10, no. 1(2010): 3.

27. Jody Koenig Kellas and April R. Trees, "Family Stories and Storytelling: Windows into the Family Soul," in *The Routledge Handbook of Family Communication*, 2nd ed., Anita L. Vangelisti 편집(New York: Routledge, 2013), 391-406.
28. Nancie Hudson, "When Family Narratives Conflict: Autoethnography of My Mother's Secrets," *Journal of Family Communication* 15, no. 2 (2015): 113-129.
29. Segrin and Flora, *Family Communication*, 53.
30. Leslie A. Baxter and Dawn O. Braithwaite, "Relational Dialectical Theory: Crafting Meaning from Competing Discourses," in *Engaging Theories in Interpersonal Communication: Multiple Perspectives*, Leslie A. Baxter and Dawn O. Braithwaite 편집(Thousand Oaks, CA: Sage, 2008), 359.
31. Melissa W. Framer, "Torah-Observant Jewish Married Couples: The Influence of Mandated Abstinence of Physical Touch and Marital Maintenance" (PhD diss., Tempe, Arizona State University, 2020).
32. Parker K. Palmer, *The Promise of Paradox: A Celebration of Contradictions in the Christian Life* (San Francisco, CA: Jossey-Bass, 2008), xxix. 『역설에서 배우는 지혜』(아바서원)
33. Paul B. Baltes, "Theoretical Propositions of Life-Span *Developmental Psychology*: On the Dynamics between Growth and Decline," *Developmental Psychology* 23, no. 5 (1987): 611-626.
34. Loretta L. Pecchioni, Kevin B. Wright and Jon F. Nussbaum, *Life-span Communication* (Mahwah, NJ: Lawrence Erlbaum, 2005), 5-9.
35. Jon F. Nussbaum 편집, *The Handbook of Lifespan Communication* (New York: Peter Lang, 2014).

5장 연결을 위한 의식

1. Judy C. Pearson, Jeffrey T. Child, and Anna F. Carmon, "Rituals in Dating Relationships: The Development and Validation of a Measure," *Communication Quarterly* 59, no. 3 (2011): 360.
2. Steven J. Wolin and Linda A. Bennett, "Family Rituals," *Family Process* 23, no. 3 (1984): 401.
3. Linda A. Bennett, Steven J. Wolin, and Katharine J. McAvity, "Family Identity, Ritual and Myth: A Cultural Perspective on Life Cycle Transition," in *Family Transitions: Continuity and Change over the Life Cycle*, Celia Jaes Falicov 편집(New York: Guilford, 1988), 211-234.
4. Grace M. Viere, "Examining Family Rituals," *The Family Journal: Counseling and Therapy for Couples and Families* 9, no. 3 (2001): 285.
5. 위와 동일, 285-288.
6. Leslie A. Baxter, "Symbols of Relationship Identity in Relationship Cultures," *Journal of Social*

and Personal Relationships 4, no. 3 (1987): 261-280; Carol J. S. Bruess and Judy C. Pearson, "Interpersonal Rituals in Marriage and Adult Friendship," *Communication Monographs* 64, no. 1 (1997): 25-46을 참고하라.

7. Leslie A. Baxter, "Forms and Functions of Intimate Play in Personal Relationships," *Human Communication Research* 8, no. 3 (1992): 336-363.
8. Wolin and Bennett, "Family Rituals."
9. Wendy Leeds-Hurwitz, *Wedding as Text: Communicating Cultural Identities through Rituals* (New York: Routledge, 2002).
10. Viere, "Examining Family Rituals," 285.
11. Bruess and Pearson, "Interpersonal Rituals."
12. Steve Shadrach, *The Fuel and the Flame: Ten Keys to Ignite Your Campus for Jesus Christ* (Authentic Publishing: Tyrone, GA, 2003), 285.
13. Kathryn Dindia and Daniel J. Canary, "Definitions and Theoretical Perspectives on Maintaining Relationships," *Journal of Social and Personal Relationships* 10, no. 2 (1993): 163-173.
14. Dawn O. Braithwaite, Jaclyn S. Marsh, Carol L. Tschampl-Diesing, and Margaret S. Leach, "'Love Needs To Be Exchanged': A Diary Study of Interaction and Enactment of the Family Kinkeeper Role," *Western Journal of Communication* 81, no. 5 (2017): 601-618.
15. Laura Stafford and Daniel J. Canary, "Maintenance Strategies and Romantic Relationship Type, Gender, and Relational Characteristics," *Journal of Social and Personal Relationships* 8, no. 2 (1991): 217-242.
16. Andrew M. Ledbetter, Heather Stassen, Azhanni Muhammad, and Ephraim N. Kotey, "Relational Maintenance as Including the Other in the Self," *Qualitative Research Reports in Communication* 11, no. 1 (2010): 21-28.
17. Arthur P. Aron, Debra J. Mashek, and Elaine N. Aron, "Closeness as Including Other in the Self," in *Handbook of Closeness and Intimacy*, Debra. J. Mashek and Arthur P. Aron 편집 (Mahwah, NJ: Lawrence Erlbaum, 2004), 27-41.
18. Arthur P. Aron, Gary Lewandowski, J. Debra Mashek, and Elaine Aron, "The Self-Expansion Model of Motivation and Cognition in Close Relationships," in *The Oxford Handbook of Close Relationships*도 참고하라. Jeffry A. Simpson and Lorne Campbell 편집 (Oxford: Oxford University Press, 2013), 90-115.
19. Ledbetter 외, "Relational Maintenance," 22.
20. 위와 동일, 27.
21. Marianne Dainton and Scott A. Myers, *Communication and Relationship Maintenance* (San Diego, CA: Cognella, 2020).
22. Elizabeth Dorrance Hall and Jenna McNallie, "The Mediating Role of Sibling Maintenance Behavior Expectations and Perceptions in the Relationship between Family Communication

Patterns and Relationship Satisfaction," *Journal of Family Communication* 16, no. 4 (2016): 386-402.

23. Alan K. Goodboy, Scott A. Myers, and Brian R. Patterson, "Investigating Elderly Sibling Types, Relational Maintenance, and Lifespan Affect, Cognition, and Behavior," *Atlantic Journal of Communication* 17, no. 3 (2009): 140-148.

24. Scott A. Myers and Kelly G. Odenweller, "The Use of Relational Maintenance Behaviors and Relational Characteristics among Sibling Types," *Communication Studies* 66, no. 2 (2015): 238-255.

25. Gary Chapman, *The Five Love Languages: The Secret to Love That Lasts* (Chicago: Northfield, 2015). 『5가지 사랑의 언어』(생명의말씀사)

26. 위와 동일, 56.

27. Nichole Egbert and Denise Polk, "Speaking the Language of Relational Maintenance: A Validity Test of Chapman's Five Love Languages," *Communication Research Reports* 23, no. 1 (2006): 19-26.

28. Laura Stafford, Marianne Dainton, and Stephen Haas, "Measuring Routine and Strategic Relational Maintenance: Scale Revision, Sex versus Gender Roles, and the Prediction of Relational Characteristics," *Communication Monographs* 67, no. 3 (2000): 306-323.

29. 위와 동일.

30. Selena Bunt and Zoe J. Hazelwood, "Walking the Walk, Talking the Talk: Love Languages, Self-Regulation, and Relationship Satisfaction," *Personal Relationships* 24, no. 2 (2017): 287.

31. John Gottman and Julie Gottman, "The Natural Principles of Love," *Journal of Family Theory and Review* 9, no. 1 (2017): 7-26.

32. Gottman and Silver, *The Seven Principles*.

33. Baxter, "Forms and Functions."

6장 갈등을 다루는 원칙

1. Angie Williams and Jon Nussbaum, *Intergenerational Relationships across the Lifespan* (New York: Routledge, 2001).

2. Howard J. Markman, Scott M. Stanley, and Susan L. Blumberg, *Fighting for Your Marriage: Positive Steps for Preventing Divorce and Preserving a Lasting Love* (San Francisco: Jossey-Bass Publishers, 1994).

3. Ken Sande, "Getting to the Heart of Conflict," Relational Wisdom 360, https://rw360.org/getting-to-the-heart-of-conflict/.

4. 위와 동일.

5. Tim Muehlhoff, *Defending Your Marriage: The Reality of Spiritual Battle* (Downers Grove, IL:

InterVarsity Press, 2018).

6. C. S. Lewis, *The Screwtape Letters*, C. S. Lewis Signature Classic Series (San Francisco: Harper, 2001), 13. 『스크루테이프의 편지』(홍성사) 또한 https://www.thespiritlife.net/about/81-warfare/warfare-publications/1879-chapter-4-the-screwtape-letters-cs-lewis도 참고하라.
7. Quentin J. Schultze, "The 'God-Problem' in Communication Studies," *Journal of Communication and Religion* 28, no. 1 (2005): 1-22.
8. Lewis, *The Screwtape Letters*, 16.
9. Joyce L. Hocker and William Wilmot, *Interpersonal Conflict*, 10th ed. (Boston: McGraw Hill, 2018), 3.
10. Lynn H. Turner and Richard West, *Perspectives on Family Communication*, 5th ed. (Boston: McGraw Hill, 2018), 247.
11. Quentin J. Schultze and Diane M. Badzinski, *An Essential Guide to Interpersonal Communication: Building Great Relationships in the Age of Social Media with Faith, Skill, and Virtue* (Grand Rapids, MI: Baker Academics, 2015).
12. 위와 동일.
13. Markman, Stanley, and Blumberg, *Fighting for Your Marriage*.
14. Mengyu (Miranda) Gao, Han Du, Patrick T. Davies, and E. Mark Cummings, "Marital Conflict Behaviors and Parenting: Dyadic Links Over Time," *Family Relations* 68, no. 2 (2018): 1-15.
15. John M. Gottman and Nan Silver, *The Seven Principles for Making Marriage Work: A Practical Guide from the Country's Foremost Relationship Expert* (New York: Harmony Books, 2015).
16. 위와 동일.
17. 위와 동일.
18. 위와 동일.
19. 위와 동일.
20. 위와 동일, 34.
21. 위와 동일.
22. 위와 동일, 47.
23. John M. Gottman and Nan Silver, *What Makes Love Last?: How To Build Trust and Avoid Betrayal* (New York: Simon & Schuster, 2012). 『가트맨의 부부 감정 치유』(을유문화사) 또한 "The Love Quiz: Are You Experiencing Negative Sentiment Override?", Gottman Institute, https://www.gottman.com/blog/quiz-negative-sentiment-override/도 참고하라.
24. Gottman and Silver, *The Seven Principles*, 51.
25. Markman, Stanley, and Blumberg, *Fighting for Your Marriage*.
26. Ralph H. Kilmann, and Kenneth W. Thomas, "Interpersonal Conflict-handling Behavior as Reflections of Jungian Personality Dimensions," *Psychological Reports* 37, no. 3 (1975):

971-980. 또한 Jack O. Balswick and Judith K. Balswick, *The Family: A Christian Perspective on the Contemporary Home*, 3rd ed. (Grand Rapids, MI: Baker Academic, 2007), 262도 참고하라. 『크리스천 가정』(두란노)

27. Balswick and Balswick, *The Family*.
28. Muehlhoff, *Defending Your Marriage*.
29. 위와 동일, 55.
30. Ken Sande, *The Peacemaker: A Biblical Guide to Resolving Personal Conflict*, 3rd ed. (Grand Rapids, MI: Baker Books, 2004).
31. Ken Sande and Kevin Johnson, *Resolving Everyday Conflict* (Grand Rapids, MI: Baker Books, 2015).
32. 위와 동일, 145.
33. 위와 동일, 219.
34. Markman, Stanley, and Blumberg, *Fighting for Your Marriage*.
35. Tim Muehlhoff, *I Beg to Differ: Navigating Difficult Conversations with Truth and Love* (Downers Grove, IL: InterVarsity Press, 2014).
36. 위와 동일, 151.

7장 관계 회복

1. Anita L. Vangelisti and Linda P. Crumley, "Reactions to Messages That Hurt: The Influence of Relational Context," *Communication Monographs* 64, no. 3 (1998): 173-196; Anita L. Vangelisti, "Messages That Hurt," in *The Dark Side of Interpersonal Communication*, William R. Cupach and Brian H. Spitzberg 편집(Hillsdale, NJ: Erlbaum, 1994), 53-82.
2. Vangelisti, "Messages that Hurt."
3. 위와 동일.
4. Laura K. Guerrero, Peter A. Andersen, Peter F. Jorgensen, Brian H. Spitzberg, and Sylvie V. Eloy, "Coping with the Green-Eyed Monster: Conceptualizing and Measuring Communicative Responses to Romantic Jealousy," *Western Journal of Communication* 59, no. 4 (1995): 270-304; Vangelisti and Crumley, "Reactions to Messages that Hurt."
5. 위와 동일.
6. Guerrero 외, "Coping with the Green-Eyed Monster."
7. Vangelisti and Crumley, "Reactions to Messages that Hurt."
8. Guerrero 외, "Coping with the Green-Eyed Monster."
9. 위와 동일.
10. 위와 동일.
11. M. James Jordan, *The Ancient Road Rediscovered: What the Early Church Knew* (Taupo, New

Zealand: Fatherheart Media, 2015), 183.
12. Guerrero 외, "Coping with the Green-Eyed Monster"에서 발췌.
13. Janet R. Meyer and Kyra Rothenberg, "Repairing Regretted Messages: Effects of Emotional State, Relationship Type, and Seriousness of Offense," *Communication Research Reports* 21, no. 4 (2004): 348-356.
14. Deboran Nin, "I Forgave My Cheating Husband," *Hamasa Magazine*, 2018년 4월 20일, https://www.hamasamagazine.com/2018/04/16/forgave/.
15. Ken Sande, *The Peacemaker: A Biblical Guide to Resolving Personal Conflict*, 3rd ed. (Grand Rapids, MI: Baker Books, 2004).
16. Douglas L. Kelley, "Communicating Forgiveness," in *Making Connections: Readings in Relational Communication*, 5th ed., Kathleen M. Galvin 편집(New York: Oxford Press, 2011), 203.
17. Robert Enright and Jeanette Knutson, "Be Your Best Self: Giving and Receiving Forgiveness: A Guided Curriculum for Children Ages 11-14 (Grade 7 in the US, Year 9 in the UK) within a Christian Context," International Forgiveness Institute (2010).
18. Julie H. Hall and Frank D. Fincham, "Self-Forgiveness: The Stepchild of Forgiveness Research," *Journal of Social and Clinical Psychology* 24, no. 5 (2005): 621-637.
19. Frank D. Fincham, "Toward a Psychology of Divine Forgiveness," *Journal of Spirituality and Religion* (2020): 1-11.
20. "Substitutionary Atonement," Moody Bible Institute, https://www.moodybible.org/beliefs/positional-statements/substitutionary-atonement/.
21. Douglas L. Kelley, *Just Relationships: Living Out Social Justice as Mentor, Family, Friend and Lover* (New York: Routledge, 2017), 117-118에서 인용.
22. Everett L. Worthington, *Forgiving and Reconciling: Bridges to Wholeness and Hope* (Downers Grove, IL: InterVarsity Press, 2003), 73-74. 『용서와 화해』(IVP)
23. Sande, *The Peacemaker*.
24. Lewis B. Smedes, *Forgive and Forget: Heal the Hurts We Don't Deserve* (New York: HarperCollins, 1996); Douglas L. Kelley, Vincent R. Waldron, and Dayna N. Kloeber, *A Communicative Approach to Conflict, Forgiveness, and Reconciliation* (New York: Routledge, 2019).
25. Neil T. Anderson, *Victory over Darkness: Realize the Power of Your Identity in Christ* (Bloomington, MN: Bethany House, 2000). 『내가 누구인지 이제 알았습니다』(죠이북스) Neil T. Anderson, *The Bondage Breaker: Overcoming *Negative Thoughts,*Irrational Fears,*Habitual Sin* (Eugene, OR: Harvest House, 2019). 『이제 자유입니다』(죠이북스)
26. Enright and Knutson, "Be Your Best Self."
27. Kelley, *Just Relationships*.
28. 위와 동일, 122.

29. Everett L. Worthington, Constance B. Sharp, Andrea J. Lerner, and Jeffrey R. Sharp, "Interpersonal Forgiveness as an Example of Loving One's Enemies," *Journal of Psychology & Theology* 34, no. 1 (2006): 32-42.
30. 위와 동일.
31. 위와 동일, 33.
32. 위와 동일.
33. 위와 동일.
34. Kelley, Waldron and Kloeber, *A Communicative Approach to Conflict*, 104.
35. 위와 동일, 104-105.
36. Kelley, "Communicating Forgiveness."
37. 위와 동일.
38. Andy J. Merolla and Shuangyue Zhang, "In the Wake of Transgressions: Examining Forgiveness Communication in Personal Relationships," *Personal Relationships* 18, no. 1 (2011): 79-95.
39. Pavica Sheldon, Eletra Gilchrist-Petty, and James A. Lessley, "You Did What? The Relationship between Forgiveness Tendency, Communication of Forgiveness, and Relationship Satisfaction in Married and Dating Couples," *Communication Reports* 27, no. 2 (2014): 78-90.
40. Timothy Edwards, Elizabeth B. Pask, Robert Whitbred, and Kimberly A. Neuendorf, "The Influence of Personal, Relational, and Contextual Factors on Forgiveness Communication Following Transgressions," *Personal Relationships* 25, no. 1 (2018): 4-21.
41. Larry D. Ellis, *Forgiveness: Unleashing a Transformational Process* (Denver: Adoration, 2010), 66.
42. Enright and Knutson, "Be Your Best Self."

8장 회복 탄력성 기르기

1. Alicia Besa Panganiban, "Theology of Resilience amidst Vulnerability in the Book of Ruth," *Feminist Theology* 28, no. 2 (2020): 182-197.
2. Heather M. Helms, Kaicee B. Postler, and David H. Demo, "Everyday Hassles and Family Relationships," in *Family & Change: Coping with Stressful Events and Transitions*, 6th ed., Kevin R. Bush and Christine A. Price 편집(Los Angeles: Sage, 2021), 27-54.
3. Hamilton I. McCubbin and Joan M. Patterson, "Family Adaptation to Crisis," in *Family Stress, Coping, and Social Support*, Hamilton I. McCubbin, A. Elizabeth Cauble, and Joan M. Patterson 편집(Springfield, IL: Thomas Books, 1982), 26-47.
4. David H. Olson, Yoav Lavee, and Hamilton I. McCubbin, "Types of Families and Family

Response to Stress across the Family Life Cycle," in *Social Stress and Family Development*, David M. Klein and Joan Aldous 편집(New York: Guilford Press, 1988), 19.

5. 또한 Reuben Hill, *Families Under Stress* (New York: Harper & Brothers, 1949); Reuben Hill, "Generic Features of Families Under Stress," *Social Casework* 39, no. 2-3 (1958): 139-150을 참고하라.

6. Hamilton I. McCubbin and Joan M. Patterson, "The Family Stress Process: The Double ABC-X Model of Adjustment and Adaptation," in *Social Stress and the Family: Advances and Developments in Family Stress Theory and Research*, Hamilton I. McCubbin, Marvin B. Sussman, and Joan M. Patterson 편집(New York: The Haworth Press, 1983), 7-37.

7. 위와 동일.

8. Michael Rosino, "ABC-X Model of Family Stress and Coping" in *The Wiley Blackwell Encyclopedia of Family Studies*, Constance I. Shehan 편집(New York: Wiley Blackwell, 2016), 1-6.

9. Yoav Lavee, Hamilton I. McCubbin, Joan M. Patterson, "The Double ABCX Model of Family Stress and Adaptation: An Empirical Test by Analysis of Structural Equations with Latent Variables," *Journal of Marriage and Family* 47, no. 4 (1985): 811-825.

10. Benjamin R. Karney and Thomas Nelson Bradbury, "The Longitudinal Course of Marital Quality and Stability: A Review of Theory, Method, and Research," *Psychological Bulletin* 118, no. 1 (1995): 3-34.

11. David H. Olson, "Circumplex Model of Marital and Family Systems: Assessing Family Functioning," in *Normal Family Processes*, 2nd ed., Froma Walsh 편집(New York: Guilford Press, 1993), 104-137; David H. Olson, Candyce Smith Russell, and Douglas H. Sprenkle, *Circumplex Model: Systematic Assessment and Treatment of Families* (New York: Haworth Press, 1989)를 참고하라.

12. David H. Olson and Hamilton I. McCubbin, "Circumplex Model of Marital and Family Systems V: Application to Family Stress and Crisis Intervention," in *Family Stress, Coping, and Social Support*, Hamilton I. McCubbin, A. Elizabeth Cauble, and Joan M. Patterson 편집(Springfield, IL: Thomas Books, 1982), 51.

13. David H. Olson, Douglas H. Sprenkle, and Candyce Smith Russell, "Circumplex Model of Marital and Family System: 1. Cohesion and Adaptability Dimensions, Family Types, and Clinical Applications," *Family Process* 18, no. 1 (1979): 12.

14. 위와 동일, 5.

15. David H. Olson, "Circumplex Model of Marital and Family Systems," *Journal of Family Therapy* 22, no. 2 (2000): 144-167.

16. Olson, Russell, and Sprenkle, *Circumplex Model*.

17. Kristen Carr, "Communication and Family Resilience," in *The International Encyclopedia for Interpersonal Communication*, Charles R. Berger and Michael E. Roloff 편집(New

York: Wiley Blackwell, 2016), 236-244; Kristen Carr and Jody Koenig Kellas, "The Role of Family and Marital Communication in Developing Resilience to Family-of-Origin Adversity," *Journal of Family Communication* 18, no. 1 (2018): 68-84.
18. Carr and Koenig Kellas, "The Role of Family and Marital Communication."
19. Carr, "Communication and Family Resilience," 239.
20. Tamara D. Afifi, Anne F. Merrill, and Sharde Davis, "The Theory of Resilience and Relational Load," *Personal Relationships* 23, no. 4 (2016): 663-683.
21. 위와 동일, 664.
22. Tamara D. Afifi and Kathryn Harrison, "Theory of Resilience and Relational Load (TRRL): Understanding Families as Systems of Stress and Calibration," in *Engaging Theories in Family Communication: Multiple Perspectives*, 2nd ed., Dawn O. Braithwaite, Elizabeth A. Suter, and Kory Floyd 편집(New York: Routledge, 2018), 324-336.
23. Laura Stafford and Daniel J. Canary, "Equity and Interdependence as Predictors of Relational Maintenance Strategies," *Journal of Family Communication* 6, no. 4 (2006): 227-254; Marianne Dainton and Scott A. Myers, *Communication and Relationship Maintenance* (San Diego: Cognella, 2020)를 참고하라.
24. Patrice M. Buzzanell, "Resilience: Talking, Resisting, and Imagining New Normalcies into Being," *Journal of Communication* 60, no. 1 (2010): 1-14.
25. 위와 동일, 4.
26. Jennifer A. Theiss, "Family Communication and Resilience," *Journal of Applied Communication Research* 46, no. 1 (2018): 10-13.
27. Kristen Lucas and Patrice Buzzanell, "Memorable Messages of Hard Times:Constructing Short-and Long-Term Resiliencies through Family Communication," *Journal of Family Communication* 12, no. 3 (2012): 189-208.
28. Christopher Krall, "'Resilient Faithfulness': A Dynamic Dialectic between the Transcendent and Physical Dimensions of the Human Person," *Journal of Moral Theology* 9, no. 1 (2020): 168-189.
29. 위와 동일, 189.
30. 위와 동일, 187-188.
31. Oswald Chambers, "Utmost for His Highest," 2020년 10월 17일, http://myreligion.com.ng/2020/10/october-17-2020-my-utmost-for-his-highest-devotional-topic-the-key-of-the-greater-work/.
32. Caroline Campbell and Sandra Bauer, "Christian Faith and Resilience: Implications for Social Work Practice," *Social Work & Christianity* 48, no. 1 (2021): 28-51을 참고하라.
33. Terri Lewinson, Katherine Hurt, and Anne K. Hughes, "'*I Overcame That with God's Hand on Me*': Religion and Spirituality among Older Adults to Cope with Stressful Life Situations," *Journal of Religion and Spirituality in Social Work: Social Thought* 34, no. 3

(2015): 285-303.

9장 의사소통의 정례화

1. Natasha Quadlin and Long Doan, "Sex-Typed Chores and the City: Gender, Urbanicity, and Housework," *Gender & Society* 32, no. 6 (2018): 789-813.
2. Gary Chapman, "Essentials of Healthy Marriages," YouTube, 2015년 4월 24일, https://www.youtube.com/watch?v=vM1LzhHQcf0.
3. Kely Braswell, *Independent Me: Learning to Relate to Spiritual Authority* (All Peoples Church, 2014).
4. U.S. Bureau of Labor Statistics, "American Time Use Survey," 2019, https://www.bls.gov/charts/american-time-use/activity-by-hldh.htm.
5. Gigi Foster and Leslie S. Stratton, "What Women Want (Their Men to Do): Housework and Satisfaction in Australian Households," *Feminist Economics* 25, no. 3(2019): 23-47.
6. Chiung-Ya Tang and Melissa A. Curran, "Marital Commitment and Perceptions of Fairness in Household Chores," *Journal of Family Issues* 34, no. 12 (2013): 1598-1622.
7. Javier Cerrato and Eva Cifre, "Gender Inequality in Household Chores and Work-Family Conflict," *Frontiers in Psychology*, 2018년 8월 3일, https://www.frontiersin.org/articles/10.3389/fpsyg.2018.01330/full.
8. Arlie R. Hochschild and Anne Machung, *The Second Shift: Working Families and the Revolution at Home* (New York: Penguin Group, 2012).
9. Livia Sz. Oláh, Daniele Vignoli, and Irena E. Kotowska, "Gender Roles and Families," in *Handbook of Labor, Human Resources and Population Economics*, Klaus F. Zimmermann 편집 (Switzerland: Springer, 2021), 1-28을 참고하라.
10. Andréanne Charbonneau, Myl ne Lachance-Grzela, and Genevi ve Bouchard, "Threshold Levels for Disorder, Inequity in Household Labor, and Frustration with the Partner among Emerging Adult Couples: A Dyadic Examination," *Journal of Family Issues* 42, no. 1 (2021): 176-200; Jess K. Alberts, Sarah J. Tracy, and Angela Trethewey, "An Integrative Theory of the Division of Domestic Labor: Threshold Level, Social Organizing and Sensemaking," *Journal of Family Communication* 11, no. 1 (2011): 21-38.
11. Niels Blom, Gerbert Kraaykamp, and Ellen Verbakel, "Couples' Division of Employment and Household Chores and Relationship Satisfaction: A Test of the Specialization and Equity Hypotheses," *European Sociological Review* 33, no. 2 (2017): 195-208.
12. 위와 동일.
13. Paul R. Amato, Alan Booth, David R. Johnson, and Stacy J. Rogers, *Alone Together: How Marriage in America is Changing* (Cambridge, MA: Harvard University Press, 2007).

14. Victoria Rideout and Michael B. Robb, *Common Sense Census: Media Use by Tweens and Teens* (San Francisco: Common Sense Media, 2019), https://www.commonsensemedia.org/press-releases/the-common-sense-census-media-use-by-tweensand-teens-ew-research-finds-youtube-videos-beat-out-tv-and.
15. Paul D. Patton and Robert H. Woods Jr., *Everyday Sabbath: How to Lead Your Dance with Media and Technology in Mindful and Sacred Ways* (Eugene, OR: Cascade Books, 2021).
16. Wonsun Shin and Hye Kyung Kim, "What Motivates Parents to Mediate Children's Use of Smartphones?: An Application of the Theory of Planned Behavior," *Journal of Broadcasting and Electronic Media* 63, no. 1 (2019): 144-159.
17. Andy Crouch, *The Tech-Wise Family: Everyday Steps for Putting Technology in Its Proper Place* (Grand Rapids, MI: Baker Books 2017), 20-21.
18. Sandra Petronio, "Communication Privacy Management Theory: Understanding Families," in *Engaging Theories in Family Communication: Multiple Perspectives*, 2nd ed., Dawn O. Braithwaite, Elizabeth A. Suter, and Kory Floyd 편집(New York: Routledge, 2018), 87-97.
19. Jeffrey T. Child and Sandra Petronio, "Privacy Management Matters in Digital Family Communication," in *Family Communication in the Age of Digital and Social Media*, Carol J. Bruess 편집(New York: Peter Lang, 2015), 35.
20. Petronio, "Communication Privacy Management Theory."
21. 위와 동일, 91.

10장 결혼에 이르는 길

1. 이삭과 리브가의 사랑 이야기를 구애 방식에 적용한 경우는 Gary Thomas, *The Sacred Search: What If It's Not about Who You Marry, But Why?* (Colorado Springs, CO: David C. Cook, 2013), 71-76을 참고하라.
2. 위와 동일, 73.
3. Adrienne R. Brown, "High School Seniors' Expectations to Marry, 2020," *Family Profiles*, FP-22-04 (Bowling Green, OH: National Center for Family & Marriage Research, 2020), https://www.bgsu.edu/ncfmr/resources/data/family-profiles/brownhigh-school-seniors-expectation-to-marry-2020-fp-22-04.html.
4. William C. Schutz, *FIRO: A Three-Dimensional Theory of Interpersonal Behavior* (New York: Holt, Rinehart and Winston, 1958).
5. Abraham H. Maslow, *Toward a Psychology of Being*, 2nd ed. (New York: Van Nostrand Reinhold, 1968). 『존재의 심리학』(문예출판사)
6. Jim A. McCleskey and Larry Ruddell, "Taking A Step Back—Maslow's Theory of Motivation: A Christian Critical Perspective," *Journal of Biblical Integration in Business* 23, no. 1 (2020):

6-16.

7. Maslow, *Toward a Psychology of Being*, 3-4.
8. 매슬로의 욕구 위계 이론에 대한 추가적인 기독교적 비판에 대해서는 Susan Mettes, "Ministry after Maslow: Maslow's Hierarchy of Needs Has Leavened the Teaching in American Churches. That's a Problem," *Christianity Today* 65, no. 5 (2018): 38-43; Kent W. Seibert, "Taking a Step Forward: Maslow and Christian Management," *Journal of Biblical Integration in Business* 23, no. 1 (2020): 17-20을 참고하라.
9. Cindy Hazan and Phillip Shaver, "Romantic Love Conceptualized as an Attachment Process," *Journal of Personality and Social Psychology* 52, no. 3 (1987): 511-524.
10. Beth Le Poire, Julie Haynes, Jennifer Driscoll, Bennett N. Driver, Tracy F. Wheelis, Mary Kay Hyde, Matthew Prochaska, and Laurie Ramos, "Attachment as a Function of Parental and Partner Approach-Avoidance Tendencies," *Human Communication Research* 23, no. 3 (1997): 413-441.
11. Kory Floyd, Colin Hesse, and Mark Alan Generous, "Affection Exchange Theory: A Bio-Evolutionary Look at Affectionate Communication," in *Engaging Theories in Family Communication: Multiple Perspectives*, 2nd ed., Dawn O. Braithwaite, Elizabeth A. Suter, and Kory Floyd 편집(Thousand Oaks, CA: Routledge, 2018), 17-26.
12. 위와 동일, 18.
13. David Givens, *Love Signals: A Practical Field Guide to the Body Language of Courtship* (New York: St. Martin's, 2005). 『러브 시그널』(민음인)
14. Helen Fisher, *Anatomy of Love: A Natural History of Mating, Marriage, and Why We Stray* (New York: W.W. Norton & Company, 2016), 7. 『왜 사람은 바람을 피우고 싶어할까?』(21세기북스)
15. Claus Wedekind, Thomas Seebeck, Florence Bettens, and Alexander J. Paepke, "MHC-Dependent Mate Preferences," *Biological Sciences* 260, no. 1359 (1995): 245-249.
16. Jamie Winternitz, J. L. Abbate, E. Huchard, J. Havlíček, L. Z. Garamszegi, "Patterns of MHC-Dependent Mate Selection in Humans and Nonhuman Primates: A Meta-Analysis," Molecular Ecology 26, no. 2 (2017): 668-688.
17. Claus Wedekind and Sandra Füri, "Body Odor Preference in Men and Women: Do They Aim for Specific MHC Combinations or Simply Heterozygosity?," *Proceedings of the Royal Society B: Biological Sciences* 264 (1997): 1471-1479.
18. Alison Motluk, "Scent of a Man," *New Scientist*, 2001년 2월 10일, http://motluk.com/stories/ns.scent.of.a.man.html.
19. Sheer Birnbaum, Gurit E. Birnbaum, Tsachi Ein-Dor, "Can Contraceptive Pill Affect Future Offspring's Health? The Implications of Using Hormonal Birth Control for Human Evolution," *Evolutionary Psychological Science* 3 (2017): 89-96.
20. 진화론적 시각에 대한 비판은 John H. Harvey and Amy Wenzel, "Theoretical Perspectives

in the Study of Close Relationships," in *The Cambridge Handbook of Personal Relationships*, Anita L. Vangelisti and Daniel Perlman 편집(New York: Cambridge University Press, 2006), 37-38을 참고하라.

21. Alan C. Kerckhoff and Keith E. Davis, "Value Consensus and Need Complementarity in Mate Selection," *American Sociological Review* 27, no. 3 (1962): 295-303.

22. Catherine A. Surra, "Research and Theory on Mate Selection and Premarital Relationships in the 1980s," *Journal of Marriage and Family* 52, no. 4 (1990): 849.

23. Catherine Pakaluk, "To Have and To Have Not: Marriage and Childbearing in the Age of the Pill," *Baby Makes Three: Social Scientific Research on Successfully Combing Marriage the Parenthood*, Princeton University, 2010년 6월 16-19일.

24. 위와 동일.

25. Marianne Dainton and Elaine D. Zelley, *Applying Communication Theory for Professional Life: A Practical Introduction* (Thousand Oaks, CA: Sage, 2005). 『커뮤니케이션 이론』(컴원미디어)

26. Centers for Disease Control and Prevention, "Unmarried Childbearing," National Center of Health Statistics, 2019, https://www.cdc.gov/nchs/fastats/unmarried-childbearing.htm.

27. Caryl E. Rusbult, Christopher R. Agnew, and Ximena B. Arriaga, "The Investment Model of Commitment Processes," in *The Handbook of Theories of Social Psychology*, Paul A. M. Van Lange, Arie W. Kruglanski, and E. Tory Higgins 편집(Thousand Oaks, CA: Sage, 2012), 218-231.

28. Stephanie Coontz, *Marriage, A History: How Love Conquered Marriage* (New York: Penguin Books, 2004). 『진화하는 결혼』(작가정신)

29. Jonathan Pettigrew, "Arranged Love? An Indian Case-Study" (미출간 원고, 2005).

30. Michael J. Rosenfeld, Reuben J. Thomas, and Sonia Hausen, "Disintermediating Your Friends: How Online Dating in the United States Displaces Other Ways of Meeting," *Proceedings of the National Academy of Sciences of the United States of America* 116, no. 36 (2019): 17753-17758.

31. W. Bradford Wilcox and Jeffrey Dew, "Is Love a Flimsy Foundation? Soulmate versus Institutional Models of Marriage," *Faculty Publications* 4517 (2010), https://scholarsarchive.byu.edu/facpub/4517.

32. David G. Blankenhorn, *Fatherless America: Confronting Our Most Urgent Social Problem* (New York: HarperCollins, 1996).

33. Matthijs Kalmijn, "Shifting Boundaries: Trends in Religious and Educational Homogamy," *American Sociological Review* 56, no. 6 (1991): 786-800.

34. Wilcox and Dew, "Is Love A Flimsy Foundation," 689.

35. 위와 동일.

36. Rosenfeld, Thomas, and Hausen, "Disintermediating Your Friends."

37. 위와 동일.
38. "Trends of Redefining Romance Today," Barna, 2017년 2월 9일, https://www.barna.com/research/trends-redefining-romance-today/.
39. Jennifer L. Gibbs, Nicole B. Ellison, and Chi-Hui Lai, "First Comes Love, Then Comes Google: An Investigation of Uncertainty Reduction Strategies and Self-Disclosure in Online Dating," *Communication Research* 38, no. 1 (2011): 70-100.
40. Irwin Altman and Dalmus A. Taylor, *Social Penetration: The Development of Interpersonal Relationships* (New York: Holt, Rinehart and Winston, 1970).
41. Catherine A. Surra, "Courtship Types: Variations in Interdependence between Partners and Social Networks," *Journal of Personality and Social Psychology* 45, no. 2 (1985): 357-375.
42. "Ready to Wed," Focus on the Family, https://www.focusonthefamily.com/marriage/ready-to-wed/. 또한 Greg Smalley and Erin Smalley, *Ready to Wed: 12 Ways to Start a Marriage You'll Love* (Carol Stream, IL: Tyndale House Publishers, 2015)를 참고하라.
43. Wendy Leeds-Hurwitz, *Weddings as Text: Communicating Cultural Identities through Rituals* (Mahwah, NJ: Lawrence Erlbaum, 2002).
44. Ben Stuart, *Single, Dating, Engaged, Married: Navigating Life and Love in the Modern Age* (Nashville, TN: Thomas Nelson, 2017).
45. Thomas, *The Sacred Search*, 65-66.
46. Arthur Aron, Helen Fisher, Debra J. Mashek, Greg Strong, Haifang Li, and Lucy L. Brown, "Reward, Motivation, and Emotion Systems Associated with Early-Stage Intense Romantic Love," *Journal of Neurophysiology* 94, no. 1 (2005): 327-337; 이용 가능한 리뷰에 대해서는 W. Jess Gill, "Hold on Tight! The Neurochemistry of Infatuation and Lifelong Love," The American Association of Christian Counselors, https://www.aacc.net/2020/02/06/hold-on-tight-the-neurochemistry-of-infatuation-and-lifelong-love/를 참고하라.
47. Stuart, *Single, Dating, Engaged, Married*, 101.

11장 언약과 성적 의사소통으로서의 결혼 생활

1. 이런 제안에 대해 문화에 근거한 이론적 설명에 대해서는 Ray Vander Laan, "That the World May Know. The True Easter Story," Focus on the Family, 2002, video를 참고하라.
2. William Strom, "Contractualism, Committalism, and Covenantalism: A Worldview Dimensional Analysis of Human Relating," *Communication Studies* 64, no. 4 (2013): 353-373.
3. 위와 동일, 360.
4. Bill Strom, "Relational Resilience amidst the Pandemic: Contract and Covenant Orientations Predict Struggle and Thriving During Social Lockdown," *Journal of Communication and*

Religion 44, no. 4 (2021): 45-62를 참고하라.

5. Lauren E. Harris, "Committing Before Cohabiting: Pathways to Marriage among Middle-Class Couples," *Journal of Family Issues* 42, no. 8 (2021): 1762-1786.
6. Paul Hemez, "Young Adulthood: Cohabitation, Birth, and Marriage Experiences," *Family Profiles*, FP-18-22 (Bowling Green, OH: National Center for Family & Marriage Research, 2018), https://www.bgsu.edu/ncfmr/resources/data/family-profiles/hemez-young-adults-cohab-birth-mar-fp-18-22.html.
7. Catherine A. Surra, "Research and Theory on Mate Selection and Premarital Relationships in the 1980s," *Journal of Marriage and Family* 52, no. 4 (1990): 849.
8. David Popenoe and Barbara Dafore Whitehead, "'Should We Live Together?': What Young Adults Need to Know about Cohabitation before Marriage," (Piscataway, NJ: The National Marriage Project, 2002), http://nationalmarriageproject.org/wp-content/uploads/2013/01/ShouldWeLiveTogether.pdf.
9. Sharon Sassler and Daniel T. Lichter, "Cohabitation and Marriage: Complexity and Diversity in Union-Formation Patterns," *Journal of Marriage and Family* 82, no. 1 (2020): 35-61.
10. Wendy D. Manning, "Young Adulthood Relationships in an Era of Uncertainty: A Case for Cohabitation," *Demography* 57, no. 3 (2020): 799-819.
11. Kasey J. Eickmeyer and Wendy D. Manning, "Serial Cohabitation in Young Adulthood: Baby Boomers to Millennials," *Journal of Marriage and Family* 80, no. 4 (2018): 826-840.
12. Hemez, "Young Adulthood."
13. Manning, "Young Adulthood Relationships."
14. Penelope M. Huang, Pamela J. Smock, Wendy D. Manning, and Cara A. Bergstrom-Lynch, "He Says, She Says: Gender and Cohabitation," *Journal of Family Issues* 32, no. 7 (2011): 876-905.
15. Galena K. Rhoades, Scott M. Stanley, and Howard J. Markman, "Couples' Reasons for Cohabitation: Associations with Individual Well-Being and Relationship Quality," *Journal of Family Issues* 30, no. 2 (2009): 238-258.
16. Huang 외, "He Says, She Says."
17. 위와 동일, 887.
18. Scott M. Stanley, Galena Kline Rhoades, and Howard J. Markman, "Sliding Versus Deciding: Inertia and the Premarital Cohabitation Effect," *Family Relations* 55, no. 4 (2006): 499-509.
19. Rhoades, Stanley, and Markman, "Couples' Reasons for Cohabitation"; Huang 외, "He Says, She Says."
20. Stanley, Rhoades, and Markman, "Sliding Versus Deciding," 505.
21. 위와 동일.
22. Brandon G. Wagner, "Marriage, Cohabitation, and Sexual Exclusivity: Unpacking the

Effect of Marriage," *Social Forces* 97, no. 3 (2019): 1231-1256.
23. Sassler and Lichter, "Cohabitation and Marriage," 36.
24. Huang 외, "He Says, She Says."
25. J. Budziszewski, *On the Meaning of Sex* (Wilmington, DE: Intercollegiate Studies Institute Books, 2014).
26. 위와 동일, 40.
27. 위와 동일, 41.
28. 위와 동일, 24.
29. 위와 동일, 27.
30. 위와 동일.
31. 위와 동일, 29.
32. Saint Augustine of Hippo, 354-430, *The Confessions of Saint Augustine*, Rex Warner 번역 (New York: Mentor, 1963), 1.1.1. 또한 Justin Taylor, "An Analysis of One of the Greatest Sentences Ever Written," 2017, https://www.thegospelcoalition.org/blogs/justin-taylor/an-analysis-of-one-of-the-greatest-sentences-ever-written/을 참고하라.
33. Philipp Ueffing, Aisha N. Z Dasgupta, Vladimira Kantorova, "Sexual Activity by Marital Status and Age: A Comparative Perspective," *Journal of Biosocial Science* 50, no. 6 (2020): 860-884.
34. Brianna M. Magnusson, Jennifer A. Nield, and Kate L. Lapane, "Age at First Intercourse and Subsequent Sexual Partnering among Adult Women in the University States, A Cross-sectional Study," *BMC Public Health* no. 15 (2015), 96.
35. Jean M. Twenge, Ryne A. Sherman, and Brooke E. Wells, "Declines in Sexual Frequency among American Adults, 1989-2014," *Archives of Sexual Behavior* 46, no. 8 (2017): 2389-2401.
36. Wagner, "Marriage, Cohabitation, and Sexual Exclusivity."
37. Elyakim Kislev, "Does Marriage Really Improve Sexual Satisfaction? Evidence from Pairfam Dataset," *The Journal of Sex Research* 57, no. 4 (2020): 470-481; Samantha Litzinger and Kristian Coop Gordon, "Exploring Relationships among Communication, Sexual Satisfaction, and Marital Satisfaction," *Journal of Sex Marital Therapy* 31, no. 5 (2005): 409-424.
38. Kislev, "Does Marriage Really Improve Sexual Satisfaction?"
39. 위와 동일.
40. E. Sandra Byers and Stephanie Demmons, "Sexual Satisfaction and Sexual Self-Disclosure within Dating Relationships," *Journal of Sex Research* 36, no. 2 (1999): 180-189.
41. Hana Yoo, Suzanne Bartle-Haring, Randal D. Day, and Rashmi Gangamma, "Couple Communication, Emotional and Sexual Intimacy, and Relationship Satisfaction," *Journal of Sex Marital Therapy* 40, no. 4 (2014): 275-293.

42. Litzinger and Gordon, "Exploring Relationships."
43. William Bradford Wilcox, *The State of Our Unions 2011: When Baby Makes Three: How Parenthood Makes Life Meaningful and How Marriage Makes Parenthood Bearable* (Charlottesville, VA: National Marriage Project, University of Virginia, 2011), 36. http://stateofourunions.org/2011/SOOU2011.pdf.
44. 위와 동일.
45. Krystal M. Hernandez-Kane과 Annette Mahoney, "Sex through a Sacred Lens: Longitudinal Effects of Sanctification of Marital Sexuality," *Journal of Family Psychology* 32, no. 4 (2018): 425-434.
46. Stephen Cranney, "The Influence of Religiosity/Spirituality on Sex Life Satisfaction and Sexual Frequency: Insights from the Baylor Religion Survey," *Review of Religious Research* 62, no. 2 (2020): 289-314.
47. Sheila Wray Gregoire, Rebecca Gregoire Lindenbach, and Joanna Sawatsky, *The Great Sex Rescue: The Lies You've Been Taught and How to Recover What God Intended* (Grand Rapids, MI: Baker Books, 2021).
48. 위와 동일.
49. 위와 동일, 159.
50. Gert M. Hald and Neil M. Malamuth, "Pornography," in *International Encyclopedia of the Social & Behavioral Sciences*, 2nd ed., James D. Wright 편집(Oxford: Elsevier, 2015), 613-618.
51. Gert M. Hald, Christopher Seaman, and Daniel Linz, "Sexuality and Pornography," in *The APA Handbook of Sexuality and Psychology*, Vol 2: Contextual Approaches, Deborah L. Tolman and Lisa M. Diamond 편집(Washington, DC: American Psychological Association, 2014), 3-35.
52. Joseph Price, Rich Patterson, Mark Regnerus, and Jacob Walley, "How Much More XXX is Generation X Consuming? Evidence of Changing Attitudes and Behaviors Related to Pornography Since 1973," *Sex Roles* 53, no. 1 (2016): 12-20; Frank Rich, "Naked Capitalist," *New York Times*, 2001년 5월 20일, https://www.nytimes.com/2001/05/20/magazine/naked-capitalists.html
53. Hald, Seaman and Linz, "Sexuality and Pornography."
54. Price 외, "How Much More XXX is Generation X Consuming?"
55. Chiara Sabina, Janis Wolak, and David Finkelhor, "The Nature and Dynamics of Internet Pornography Exposure for Youth," *CyberPsychology & Behavior* 11, no. 6 (2008): 1-3.
56. Franklin O. Poulsen, Dean M. Busby, and Adam M. Galovan, "Pornography Use: Who Uses It and How It Is Associated with Couple Outcomes," *Journal of Sex Research* 50, no. 1 (2012): 72-83.
57. 위와 동일.

58. Ingrid Solano, Nicholas R. Eaton, and K. Daniel O'Leary, "Pornography Consumption, Modality and Function in a Large Internet Sample," *Journal of Sex Research* 57, no. 1 (2020): 92-103.
59. Lyman Stone, "The Truth about Conservative Protestant Men and Porn," Institute of Family Studies, 2019년 6월 19일, https://ifstudies.org/blog/the-truth-aboutconservative-protestant-men-and-porn.
60. "Connecting Parents, Teens, & Jesus in a Disconnected World," Axis.org. 또한 Al Cooper 편집, *Sex and the Internet: A Guidebook for Clinicians* (New York: Routledge, 2002)를 참고하라.
61. Andrew Dugan, "More Americans Say Pornography Is Morally Acceptable," Gallup, 2018년 6월 5일, https://news.gallup.com/poll/235280/americans-say-pornography-morally-acceptable.aspx.
62. "Nefarious: Merchant of Souls; Human Trafficking Documentary-Full Movie," 2020년 6월 16일, https://www.youtube.com/watch?v=MFaDHgXPbUg.
63. Joris Van Ouytsel, Yu Lu, Youngu Shin, Brianna L. Avalos, and Jonathan Pettigrew, "Sexting, Pressured Sexting and Associations with Dating Violence among Early Adolescents," *Computers in Human Behavior* 125 (in press).
64. Nathaniel M. Lambert, Sesan Negash, Tyler F. Stillman, and Frank D. Fincham, "A Love That Doesn't Last: Pornography Consumption and Weakened Commitment to One's Romantic Partner," *Journal of Social and Clinical Psychology* 31, no. 4 (2012): 410-438.
65. Samuel L. Perry and Cyrus Schleifer, "Till Porn Do Us Part? A Longitudinal Examination of Pornography Use and Divorce," *Journal of Sex Research* 55, no. 3 (2018): 284-296.
66. 위와 동일, 291.
67. Brian J. Willoughby, Jason S. Carroll, Dean M. Busby, and Cameron C. Brown, "Differences in Pornography Use among Couples: Associations with Satisfaction, Stability, and Relationship Processes," *Archives of Sexual Behavior* 45, no. 1 (2016): 145-158.
68. Samuel L. Perry, "Pornography and Relationship Quality: Establishing the Dominant Pattern by Examining Pornography Use and 31 Measures of Relationship Quality in 30 National Surveys," *Archives of Sexual Behavior* 49, no. 4 (2020): 1199-1213.
69. Hald, Seaman, Linz, "Sexuality and Pornography."
70. Destin N. Stewart and Dawn M. Szymanski, "Young Adult Women's Reports of Their Male Romantic Partner's Pornography Use as a Correlate of Their Self-Esteem, Relationship Quality, and Sexual Satisfaction," *Sex Roles* 67, no. 5-6 (2012): 257-271; Dawn M. Szymanski, Chandra E. Feltman, and Trevor L. Dunn, "Male Partners' Perceived Pornography Use and Women's Relational and Psychological Health: The Roles of Trust, Attitudes, and Investment," *Sex Roles*, no. 5-6 (2015): 187-199; Tracy L. Tylka and Ashley M. Vroon Van Diest, "You Looking at Her 'Hot' Body May Not be 'Cool' for

Me: Integrating Male Partners' Pornography Use into Objectification Theory for Women," *Psychology of Women Quarterly* 39, no. 1 (2015): 67-84.

71. Szymanski, Feltman, and Dunn, "Male Partners' Perceived Pornography Use."
72. Tylka and Van Diest, "You Looking at Her 'Hot' Body."
73. Elizabeth Oddone-Paolucci, Mark Genuis, and Claudio Violato, "A Meta-Analysis of the Published Research on the Effects of Pornography," in *The Changing Family and Child Development*, Claudio Violato, Elizabeth Oddone-Paolucci, and Mark Genuis 편집 (Farnham, UK: Ashgate Publishing Ltd., 2000), 48-59.
74. Hald and Malamuth, "Pornography," 616.
75. Joshua B. Grubbs and Mateusz Gola, "Is Pornography Use Related to Erectile Functioning? Results from Cross-Sectional and Latent Growth Curve Analyses," *Journal of Sexual Medicine* 16, no. 1 (2019): 111-125.
76. John D. Foubert, "The Public Health Harms of Pornography: The Brain, Erectile Dysfunction, and Sexual Violence," *Dignity: A Journal of Analysis of Exploitation and Violence* 2, no. 3, article 6, https://digitalcommons.uri.edu/dignity/vol2/iss3/6.
77. Christopher M. Olsen, "Natural Rewards, Neuroplasticity, and Non-drug Addictions," *Neuropharmacology* 61, no. 7 (2011): 1109-1122.
78. Todd Love, Christian Laier, Matthias Brand, Linda Hatch, and Raju Hajela, "Neuroscience of Internet Pornography Addiction: A Review and Update," *Behavior Sciences* 5, no. 3 (2015): 388-433.
79. Hald, Seaman, and Linz, "Sexuality and Pornography," 6.
80. John Paul II, "The Redemption of the Body and Sacramentality of Marriage (Theology of the Body)," Libreria Editrice Vaticana, 2005, https://d2y1pz2y630308.cloudfront.net/2232/documents/2016/9/theology_of_the_body.pdf. 이 글은 1979년 9월 5일부터 1984년 11월 28일까지 매주 요한 바오로 2세의 알현 내용을 편찬한 것이다. 또한 Karl MacMillan, "Pornography's Technological Handmaiden," *Humanum: Issues in Family, Culture & Science* 1 (2018), https://humanumreview.com/articles/old-friends-pornography-and-technology 를 참고하라.
81. Shakespeare, sonnet 116, http://www.shakespeare-online.com/sonnets/116.html
82. Robert J. Sternberg, "A Triangular Theory of Love," *Psychological Review* 93, no. 2 (1986): 119-135.
83. Sternberg, "A Triangular Theory of Love," 119.
84. 위와 동일.
85. 위와 동일.
86. 위와 동일.
87. Piotr Sorokowski, Agnieszka Sorokowska, Maciej Karwowski, Agata Groyecka, Toivo Aavik, Grace Akello, Charlotte Alm 외, "Universality of the Triangular Theory of Love:

Adaptation and Psychometric Properties of the Triangular Love Scale in 25 Countries," *Journal of Sex Research* 58, no. 1 (2021): 106-115.
88. Vincent Waldron and Douglas Kelley, *Marriage at Midlife: Counseling Strategies and Analytical Tools* (New York: Springer, 2009).
89. Gary Thomas, *Sacred Marriage: What If God Designed Marriage to Make Us Holy More Than to Make Us Happy?* (Grand Rapids, MI: Zondervan, 2000), 15-16. 『결혼, 영성에 눈뜨다』(좋은씨앗).
90. Tobore Onojighofia Tobore, "Toward a Comprehensive Theory of Love: The Quadruple Theory," *Frontiers in Psychology* 19 (2020), https://www.frontiersin.org/articles/10.3389/fpsyg.2020.00862/full.
91. C. S. Lewis, *The Four Loves* (New York, Harcourt Brace, 1960). 『네 가지 사랑』(홍성사).
92. 위와 동일, 57.
93. 위와 동일.
94. Thomas, *Sacred Marriage*, 42.
95. J. Hudson Taylor, *Union and Communication: Thoughts on Song of Solomon* (Minneapolis, MN: Bethany House, 2000); Sharon Jaynes, *Lovestruck: Discovering God's Design for Romance, Marriage, and Sexual Intimacy from the Song of Solomon* (Nashville, TN: Nelson Books, 2019).

12장 고전 중이거나 좌절했거나 성공적인 부부간 의사소통

1. James Strong, *Strong's Exhaustive Concordance of the Bible: Updated and Expanded Edition* (Peabody MA: Hendrickson Publishers, 2007), H5710.
2. Leanne K. Knobloch, Denise Haunani Solomon, Jennifer A. Theiss, Rachel M. McLaren, "Relational Turbulence Theory: Understanding Family Communication during Times of Change," in *Engaging Theories in Family Communication: Multiple Perspectives*, 2nd ed., Dawn O. Braithwaite, Elizabeth A. Suter, and Kory Floyd 편집(New York: Routledge, 2018), 255-265; Denise Haunani Solomon and Kellie St. Cyr Brisini, "Relational Uncertainty and Interdependence Processes in Marriage: A Test of Relational Turbulence Theory," *Journal of Social and Personal Relationship* 36, no. 8 (2019): 2416-2436.
3. Kellie St. Cyr Brisini, Denise Haunani Solomon, and Jon Nussbaum, "Transitions in Marriage: Types, Turbulence, and Transition Processing Activities," *Journal of Social and Personal Relationships* 35, no. 6 (2018): 831-853.
4. 위와 동일, 833.
5. 위와 동일, 849.
6. Kellie St. Cyr Brisini and Denise Haunani Solomon, "Children's Transitions and Relational

Turbulence in Marriage: Can Transition Processing Communication Help?" *Journal of Family Communication* 20, no. 1 (2020): 82-96.

7. 위와 동일, 93.

8. John Mordechai Gottman, *What Predicts Divorce? The Relationship between Marital Processes and Marital Outcomes* (Hillsdale, NJ: Erlbaum, 1994).

9. 위와 동일, 64-65.

10. Sharon G. Smith, Xinjian Zhang, Kathleen C. Basile, Melissa T. Merrick, Jing Wang, Marcie-jo Kresnow, and Jieru Chen, "National Intimate Partner and Sexual Violence Survey: 2015 Data Brief—Updated Release," Center for Disease Control, 2018년 11월, https://www.cdc.gov/violenceprevention/pdf/2015data-brief508.pdf.

11. Michael P. Johnson and Kathleen J. Ferraro, "Research on Domestic Violence in the 1990s: Making Distinctions," *Journal of Marriage and Family* 62, no. 4 (2000): 948-963.

12. 리뷰에 대해서는 Dudley D. Cahn 편집, *Family Violence: Communication Processes* (New York: SUNY Press, 2010)를 참고하라.

13. "Step by Step Guide to Understanding the Cycle of Violence," Domestic Violence: It's Everybody's Business, https://domesticviolence.org/cycle-of-violence.

14. "Warning Signs of Abuse: Knowing What to Look For," National Domestic Violence Hotline, https://www.thehotline.org/identify-abuse/domestic-abuse/warning-signs/.

15. "100 Years of Marriage and Divorce Statistics United States, 1867-1967," *Vital and Health Statistics* 21, no. 4 (1973년 12월), https://www.cdc.gov/nchs/data/series/sr_21/sr21_024.pdf; Wendy Wang, "The U.S. Divorce Rate Has Hit a 50-Year Low" (Charlottesville, VA: Institute of Family Studies, 2021), https://ifstudies.org/blog/the-us-divorce-rate-has-hit-a-50-year-low.

16. R. Kelley Raley and Megan M. Sweeney, "Divorce, Repartnering, and Stepfamilies: A Decade in Review," *Journal of Marriage and Family* 82, no. 1 (2020): 81-99.

17. Wang, "The U.S. Divorce Rate."

18. Leslie Reynolds, "Divorce Rate in the U.S.: Geographic Variation, 2019," *Family Profiles, FP-20-25* (Bowling Green, OH: National Center for Family & Marriage Research, 2020).

19. Wang, "The U.S. Divorce Rate."

20. W. Bradford Wilcox and Elizabeth Marquardt, *State of Our Unions 2010: When Marriage Disappears: The New Middle America* (West Chester, PA: Broadway Publications, 2011).

21. John Mordechai Gottman and Robert Wayne Levenson, "The Timing of Divorce: Predicting When a Couple Will Divorce over a 14-Year Period," *Journal of Marriage and Family* 62, no. 3 (2000): 737-745.

22. Joanna L. Grossman, Ellen K. Solender, and Elicia Grilley Green, "No-Fault Divorce. The Case Against Repeal," SMU Dedman School of Law, 2018, https://www.smu.edu/-/media/Site/Law/clinics/elmo-b-hunter/No-Fault-Divorce-Historical041218-final.pdf;

Paul A. Nakonezny, Robert D. Shull, Joseph Lee Rodgers, "The Effect of No-Fault Divorce Law on the Divorce Rate across the 50 States and Its Relation to Income, Education, and Religiosity," *Journal of Marriage and Family* 57, no. 2 (1995): 477-488.
23. Grossman, Solender, Green, "No-Fault Divorce."
24. Nakonezny, Shull, and Rodgers, "The Effect of No-Fault Divorce Law on Divorce Rate."
25. Norval D. Glenn, "A Reconsideration of the Effect of No-Fault Divorce on Divorce Rates," *Journal of Marriage and Family* 59, no. 4 (1997): 1023-1025.
26. Grossman, Solender, and Green, "No-Fault Divorce."
27. Susan L. Brown, I-Fen 느 Lin, "The Gray Divorce Revolution: Rising Divorce among Middle-Aged and Older Adults, 1990-2010," *The Journals of Gerontology: Series B* 67 no. 6 (2012년 11월): 731-741.
28. 리뷰와 Raley and Sweeney의, "Divorce, Repartnering, and Stepfamilies"를 참고하라.
29. Paul R. Amato, "Research on Divorce: Continuing Trends and New Developments," *Journal of Marriage and Family* 72, no. 3 (2010): 650-666.
30. 위와 동일.
31. David C. Atkins, Donald H. Baucom, and Neil S. Jacobson, "Understanding Infidelity: Correlates in a National Random Sample," *Journal of Family Psychology* 15, no. 4 (2002): 735-749; Rebeca A. Marin, Andrew Christensen, and David C. Atkins, "Infidelity and Behavioral Couple Therapy: Relationship Outcome over 5 Years Following Therapy," *Couple and Family Psychology: Research and Practice* 3, no. 1 (2014): 1-12.
32. Shelby B. Scott, Galena K. Rhoades, Scott M. Stanley, Elizabeth S. Allen, and Howard J. Markman, "Reasons for Divorce and Recollections of Premarital Intervention: Implications for Improving Relationship Education," *Couple and Family Psychology: Research and Practice* 2, no. 2 (2013): 131-145.
33. Marin, Christensen, Atkins, "Infidelity and Behavioral Couple Therapy."
34. Sarah W. Whitton, Scott M. Stanley, Howard Markman, and Christine A. Johnson, "Attitudes toward Divorce, Commitment, and Divorce Proneness in First Marriages and Remarriages," *Journal of Marriage and Family* 75, no. 2 (2013): 276-287.
35. 위와 동일, 286.
36. Andrew Christensen and Christopher L. Heavey, "Gender and Social Structure in the Demand/Withdrawal Pattern of Marital Conflict," *Journal of Personality and Social Psychology* 59, no. 1 (1990): 73-81.
37. John M. Gottman and Nan Silver, *The Seven Principles for Making Marriage Work: A Practical Guide from the Country's Foremost Relationship Expert* (New York: Harmony Books, 2015).
38. Ted L. Houston, John P. Caughlin, Renate M. Houts, Shanna E. Smith, and Laura J. George, "The Connubial Crucible: Newlywed Years as Predictors of Marital Delight, Distress, and Divorce," *Journal of Personality and Social Psychology* 80, no. 2 (2001): 237-252.

39. 위와 동일.
40. 위와 동일, 246.
41. 위와 동일, 247.
42. Lynn Gigy and Joan Kelly, "Reasons for Divorce: Perspectives of Divorcing Men and Women," *Journal of Divorce and Remarriage* 18, no. 1 (1992): 169-187.
43. Gottman and Levenson, "The Timing of Divorce."
44. Raley and Sweeney, "Divorce, Repartnering, and Stepfamilies."
45. Paul R. Amato, "The Consequence of Divorce for Adults and Children," *Journal of Marriage and Family* 62, no. 4 (2000): 1269-1287.
46. Paul R. Amato and Bryndl Hohmann-Marriott, "A Comparison of High- and Low-Distress Marriages That End in Divorce," *Journal of Marriage and Family* 69, no. 3 (2007): 621-638.
47. Raley and Sweeney, "Divorce, Repartnering, and Stepfamilies," 92.
48. Amato, "The Consequence of Divorce for Adults and Children."
49. 예를 들어, Elizabeth J. Krumrei, Annette Mahoney, and Kenneth I. Pargament, "Divorce and the Divine: The Role of Spirituality in Adjustment to Divorce," *Journal of Marriage and Family* 71, no. 2 (2009): 373-383을 참고하라.
50. Raley and Sweeney, "Divorce, Repartnering, and Stepfamilies," 88.
51. 위와 동일.
52. Amato, "The Consequence of Divorce for Adults and Children."
53. Paul R. Amato and Alan Booth, *A Generation at Risk: Growing Up in an Era of Family Upheaval* (Cambridge MA: Harvard University Press, 1997).
54. Mick Cunningham and JaneLee Waldock, "Consequences of Parental Divorce during the Transition to Adulthood: The Practical Origins of Ongoing Distress," in *Divorce, Separation, and Remarriage: The Transformation of Family*, Giovanna Gianesini and Sampson Lee Blair 편집(United Kingdom: Emerald Group Publishing, 2016), 199-228.
55. 위와 동일, 212.
56. 위와 동일, 217.
57. Chris Segrin and Jeanne Flora, *Family Communication*, 3rd ed. (New York: Routledge, 2019).
58. Amato, "The Consequence of Divorce for Adults and Children."
59. Constance Ahrons, *The Good Divorce: Keeping your Family Together When Your Marriage Comes Apart* (New York: HarperCollins, 1994).
60. Paul R. Amato, Jennifer B. Kane, and Spencer James, "Reconsidering the 'Good Divorce,'" *Family Relations* 60, no. 5 (2011): 511-524.
61. 위아 동일, 522.
62. H. Wayne House, *Divorce and Remarriage: Four Christian Views* (Downers Grove, IL: InterVarsity Press, 1990).

63. Rebecca Randall, "Wayne Grudem Changes Mind About Divorce in Cases of Abuse," *Christianity Today*, 2019년 11월 26일, https://www.christianitytoday.com/news/2019/november/complementarian-wayne-grudem-ets-divorce-after-abuse.html.
64. Bob Smietana, "How Pastors Perceive Domestic Violence Differently," *Christianity Today*, 2017년 2월 20일. https://www.christianitytoday.com/news/2017/february/how-pastors-perceive-domestic-violence-lifeway-autumn-miles.html.
65. Linda Waite and Maggie Gallagher, *The Case for Marriage: Why Married People are Happier, Healthier and Better Off Financially* (United Kingdom: Crown Publishing Group, 2001).
66. Elizabeth M. Lawrence, Richard G. Rogers, Anna Zajacova, and Timothy Wadsworth, "Marital Happiness, Marital Status, Health, and Longevity," *Journal Happiness Studies* 20 (2019): 1539-1561.
67. Bill Strom and Divine Agodzo, *More than Talk: A Covenantal Approach to Everyday Communication*, 5th ed. (Dubuque, IA: Kendall/Hunt Publishing, 2018).
68. Greg Smalley, "9 Reasons to Get Married," Focus on the Family, 2021년 4월 29일, sec. "Marriage Creates a Safe Relationship Where You Can Reach the Deepest Level of Intimacy and Connection," https://www.focusonthefamily.com/marriage/9-reasons-to-get-married/.
69. Gottman and Silver, *The Seven Principles for Making Marriage Work*.
70. 위와 동일, 225.
71. 위와 동일, 243-244.
72. Douglas L. Kelley, *Intimate Spaces: A Conversation about Discovery and Connection* (San Diego: Cognella, 2021).
73. Alex Kendrick and Stephen Kendrick, *The Love Dare: New Revised Edition* (Nashville, TN: B & H Publishing Group, 2013)『사랑의 도전』(살림).
74. <파이어프루프>(Fireproof), Alex Kendrick 감독 (Sony Pictures Home Entertainment, 2009년 1월 27).
75. Terri L. Orbuch, *5 Simple Steps to Take Your Marriage From Good to Great* (Austin, TX: River Grove Books, 2015).

13장 다양한 가정환경 속의 자녀들

1. "The Purpose of the Family," Focus on the Family, 2017년 6월 29일, para. 5, https://www.focusonthefamily.com/parenting/the-purpose-of-the-family/.
2. Urie Bronfenbrenner, "Developmental Research, Public Policy, and the Ecology of Childhood," *Child Development* 45, no. 1 (1974): 1-5; Urie Bronfenbrenner and Pamela A. Morris, "The Bioecological Model of Human Development," in *The Handbook of Child*

Psychology, 6th ed., William Damon and Richard M. Lerner 편집(Hoboken, NJ: Wiley, 2006), 793-828.
3. <베이비스>(Babies), Thomas Balmès 감독(Studio Canal, 2010).
4. Pamela J. Smock and Christine R. Schwartz, "The Demography of Families: A Review of Patterns and Change," *Journal of Marriage and Family* 82, no. 1 (2020): 9-35.
5. R. Kelly Raley, Inbar Weiss, Robert Reynolds, Shannon E. Cavanagh, "Estimating Children's Household Instability between Birth and Age 18 Using Longitudinal Household Roster Data," *Demography* 56, no. 5 (2019): 1957-1973.
6. Hope Harvey, "Cumulative Effects of Doubling Up in Childhood on Young Adult Outcomes," *Demography* 57, no. 2 (2020): 501-528; Kristin L. Perkins, "Changes in Household Composition and Children's Educational Attainment," *Demography* 56, no. 2 (2019): 525-548.
7. Raley 외, "Estimating Children's Household Instability."
8. Harvey, "Cumulative Effects," 502.
9. William S. Aquilino, "The Life Course of Children Born to Unmarried Mothers: Childhood Living Arrangements and Young Adult Outcomes," *Journal of Marriage and Family* 58, no. 2 (1996): 293-310.
10. Jonathan Pettigrew, *Stepfather-Stepson Communication: Social Support in Stepfamily Worlds* (New York: Peter Lang, 2014).
11. William Bradford Wilcox and Elizabeth Marquardt, *The State of Our Unions 2011: When Baby Makes Three: How Parenthood Makes Life Meaningful and How Marriage Makes Parenthood Bearable* (Charlottesville, VA: National Marriage Project, University of Virginia), 5.
12. 위와 동일, 32.
13. 위와 동일, 38.
14. 위와 동일.
15. Tom Hoopes, "I Like Having a Lot of Siblings Because…", *Ex Corde*, 2020년 11월 23일, https://excorde.org/2020/i-like-having-a-lot-of-siblings-because#:~:text=St.,are%20always%20necessary%20or%20best.
16. Susan M. McHale, Kimberly A. Updegraff, and Shawn D. Whiteman, "Sibling Relationships in Childhood and Adolescence," *Journal of Marriage and Family* 74, no. 5 (2012): 913-930.
17. Mary Anne Fitzpatrick and Diane M. Badzinski, "All in the Family: Interpersonal Communication in Kin Relationships," in *The Handbook of Interpersonal Communication*, Mark L. Knapp and Gerald R. Miller 편집(Beverly Hills, CA: Sage, 1985), 687-736.
18. Susan M. McHale, Shawn D. Whiteman, Ji-Yeon Kim, and Ann C. Crouter, "Characteristics and Correlates of Sibling Relationships in Two-Parent African American Families," *Journal of Family Psychology* 21, no. 2 (2007): 227-235.
19. Susan M. McHale and Ann C. Crouter, "The Family Contexts of Children's Sibling

Relationships," in *Sibling Relationships: Their Causes and Consequences*, Gene H. Brody 편집 (Norwood, NJ: Ablex Publishing, 1996), 173-196.
20. Alan C. Mikkelson, "Adult Sibling Relationships," in *Widening the Family Circle: New Research on Family Communication*, 2nd ed., Kory Floyd and Mark T. Morman 편집(Los Angeles: Sage, 2014), 19-34.
21. Patrick T. Davies, Lucia Q. Parry, Sonnette M. Bascoe, Meredith J. Martin, E. and Mark Cummings, "Children's Vulnerability to Interparental Conflict: The Protective Role of Sibling Relationship Quality," *Child Development* 90, no. 6 (2019): 2118-2134.
22. Mikkelson, "Adult Sibling Relationships."
23. Deborah T. Gold, "Sibling Relationships in Old Age: A Typology," *International Journal of Aging and Human Development* 28, no. 1 (1989): 37-51. 또한 Deborah T. Gold, "Siblings in Old Age: Something Special," *Canadian Journal of Aging* 6, no. 3 (1987): 199-215를 참고하라.
24. Scott A. Myers and Kelly G. Odenweller, "The Use of Relational Maintenance Behaviors and Relational Characteristics among Sibling Types," *Communication Studies* 66, no. 2 (2015): 238-255.
25. Avidan Milevsky, *Sibling Relationships in Childhood and Adolescence: Predictors and Outcomes* (New York: Columbia University Press, 2011).
26. Alison Pike, Joanne Coldwell, and Judith F. Dunn, "Sibling Relationships in Early/Middle Childhood: Links with Individual Adjustment," *Journal of Family Psychology* 19, no. 4 (2005): 523-532.
27. Alison Pike and Bonamy R. Oliver, "Child Behavior and Sibling Relationship Quality: A Cross-Lagged Analysis," *Journal of Family Psychology* 31, no. 2 (2017): 250-255.
28. Wyndol Furman and Richard P. Lanthier, "Personality and Sibling Relationships," in *Sibling Relationships: Their Causes and Consequences*, Gene H. Brody 편집(Norwood, NJ: Ablex Publishing, 1996), 127-146.
29. Pike and Oliver, "Child Behavior and Sibling Relationship Quality," 254.
30. Scott A. Myers and Alan K. Goodboy, "Perceived Sibling Use of Verbally Aggressive Messages across the Lifespan," *Communication Reports* 23, no. 1 (2006): 1-11.
31. Victor G. Cicirelli, *Sibling Relationships across the Lifespan* (New York Plenum Press, 1995).
32. Victoria H. Bedford, "Ambivalence in Adult Sibling Relationships," *Journal of Family Issues* 10, no. 2 (1989): 211-224.
33. 위와 동일.
34. Michele Van Volkom, Carly Machiz, and Ashely E. Reich, "Sibling Relationships in the College Years: Do Gender, Birth Order, and Age Spacing Matter?" *North American Journal of Psychology* 13, no. 1 (2011): 35-50. 또한 Mikkelson, "Adult Sibling Relationships"을 참고하라.

35. Pike, Coldwell and Dunn, "Sibling Relationships in Early/Middle Childhood."
36. Gold, "Sibling Relationships in Old Age."
37. Frank J. Sulloway, "Birth Order," in *Encyclopedia of Creativity*, vol. 1, Mark A. Runco and Steven R. Pritzker (San Diego, Academic Press, 1999), 189-202.
38. Kevin Leman, *The Birth Order Book: Why You Are the Way You Are* (Grand Rapids, MI: Fleming H. Revell, 1998).
39. Frank J. Sulloway, *Born to Rebel: Birth Order, Family Dynamics, and Creative Lives* (New York: Vintage Books, 1997). 『타고난 반항아』(사이언스북스)
40. Leman, *The Birth Order Book*, 15.
41. Suzanne Degges-White, *Sisters and Brothers for Life: Making Sense of Sibling Relationships in Adulthood* (Lanham, MD: Rowman & Littlefield, 2017).
42. April Bleske-Rechek and Jenna A. Kelley, "Birth Order and Personality: A Within-Family Test Using Independent Self-Reports from Both Firstborn and Laterborn Siblings," *Personality and Individual Differences* 56 (2014), 15.
43. Leman, *The Birth Order Book*.
44. Thomas J. Socha and Julie Yingling, *Families Communicating with Children* (Malden, MA: Polity Press, 2010).
45. Carol A. Miller and Laura S. DeThorne, "Communication Development, Distributed across People, Resources, and Time," in *The Handbook of Lifespan Communication*, Jon F. Nussbaum 편집(New York: Peter Lang, 2014).
46. Socha and Yingling, *Families Communicating with Children*, 46-47.
47. 위와 동일, 138-142.
48. 위와 동일, 138.
49. 위와 동일, 139.
50. Anthony Esolen, *Ten Ways to Destroy the Imagination of Your Child* (Wilmington, DE: ISI Books, 2010). 『우리 아이의 상상력 죽이기』(학지사)
51. Socha and Yingling, *Families Communicating with Children*, 141.
52. Hannos Petras and Zilo Sloboda, "An Integrated Prevention Science Model: A Conceptual Foundation for Prevention Research," in *Defining Prevention Science*, Zilo Sloboda and Hannos Petras 편집(New York: Springer, 2014), 251-273. 또한 Eugene R. Oetting and Joseph F. Donnermeyer, "Primary Socialization Theory: The Etiology of Drug Use and Deviance," *Substance Use and Misuse* 33, no. 4 (1998): 995-1026을 참고하라.
53. Kim Bartholomew, "Avoidance of Intimacy: An Attachment Perspective," *Journal of Social and Personal Relationships* 7, no. 2 (1990), 148.
54. Clyde Hendrick and Susan S. Hendrick, "Attachment Theory and Close Adult Relationships," *Psychological Inquiry* 5, no. 1 (1994): 38-41.
55. Brooke C. Feeney and Nancy L. Collins, "Predictors of Caregiving in Adult Intimate

Relationships: An Attachment Theoretical Perspective," *Journal of Personality and Social Psychology* 80, no. 6 (2001), 973.

56. Pehr Granqvist, L. Alan Stroufe, Mary Dozier 외, "Disorganized Attachment in Infancy: A Review of the Phenomenon and Its Implications for Clinicians and Policy Makers," *Attachment & Human Development* 19, no. 6 (2017), 537.
57. Marinus H. Van Ijzendoorn, Carlo Schuengel, and Marian J. BakermansKranenburg, "Disorganized Attachment in Early Childhood: Meta-analysis of Precursors, Concomitants, and Sequelae," *Development and Psychopathology* 11, no. 2 (1999): 225-250.
58. 위와 동일.
59. Jessica E. Cooke, Logan B. Kochendorfer, Kaela L. Stuart-Parrigon, Amanda J. Koehn, and Kathryn A. Kerns, "Parent-Child Attachment and Children's Experience and Regulation of Emotion: A Meta-Analytic Review," *Emotion* 19, no. 6 (2019): 1103-1126.
60. Anouk Spruit, Linda Goos, Nikki Weenink, Roos Rodenburg, Helen Niemeyer, Geert Jan Stams, and Cristina Colonnesi, "The Relation between Attachment and Depression in Children and Adolescents: A Multilevel Meta-Analysis," *Clinical Child and Family Psychology Review* 23, no. 1 (2020): 54-69.
61. Aida Faber, Laurette Dubé, Bärbel Knäuper, "Attachment and Eating: A Meta-Analytic Review of the Relevance of Attachment for Unhealthy and Healthy Eating Behaviors in the General Population," *Appetite* 123, no. 1 (2018): 410-438.
62. 예를 들어, Albert Bandura, "Self-Efficacy: Toward a Unifying Theory of Behavioral Change," *Psychological Review* 84, no. 2 (1977): 191-215; Robert E. Larzelere, Sada J. Knowles, Carolyn S. Henry, and Kathy L. Ritchie, "Immediate and Long-Term Effectiveness of Disciplinary Tactics by Type of Toddler Noncompliance," *Parenting* 18, no. 3 (2018): 141-171을 참고하라.
63. Frank D. Fincham, "Towards a Psychology of Divine Forgiveness," *Psychology of Religion and Spirituality*, https://doi.org/10.1037/rel0000323.
64. 위와 동일, 6.
65. Mary Anne Fitzpatrick, *Between Husbands and Wives: Communication in Marriage* (Newbury Park, CA: Sage, 1988).
66. Jack M. McLeod and Steven H. Chaffee, "Interpersonal Approaches to Communication Research," *American Behavioral Scientist* 16, no. 4 (1973): 469-499.
67. Ascan F. Koerner and Paul Schrodt, "An Introduction to the Special Issue on Family Communication Patterns Theory," *Journal of Family Communication* 14, no. 1 (2014): 5.
68. Ascan F. Koerner and Mary Anne Fitzpatrick, "Toward a Theory of Family Communication," *Communication Theory* 12, no. 1 (2002): 85.
69. 위와 동일.
70. Colin Hesse, Emily Rauscher, Rebecca Goodman, and Monica Couvrette, "Reconcep-

tualizing the Role of Conformity Behaviors in Family Communication Patterns Theory," *Journal of Family Communication* 17, no. 4 (2017): 1-19.
71. Martha A. Rueter and Ascan F. Koerner, "The Effect of Family Communication Patterns on Adopted Adolescent Adjustment," *Journal of Marriage and Family* 70, no. 3 (2008): 714-727.
72. Xiaowen Guan and Xiaohui Li, "A Cross-Cultural Examination of Family Communication Patterns, Parent-Child Closeness, and Conflict Styles in the United States, China, and Saudi Arabia," *Journal of Family Communication* 17, no. 3 (2017): 223-237.
73. Paul Schrodt and Jenna Shimkowski, "Family Communication Patterns and Perceptions of Coparental Communication," *Communication Reports* 30, no. 12 (2015): 1-12.
74. Paul Schrodt and Andrew M. Ledbetter, "Communication Processes That Mediate Family Communication Patterns and Mental Well-Being: A Mean and Covariance Structures Analysis of Young adults from Divorced and Nondivorced Families," *Human Communication Research* 33, no. 3 (2007): 330-356; Paul Schrodt, Andrew M. Ledbetter, Kodiane A. Jernberg, Lara Larson, Nicole Brown, and Katie Glonek, "Family Communication Patterns as Mediators of Communication Competence in the Parent-Child Relationship," *Journal of Social and Personal Relationships* 26, no. 6-7 (2009): 853-874; Paul Schrodt, Andrew M. Ledbetter, and Jennifer F. Ohrt, "Parental Confirmation and Affection as Mediators of Family Communication Patterns and Children's Mental WellBeing," *Journal of Family Communication* 7, no. 1 (2007): 23-46.
75. Paul Schrodt, Paul L. Witt, and Amber S. Messersmith, "A Meta-Analytical Review of Family Communication Patterns and Their Associations with Information Processing, Behavioral, and Psychosocial Outcomes," *Communication Monographs* 75, no. 3 (2008): 248-269.
76. Diana Baumrind, "Current Patterns of Parental Authority," *Developmental Psychology* 41, no. 1 (1971): 1-103.
77. Laurence Steinberg, "We Know Some Things: Parent-Adolescent Relationships in Retrospect and Prospect," *Journal of Research on Adolescence* 11, no. 1 (2001): 13.
78. Diana Baumrind, "Authoritative Parenting Revisited: History and Current Status," in *Authoritative Parenting: Synthesizing Nurturance and Discipline for Optimal Child Development*, Robert E. Larzelere, Amanda Sheffield Morris, and Amada W. Harrist 편집 (American Psychological Association, 2013), 14.
79. 위와 동일.
80. Steinberg, "We Know Some Things," 13.
81. 위와 동일.
82. Nick Stinnett and John DeFrain, *Secrets of Strong Families* (Boston: Little, Brown and Company, 1985).
83. "7 Traits of Effective Parenting," Focus on the Family, para. 1. https://www.focusonthe-

family.com/parenting/the-7-traits-of-effective-parenting/.
84. Tamara D. Golish and John P. Caughlin, "'I'd Rather Not Talk about It': Adolescents' and Young Adults' Use of Topic Avoidance in Stepfamilies," *Journal of Applied Communication Research* 30, no. 1 (2002): 78-106.
85. Jonathan Pettigrew, Michelle Miller-Day, YoungJu Shin, Janice L. Krieger, and Michael L. Hecht, "Parental Messages about Substance Abuse in Early Adolescence: Extending a Model of Drug-Talk Styles," *Heath Communication* 33, no. 3 (2018), 357.
86. Karol L. Kumpfer, Rose Alvarado, and Henry O. Whiteside, "Family-Based Interventions for Substance Use and Misuse Prevention," *Substance Use and Misuse* 38, no. 11-13 (2003): 1759-1787; Maury Nation, Cindy Crusto, Abraham Wandersman, Karol L. Kumpfer, Diana Seybolt, Erin Morrissey-Kane, and Katrina Davino, "What Works in Prevention: Principles of Effective Prevention Programs," *American Psychologist* 58, no. 6-7 (2003): 449-456.
87. Hye Jeong Choi, Michelle Miller-Day, YoungJu Shin, Michael L. Hecht, Jonathan Pettigrew, Janice L. Krieger, Jeong Kyu Lee, and John W. Graham, "Parent Prevention Communication Profiles and Adolescent Substance Use: A Latent Profile Analysis and Growth Curve Model," *Journal of Family Communication* 17, no. 1 (2017), 27-28.
88. Amador Calafat, Fernando García, Montse Juan, Elisardo Becoña, Jose Ramon Fernández-Hermida, "Which Parenting Style Is More Protective Against Adolescent Substance Use? Evidence within the European Context," *Drug and Alcohol Dependence* 138 (2014): 185-192.
89. Pettigrew 외, "Parental Messages about Substance Abuse in Early Adolescence."
90. Michelle Miller-Day, "Talking to Youth about Drugs: What Do Late Adolescents Say about Parental Strategies?" *Family Relations* 57, no. 1 (2008): 1-12.
91. Pettigrew 외, "Parental Messages about Substance Abuse in Early Adolescence."
92. 위와 동일, 353-354.
93. Jennifer M. Heisler, "They Need to Sow Their Wild Oats: Mothers' Recalled Memorable Messages to Their Emerging Adult Children Regarding Sexuality and Dating," *Emerging Adulthood* 2, no. 4 (2014): 280-293; Lydia Kauffman, Mark P. Orbe, Amber L. Johnson, and Angela Cooke-Jackson, "Memorable Familial Messages about Sex: A Qualitative Content Analysis of College Student Narratives," *Electronic Journal of Human Sexuality* 16 (2013): 1-10.
94. Angela Cooke-Jackson, Mark P. Orbe, Amber L. Johnson, and Lydia Kauffman, Abstinence Memorable Message Narratives: A New Exploratory Research Study into Young Adult Sexual Narratives," *Health Communication* 30, no. 12 (2015): 1201-1212; Jacqueline N. Gunning, Angela Cooke-Jackson and Valerie Rubinsky, "Negotiating Shame, Silence, Abstinence, and Period Sex: Women's Shift from Harmful Memorable Messages about Reproductive and Sexual Health," *American Journal of Sexuality Education* 15, no. 1 (2019):

1-27.
95. Kauffman 외, "Memorable Familial Messages about Sex."
96. Heisler, "They Need to Sow Their Wild Oats."
97. Gunning, Cooke-Jackson, and Rubinsky, "Negotiating Shame, Silence, Abstinence, and Period Sex"; Kauffman 외, "Memorable Familial Messages about Sex."
98. Heisler, "They Need to Sow Their Wild Oats."
99. Gunning, Cooke-Jackson, and Rubinsky, "Negotiating Shame, Silence, Abstinence, and Period Sex"; Cooke-Jackson 외, "Abstinence Memorable Message Narratives"; Kauffman 외, "Memorable Familial Messages about Sex."
100. Gunning, Cooke-Jackson, Rubinsky, "Negotiating Shame, Silence, Abstinence, and Period Sex," 22.

14장 영적이고 실제적인 영역을 아우르는 양육 모델

1. Cameron Lee, "Parenting as Discipleship: A Contextual Motif for Christian Parent Education," *Journal of Psychology and Theology* 19, no. 3 (1991): 268-277.
2. Allan C. Carlson, *Family Questions: Reflections on the American Social Crisis* (New Brunswick, NJ: Transaction, 1988).
3. Michael E. Lamb, Joseph H. Pleck, Eric L. Charnov, and James A. Levine, "A Biosocial Model Perspective on Paternal Behavior and Involvement," in *Parenting Across the Lifespan: Biosocial Dimensions*, Jane B. Lancaster, Jeanne Altmann, Alice S. Rossi, and Lonnie R. Sherrod 편집(New York: Routledge, 1987), 111-142.
4. Jennifer A. Kam, "Nonverbal Behaviors That Contribute to Healthy or Destructive Family Functioning," in *Nonverbal Communication Reader: Classic and Contemporary Readings*, 3rd ed., Laura K. Guerrero and Michael L. Hecht 편집(Long Grove, IL: Waveland, 2008), 360-369.
5. Green Litton Fox and Carol Bruce, "Conditional Fatherhood: Identity Theory and Parental Investment Theory as Alternative Sources of Explanation of Fathering," *Journal of Marriage and Family* 63, no. 2 (2001): 394-403.
6. Allan C. Carlson, "The Androgyny Hoax," in Family Questions: Reflections on the American Social Crisis (New Brunswick, NJ: Transaction Books, 1990), 29-47; William J. Doherty, Edward F. Kouneski, and Martha F. Erickson, "Responsible Fathering: An Overview and Conceptual Framework," *Journal of Marriage and Family* 60, no. 2 (1998): 277-292; Michelle Miller and L. Edward Day, "Family Communication, Maternal and Paternal Expectations, and College Students' Suicidality," *Journal of Family Communication* 2, no. 4 (2002): 167-184; Jonathan Pettigrew, *Stepfather-Stepson Communication: Social Support in Stepfamily*

Worlds (New York: Peter Lang, 2014).

7. David G. Blankenhorn, *Fatherless America: Confronting Our Most Urgent Social Problem* (New York: HarperCollins, 1996); Sara McLanahan, Laura Tach, and Daniel Schneider, "The Causal Effects of Father Absence," *Annual Review of Sociology* 39 (2013): 399-427.
8. Christopher A. Brown, "The Proof Is In: Father Absence Harms Child Well-Being," *Huffington Post*, 2014년 5월 13일, https://www.huffpost.com/entry/the-proof-is-infather-abs_b_4941353.
9. 리뷰에 대해서는 다음을 참고하라. Allan Carlson and Paul Mero, *The Natural Family: A Manifesto* (Dallas, TX: Spence Publishing, 2004), https://www.worldcongress.pl/docs/en/pdf/the_natural_family.pdf; Maggie Gallagher, "(How) Does Marriage Protect Child WellBeing?" in *The Meaning of Marriage: Family, State, Market, and Morals*, Robert P. George and Jean Bethke Elshtain 편집(Dallas, TX: Spence Publishing, 2006): 197-212; The Witherspoon Institute, *Marriage and the Public Good: Ten Principles* (Princeton, NJ: The Witherspoon Institute, 2006), https://www.bigskyworldview.org/content/docs/links/MarriageandThePublicGoodTenPrinciples.pdf.
10. Pettigrew, *Stepfather-Stepson Communication*, 159.
11. 리뷰에 대해서는 Alison Clarke-Stewart and Judy Dunn, *Families Count: Effects on Child and Adolescent Development* (Cambridge University Press, 2006)를 참고하라.
12. 예를 들어, Vincent Waldron and Thomas Socha 편집, *Communicating Fatherhood* (in press); Allison M. Alford and Michelle Miller-Day 편집, *Constructing Motherhood and Daughterhood across the Life Span* (New York: Peter Lang, 2019); Michelle Miller-Day, *Communication among Grandmothers, Mothers, and Adult Daughters: A Qualitative Study of Women across Three Generations* (Mahwah, NJ: Lawrence Erlbaum, 2004)가 있다.
13. William J. Goode, "Force and Violence in the Family," *Journal of Marriage and Family* 33, no. 4 (1971): 624-636.
14. "The Truth Project," Del Tackett 감독 (Focus on the Family, 2011).
15. James Strong, *Strong's Exhaustive Concordance of the Bible*, 최신 확장판 (Peabody MA: Hendrickson Publishers, 2007), H5710.
16. Joseph P. Allen and Deborah Land, "Attachment in Adolescence," in *The Handbook of Attachment: Theory Research, and Clinical Applications*, Jude Cassidy and Phillip R. Shaver 편집(New York: Guilford Press, 1999), 319-335; Laurence Steinberg, "We Know Some Things: Parent-Adolescent Relationships in Retrospect and Prospect," *Journal of Research on Adolescence* 11, no. 1 (2001), 1-19.
17. Murray Bowen, *Family Therapy in Clinical Practice* (New York: Jason Aronson, 1978).
18. 위와 동일.
19. Elizabeth A. Skowron and Myrna L. Friedlander, "The Differentiation of Self Inventory: Development and Initial Validation," *Journal of Counseling Psychology* 45, no. 3 (1998):

235-246; Elizabeth A. Skowron and Thomas A. Schmitt, "Assessing Interpersonal Fusion: Reliability and Validity of a New DSI Fusion with Others Subscale," *Journal of Marital and Family Therapy* 29, no. 2 (2003): 209-222.
20. Elizabeth A. Skowron, "Differentiation of Self, Personal Adjustment, Problem Solving, and Ethnic Group Belonging among Persons of Color," *Journal of Counseling and Development* 82, no. 4 (2004): 447-456.
21. Skowron and Friedlander, "The Differentiation of Self Inventory."
22. Richard B. Miller, Shayne Anderson, and Davelyne Kaulana Keala, "Is Bowen Theory Valid?: A Review of Basic Research," *Journal of Marital and Family Therapy* 30, no. 4 (2004): 452-466.
23. Elizabeth A. Skowron, Krystal L. Stanley, and Michael D. Shapiro, "A Longitudinal Perspective on Differentiation of Self, Interpersonal and Psychological Well-Being in Young Adulthood," *Contemporary Family Therapy: An International Journal* 31, no. 1 (2009): 3-18.
24. Elizabeth A. Skowron, Stephen R. Wester, and Razia Azen, "Differentiation of Self Mediates College Stress and Adjustment," *Journal of Counseling and Development* 82, no. 1 (2004): 14.
25. Goode, "Force and Violence in the Family."
26. Foster Cline and Jim Fay, *Parenting with Love and Logic: Teaching Children Responsibility*, 3rd ed. (Colorado Springs, CO: NavPress, 2020). 『사랑과 원칙이 있는 자녀 교육』(생명의 말씀사)
27. Murray A. Straus and Angèle Fauchier, "Preliminary Manual for the Dimensions of Discipline Inventory (DDI) 1," Family Research Laboratory, (Durham, NH: University of New Hampshire).
28. Saul McLeod, "What Is Operant Conditioning and How Does It Work?: How Reinforcement and Punishment Modify Behavior," *Simply Psychology*, 2018, https:// www.simplypsychology.org/operant-conditioning.html
29. Amy Sutherland, "What Shamu Taught Me about a Happy Marriage," *New York Times*, 2019년 10월 11일, https://www.nytimes.com/2019/10/11/style/modern-love-what-shamu-taught-me-happy-marriage.html.
30. McLeod, "What Is Operant Conditioning and How Does It Work."
31. Stanford B. Friedman and Kenneth S. Schonberg, "Consensus Statements," *Pediatrics* 98, no. 4 (1996), 853.
32. Diana Baumrind, Robert E. Larzelere, and Philip A. Cowan, "Ordinary Physical Punishment—Is It Harmful? Comment on Gershoff (2002)," *Psychological Bulletin* 128, no. 4 (2002), 581.
33. 위와 동일.
34. 위와 동일, 580-589.
35. Robert E. Larzelere, Sada J. Knowles, Carolyn S. Henry, and Kathy L. Ritchie, "Immediate

and Long-Term Effectiveness of Disciplinary Tactics by Type of Toddler Noncompliance," *Parenting, Science, and Practice* 18, no. 3 (2018): 151-171.
36. 위와 동일, 167.
37. Albert Bandura, *Social Learning Theory* (Englewood Cliffs, NJ: Prentice-Hall, 1977), 145.
38. 리뷰에 대해서는 다음을 참고하라. Alesia Woszidlo and Adrianne Kunkel, "Social Learning Theory: An Emphasis on Modeling in Parent-Child Relationships," in *Engaging Theories in Family Communication: Multiple Perspectives*, 2nd ed., Dawn O. Braithwaite, Elizabeth A. Suter, and Kory Floyd 편집(New York: Routledge, 2018), 290-299.
39. Brian K. Barber "Parental Psychological Control: Revisiting a Neglected Construct," *Child Development* 67, no. 6 (1996): 3296-3319.
40. Marjory Roberts Gray and Laurence Steinberg, "Unpacking Authoritative Parenting: Reassessing a Multidimensional Construct," *Journal of Marriage and Family* 61, no. 3 (1999): 575.
41. Barber, "Parental Psychological Control"; Brian K. Barber and Elizabeth Lovelady Harmon, "Violating the Self: Parental Psychological Control of Children and Adolescents," in *Intrusive Parenting: How Psychological Control Affects Children and Adolescents*, Brian K. Barber 편집 (American Psychological Association, 2002), 15-52; Earl S. Schaefer, "Children's Reports of Parental Behavior: An Inventory," *Child Development* 36, no. 2 (1965): 413-424; Laurence Steinburg, Julie D. Elmen, and Nina S. Mounts, "Authoritative Parenting, Psychosocial Maturity, and Academic Success among Adolescents," *Child Development* 60, no. 6 (1989): 1424-1436.
42. Brian K. Barber 편집, *Intrusive Parenting: How Psychological Control Affects Children and Adolescents* (American Psychological Association, 2002).
43. Beth A. Le Poire, "Inconsistent Nurturing as Control Theory: Implications for Communication-based Research and Treatment Programs," *Journal of Applied Communication Research* 23, no. 1 (1995): 60-74; Michelle Miller-Day, "Necessary Convergence Communication Theory: Submission and Power in the Family," in *Engaging Theories in Family Communication: Multiple Perspectives*, 2nd ed., Dawn O. Braithwaite, Elizabeth A. Suter, and Kory Floyd 편집(New York: Routledge, 2018), 221-231.
44. Norah E. Dunbar, "A Review of Theoretical Approaches to Interpersonal Power," *Review of Communication* 15, no. 1 (2015): 1-18.
45. Miller-Day, "Necessary Convergence Communication Theory."
46. 위와 동일, 222.
47. Miller-Day, *Communication among Grandmothers*.
48. John Gottman and Joan DeClaire, *The Heart of Parenting: Raising an Emotionally Intelligent Child* (New York: Simon & Schuster, 1997).
49. Jessica Newman and Linda Dusenbury, "Social and Emotional Learning(SEL): A

Framework for Academic, Social, and Emotional Success," in *Prevention Science in School Settings*, Kris Bosworth 편집(New York: Springer, 2015), 287-306.
50. "Fundamentals of SEL," CASEL, para. 1, https://casel.org/fundamentals-of-sel/.
51. Gottman, *The Heart of Parenting*.
52. Douglas L. Kelley, *Intimate Spaces: A Conversation about Discovery and Connection* (San Diego: Cognella, 2020)을 참고하라.
53. Philip A. Cowan and Carolyn Pape Cowan, "Interventions as Tests of Family Systems Theories: Marital and Family Relationships in Children's Development and Psychopathology," *Development and Psychopathology* 14, no. 4 (2002): 731-759.
54. Anthony Biglan, "The Ultimate Goal of Prevention and the Larger Context for Translation," *Preventive Science* 19, no. 3 (2018): 328-336.
55. Chris Bruno, *Man Maker Project: Boys are Born. Men are Made* (Searcy, AZ: Resource Publications, 2015).
56. Jeffrey Jenson Arnett, *Emerging Adulthood: The Winding Road from Late Teens through the Twenties* (Oxford University Press, 2004).
57. 위와 동일, 8.
58. Alan Booth, David R. Johnson, Douglas A. Granger, Ann C. Crouter, and Susan McHale, "Testosterone and Child and Adolescent Adjustment: The Moderating Role of Parent-Child Relationships," *Developmental Psychology* 39, no. 1 (2003): 85-98.
59. Cline and Fay, *Parenting with Love and Logic*.
60. Paul Watzlawick, Janet Beavin Bavelas, and Don D. Jackson, *Pragmatics of Human Communication* (New York: Norton, 1967).
61. 위와 동일.
62. James Strong, *Strong's Greek Dictionary of the Bible* (Miklal Software Solutions, Inc., 2011).
63. 히브리서 12장에는 관련이 있는 세 가지 단어인 '징계'(discipline), '꾸지람'(rebuke), '채찍질'(chasten)이 사용된다. Henry George Liddell and Robert Scott, *A Greek-English Lexicon* (Oxford, Claredon Press, 1996), 1286, 1083, 1308을 참고하라.
64. The Passion Translation, *New Testament with Psalms, Proverbs, and Song of Songs, Second Edition* (BroadStreet Publishing Group, LLC., 2018), 650.

15장 물질적, 영적, 관계적 유산

1. Mathew Baldwin, Ludwin E. Molina, and Pegah Naemi, "Family Ties: Exploring the Influence of Family Legacy on Self and Identity," *Sex and Identity* 19, no. 1 (2020), 64-65.
2. 위와 동일.
3. Erik H. Erikson, Joan M. Erikson, and Helen Q. Kivnick, *Vital Involvement in Old Age: The*

Experience of Old Age in Our Time (New York: W. W. Norton, 1986).

4. Liliana Sousa, Ana Raquel, Lilian Santos, Marta Patrão, "The Family Inheritance Process: Motivations and Patterns of Interaction," *European Journal of Ageing* 7, no. 1 (2010), 5.
5. Karen L. Fingerman, Meng Huo, and Kira S. Birditt, "A Decade of Research on Intergenerational Ties: Technology, Economic, Political, and Demographic Changes," *Journal of Marriage and Family* 82, no. 1 (2020): 383-403.
6. Deirdre G. Drake and Jeanette A. Lawrence, "Equality and Distributions of Inheritance in Families," *Social Justice Research* 13 (2000): 271-290.
7. Brian Dimmock, Joanna Bornat, Sheila Peace, and David Jones, "Intergenerational Relationships among Stepfamilies in the UK," in *Families in Ageing Societies: A Multi-Disciplinary Approach*, Sarah Harper 편집(Oxford: Oxford University Press, 2004), 82-94; Lawrence H. Ganong, Marilyn Coleman, Mark Fine, and Patricia Martin, "Stepparents' Affinity-Seeking and Affinity-Maintaining Strategies with Stepchildren," *Journal of Family Issues* 20, no. 3 (1999): 299-327.
8. Drake and Lawrence, "Equality and Distribution of Inheritance in Families"; Sousa 외, "The Family Inheritance Process."
9. Fingerman, Huo, and Birditt, "A Decade of Research on Intergenerational Ties."
10. Lorna de Witt, Lori Campbell, Jenny Ploeg, Candace L. Kemp, and Carolyn Rosenthal, "You're Saying Something by Giving Things to Them," *European Journal of Ageing* 10 (2013), 183.
11. 위와 동일, 181-189.
12. Charles Collier, "How Do You Start a Family Conversation about Financial Inheritance," in *Wealth of Wisdom: The Top 50 Questions Wealthy Families Ask*, Tom McCullough and Keith Whitaker 편집(United Kingdom: John Wiley & Sons 2019), 161-164.
13. Maureen P. Keely, "Family Communication at the End of Life," *Behavioral Sciences* 7, no. 6 (2017): 1-6; Maureen P. Keeley and Mark A. Generous, "Advice from Children and Adolescents on Final Conversations with Dying Loved Ones," *Death Studies* 38, no. 5 (2014): 308-314.
14. Glen R. Horst, "Tips for Talking with Someone Who Is Dying," The Amateur's Guide to Death and Dying, 2020년 8월 17일, https://theamateursguide.com/tips-for-talking-with-someone-who-is-dying/; Frank Davis, "Hospice Care: Essentials of Communication While Approaching the Patient," 2021년 1월 2일, https://hospicevalley. com/hospice-care-essentials-of-communication-while-approaching-the-patient/.
15. Horst, "Tips for Talking with Someone Who is Dying."
16. "Let's Have Dinner and Talk about Death," Death over Dinner, https://deathoverdinner. org/.
17. Michael Hebb, *Let's Talk about Death (Over Dinner): An Invitation and Guide to Life's Most*

Important Conversation (New York: Da Capo Press, 2018). 『사랑하는 사람과 저녁 식탁에서 죽음을 이야기합시다』(을유문화사).
18. Jordan Eli Soliz and Mei-Chen Lin, "Communication in Grandparent-Grandchild Relationships," in *Widening the Family Circle: New Research on Family Communication*, 2nd ed., Kory Floyd and Mark T. Morman 편집(Los Angeles: Sage, 2014), 35-50.
19. Angie Williams and Jon F. Nussbaum, *Intergenerational Communication across the Lifespan* (Mahwah, NJ: Lawrence Erlbaum Associates, 2001).
20. Soliz and Lin, "Communication in Grandparent-Grandchild Relationships."
21. 위와 동일.
22. 위와 동일.
23. Matthew D. Deprez, "The Role of Grandparents in Shaping Faith Formation of Grandchildren: A Case Study," *Christian Education Journal* 14, no. 1 (2017): 109-127.
24. 위와 동일, 122.
25. Kara Powell, *The Sticky Faith Guide for Your Family: Over 100 Practical and Tested Ideas to Build Lasting Faith in Kids* (Grand Rapids, MI: Zondervan, 2014).
26. Robert M. Milardo, "Family Communication among Uncles and Nephews," in *Widening the Family Circle: New Research on Family Communication*, 2nd ed., Kory Floyd and Mark T. Morman 편집(Los Angeles: Sage, 2014), 69-84; Patricia J Sotirin and Laura L Ellingson, "The 'Other' Women in Family Life: Recognizing the Significance of Aunt/Niece/Nephew Communication," in *Widening the Family Circle: New Research on Family Communication*, 2nd ed., Kory Floyd and Mark T. Morman 편집(Los Angeles: Sage, 2014), 51-68.
27. Milardo, "Family Communication among Uncles and Nephews."
28. 예를 들어, 다음을 참고하라. Aaron Earls, "Most Teenagers Drop Out of Church When They Become Young Adults," Lifeway Research, https://research.lifeway.com/2019/01/15/most-teenagers-drop-out-of-church-as-young-adults/; Sharion Otey, "Resolving the Shortage of Youth at Mount Moriah Baptist Church," (thesis, Liberty University, John W. Rawlings School of Divinity, 2021): 20-23, https://digitalcommons.liberty.edu/cgi/viewcontent.cgi?article=3947&context=doctoral.
29. Fuller Youth Institute, https://fulleryouthinstitute.org/.
30. Christian Smith and Melina Lundquist Denton, *Soul Searching: The Religious and Spiritual Lives of American Teenagers* (New York: Oxford University Press, 2005).
31. Cultural Research Center, "Counterfeit Christianity: 'Moralistic Therapeutic Deism' Most Popular Worldview in U.S. Culture," Arizona Christian University, 2021년 4월 27일. https://www.arizonachristian.edu/2021/04/27/counterfeit-christianity-moralistic-therapeutic-deism-most-popular-worldview-in-u-s-culture/.
32. "Sticky Faith Parents: Building Lifelong Faith," Fuller Youth Institute, https://fulleryouthinstitute.org/stickyfaith/parents.

33. Richard J. Foster, *Celebration of Discipline: The Path to Spiritual Growth, Special 20th Anniversary Edition* (San Francisco: Harper, 2000). 『리처드 포스터 영적훈련과 성장』(생명의말씀사)
34. Quentin J. Schultze, "The 'God Problem' in Communication Studies," *Journal of Communication and Religion* 28, no. 1 (2005), 1.
35. Dallas Willard, *The Spirit of the Disciplines: Understanding How God Changes Lives* (San Francisco: HarperOne, 1998).
36. 위와 동일, 114.
37. 위와 동일, 115.
38. A. E. Winship, *Jukes-Edwards: A Study in Education and Heredity* (Harrisburg, PA: R. L. Myers & Co., 1900), https://www.gutenberg.org/files/15623/15623-h/15623-h.htm.
39. 위와 동일, 1장, para. 8.
40. 위와 동일.
41. 위와 동일.
42. Larry Ballard, "Multigenerational Legacies—The Story of Jonathan Edwards," *Family Ministries*, 2017년 7월 1일, https://www.ywam-fmi.org/news/multigenerational-legacies-the-story-of-jonathan-edwards/.
43. Dutch Sheets, *An Appeal to Heaven: What Would Happen If We Did It Again* (Dallas, TX: Dutch Sheets Ministries, 2015).
44. 위와 동일, 8.
45. 위와 동일, 6.
46. Neil T. Anderson, *The Bondage Breaker: Overcoming *Negative Thoughts *Irrational Feelings *Habitual Sins* (Eugene, OR: Harvest House Publishers, 2019). 『이제 자유입니다』(죠이북스)
47. Francis MacNutt, *Deliverance from Evil Spirits: A Practical Manual* (Grand Rapids, MI: Chosen Books, 2009). 『악한 영으로부터의 자유』(은혜출판사)
48. Robert Henderson, *Operating In the Courts of Heaven: Granting God the Legal Rights to Fulfill His Passion and Answer Our Prayers* (Shippensburg, PA: Destiny Image Publishers, 2021). 『하늘 법정으로 가는 기도』(더패션)
49. Sylvia Gunter and Arthur A. Burk, *Blessing Your Spirit: With the Blessings of Your Father and the Names of God* (Columbus, MS: Father's Business Publishing, 2006).
50. Anna C. Muriel, Cynthia W. Moore, Marguerite Beiser, Elyse R. Park, Christopher T. Lim, and Paula Rauch, "What Do Surviving Children Wish for from A Dying Parent?: A Qualitative Exploration," *Death Studies* 44, no. 5 (2020): 319-327.
51. 위와 동일, 322.
52. 위와 동일, 324.